Les SS

Guido Knopp

Les SS

Un avertissement de l'Histoire

En collaboration
avec Jens Afflerbach, Stefan Brauburger,
Christian Deick, Jörg Müllner,
Sönke Neitzel, Ricarda Schlosshan

Suivi éditorial :
Alexander Berkel, Mario Sporn

FRANCE LOISIRS

Titre original : *Die SS*,

publié par C. Bertelsmann Verlag, München, A Division of Verlagsgruppe Random House GmbH

Traduit de l'allemand par Danièle Darneau

Édition du Club France Loisirs,
avec l'autorisation des Presses de la Cité.

France Loisirs,
123, boulevard de Grenelle, Paris.
www.franceloisirs.com

ISBN 2-7441-7516-1

Aux victimes des SS

SOMMAIRE

Une mise en garde de l'Histoire

Elle fut l'incarnation de la terreur. C'est elle qui exécuta le génocide. Elle personnifia comme nulle autre organisation du Reich de Hitler l'idée folle et meurtrière du *Herrenmensch*, de l'homme supérieur. SS : ces deux initiales en caractères runiques, empruntés à l'ancien alphabet des langues germaniques, sont le symbole de l'instrument le plus efficace et le plus redoutable de la dictature nationale-socialiste. En quelques années, la petite garde rapprochée qu'était la *Schutzstaffel* se mua en Etat dans l'Etat totalitaire de Hitler.

« Ton honneur s'appelle fidélité » : c'est au nom de cette devise proclamée par Himmler qu'intervenaient les membres de la SS, tant en jouant les « pompiers » sur les différents fronts qu'en exploitant sans pitié les prisonniers et les travailleurs forcés ou en tuant de sang-froid, au sein des escadrons de la mort mobiles et dans les camps d'extermination. Mettre à exécution l'holocauste... De toutes les organisations de l'Etat national-socialiste, seule la SS pouvait et, surtout, souhaitait accomplir cette tâche pour Hitler.

Notre but n'est pas d'ajouter un titre à la liste des ouvrages utiles et détaillés déjà publiés sur l'histoire de la SS. Mais nous nous livrons ici à un bilan journalistique, du vivant des dernières victimes et des derniers coupables qui s'appuie sur de nombreuses sources non publiées jusqu'à présent, et tirées d'archives provenant tant de Washington que de Moscou. Elle fait parler des témoins de l'histoire de la SS : des victimes, des bourreaux, des adversaires qui ne s'étaient encore jamais exprimés. De tels documents, basés sur les témoignages des contemporains, ne pourront plus être réalisés dans cinq ans ; il était donc grand temps de le faire.

La SS commença très modestement. C'est sur la piste de quilles de la brasserie munichoise *Torbräu* que naquit en mai 1923 le *Stosstrupp Hitler*, le « Peloton de choc de Hitler ». Ces vingt-deux hommes constituèrent la cellule originelle de l'Ordre noir. Protéger la vie du *Trommler*, le « Tambour », qui devait devenir le *Führer*, le « Guide », pendant les bagarres qu'ils déclenchaient dans les meetings, telle était leur tâche. Sur leur casquette noire, ils arboraient la tête de mort empruntée à l'emblème du 1er régiment du Génie de réserve de la garde de la Première Guerre mondiale, troupe qui opérait au lance-flammes à l'avant du front. « La joie de combattre au mépris de la mort » : c'était en combattants des tranchées que les hommes du *Stosstrupp* voulaient se battre pour renverser cette République abhorrée.

A sa sortie de détention en 1925, après l'échec de sa tentative de putsch, Hitler mit sur pied un nouveau « peloton de choc » : la *Schutzstaffel* (en abrégé : SS), l'« Echelon de protection ». De même que la première organisation, cette SS se considérait comme une garde prétorienne liée par un serment de fidélité, comme l'« élite » du Parti soumise à une obéissance inconditionnelle à son *Führer*. Les candidats SS devaient être âgés de vingt-cinq à trente-cinq ans, pouvoir désigner deux garants, être « sainement et solidement bâtis », mesurer au minimum 1,70 mètre et, naturellement, être d'« origine aryenne ».

Pendant les années qui précédèrent la prise du pouvoir par

Hitler, cette poignée de SS se fondait cependant dans la masse des millions de membres de la SA, dont les « bataillons bruns » s'étaient spécialisés dans les combats de rues. Tandis que Himmler indiquait la marche à suivre, affirmant sans ambiguïté : « La SA, c'est la troupe, la SS, c'est la garde », c'est la SA, sous la conduite d'Ernst Röhm, qui ouvrit la voie menant à la chancellerie. Röhm, en contrepartie, exigea de manière pressante sa part du pouvoir.

C'est le 30 juin 1934 que sonna l'heure de vérité. Au cours d'une opération encore inédite à l'époque, les chefs de la SA furent assassinés par des commandos SS sur ordre de Hitler. Cette « nuit de la Saint-Barthélemy allemande » marqua le début de l'ascension de la SS, qui devint l'organisme de terreur le plus puissant du IIIe Reich.

Car les révolutionnaires en chemise brune représentaient une sérieuse entrave pour Hitler. D'une part, la terreur semée, après l'usurpation du pouvoir par les cohortes de SA déchaînées avait effrayé cette bourgeoisie qui aspirait à un Etat fort. D'autre part, déçu par l'alliance de Hitler avec l'ancien pouvoir, Röhm, le chef de la SA, exigeait, après celui de la « Révolution nationale », l'avènement de la « Révolution nationale-socialiste » ainsi que la récompense due à ses hordes brunes pour les « victimes du temps des combats ».

Tout cela mettait en danger le pacte du nouveau chancelier avec la Reichswehr, l'armée dont il avait besoin pour atteindre ses objectifs impérialistes. Aussi Heydrich, le second de Himmler, et Diels, le chef de la Gestapo, rassemblèrent-ils des preuves contre Röhm et son prétendu plan de putsch. Ce plan était pure invention ; ce « putsch de Röhm » était un putsch contre Röhm. Un montage de rumeurs, de preuves manipulées et d'indices falsifiés fournit le prétexte pour faire tomber le remuant personnage.

Equipées avec des armes fournies par la Reichswehr, les unités SS et les formations de policiers chargées de cette besogne assassinèrent non seulement les chefs de la SA mais aussi, dans la foulée, des conservateurs opposés au régime, tel l'ancien compagnon de route de Hitler, Gregor Strasser, et l'ancien chancelier Kurt von Schleicher.

Mais le véritable vainqueur de cette lutte intestine fut la SS, avec, à sa tête, son *Reichsführer*, un homme pratiquement inconnu jusqu'alors. L'ascension de la SS est indissociable de celle de Heinrich Himmler.

La devise secrète de ce dernier, puisée dans le réservoir de l'ancienne Prusse, était : « Mieux vaut être que paraître ». Personne n'eût jamais imaginé que, précisément, cet être insignifiant deviendrait un jour l'un des plus puissants acolytes de Hitler.

Si les crimes que l'on associe à son nom sont indescriptibles, le personnage qui les ordonna, en revanche, était d'une banalité extrême. « Personnalité tout à fait insignifiante », « homme sans caractère », type parfait du « maître d'école mesquin » : tels sont les termes utilisés à son propos par ses contemporains. En d'autres temps, ses talents auraient pu faire merveille dans l'administration : pareil à l'employé des Finances qui traite ses piles de déclarations d'impôts, Himmler accomplissait méthodiquement sa tâche, et traitait le génocide comme un problème d'organisation.

Si l'holocauste voulu par Hitler a pu se dérouler de manière aussi précise, systématique et mécanique, c'est avant tout l'œuvre de Himmler. Ce dernier inspectait en personne les usines de la mort. Tous les jours, il se faisait communiquer le nombre des victimes.

Le chef de la SS, gauche, timoré et indécis, n'était pas un intellectuel. Son autorité ne venait pas de la force de persuasion dégagée par sa personne, mais de son opiniâtreté et de son goût prononcé pour les démonstrations de force. Son talent d'organisateur et son image consciencieusement entretenue de pur et dur firent de lui un suppôt du pouvoir indispensable. Himmler, le *Reichsführer SS*, chef de la police allemande, ministre de l'Intérieur et commandant en chef de l'armée de réserve, finit par devenir l'homme le plus puissant du Reich après Hitler.

L'homme idéal était à ses yeux une brute sans états d'âme et prête au sacrifice ; son objectif était de pratiquer l'élevage d'un tel homme. A ses ouailles, il prêchait la pureté et les bonnes mœurs en même temps qu'il ordonnait la violence et le massacre ; la cruauté était considérée comme une vertu, le meurtre de sang-froid comme une preuve de force. Au fil du temps, Himmler, loin de prendre en compte la souffrance des victimes, finit par s'inquiéter pour les bourreaux.

Son pragmatisme et son esprit rationnel n'étaient qu'une facette de sa personnalité pétrie de contradictions : c'est avec la même conviction qu'il s'égarait dans les méandres d'une pensée fumeuse faite d'un méli-mélo de théorie raciale, de naturopathie et d'occultisme raciste.

Et c'est précisément cet exécutant zélé, ce « fidèle Heinrich » qui, dans les derniers mois de la guerre, pratiqua une politique désespérée du double jeu. D'un côté, il mettait sur pied les chimériques formations *Volkssturm* et *Werwolf*, et de l'autre, au cours d'entretiens secrets, il proposait une capitulation aux Alliés, oubliant que son nom était devenu depuis bien longtemps synonyme de génocide. Il trahit donc son *Führer* de la même manière qu'il avait trahi, onze ans plus tôt, ses deux premiers protecteurs, Ernst Röhm et Gregor Strasser. « Ton honneur s'appelle fidélité » : à la fin, Himmler illustra en personne la valeur de la devise dont il avait doté la SS.

« *HHHH — Himmlers Hirn Heisst Heydrich* » : « Le cerveau de Himmler s'appelle Heydrich », ironisaient les caciques du régime dès les années trente. Reinhard Heydrich, après avoir été exclu de la Marine, avait grimpé dans la hiérarchie de la

SS à la vitesse d'un météore. C'est lui qui mit sur pied pour Himmler le SD, le Service de sécurité de la SS, ainsi que la Gestapo, police que l'on associe à l'Allemagne hitlérienne et au gage d'une mort violente. Il créa également le *Reichssicherheitshauptamt der SS*, « Office central de Sûreté du Reich », une administration gigantesque qui avait tendu un filet invisible sur le système de la terreur.

Il convient néanmoins de tordre le cou à une légende qui veut que la Gestapo ait été une police secrète omniprésente et omnipotente. Au sein du Reich, on parlait d'elle comme d'une administration tentaculaire dont la simple existence devait faire comprendre à tous que toute résistance était inutile. Pendant les décennies qui suivirent la guerre, elle symbolisa le règne de la répression à l'intérieur. En réalité, la Gestapo était beaucoup plus modeste que dans la légende. Heydrich ne put développer son Etat-espion que parce qu'une armée de délateurs lui offrait ses services : les IM, les *informelle Mitarbeiter*, les « informateurs informels » du Reich. Sans la foule des calomniateurs, la Gestapo serait restée sourde et aveugle. Jamais, dans l'histoire de l'Allemagne, il ne fut aussi facile de dénoncer des voisins peu appréciés, des concurrents ou, tout simplement, des gens que l'on détestait, et d'en faire les victimes impuissantes de l'arbitraire, de les déposséder de leur travail et de leur avenir, et de les livrer enfin à la hache du bourreau. Des vagues de bassesse déferlèrent sur le pays. Les traces de ce déluge ont survécu au temps et apparaissent dans des milliers de dossiers.

C'était à Himmler que Heydrich devait son ascension, et il lui manifesta sa gratitude par une loyauté sans faille et une inflexible dureté. La folie raciale de Himmler et le pragmatisme glacé de Heydrich constituèrent une combinaison fatale.

Heydrich était le prototype même du serviteur du pouvoir, capable de saisir une intention vaguement formulée par

Hitler et d'y voir des développements et des projets à creuser avant même que le dictateur ne se soit donné la peine de l'exprimer. Si quelqu'un « travaillait au-devant des désirs du *Führer* », ce fut bien Reinhard Heydrich.

L'une des raisons, et non des moindres, qui poussèrent Heydrich à s'atteler à l'organisation de la « solution finale » sous la tutelle de Himmler avec tant de zèle, était son désir de s'attirer la faveur du *Führer*, afin d'accéder lui-même au rang de *Reichsführer*.

Avant la guerre déjà, le Suisse Carl Burckhardt le percevait comme un « jeune et méchant dieu de la Mort ». « Heydrich, écrivit de son côté Ralph Giordano, ancienne victime de la Gestapo, était le prototype de l'homme nouveau tel que le voulait le national-socialisme. C'était un personnage de *La Génération de l'inconditionnel*. Aucune forme d'inhumanité n'était désormais impossible. Tout était possible, y compris le massacre de millions d'êtres humains. »

Ce massacre, Reinhard Heydrich l'organisa, mais il n'eut pas l'occasion de voir le couronnement de ses efforts. En juin 1942, il périt dans un attentat.

Que se serait-il passé si Heydrich était resté en vie ? Il laissait entrevoir ce que serait peut-être devenu l'Etat de Hitler : un Etat-SS. Au sein d'un Reich pangermanique s'étendant de l'Atlantique à l'Oural, parcouru d'autoroutes, couronné de temples élevés aux morts, 90 millions de Slaves se seraient retrouvés sous la botte nazie. Tandis que 14 millions d'entre eux étaient déjà réduits à l'état de travailleurs-esclaves, il était prévu d'en assassiner environ 30 millions et d'expulser les autres au-delà de l'Oural, dans les terres désertiques de Sibérie. Reinhard Heydrich, l'homme de l'avenir de la SS, n'eût pas hésité à matérialiser cette vision d'horreur.

Au procès de Nuremberg, il ne figurait pas au banc des accusés. Sa condamnation à mort, s'il y avait comparu, ne fait aucun doute.

A Nuremberg, on assista à la condamnation en bloc d'une organisation décrétée criminelle. Cette organisation, forte de près de 900 000 hommes, était devenue dans la dernière phase de la Seconde Guerre mondiale la troupe de la SS la plus importante en nombre : la Waffen-SS.

Aujourd'hui encore, les esprits sont divisés à propos du bras armé de la SS. S'agissait-il d'une troupe d'élite ou d'une bande de criminels ? Les hommes qui la composaient étaient-ils des « soldats comme les autres », voire l'incarnation de la bravoure et de la combativité ? Ou, au contraire, un ramassis de brutes et de massacreurs nazis, consciencieusement brutalisés au cours de leur formation afin d'en faire des bêtes assoiffées de sang ?

Les exemples ne manquent pas pour étayer ces deux thèses. Les divisions blindées de la Waffen-SS, en particulier après Stalingrad, furent envoyées de préférence aux points chauds du front de l'Est pour y jouer le rôle de « pompiers ». Il est vrai qu'elles subirent souvent d'immenses pertes, de même que la Wehrmacht. Mais il n'en demeure pas moins que les atrocités qu'elle a commises ont valu à la Waffen-SS une sinistre réputation. Malgré tout, elle ne fut pas la seule dans ce cas et son comportement brutal, contrairement à ce que l'on a souvent prétendu, était loin d'être aussi fondamentalement différent de celui de la Wehrmacht. Cependant, les débordements des unités SS dépassaient souvent en barbarie ceux de la Wehrmacht. Le nom d'Oradour en est le symbole, au même titre que celui de bien d'autres crimes de guerre.

Après la guerre, les vétérans de la Waffen-SS tentèrent de prouver l'impossible en prétendant que les soldats de la Waffen-SS avaient été de simples combattants totalement étrangers aux crimes commis par les SS des escadrons de la mort et des camps d'extermination. Même si ce fut le cas pour nombre d'entre eux, particulièrement ceux qui avaient été recrutés de force, on est loin de la réalité. Car les liens entre la Waffen-SS et la SS générale étaient extrêmement étroits. Les officiers étaient formés en commun, quel que fût l'endroit où ils devaient servir ensuite, dans les camps de concentration, dans l'administration, ou au front. Non, ce n'étaient pas des « soldats comme les autres ».

Dans les unités *Tête de mort*, la question de la culpabilité individuelle sur les lieux des pires atrocités ne se posait généralement pas. Ces unités formaient le noyau de la troupe d'assassins qui accomplissaient l'holocauste. Il serait rassurant pour la postérité de pouvoir les cataloguer en bloc avec les autres membres de la *Schutzstaffel* comme des criminels, comme des sadiques congénitaux : cela signifierait que nous serions en droit de les considérer comme des anormaux.

Mais on trouvait dans les rangs de la SS un grand nombre de gens tout à fait normaux, issus de toutes les couches de la société. Loin d'être un bloc soudé et monolithique, c'était un organisme complexe et dynamique, qui ne cessa de se modifier durant ses vingt années d'existence. Les hommes (et les femmes) qui s'y étaient engagés étaient extrêmement différents. Certains étaient des « apôtres » qui accomplissaient au sein de « l'ordre à la tête de mort » une mission quasi religieuse. D'autres cherchaient à trouver leur compte dans l'arsenal de Himmler en essayant d'ignorer tant bien que mal ce qui leur déplaisait. D'autres encore voyaient surtout dans la SS une chance de faire carrière et, s'ils embrassaient officiellement les idées de l'Ordre noir, celles-ci leur étaient parfaitement indifférentes au fond. Il y eut des intellectuels au chômage qui voulurent simplement considérer la *Schutzstaffel* comme l'unique possibilité de donner un sens et un cadre à leur vie. Et il y eut aussi, et pas uniquement dans les unités « Têtes de mort », la lie de la société : des criminels, des asociaux, des assassins. Si, au début, l'ossature de la SS était constituée de vétérans de la Première Guerre mondiale rompus aux bagarres de salles de meetings, les représentants du « beau monde » ne tardèrent pas à venir en nombre grossir ses rangs après l'usurpation du pouvoir par Hitler. Himmler accueillit des sociétés entières, comme le « club des Maîtres Cavaliers » ou la « ligue de Kyffhäuser ». Au niveau supérieur de la hiérarchie SS, on trouvait un nombre important d'aristocrates. Dans les services secrets et dans les services économiques, on employait des universitaires et des représentants des professions libérales. Des officiers de l'armée y furent enrôlés pour former les recrues de la *Verfügungstruppe*, le cœur de la future Waffen-SS. Par ailleurs, Himmler octroya des « grades d'honneur » à des centaines de capitaines d'industrie, de diplomates, de fonctionnaires. Au sein de la SS, on trouvait des princes allemands aussi bien que des paysans du Palatinat qui participèrent au génocide des juifs en devenant gardiens dans les camps de concentration.

Conclusion : la SS était le reflet exact de la société allemande. La plupart de ses membres étaient des « gens tout à fait ordinaires » qui, dans des circonstances tout à fait particulières, devinrent parfois des criminels, parce qu'un Etat criminel les y avait encouragés. Lorsqu'un Etat décrète que le fait de tuer, même s'il s'agit d'un acte dur et inhumain, sert un objectif élevé et « bon », les barrières de la morale s'avèrent trop fragiles pour éviter que des centaines de milliers de personnes ne se comportent comme des criminels. Une grande partie de ceux qui le firent ont agi sans avoir conscience de faire le mal.

La morale de l'histoire est la suivante : nous aurions tous pu devenir des assassins. On est en danger à partir du moment où un Etat criminel rompt les barrières qui séparent le bien et le mal. La nature humaine, livrée à elle-même, est faible. Nous avons tous, cachés au fond de nous, un Himmler et un Mengele, un Eichmann et un Heydrich. Chacun de ces hommes, en d'autres temps, en d'autres circonstances, aurait mené une vie tout à fait ordinaire, serait resté un citoyen anonyme. Himmler aurait peut-être exercé le métier de professeur, Heydrich celui d'officier de marine ; Mengele aurait peut-être été pédiatre...

Il serait inconsidéré d'avoir toute confiance en la moralité de l'humanité, qui est versatile et fragile. Un Etat libéral régi par des normes et des lois claires, reposant sur une société respectueuse de la dignité humaine, sera seul capable d'empêcher efficacement que le bien ne se transforme en mal dans l'Histoire. L'émergence d'un Etat criminel capable de donner naissance à une organisation comme la SS doit être rendue impossible. C'est dans cette mesure que l'histoire de la SS est avant tout une mise en garde de l'Histoire.

La lutte pour le pouvoir

> « Je me suis dit à l'époque que j'avais besoin d'une garde rapprochée qui, même réduite, me serait dévouée corps et âme et prête à marcher même contre ses propres frères. Plutôt vingt hommes de la même ville – à condition que l'on puisse compter sur eux de manière absolue – qu'une masse sur laquelle on ne pouvait pas compter. »
>
> Hitler, à propos de la fondation de la SS

Le 30 juin 1934, la terreur prit une nouvelle couleur dans le IIIe Reich. Le noir vint remplacer le brun et se mélangea au rouge sang. Les criminels n'éructaient pas de slogans, ne brandissaient pas de gourdins ; ils roulaient en limousine noire.

A Berlin, Paul Schulz, ancien haut fonctionnaire national-socialiste, fut emmené par trois policiers appartenant au siège central de la Gestapo à Berlin jusqu'à une voiture découverte. Les policiers fermèrent la capote du véhicule. « Il en émanait une désagréable odeur de sang qui m'aurait ôté mes derniers doutes si je m'étais encore posé des questions sur la raison de ma présence dans cette voiture », racontera Schulz plus tard. La voiture fila à toute allure à travers Steglitz et le Grünewald, puis prit la direction de Wannsee. Mais il y avait trop de promeneurs sur les routes. Ce n'est qu'après le village de Seddin, à une demi-heure de Potsdam, que les hommes trouvèrent dans un bois l'occasion d'« abattre leur gibier », comme ils disaient.

Ils ordonnèrent à leur victime de descendre de voiture et d'avancer de quelques pas. Schulz n'avait que quelques secondes devant lui. D'un coup sec, il fit tomber l'arme de l'un des SS. Le coup de feu d'un autre l'atteignit avant qu'il fût parvenu au sous-bois. « Lorsque je revins à moi, j'étais couché sur le ventre, la tête tournée vers le sol. J'avais très mal au dos. Mon corps était trempé de sang. Je me mis aussitôt à râler et à imiter les soubresauts d'un agonisant. Ensuite, je me tins complètement immobile – immobile comme un mort. » Les assassins ne jugèrent pas utile de lui donner le coup de grâce. Lorsqu'ils allèrent chercher une bâche pour emballer le corps de celui qu'ils croyaient mort, ce dernier, bien que grièvement blessé, se releva d'un bond et s'enfuit par un sentier. Il parvint à s'échapper de justesse.

Ce fut l'unique échec essuyé par les hommes en uniforme noir. Dans tous les autres cas, ils mirent à exécution l'ordre qui leur avait été donné ce 30 juin 1934 : tuer avec obéissance, de manière réfléchie, intelligente, sans états d'âme et sans se faire remarquer. Rien ne transpira en ce samedi étouffant, aucun indice ne révéla que la SS était en train de se livrer au premier massacre du IIIe Reich. Le calme régnait dans le pays. Personne ne s'émouvait outre mesure des conflits qui opposaient depuis des semaines le Parti et son organisation la plus importante, la SA. Ce qui alimentait les conversations était un événement d'un autre ordre. Une semaine auparavant, le FC Schalke 04 avait gagné le titre de champion d'Allemagne contre le FC Nuremberg au cours d'une finale particulièrement prenante : Ernst Kuzorra avait réussi à marquer le but victorieux de 2 à 1 peu avant le coup de sifflet final.

Les gens étaient peu informés de l'impitoyable lutte pour le pouvoir qui avait éclaté au sein de la direction du NSDAP. C'était une lutte au couteau entre ces organisations qui affectaient l'union sacrée derrière Hitler dans les mises en scène de propagande, se promettant solennellement, en public, fidélité et obéissance en une mascarade hypocrite. Mais c'était aussi une lutte que les nouveaux maîtres utilisaient pour régler d'anciens comptes.

Le tribunal avait été une mise en scène, les preuves avaient été falsifiées et le verdict fixé depuis longtemps. Sous prétexte de déjouer une menace de putsch fomenté par la SA, les chefs SS Heinrich Himmler et Reinhard Heydrich faisaient mettre en application des listes d'assassinats préparées de longue main. Ce jour-là s'éprouva la solidité de l'alliance qu'ils avaient forgée depuis des mois avec des proches de Hitler comme Göring et Bormann, et qui devait devenir le fondement de la dictature nazie. Les bataillons noirs furent leurs dociles exécutants. Le premier cercle de l'encadrement SA périt à la prison de Munich-Stadelheim sous une grêle de balles tirées par la *Leibstandarte Adolf Hitler*, la garde prétorienne d'Adolf Hitler. C'est dans la caserne de la *Leibstandarte*, à Berlin-Lichterfelde, que les pelotons d'exécution assassinèrent les ennemis personnels de l'élite du Parti.

Hans Fischach, ancien membre de la *Leibstandarte*, se souvient : « Les pelotons étaient composés de jeunes gens auxquels on avait dit : "Ces gens-là ont préparé un putsch contre le *Führer*. Il faut les exécuter, terminé !" Et ensuite, c'était : "A vos rangs ! Premier rang, à genoux, deuxième rang, debout !" Et l'ordre était exécuté. Le soldat SS ne réfléchissait pas individuellement au problème. L'Etat était en danger, point final. »

« Le danger était que la SA, sous l'impulsion de Röhm, s'érige pour ainsi dire comme un Etat dans l'Etat, et qu'elle représente de ce fait un danger pour Hitler et ses compagnons. »

Eberhard Richter, qui vivait alors à Berlin

« C'est vous qui vous occuperez du cas Klausener. Klausener doit être abattu immédiatement dans les locaux mêmes du ministère. Après, vous m'appellerez depuis son téléphone de service. »

Reinhard Heydrich, chef de la Gestapo, au SS Gildisch, meurtrier du politicien Erich Klausener

« Au bout du compte, c'était une bagarre entre la SS et la SA, au cours de laquelle la SS élimina beaucoup de gens qui n'avaient rien à voir avec le putsch. »

Albert Speer, lors de son interrogatoire par les Américains, en mai 1945

« C'est avec le putsch de Röhm le 30 juin, quand le général Schleicher a été fusillé, que j'ai commencé à me poser des questions. »

Horst Zank, officier de la Wehrmacht

Pour certaines missions, la SS fit appel à des tueurs professionnels. Peu avant 13 heures, la voiture du *Sturmhauptführer* Kurt Gildisch s'arrêta devant le ministère des Transports, situé Wilhelmstrasse. Gildisch demanda le bureau du Dr Erich Klausener. Ce dernier était responsable de la navigation, mais ce n'était pas sa fonction qui intéressait le pouvoir, c'était ce qu'il faisait en dehors de son travail. Dirigeant de l'Action catholique, il avait rassemblé plus de 60 000 personnes à une manifestation organisée à Berlin une semaine auparavant. En conclusion, il avait prononcé une déclaration spontanée appelant les participants à réagir, car, particulièrement en ces temps troublés, « on n'avait pas le droit de priver qui que ce soit de l'amour de Dieu ». D'autre part, le passé de ce fonctionnaire déplaisait à Göring et Heydrich. Pendant la République de Weimar, Klausener était en poste dans les services de police du ministère de l'Intérieur de la Prusse ; nul ne connaissait mieux que lui le casier judiciaire des vétérans du Parti national-socialiste.

Klausener était en train de quitter son bureau lorsqu'il se retrouva face à son meurtrier. Gildisch lui annonça qu'il était arrêté. Au moment où le fonctionnaire prenait sa veste, il lui tira deux balles dans la tête. Des SS vinrent se poster devant le bureau pour monter la garde. Gildisch quitta le ministère sans se retourner ; d'autres missions l'attendaient.

A Munich, au soir du 30 juin 1934, quelques limousines noires roulèrent silencieusement dans les rues de la ville. L'une d'elles s'arrêta tout près de la Porte de la Victoire, devant la maison située au numéro 3 de la Schackstrasse. Contrairement à Paul Schulz, le Dr Willi Schmid ne se doutait de rien. Sa famille s'étonna bien du ton brusque de ces quatre hommes en uniforme noir, mais il s'employa à rassurer sa femme et ses enfants : le malentendu allait se dissiper, il n'allait pas tarder pas à revenir. Car que pouvait bien reprocher la SS à un critique musical ? Avant de monter, Schmid prit son chapeau. Ce geste, qu'elle l'avait vu faire mille fois, est le dernier souvenir que conserve de lui sa fille Renate. « La limousine s'est dirigée vers Dachau, et là-bas, ils l'ont immédiatement fusillé », dit-elle aujourd'hui.

Dans une vague de terreur sans précédent, près de cent personnes furent mises à mort dans tout le Reich. Parmi elles, des hommes politiques de l'opposition conservatrice, comme Kurt von Schleicher, ou de vieux compagnons de route de Hitler, comme Gregor Strasser.

C'est durant la « Nuit des longs couteaux » que la SS acquit la réputation qui fit d'elle l'institution la plus crainte du pouvoir nazi. C'est ce jour-là, estime l'avocat munichois

Manifestation martiale, deux ans avant la prise de pouvoir par Hitler : un défilé de la « Brigade Tête de mort » de la SA de Braunschweig, 1931.

Otto Gritschneder, que la SS a livré son chef-d'œuvre de « compagnon de la mort ». En quelques années, la garde rapprochée réduite qu'était la *Schutzstaffel* s'était muée en un monstrueux appareil de terreur qui écrasa l'Etat et le peuple.

Les événements de cet été-là prirent au sein de la mythologie SS la dimension d'une légende, connue sous le nom de « Purification du sang » car ils avaient été la pierre de touche de leur engagement. Ainsi que le rappelait dès 1933 la publication maison *Das Schwarze Korps* (*Le Corps noir*), les membres de la SS étaient tenus de respecter au premier chef « toutes les vertus, toutes les qualités que la SS, au cours de ses longues années d'existence, a cultivées et sur la base desquelles elle a fait ses preuves : la fidélité au *Führer*, la soumission et la discipline ».

C'est après cette « nuit de la Saint-Barthélemy allemande » que fut forgée ce qui devait devenir « l'arme la plus puissante de l'arsenal de l'Etat hitlérien », selon Ian Kershaw, le biographe de Hitler. Les instruments qui, les années suivantes, allaient constituer l'arsenal de la terreur SS, apparurent au grand jour : l'appareil policier avec ses indicateurs, le système des camps, la mobilisation de troupes d'élite animées par la foi et ayant juré fidélité à Hitler.

L'histoire de la SS avait commencé onze ans plus tôt, sur la piste du jeu de quilles d'une brasserie munichoise enfumée. Dans l'arrière-salle, chacun y allait de sa tournée. Les clients attendaient que la serveuse ait quitté la pièce pour lever leurs verres à celui dont le portrait ornait bon nombre de brasseries et d'arrière-salles de Munich : Adolf Hitler. C'était à lui qu'ils dédiaient ce qu'ils croyaient encore posséder après la guerre : « Nous te jurons fidélité jusqu'à la mort. » C'est en cette nuit de mai 1923 imbibée de bière, que sonna l'heure de la naissance du *Stosstrupp Hitler*, le « peloton de choc de Hitler ».

Les *Sturmlokale* étaient des centres de la sous-culture brune dans les grandes villes. Ici, un *Lokal* SS à Berlin.

« Pour nous, les gens de la SS étaient une poignée de gars qui n'étaient là que pour assurer la sécurité personnelle des chefs. Jusqu'en 1938, je ne me suis jamais posé de questions sur l'influence de la SS. »

Paul Tollmann, communiste,
prisonnier de la SA en 1933

« Des SS, j'en ai vu à l'époque, mais il n'y en avait pas beaucoup. Et on avait l'impression que la SS était mieux organisée que la SA, que c'était une entité unie. La SA, au contraire, c'était plutôt un ramassis de sauvages. »

Josef Zander, qui vivait à l'époque
à Bad Godesberg

« Les dirigeants étaient issus de la Reichswehr et des rangs des officiers supérieurs. Mais les hommes étaient recrutés dans la classe ouvrière, chez les chômeurs, à qui on donnait des bottes et des vêtements. »

Paul Tollmann, communiste,
prisonnier de la SA en 1933

Issus d'une formation de gardes du corps fondée peu de temps auparavant, la *Stabswache*, « garde de l'état-major », ces hommes de la première heure ne soupçonnaient pas qu'ils allaient former la cellule originelle de « l'Ordre noir » qui devait rester d'une fidélité inébranlable jusqu'à l'apocalypse. En 1942, leur *Führer* louait encore dans une envolée dithyrambique ces « hommes prêts à des actes révolutionnaires et qui savaient qu'un jour ils devraient jouer le tout pour le tout ».

La réalité, par comparaison, avait quelque chose de grotesque. Joseph Berchtold, papetier de son état, dont le physique de gnome avait peu de rapport avec l'image idéale du SS à la carrure d'athlète, et le caissier-adjoint du NSDAP,

Julius Schreck, avaient rassemblé autour d'eux une vingtaine d'hommes. Parmi eux, ceux que l'on appellerait plus tard « *die alten Kämpfer* », « la vieille garde » : Emil Maurice, un horloger condamné pour malversations, le maquignon Christian Weber, ainsi que le boucher Ulrich Graf, lutteur amateur. C'était un cercle de vétérans de la Première Guerre mondiale qui répugnait à octroyer à des non-initiés le droit de jeter un coup d'œil dans la vie interne de la garde.

Chant de la SS

La SS marche, écartez-vous !
Les colonnes d'assaut sont debout !
Elles vont, chassant la tyrannie
Ouvrir la voie vers la liberté.

En avant, prêts pour le choc final !
Comme l'étaient nos pères !
La mort soit notre camarade de combat !
Nous sommes les troupes noires !

Tiré du livre de chants de la SS

Les Nationaux-Crapulistes

« Rassemblement ! On va jouer les héros !
Et massacrer les prolétaires !
Répandre le sang ! Foutre la salle en l'air !
Et zigouiller à tire-larigot !
L'esprit, c'est pour les chiens,
Avec leurs boucliers, leurs gourdins,
Les arguments des abrutis,
Ils tabassent qui tombe à leur merci.

Faire des phrases, semer le carnage
Sévir comme des bêtes sauvages,
Cette horde ne sait faire que ça,
Toujours prête à l'assassinat !
Pour le fric et les passe-droits
Ils frappent, ils rossent leurs proies.

Le canon tonne ! Passez la monnaie !
Après, ils disent qu'ils n'ont rien fait. »

Poème satirique du journaliste berlinois
Hardy Worm, 1932

Déjà, leur obéissance était inconditionnelle ; ils ne recevaient leurs ordres que de Hitler en personne. Protéger la vie du *Führer* était leur seule mission ; partout où il apparaissait, on trouvait sa nouvelle garde rapprochée. Elle le suivait comme son ombre dans ses tournées des brasseries de Munich. Bientôt, le groupe compta plus de cent cinquante hommes. Seuls étaient acceptés ceux qui avaient « fait leurs preuves » en tombant à bras raccourcis sur les opposants dans les meetings du Munich post-révolutionnaire. « La force est notre droit », telle était leur devise sans équivoque, et ils convainquaient leurs adversaires à coups de « gommes » et de « briquets », ainsi qu'ils baptisaient cyniquement leurs matraques en caoutchouc et leurs pistolets. Un symbole spécifique décorait leurs uniformes : « Nous portons sur nos casquettes noires la tête de mort de nos ennemis à titre d'avertissement, et en l'honneur de notre *Führer* pour lui signifier que nous consacrons notre vie à ses idées », expliquait le futur organisateur de la SS, Alois Rosenwink.

Le symbole de la tête de mort avait été emprunté aux troupes d'élite de l'armée. Depuis des siècles, il passait pour un signe d'indéfectible loyauté envers le chef de corps. Les « hussards noirs » du roi-soldat de Prusse arboraient eux aussi la tête de mort sur leur casquette, ainsi que les soldats du 1er régiment de réserve de la garde de la Première Guerre mondiale. Ils opéraient loin devant l'infanterie avec une arme nouvelle, dont l'utilisation demandait du courage – et la rage de détruire. Le lance-flammes devint l'une des armes les plus terribles de cette guerre. L'« Orage d'acier », tel fut le nom donné à cet instrument d'extermination, un orage purificateur qui donnait un sens à leur propre existence. Le 28 juin 1916, le prince héritier allemand, également chef des armées, accorda solennellement à cette unité la distinction suprême : le droit de porter la tête de mort blanche sur leur manche. Il la félicita en ces termes : « Intervenant toujours dans les situations les plus difficiles, les officiers et les soldats ont su employer partout leurs armes avec efficacité et ont réussi en peu de temps à devenir pour les Français l'un des adversaires les plus craints en combat rapproché. Je suis convaincu que ce signe restera toujours, pour cette jeune unité, un rappel qui l'incitera à continuer à progresser dans le même esprit, la joie de combattre au mépris de la mort. »

« La joie de combattre au mépris de la mort » sous le signe de la tête de mort : c'est en combattants des tranchées que les hommes du *Stosstrupp* voulaient se battre pour renverser cette République abhorrée.

« C'étaient des hommes simples. Dans leur âme et dans leur cœur, ils étaient restés des soldats », dit l'ancien SS Robert Krötz, qui connut les membres du *Stosstrupp* à Munich. « Il y avait au *Stosstrupp* des gens d'une brutalité pathologique, mais d'apparence anodine, et il y en avait d'autres qui étaient relativement modérés, dit l'avocat munichois Otto Gritschneder, mais tous étaient dévoués à Hitler. » Comme beaucoup d'autres, ils considéraient le traité de Versailles comme une « paix honteuse », conclue par les « criminels de novembre » qui avaient frappé l'Allemagne dans le dos. Munich vit se rassembler un grand nombre de ces hommes qui détestaient cordialement cette nouvelle République. Le chaos engendré par la « République des Conseils » avait contribué à nourrir contre cette nouvelle forme d'Etat la haine des révolutionnaires de droite, qui avalèrent goulûment les promesses du nouveau *Verführer*, le « séducteur ». Lorsque, en 1923, l'inflation se propagea, une mesure de bière coûtait plusieurs milliards de marks dans la brasserie *Torbräu* où la SS avait ses habitudes. L'argent gagné le matin ne valait plus rien le soir. Avec la mission qui leur incombait désormais, protéger Hitler, les hommes du jeu de quilles tournaient le dos à une existence médiocre pour devenir une « élite », une sorte de troupe de combattants. En contrepartie, ils offraient ce que la Première Guerre mondiale leur avait enseigné : la fidélité, l'obéissance et le mépris de la vie.

« Nous exigeons la suppression de la troupe de l'armée de métier et la création d'une armée du peuple. »

Extrait du programme en vingt-cinq points du NSDAP de 1920

« De 1921 à 1923, Munich s'est trouvé sous haute tension politique. »

Karl Füss, qui vivait à Munich à l'époque

« Dans la salle, l'atmosphère n'était pas à l'enthousiasme, plutôt à l'effroi. Ou alors on se demandait : mais qu'est-ce qu'ils veulent au juste, ces gens-là ? »

Günther Grassmann, témoin oculaire du putsch

« En cette année 1923 disparurent les croix gammées, les pelotons de choc, et le nom d'Adolf Hitler retomba presque dans l'oubli. Plus personne ne pensa à lui comme à un possible acteur du pouvoir. »

Stefan Zweig, *Le Monde d'hier*

C'est tout juste six mois après le serment de fidélité de la *Torbräu* que Hitler fit sa première tentative pour renverser l'Etat abhorré. Le cours du mark était tombé à 420 milliards de marks pour un dollar. Les gens étaient à bout de patience, la situation semblait propice pour la « révolution nationale ».

Le triumvirat du gouvernement bavarois, le chevalier von Kahr, von Lossow et von Seisser, avait convoqué une réunion à la brasserie *Bürgerbräukeller* de Munich. Hitler voulut saisir cette occasion pour faire un coup d'Etat, en dispersant la réunion et en contraignant les hommes politiques et les militaires, suivant l'exemple de Mussolini, à une « marche commune sur le Berlin rouge ». Le caporal savait qu'une célébrité des milieux de droite était de son côté : l'autorité de l'ancien premier quartier-maître général von Ludendorff serait le meilleur argument de Hitler contre Kahr.

Le ciel de la capitale bavaroise était bas et gris en ce 8 novembre, le jour où Hitler mit en alerte « l'avant-garde du réveil allemand », ainsi qu'il appelait son *Stosstrupp*. A la *Torbräu*, Joseph Berchtold dévoila à ses hommes le projet de putsch : « Camarades, l'heure est arrivée, celle que vous et moi appelions de nos vœux. Hitler et Herr von Kahr se sont mis d'accord, et dès ce soir le gouvernement du Reich sera renversé et un nouveau gouvernement Hitler-Ludendorff-Kahr sera formé. La mission qui nous incombe sera le point de départ des nouveaux événements. Mais avant de continuer, j'exige que tous ceux qui, pour une raison ou pour une autre, ont des objections à formuler contre notre cause, sortent d'ici. » Personne ne bougea.

> *« Ensuite, je suis évidemment allé à la* Bürgerbräukeller, *et là, des gens ont surgi d'un seul coup ; ils avaient des brassards avec des croix gammées et aussi un fusil. Ils étaient encore en civil, mais la plupart étaient déjà rassemblés par groupes avec des fusils. »*
>
> Karl Füss, qui vivait à Munich à l'époque

Les hommes s'approvisionnèrent en mitrailleuses, en carabines et en grenades à main dans un dépôt d'armes secret, sur Balanstrasse, puis ils se mirent en route vers Rosenheimer

Ces hommes avaient juré fidélité jusqu'à la mort à leur *Führer* : le *Stosstrupp Hitler* est considéré comme le précurseur de la SS. Munich, 1923.

Strasse. Arrivés à la *Bürgerbräukeller*, ils sautèrent des camions, leurs armes à la main, et bloquèrent la rue. Berchtold descendit une mitrailleuse qu'il traîna jusque devant l'entrée de la brasserie. Un chef SA nommé Hermann Göring sauta du marchepied d'une voiture découverte. En casque à pointe et brandissant un sabre, il gravit en courant les marches de l'escalier de service. Cette scène n'était pas moins grotesque que l'ensemble du putsch de la brasserie, putsch qui ne devait pas franchir les limites du centre de Munich.

A l'intérieur, Hitler attendait d'entrer en piste, posté devant la porte de la salle. Lorsque sa montre gousset indiqua 20 h 30, il la referma d'un geste sec, but une dernière gorgée de bière, jeta d'un geste théâtral son verre contre le mur, sortit son Browning de la poche de son pantalon, ouvrit la porte battante à la volée et se précipita à l'intérieur avec sa suite. Göring et le chef des étudiants SA, Rudolf Hess, entouré des hommes du *Stosstrupp*, se postèrent à ses côtés.

Hitler sauta sur une chaise et tira un coup de pistolet au plafond, puis, après avoir bondi sur une table, il monta sur la scène en hurlant : « La révolution nationale est déclenchée ! » Puis, d'une voix stridente, il poursuivit : « La salle est occupée par six cents hommes lourdement armés, interdiction formelle de quitter la salle. Le gouvernement bavarois est déposé, un gouvernement provisoire du Reich va être formé. »

Au même moment, un autre révolutionnaire national avait convoqué une réunion à la brasserie *Löwenbräukeller*. Le capitaine Ernst Röhm, vétéran de la Première Guerre mondiale, accueillit ses camarades de la formation paramilitaire *Reichkriegsflagge* (« Etendard de guerre du Reich ») avec une promesse alléchante autant qu'énigmatique : « Cette soirée devrait dépasser le cadre d'une soirée ordinaire entre camarades. » Il était en train de tonner à sa manière habituelle contre les « criminels de novembre » et la « république des juifs » lorsque la nouvelle lui parvint de la *Bürgerbräukeller* : « L'accouchement s'est bien passé » – c'était le code convenu. Sans hésiter un instant, Röhm prit la tête de ses troupes et se dirigea sur le commandement de la région militaire. Il s'agissait d'occuper le bâtiment afin d'y établir un « Quartier général » pour le général Ludendorff.

Ernst Röhm, lui aussi, avait trouvé sa raison de vivre dans la guerre. Son autobiographie, *Histoire d'un homme convaincu de haute trahison*, commençait par la phrase : « Le 23 juillet 1906, je devins soldat. » Avant, il semble qu'il n'ait pas existé. « Je regarde le monde de mon point de vue de soldat. Délibérément unilatéral. Un soldat ne connaît pas le compromis. » Il méprisait les civils, et son homosexualité lui faisait haïr le monde bourgeois et ses tabous. Pour lui, la communauté des hommes des pelotons d'assaut de la Grande Guerre constituait l'idéal de la vie communautaire. Plus tard, il alla jusqu'à y voir la cellule fondatrice d'un fumeux socialisme des tranchées. Röhm était le type même du vieux soudard. Un éclat de grenade reçu au cours des combats des hauteurs de la Meuse à l'automne 1914 l'avait gratifié d'une cicatrice qui traversait son visage du nez au menton. De plus, une opération au visage lui avait laissé un nez déformé. Tout cela renforçait son image de lansquenet échappé tout droit des troupes de mercenaires de la guerre de Trente Ans.

> « Son aspect n'inspirait pas confiance. C'était le type même de la brute épaisse, comme sorti d'un album de criminels. »
>
> Raban von Canstein, officier de la Wehrmacht, à propos de Röhm

Il trouva rapidement un emploi dans la Bavière de l'après-guerre en armant le corps-franc d'Epp, qui bataillait contre cette République des Conseils si méprisée. Plus tard, il équipa dans tout le *Land* des bandes armées d'extrême droite ; c'est chez lui que convergeaient pour la plupart les fils du réseau de la droite anti-démocratique. Il appartenait à une série de ligues d'officiers noirs-blancs-rouges dont le cercle national-socialiste, *Eiserne Faust*, « Poing de fer », qu'il contribua à fonder. C'est là qu'il fit la connaissance d'Adolf Hitler, à l'automne 1919. Cette rencontre se transforma bientôt en une relation compliquée. Leur amitié – ils se tutoyaient – se teinta très tôt de méfiance.

En juin 1921, deux ans tout juste avant la création du *Stosstrupp*, Hitler, le nouveau président du NSDAP, exigea la création d'une garde formée de bagarreurs pour assurer sa protection dans les salles de réunion. Les vétérans de Röhm étaient exactement ce qu'il fallait. Le service d'ordre nouvellement créé fut baptisé *Sturmabteilung*, « Section d'assaut », SA en abrégé. Röhm et ses adeptes recrutèrent une troupe qui grossit très vite. Elle était formée de très jeunes gens, âgés pour la plupart de dix-sept à vingt-quatre ans et dirigés par d'anciens officiers de la Grande Guerre issus de la sphère de la « Brigade Erhardt ». A sa création, le 3 août 1921, la SA promit au NSDAP « de le servir comme une organisation de fer, et de prêter une joyeuse obéissance au *Führer* ». Ses membres acquirent très vite une mauvaise réputation. Quiconque émettait une critique contre Hitler à la brasserie ou dans la rue était impitoyablement passé à tabac.

De l'extérieur, la SA et Hitler semblaient indissociablement unis. En réalité, un conflit très profond opposait la SA et son chef d'une part, et Hitler et le Parti de l'autre. Très vite, Hitler décela chez Röhm une ambition politique dévorante. Röhm, de son côté, considérait le NSDAP comme une sorte de vitrine publicitaire pour sa SA, qu'il envisageait de mobiliser un jour comme une formation régulière. Il considérait avant tout Hitler comme un « tambour » doué, destiné à rassembler les masses pour lui. Röhm disait de Hitler en 1922 : « Nous devons utiliser son impact, qui est incontestablement très grand. Mais il voyage léger, et sa vision ne s'étend pas au-delà des frontières de l'Allemagne. Nous le mettrons de côté au bon moment. » De même que Hitler se posait exclusivement en homme politique, Röhm se prenait pour un soldat politique. « J'exige la primauté du soldat sur le politicien », écrivit-il plus tard dans son autobiographie. La graine du conflit était plantée ; elle devait lever treize ans plus tard.

Bien que Hitler eût nommé « son homme », Hermann Göring, « commandant de la SA », Röhm en resta la force motrice. La SA n'était pas directement sous les ordres de Hitler, dont la position restait attaquable. C'est dans cette optique que naquit l'idée de la création du *Stosstrupp*, cette garde rapprochée autour de Hitler, qui lui serait fidèle et dévouée. La fin sanglante du putsch de novembre 1923 devait aussi forger autour du *Stosstrupp* une légende qui allait donner naissance au mythe de la SS.

> « Après le putsch raté de 1923, le NSDAP s'est désagrégé. Il a fallu cinq ans pour qu'il se reconstitue en tant que parti. »
>
> Emil Carlebach, alors membre du Parti communiste allemand
>
> « Hitler avait déjà été condamné plusieurs fois. Et si la justice n'avait pas été assez bête pour le relâcher, il serait resté sous les verrous au moins jusqu'en 29 ou en 30. Et à ce moment-là, il aurait été trop tard. »
>
> Otto Gritschneder, avocat munichois

Le plan du putsch de Hitler était naïf. Le commissaire général d'Etat von Kahr quitta sans encombre la *Bürgerbräukeller*. Il avait changé d'avis et ne voulait plus entendre parler d'un accord avec Hitler. La Reichswehr, elle non plus, n'envisagea pas une seconde faire cause commune avec les putschistes, au contraire : d'importantes formations de la Reichswehr et de la police du *Land* se rassemblèrent au matin du 9 novembre devant l'ancien ministère de la Guerre. Ce n'était plus qu'une question de temps ; il suffisait d'attendre et de voir combien d'heures la milice de Röhm pourrait tenir le bâtiment. Sur une photo des assiégeants, devenus entretemps les assiégés, on voit un homme pâle aux lunettes cerclées de nickel. Celui-ci fait son entrée sur la scène politique, qui paraît ne lui réserver qu'un rôle de figurant. Le jeune agronome Heinrich Himmler portait l'étendard au nom d'Ernst Röhm, qu'il vénérait. Onze ans plus tard, devenu *Reichsführer SS*, il devait organiser l'exécution des chefs de la SA et l'assassinat de son modèle d'autrefois.

Au matin du 9 novembre, l'euphorie des « révolutionnaires »

Photo du haut. Ils sont à tu et à toi mais adversaires : Röhm (2e à partir de la droite) et Hitler, accusés au procès Hitler-Ludendorff, 1924.
Photo du bas. Ils ont besoin les uns des autres pour accéder au pouvoir : Röhm, Hitler et Himmler à une manifestation du NSDAP, 1930.

de la *Bürgerbräukeller* céda la place au dégrisement. Dans un dernier sursaut, le général Ludendorff ordonna : « En marche ! » La marche à travers la ville attirerait l'attention, leur apporterait le soutien des masses et assurerait la libération de Röhm et de ses hommes. « Rassemblement du *Stosstrupp* dans le jardin ! » ordonna Berchtold à ses hommes. Là, il les harangua une nouvelle fois. La colonne se forma.

Une centaine d'hommes appartenant à la police du *Land* de Bavière s'étaient déjà postés sur l'Odeonsplatz, à côté de la Feldherrnhalle. Les « révolutionnaires » marchèrent sur la chaîne, qui tenta de se défendre avec des matraques en caoutchouc, des carabines et des fusils, mais ne put stopper leur avance. Une deuxième unité de la police se plaça alors au milieu. Ulrich Graf, en casquette à tête de mort, bondit entre les deux fronts : « Ne tirez pas, Son Excellence Ludendorff et Hitler arrivent. » Son appel se perdit dans le tumulte. Un coup de feu claqua sur l'Odeonsplatz. Un homme en uniforme, l'agent de police Fink, s'écroula. Des salves de fusil résonnèrent dans les rues. L'échange de coups de feu dura une minute. L'ami de Hitler, Max Erwin von Scheubner-Richter, s'effondra, mortellement blessé. Dans sa chute, il entraîna Hitler et lui démit le bras. L'un de ses gardes du corps, Graf, blessé lui aussi, s'écroula à côté de Hitler – un épisode qui donna naissance à une légende selon laquelle il se serait jeté sur Hitler et lui aurait servi de bouclier, arrêtant de son corps les balles qui n'auraient pas manqué de tuer le *Führer*. Parmi les seize putschistes tués, cinq seulement appartenaient au *Stosstrupp*.

La fin pitoyable de cette « révolution » donna naissance à un mythe. Sur l'Odeonsplatz, il resta un drapeau à croix gammée taché de sang. Le « Drapeau ensanglanté », comme l'appelèrent plus tard les nazis, disparut dans un premier temps dans les catacombes de la police munichoise. Cette tentative de renversement menée en amateur devait être célébrée plus tard comme le sacrifice des « Vieux Combattants ». A partir de 1933, la SS posta une « garde d'honneur » à la Feldherrnhalle. C'est là que, le 30 avril 1945, les derniers SS furent capturés par des soldats américains.

Mais la capitale du *Land* de Bavière ne retrouva pas le calme. Tandis que Hitler était détenu dans des conditions plutôt confortables à Landsberg, l'infatigable Ernst Röhm entreprenait de monter une nouvelle organisation paramilitaire musclée à Munich : le Parti et la SA étant interdits, il baptisa la nouvelle organisation *Frontbann*, le « bataillon de première ligne ». Les dirigeant d'une main de fer, Röhm rassembla sous sa houlette les sympathisants du national-socialisme. Ses troupes grossirent de manière quasi explosive. Si la SA comptait deux mille adhérents en novembre 1923, Röhm put fièrement annoncer à son ami Hitler, lors de sa libération en décembre 1924, que le *Frontbann* comptait désormais trente mille membres.

L'intention de Röhm était de continuer ainsi. Lui-même étant le chef d'une troupe paramilitaire, Hitler était censé se contenter à l'avenir du rôle de « tambour ».

Mais son vieil ami paraissait avoir tiré les enseignements de ses erreurs de jeunesse. Il n'était plus question pour lui d'être livré à la dynamique d'une armée de parti dont les mouvements échappaient à tout contrôle. En conséquence, ne pouvant s'adosser au Parti, Röhm se vit contraint de baisser le ton. Le 30 avril 1925, peu après la levée de l'interdiction du NSDAP et de la SA, il ne lui restait plus qu'à, « en souvenir des belles et difficiles heures vécues ensemble, [le] remercier cordialement de [sa] camaraderie et [le] prier de ne pas [lui] retirer [son] amitié ».

Un mois plus tard, Röhm eut connaissance de la décision

de Hitler. Le bureau de son ami lui communiquait : « Herr Hitler ne songe pas à monter un nouveau mouvement militaire. S'il le fit en son temps, ce fut uniquement à l'instigation de ceux qui le laissèrent tomber par la suite. Aujourd'hui, il n'a besoin que d'une protection en salle, comme avant l'année 1923. » C'était une fin de non-recevoir pure et simple. Röhm essaya tout d'abord de retourner à la vie civile, sans grand succès. En 1928, il s'exila en Bolivie, où il devint instructeur militaire.

Ce fut la première manœuvre de Hitler pour écarter son prétendu ami, dont, avec le flair qui le caractérisait, il avait senti la dangereuse concurrence. Car pendant l'incarcération du *Führer* à Landsberg, Röhm avait donné une expansion massive à ce *Frontbann* dont l'influence dépassait largement celle du Parti lors de son retour aux affaires. Cette formation paramilitaire avait réussi ce qu'il restait encore à faire au Parti : étendre son influence au-delà des limites de la Bavière. Le NSDAP menaçait à nouveau de tomber dans l'ombre de la SA. Mais Hitler avait désormais enlevé à la SA sa figure charismatique. La troupe existait toujours, mais sans direction centrale. Il ne restait plus qu'une armée de parti éclatée, dans l'incapacité d'agir de façon unitaire. En tant qu'acteur du pouvoir, elle était hors circuit. A présent, Hitler avait les mains libres pour s'employer à consolider sa place de chef au sein du Parti. Il n'accorderait sa confiance qu'à ceux qu'il aurait lui-même choisis.

> « Le mot “élite” n'avait jamais été prononcé, mais appartenir à la *Schutzstaffel* d'Adolf Hitler était déjà une distinction pour nous. Je m'imaginais faire partie de ceux qui étaient en première ligne. »
>
> Bruno Hähnel, alors membre de la SS

« La SA, c'est la troupe, la SS, c'est la garde. Il y a toujours eu une garde : chez les Perses, chez les Grecs, chez César, chez Napoléon, chez le *Vieux Fritz**, jusqu'à la Grande Guerre. Et la garde de la nouvelle Allemagne sera la SS. »

Heinrich Himmler

* Surnom donné à Frédéric II de Prusse (1712-1786), despote éclairé dont la popularité fut utilisée par les nazis à des fins de propagande

« Aucun chef SA n'est habilité à donner des ordres à la SS. »

Adolf Hitler, 1930

« Je me dis à l'époque que j'avais besoin d'une garde rapprochée qui, même réduite, me serait dévouée corps et âme et prête à marcher contre ses propres frères. Plutôt vingt hommes de la même ville – à condition que l'on puisse compter sur eux de manière absolue – qu'une masse sur laquelle on ne pouvait pas compter. » C'est ainsi que, des années plus tard, Hitler justifia sa décision d'avril 1925. Il ordonna à Julius Schreck, ancien membre du *Stosstrupp*, de former une nouvelle garde. Schreck trouva ce qu'il lui fallait dans un endroit déjà connu. C'est à la *Torbräu* de Munich qu'il rassembla les « vieux camarades » autour de lui. Le nom que se donna la nouvelle troupe en septembre correspondait aux besoins de son *Führer* : *Schutzstaffel*, SS en abrégé, « échelon de protection ».

De même que le *Stosstrupp*, la SS se considéra d'emblée comme une « élite » devant une obéissance aveugle à son *Führer*. Les critères de sélection rappelaient les règles strictes des associations sportives à l'ancienne mode. « Les poivrots chroniques, les commères et ceux qui sont affligés d'autres tares ne seront pas pris en considération », pouvait-on lire dans le premier règlement de la SS.

> « Avant 1932, la SS ne paraissait pas dans la rue. Il n'y avait que la SA. La SS se tenait à l'écart des combats de rue. La SA agissait toujours de façon visible ; même plus tard, pendant la "Nuit de cristal", c'est la SA qui a mis le feu aux synagogues. La SS se tenait habilement à l'écart. »
>
> Paul Tollmann, communiste, prisonnier de la SA en 1933

Au contraire de la SA, à laquelle pouvaient adhérer comme avant tous les volontaires, les candidats à la SS furent soumis dès le début à une sélection. Ils devaient être âgés de vingt-cinq à trente-cinq ans, justifier de deux garants, être enregistrés depuis cinq ans auprès des services de police de leur lieu de résidence, et être « sainement et solidement bâtis ». Munich ne fut pas la seule ville où se formèrent des groupements de SS, qui ne devaient pas donner lieu à des mouvements de masse, comme la SA, mais devenir une petite troupe d'élite, composée de dix hommes dirigés par un *Führer*, un chef. Berlin était l'exception, avec deux chefs qui commandaient vingt hommes. Inclus à la SA pour la forme, et ne se différenciant de ses membres que par le port d'une casquette à croix gammée et d'un brassard entourés de noir accompagnant leur chemise brune, les SS, peu nombreux, apparaissaient comme les compagnons de route silencieux des cohortes brunes. Leur comportement suivait davantage encore une règle apparentée à celle d'un couvent. « La SS ne prend jamais part aux discussions dans les réunions du Parti. Sa participation aux soirées politiques, étant entendu qu'aucun membre de la SS n'est autorisé à fumer pendant la durée de la conférence, ni à quitter la salle, a pour but l'éducation politique des membres », dit un ordre du *Reichsführer SS* Erhard Heiden, en 1927. « Un membre de la SS se tait et n'intervient jamais dans un domaine [direction politique du groupe local et SA] qui ne le regarde pas. »

Des slogans sans ambiguïté* : Hitler (debout de dos, dans la voiture) passe en revue les troupes de la SA au congrès du NSDAP, juillet 1926.
* *Sur le calicot il est écrit : mort au marxisme*

La SS se faisait rarement remarquer en public – même si elle participait à des bagarres, comme à Dresde, où des membres de la SS repoussèrent une attaque menée par cinquante communistes lors d'une réunion du Parti, et si le chef SS Rosenwink triomphait en proclamant qu'aucun gauchiste n'osait plus les déranger, « depuis [...] que les "échelons de protection" réunis de Dresde, de Plauen, de Zwickau et de Chemnitz, ont sévèrement tabassé les communistes, et en ont même jeté par la fenêtre ». En 1929, la police de Munich fait au contraire l'éloge de la discipline qui « est exigée des membres de la SS. Au premier manquement aux ordres courants en vigueur à la SS, même minime, ils encourent des amendes ou le retrait de leur brassard pour une durée déterminée ou une suspension de leurs fonctions. Une importance particulière est accordée au comportement individuel et à la tenue vestimentaire ». Lors des contrôles, on trouvait toujours sur les membres de la SS une carte du Parti, la carte de

De gauche à droite : les chefs SA et SS von Ulrich, Heines, Himmler, le chevalier von Epp, Röhm et le comte Helldorf après le vote du Reichstag en 1932 à l'hôtel *Kaiserhof* de Berlin.

la SS et un carnet de chants. En 1929, les gardiens de la démocratie de Weimar ne se formalisaient pas encore des paroles des chants de la SS :

« Quand tous seront infidèles,
Nous resterons fidèles
Pour que toujours sur terre,
Flotte pour vous une bannière. »

Hitler cultiva très tôt le mythe entourant sa *Schutzstaffel*. En 1929, au congrès du Parti à Weimar, il remit le « Drapeau ensanglanté » de la SS, qu'on lui avait restitué, entre des « mains fidèles ». On vit désormais le chef de troupe SS Jakob Grimminger le porter derrière Hitler au cours des grossiers rituels de consécration de la SS. Celle-ci était devenue très officiellement la garde d'élite du mouvement brun. Après la chute de Röhm la SA avait, elle, connu sa première grande crise. Les petits groupes locaux agissaient souvent de façon autonome. Ce n'est qu'au milieu de l'année 1926, lorsque le Parti eut regagné en puissance, que Hitler jugea le moment venu de s'adjoindre une SA renforcée. C'est avec sa garde noire qu'il construirait l'Etat à venir mais, pour y parvenir, il avait besoin des masses des bataillons bruns, indispensables pour assurer la propagande à grande échelle.

C'est le 27 juillet 1926 que Hitler initia sa tentative de centralisation et de contrôle de la SA. Un vétéran populaire du corps-franc se rallia à sa cause. Goebbels nota dans son Journal, de façon lapidaire : « 12 heures chez le chef. Première réunion. Pfeffer devient *Reichsführer* SA. » Franz Pfeffer von Salomon connaissait le potentiel de ses troupes. S'il renonçait à la création d'une formation paramilitaire inspirée de Röhm, il n'en ressentait pas pour autant le besoin d'inféoder la SA au NSDAP. Les troupes de cette « section d'assaut » étaient, certes, soumises désormais à l'autorité de Hitler, mais Pfeffer manifestait une indépendance qui ne pouvait aller dans le sens de Hitler. Le Parti et la SA étaient toujours loin d'être unis. Le conflit était près d'éclater : seule leur lutte commune pour le pouvoir parvint à le contenir. La SA était désormais en plein essor : en dépit de la crise qui couvait au sein de l'encadrement, la catastrophe économique de 1929, en particulier, lui amena un afflux de nouveaux membres. L'armée du Parti multiplia les parades et les manifestations dans tout le pays. Partout, on voyait défiler les « bataillons bruns ». Leur allure martiale, leur présence permanente impressionnaient la population, particulièrement dans les régions reculées où les hommes politiques venaient rarement s'égarer. La politique se faisait dans les grandes villes, car une manifestation y touchait une audience beaucoup plus large qu'une tournée dans les villages. C'est là que la SA prenait le relais – avec succès. Goebbels note dans son Journal : « On commença à parler de nous. On ne pouvait plus nous réduire au silence ou faire mine de nous ignorer, dans un mépris glacial. On était obligé, même avec une rage contenue, de prononcer notre nom. »

« La SA était chargée d'inspirer la peur. Le SPD et le KPD* devaient toujours se préparer à voir des casseurs de la SA faire irruption dans leurs réunions. »

Otto Gritschneder, avocat munichois, à propos de la SA avant 1933

* Le Parti social-démocrate et le Parti communiste

« Les chômeurs rejoignaient la SA parce que la bière était gratuite, parce qu'on leur donnait à manger et à boire. C'est comme ça que la SA recrutait ses membres. »

Paul Tollmann, communiste, prisonnier de la SA en 1933

Cette « rage contenue » était surtout celle des opposants politiques des grandes villes. Comme avant 1923, la SA dispersait à coups de gourdin les manifestations des opposants, passait à tabac les communistes et les sociaux-démocrates et ouvrait la voie au NSDAP. Les plus nobles objectifs servaient de prétextes : « La SA marche [...] pour Goethe, pour Schiller, pour Kant, pour Bach, pour la cathédrale de Cologne et pour le Cavalier de Bamberg [...] Aujourd'hui, il nous faut travailler pour Goethe avec des chopes de bière et des pieds de chaises. Et quand nous aurons gagné, nous pourrons ouvrir les bras et serrer nos biens spirituels contre notre cœur. » C'est Wilfried Bade, un poète du « Mouvement », qui met ces phrases dans la bouche de son « héros », Horst Wessel.

Les rapports de police concernant les violences commises par les membres de la SA s'accumulèrent. Par exemple, à Nuremberg, en 1929, au congrès du Parti. « Nous dormions sur la paille, et nous n'avions pas de quoi nous payer une

Les slogans dans la rue : un camion de la SA en tournée de propagande à Berlin.
Traduction des slogans :
« Le bien le plus précieux de nos idées est l'honneur. »
« Aussi longtemps que marchera la SA, l'Allemagne vivra ! »

bière. Mais ça ne faisait rien, car nous étions passionnés », témoigne avec un enthousiasme toujours aussi vif l'ancien SA Robert Krötz. Cette passion se traduisait en fait par la castagne et la casse. Telle cette troupe qui bloqua le tram alors qu'elle se dirigeait en ordre de marche vers le site du congrès : en guise de réponse au conducteur qui leur demandait de libérer la voie, ces vaillants jeunes gens se ruèrent sur lui et le rouèrent de coups, ainsi que plusieurs passagers. En marge de la manifestation, la SA fit régner la violence dans toute la ville de Nuremberg : un café fut ravagé parce qu'il y flottait le drapeau noir, rouge et or de la République, un autre fut bombardé de bouteilles de bière parce qu'il abritait des syndicalistes. Un policier qui intervenait pour protéger un homme poursuivi par une horde de SA se fit arracher son sabre, avec lequel il fut frappé dans le dos à trois reprises. Hitler balaya les reproches d'une phrase : « La SA n'est pas une institution morale chargée de l'éducation des jeunes filles de bonne famille, mais une formation de rudes combattants. »

A Berlin surtout, la violence des affrontements entre la gauche et la droite fit bientôt partie du quotidien. Par provocation, les hordes brunes poussaient délibérément jusqu'aux fiefs communistes.

Dans le quartier rouge de Charlottenburg, ils installèrent un *Sturm*, une « compagnie », au milieu d'un maillage serré de locaux abritant les équipes chargées de la protection des maisons, des groupes de locataires et des cafés où se rencontraient les communistes. Un autre point chaud était « l'île rouge » du quartier de Schöneberg. Les affrontements suivaient toujours le même scénario. La SA parcourait les rues avec ses camions, hurlait des slogans et jetait des pierres contre les installations des Rouges. Le communiste Paul Tollmann décrit ainsi la riposte de ses troupes : « Nous avions une tactique bien définie. D'abord laisser entrer les nationaux-socialistes, ensuite fermer la rue et les empêcher de sortir, dans la mesure du possible. Nous ne pouvions pas nous contenter de les insulter, car ils seraient revenus. » Après la « prise de pouvoir », Tollmann fut l'un des premiers communistes torturés par les SA.

C'est surtout après la crise mondiale de 1929 que le nouveau prolétariat des grandes villes afflua à la SA. Beaucoup adoptèrent l'uniforme brun poussés par la misère et les crises d'ordre familial. C'est dans les cafés de la SA que naquit le mythe selon lequel les « bataillons bruns » auraient avant tout donné un foyer aux déracinés.

> *« A Beuthen, peu avant la prise de pouvoir, un communiste avait été littéralement piétiné à mort par des membres de la SA. Il y a eu un procès en assises et les membres de la SA ont été condamnés à mort. Quand Hitler est parvenu au pouvoir, ils ont été aussitôt graciés car considérés comme de courageux combattants ayant participé à la prise du pouvoir national-socialiste. »*
>
> Otto Gritschneder, avocat munichois

Un jeune SA de vingt et un ans écrivit ainsi à un camarade, du fond de sa prison : « Je t'en prie, arrête de m'envoyer ma mère. Elle n'arrête pas de pleurer, et après, j'ai le moral à zéro. Si elle te pose la question, dis-lui que maintenant j'ai parloir plus *[sic]* que tous les mois, ou quelque chose comme ça. C'est surtout de vous, les camarades, que je m'ennuie. »

Les foyers SA et les *Sturmlokale*, les brasseries qui accueillaient les *Sturm*, devinrent les centres d'une véritable sous-culture brune dans les grandes villes. Dans certains cafés, comme le *Bornholmer Hütte* de Berlin-Mitte, flottait un drapeau à croix gammée. Des patrouilles à bicyclette assuraient la sécurité du secteur ; le café pouvait être rapidement barricadé de l'intérieur. Les nouveaux venus étaient vite considérés comme des ennemis, et bien souvent, dans la pièce voisine ou sur la piste de quilles, on installait une cachette où l'on pouvait faire disparaître un pistolet « quand les poulets arrivent sans prévenir », comme le dit un rapport de l'époque.

Ces viriles assemblées étaient généralement bien arrosées. La demande de dommages et intérêts d'un propriétaire de brasserie berlinois nommé Robert Reissig en donne une idée : après l'interdiction de la SA, en 1932, par le ministère de l'Intérieur prussien, il exigea, en dédommagement de la perte de son chiffre d'affaires, une somme équivalant à la vente de pas moins de 152,5 tonneaux de bière... pour trois mois.

Leurs prétendus camarades de la SS fustigeaient ce genre d'attitude en parlant avec mépris du *Lumpenproletariat* du

NSDAP. « Chez eux, il n'y avait aucune discipline », déplore aujourd'hui Otto Kumm, de Hambourg, qui entra à la SS en 1931.

C'est surtout à Berlin que s'étaient effacées les frontières entre le monde de la pègre et la SA. Nombreux furent les petits délinquants qui obtinrent une carte de membre. A Wedding, le « *Sturm* des voleurs » se battait contre les communistes et les lois. L'« Histoire officielle de la SA berlinoise » alla jusqu'à tirer gloire de la mauvaise réputation des voyous de Neukölln : « Plus de 3 000 activistes rouges, contre 70 hommes tout juste du *Sturm* 25. Un *Sturm*, toutefois, composé à quatre-vingts pour cent de travailleurs, de vandales, de durs à cuire malins comme des singes. "Le *Sturm* des voyous", comme l'appellent les Berlinois. » Dans le quartier de Charlottenburg, c'était le célèbre *Sturm* 33 qui faisait la loi. On l'appela le « *Sturm* des meurtriers », après que des membres de cette compagnie eurent tué ou grièvement blessé plusieurs personnes pendant la nuit du 31 décembre 1930. Le 22 novembre 1930, alors que des communistes, membres du Faucon, une association de randonneurs, étaient en train de danser au bal de l'association, une vingtaine de membres de la SA firent soudain irruption dans la salle. Aux cris de « Abattez ces salauds ! » ils tombèrent à bras raccourcis sur les danseurs et tirèrent au hasard dans la foule. Trois travailleurs s'écroulèrent, mortellement atteints, et furent abandonnés baignant dans leur sang.

Cette fois, les brutes en chemise brune atterrirent devant les tribunaux. Plainte avait été déposée pour tentative d'assassinat, trouble de l'ordre public et coups et blessures. Le jeune avocat Hans Litten représentait la partie civile contre quatre membres de la SA et réussit à créer une petite sensation. Le 8 mai 1931, il appela Adolf Hitler à la barre des témoins de la Chambre criminelle de Berlin-Moabit. Le but était d'arracher leur masque aux nationaux-socialistes en se servant de leur propre témoignage, de montrer au grand jour la nature terroriste de l'idéologie nationale-socialiste. Il s'agissait de prouver que le NSDAP ne faisait pas que tolérer la violence, mais que la terreur était la clé de voûte de sa politique. L'audience dura deux heures. Hitler, dans un premier temps, conserva son calme. Comme tournant un moulin à prières, il répétait à l'envi : « Il est formellement demandé aux membres de la SA de s'abstenir de toute agression vis-à-vis de ceux qui ne pensent pas comme eux. » Litten opposa à Hitler les incessantes déclarations du *Gauleiter* Goebbels, qui proclamait que les « opposants [devaient être] réduits en bouillie ». L'impatience de Hitler grandit au fil de l'interrogatoire. Finalement, il éclata. Se levant d'un bond, il se mit à hurler, rouge de colère : « Qu'est-ce qui vous fait dire, Maître, que c'est une incitation à l'illégalité ? C'est une allégation sans aucune preuve ! »

> *« Deux paysans d'Oranienburg avaient donné une claque à un garçon qui faisait partie de la Jeunesse hitlérienne. Cela lui avait percé le tympan et il avait dû aller à pied jusqu'à Berlin pour se faire soigner. Les SA ont attrapé les deux paysans et les ont obligés à marcher pieds nus autour du camp en leur faisant parcourir le même nombre de kilomètres que le garçon pour aller jusqu'à Berlin. Quand nous sommes rentrés au camp le soir après le travail, ils étaient encore en train de marcher. On pouvait les suivre à la trace parce que là où ils avaient marché, le sol était couvert de sang. La peau de leurs pieds était en lambeaux. »*
>
> Arno Hausmann, interné en 1933
> au camp de concentration d'Oranienburg

Litten obtint la condamnation des accusés. Il ne savait pas encore à ce moment que son intervention au tribunal lui vaudrait sa propre condamnation à mort. Litten fut parmi les premiers à être internés en 1933 en *Schutzhaft*, en « détention préventive ». Après des années de mauvais traitements et une odyssée à travers divers camps de concentration, cet avocat courageux se suicida le 5 février 1938 à Dachau.

> « Par principe, un membre de la SA n'a rien à voir avec la politique, il ne doit donc à aucun moment s'occuper des affaires de politique courante. »
>
> August Schneidhuber, *SA-Gruppenführer*, novembre 1930
>
> « La SS a une attitude conservatrice, elle protège la réaction et les petits-bourgeois, sa subordination à l'armée et à la bureaucratie traditionnelle est trop grande. »
>
> Röhm à Himmler, 1934
>
> « La révolution n'est pas un état permanent, elle ne doit pas se transformer en état durable. Il faut canaliser le flux de la révolution et l'orienter vers le lit sûr de l'évolution. »
>
> Adolf Hitler dans un discours devant les fonctionnaires du NSDAP, juillet 1933

Il suffit de prendre connaissance des statistiques de la compagnie d'assurances de la SA pour comprendre que la violence était son moyen de propagande de prédilection. Son chef, Martin Bormann, signalait une augmentation conséquente du nombre des « blessés en service », passé de 110 en 1927 à 2 506 en 1930. Les rapports de police dessinaient un tableau semblable : si les fonctionnaires enregistraient encore 580 affrontements en Prusse pour l'année 1929, ceux-ci étaient déjà passés à 2 500 en 1930, et 5 300 en 1932. Pendant le premier semestre 1932, 86 personnes furent victimes de la sanglante bataille électorale, et au cours des six semaines précédant l'élection, on en dénombra 72 de plus.

La stratégie de la violence réussit. Le nombre des adhésions à la SA ne cessa d'augmenter, en dépit des morts et des blessés que l'on comptait également de leur côté. Mais l'abnégation était-elle payée de retour pour tous ces hommes qui avaient fait don de leur personne au Parti ?

Car l'ennemi n'était plus seulement « à gauche ». De plus en plus de membres de la SA le voyaient également dans le parti national-socialiste et ses chefs. Ils fulminaient contre les « pontes du Parti » et leur orientation vers la légalité. La SA mettait tous ses espoirs dans un changement de nature socialiste. « Le national-socialisme, cela voulait dire quelque chose pour moi. National, il fallait l'être à l'époque, et socialiste, il y avait une notion de justice dedans », dit Herbert Crüger, un Berlinois qui, adolescent, entra au *Frontbann*, l'organisation-écran de la SA. On allait d'ailleurs jusqu'à demander des conseils et des informations aux communistes sur l'économie planifiée. Les colonnes rouges et brunes firent grève de concert contre l'augmentation du prix des transports berlinois. Çà et là, quelques formations SA étaient même considérées comme des « *Sturm* beefsteak » : brunes dehors, rouges dedans. Des voix s'élevèrent également pour reprocher au Parti sa conception confuse du socialisme. Dès 1929, le slogan « Adolf nous trahit, nous, les prolétaires », se répandit dans les *Sturmlokale*. Des SA contestataires fustigèrent dans des tracts la « trahison de la clique du Parti, avec Hitler en tête ». Contre leur grand chef, ils composaient des vers bancals :

« Décidé à dire merci à ses bailleurs de fonds,
Il arrête son "*Kampf*" contre le capital et la finance.
Les soucis du peuple, quelle importance ?
Que lui importe ce que les lendemains seront ? »

Aux camarades, on recommandait : « Conservez les anciens idéaux, ne tolérez pas que le socialisme soit trahi par des politiciens soucieux de leurs seuls intérêts, et pour qui le Parti n'est plus qu'une fin en soi ! » Les commentaires venimeux fusèrent lorsque Hitler se procura une nouvelle et coûteuse Mercedes. « Nous, les prolétaires du mouvement, nous nous contentons de ce que nous avons. Nous sommes trop contents de trimer pour que nos chefs bien-aimés puissent vivre bien à l'aise avec 2 000 à 5 000 marks par mois. Et nous avons été très contents aussi quand nous avons appris que notre cher Adolf Hitler s'est acheté une Mercedes pour 40 000 marks au Salon de l'automobile de Berlin. »

La SA exigeait d'être enfin récompensée de son dévouement. Le chef de la SA de Berlin, Walter Stennes, un adjoint de Pfeffer, demanda à plusieurs reprises à Munich l'attribution de mandats au Parlement. Quand, en 1930, la direction du Parti omit une fois de plus d'inscrire Stennes sur la liste pour les élections au Reichstag, l'armée du Parti fit grève contre le Parti. Au palais des Sports de Berlin, l'orateur principal, le *Gauleiter* Goebbels, resta bouche bée en voyant la SA, responsable de la sécurité de la salle, se retirer en laissant l'assemblée livrée à elle-même. Les soldats du Parti se rendirent à Wittenbergplatz pour une manifestation dirigée contre lui et menacèrent ouvertement de « disperser à coups de bâton la foire de Goebbels ». Ce dernier réagit vite. Il alla chercher ceux sur qui il pouvait compter : la SS locale, sous la conduite de Kurt Daluege, prit en charge le service d'ordre du palais des Sports. Pour la première fois, le Parti utilisa sa garde autoproclamée contre les « camarades » de la SA. La vengeance ne se fit guère attendre : deux jours plus tard, le 30 août, des membres de la SA s'en prirent aux gardes SS dans le bâtiment de la *Gauleitung* de Berlin, le commandement du secteur de Berlin.

Aussitôt, Hitler se rendit à Berlin et fit la tournée des *Sturmlokale* de la capitale. Il promit de répondre aux exigences de Stennes. Le 1er septembre, la querelle paraissait apaisée. Mais, une fois de plus, Hitler avait pris conscience de la

En haut : Nomination de Hitler au poste de chancelier, le 30 janvier 1933. Sur la photo originale, Ernst Röhm se trouvait entre Hitler et Göring. Ici, il n'apparaît plus.
En bas : L'heure de gloire de la SA : le défilé des Sections d'assaut, sous la porte de Brandebourg, le 30 janvier 1933 (scène reconstituée).

menace que faisait peser sur lui l'existence de ces chemises brunes anarchistes.

Une fois de plus, il tenta de discipliner les troupes et se mit en quête d'un successeur pour Pfeffer, le commandant en chef de la SA, qui s'était retiré. C'est ainsi que l'on vit revenir un vieux compagnon dont personne n'avait envisagé le retour en piste. L'ami Ernst Röhm débarqua de Bolivie à la fin de l'année 1930. Hitler crut avoir bien joué. Röhm, qui avait toujours une excellente réputation au sein de la SA, paraissait avoir tourné le dos à toutes les batailles de tranchées. Mais Hitler ignorait que, du fond de la lointaine Amérique latine, Röhm n'avait cessé de tempêter contre le *Führer*. « Dolf est un âne », écrivait-il en 1928, tel un potache, sur une carte postale adressée à un ami.

Mais Röhm ne parvint pas à discipliner la SA aussi vite qu'on l'espérait. Un an après la première révolte de Stennes, on vit circuler de nouveaux tracts : « Nationaux-socialistes de Berlin ! Le *Gauleiter* de Berlin, Joseph Goebbels, est relevé de son poste de *Gauleiter* pour rupture de confiance. » Il s'agissait « d'éviter la trahison du Parti vis-à-vis de la SA et du national-socialisme. La SA est en marche, Stennes prend le commandement ». Le chef de la SA de Berlin, Walter Stennes, avait à nouveau exigé des mandats pour les membres de la SA. Et, une fois de plus, la direction du Parti avait refusé. « Personne ne gouverne impunément sur la durée en s'opposant aux opinions de la meilleure composante du peuple – en l'occurrence aux idées de la SA », menaça Stennes.

Ses adversaires politiques suivirent avec étonnement les luttes de faction grotesques dans lesquelles le NSDAP paraissait s'égarer. Stennes rallia presque tous les chefs SA de l'Est et du Nord de l'Allemagne à l'idée d'un putsch contre la direction du Parti à Munich. Mais Hitler lui coupa l'herbe sous le pied et le démit de ses fonctions le 31 mars 1931.

Cela n'empêcha pas le fauteur de troubles en chemise brune de frapper. La SA prit la direction du Parti, lequel, de son côté, exclut les rebelles SA. Mais lorsque le trésor de guerre de la SA fut épuisé, la révolte s'enlisa lentement. L'organisation fut débarrassée des gens de Stennes, et son appareil réduit au silence. Après la prise de pouvoir, Stennes fut arrêté par la SS, puis relâché sur intervention de Göring. Plus tard, il fut promu chef de la garde rapprochée du dirigeant chinois Tchang Kaï-chek.

> « Mais notre *Führer* sait ce qu'est pour lui sa SS. Nous sommes son organisation préférée, celle qui lui est la plus précieuse, car nous ne l'avons jamais déçu. »
>
> Heinrich Himmler, juin 1931
>
> « Les SS étaient nos modèles. C'étaient des gars solides. Pas un tas de minables comme les SA. »
>
> Friedrich Haberstroh, soldat de la Waffen-SS

Après le putsch de Stennes, la SS continua à être valorisée. On la glorifiait pour s'être tenue comme un seul homme derrière Hitler. Et ce dernier clamait haut et fort, ainsi que l'écrit l'historien de la SS Heinz Höhne, qu'il ne devait la victoire « qu'à la vigilance de sa *Schutzstaffel* ». Désormais, elle arbora la devise que Himmler lui attribua après les événements dramatiques de 1932 : « Soldat SS, ton honneur s'appelle fidélité. »

Le *Reichsführer SS* affirma triomphalement, lors d'une réunion : « On ne nous aime pas partout. On nous liquidera éventuellement après le travail accompli, nous ne devons pas nous attendre à des remerciements. Mais notre *Führer* sait ce qu'est pour lui sa SS. Nous sommes son organisation préférée, celle qui lui est la plus précieuse, car nous ne l'avons jamais déçu. » Beaucoup, au sein du Parti, sous-estimèrent ce petit homme pâle avec son pince-nez ; il était à peine connu du public. Les actualités le montraient au troisième rang derrière Hitler et Röhm. Mais Heinrich Himmler, qui fut le porte-drapeau de Röhm le 9 novembre 1923, n'avait plus d'amis dès lors qu'il s'agissait du pouvoir et de la carrière. Peu de gens pressentaient que, derrière cet aimable Bavarois au physique passe-partout, celui dont on souriait à l'amicale des vétérans de la Grande Guerre en le considérant comme « l'anti-soldat » (Otto Kumm), se cachait un tacticien persévérant mû par le goût du pouvoir. En toute occasion, il mettait les choses au point en proclamant : « La SA, c'est la troupe, la SS, c'est la garde. »

L'ascension de Himmler fut un tournant dans l'histoire de la SS. Quand il prit ses fonctions, en 1929, le nombre des adhésions grimpa en flèche. La SS ne comptait au départ que 280 membres ; ils étaient dix fois plus en décembre de l'année suivante. En 1931, ils étaient 14 964 à arborer la casquette ornée de la tête de mort. Himmler affina les sévères critères de sélection et commença tout d'abord par élaborer des règles formatées d'après l'idéologie. « La SS est une formation d'Allemands de type nordique choisis selon des critères précis », lit-on dans les *Obligations du soldat SS pour les fiançailles et le mariage* datées du 31 décembre 1931.

> *« Au début, je trouvais les SS arrogants. C'étaient nos ennemis. En 1940, j'ai été versé dans la Waffen-SS. Cela ne m'a pas plu du tout, car j'étais un SA, un vieux de la vieille. Mais j'ai vu que là, c'était d'un autre calibre, beaucoup plus sévère, beaucoup plus discipliné. Bien sûr, ça m'en a imposé. »*
>
> Robert Krötz, SA de 1930 à 1940, et membre de la *Leibstandarte Adolf Hitler* de 1940 à 1945

Et encore : « Tout soldat SS qui envisage de se marier doit obtenir l'autorisation du *Reichsführer* SS. » La sélection était l'unique moyen de conserver le « bon sang ». Le règlement se terminait par cette déclaration : « L'avenir nous appartient. »

Les petits-bourgeois vétérans de la Première Guerre mondiale n'étaient plus les seuls à s'enthousiasmer pour l'« Ordre noir ». Celui-ci intéressait aussi, et de plus en plus, ceux chez qui la décomposition de la démocratie avait provoqué une sorte de dégoût culturel, ceux qui, bien que trop jeunes pour avoir connu les tranchées, étaient attirés par la dureté et le romantisme de la guerre. « Je ne voyais qu'une seule issue pour échapper à cette Allemagne effondrée, dit Otto Kumm, de Hambourg. Et c'était Hitler. J'ai commencé par entrer à la SA, cela allait de soi. Mais tout cela était trop mou pour moi, trop imparfait. A la SS, il n'y avait que des hommes soigneusement sélectionnés. » A Weimar, la ville de Goethe, Horst Mauersberger s'était enflammé pour la SS, lui aussi, alors qu'il était encore à l'école. Mauersberger avait toujours avec lui le *Faust* de Goethe. Son fils Volker possède toujours ce volume écorné, dont de nombreux passages sont soulignés par son père.

« On enseignait aux membres de la SA : "Tu as ton devoir à remplir, tu es un bon Allemand, et tu n'as pas à t'occuper d'autre chose. Tout ce que tu as à faire, c'est exécuter tes ordres." »

Paul Tollmann, communiste, prisonnier de la SA en 1933

« La SS est une formation d'Allemands de type nordique choisis selon des critères précis. »

Règlement de la SS, 31 décembre 1931

> « La jeunesse est toujours pour la nouveauté, de droite ou de gauche, peu importe, à partir du moment où c'est quelque chose de grandiose. Il y avait de "l'action", aurait-on dit plus tard. Nous étions aussi fascinés par l'idéologie raciale. La SS à ses débuts était une élite qui avait pour idéal non seulement la pureté de la race, mais aussi la pureté du comportement dans la vie en général. »
>
> Luise Rinser, écrivaine

« Toute ma vie, je me suis battu avec cette question : comment un homme issu d'une maison bourgeoise, nourri d'idéal humaniste, avec de telles aspirations et de telles idées a-t-il pu atterrir sur l'Ettersberg ? » Mauersberger accuse « l'élite bourgeoise de Weimar ». C'est elle qui, selon lui, fit du jeune homme un rêveur aux idées radicales et permit que l'Ettersberg, sur lequel Goethe aimait à aller chercher son inspiration, prît dans l'Histoire une autre dimension : Buchenwald. Le camp devint quelques années plus tard le « lieu de travail » du futur *SS-Scharführer* Horst Mauersberger.

Bon nombre de candidats à la SS partageaient l'avis du médecin suisse Franz Riedweg, qui s'enthousiasma très tôt pour l'Allemagne nationale-socialiste parce qu'il pensait qu'elle dresserait un rempart contre le communisme. « L'idée de Himmler de créer une élite était très bonne, affirme-t-il aujourd'hui encore. Le don de soi pour une grande idée, voilà ce qui nous attirait. C'était comme dans une monarchie, avec de grands personnages pour nous donner l'exemple. » Riedweg devait recruter plus tard des volontaires étrangers pour la Waffen-SS pendant la guerre contre l'Union soviétique.

Mais il y avait plus important : en s'abritant derrière l'idéologie, Himmler continuait à s'entraîner pour la bataille décisive. Il forma les SS de la garde de Hitler afin d'en faire une police de parti omniprésente. Lors d'un voyage en train qu'il effectua au printemps 1929 en compagnie du *Gauleiter* de

Hambourg, Albert Krebs, il se livra à ce dernier avec une franchise qu'il ne manifestait que rarement. Selon lui, il importait en politique de connaître les dessous de toutes les situations. Ainsi, il était important de savoir comment le chef SA Conn en était arrivé à porter ce nom à consonance juive qui rappelait le nom de « Cohn », ou si le *Gauleiter* Lohse, un ancien employé de banque, était tombé sous la dépendance du capital juif. Krebs subit ce jour-là un discours composé d'un « étrange méli-mélo de rodomontades martiales, de verbiage de Café du Commerce et de prophéties dignes d'un prédicateur de secte illuminé ». Ce qui avait échappé à Albert Krebs, comme à bien d'autres, était l'incroyable acharnement et l'absence de scrupules de Himmler, bien décidé à atteindre ses objectifs.

Pendant l'été 1931, Himmler engagea un officier des Transmissions renvoyé de la Marine pour « indignité », Reinhard Heydrich. Le service qui se chargeait de recueillir tant bien que mal les informations transmises par le Parti se mua dès lors en un système d'espionnage sophistiqué. Les informations recueillies par le « Service 1c » nouvellement créé, dont la mission était de démasquer les « espions de l'adversaire » au sein du Parti, convergeaient vers la « Maison brune » de Munich. Les amitiés anciennes ne comptaient plus. Allant tout à fait dans le sens de Hitler, la SS marchait à présent « contre ses propres frères », qui s'étaient montrés par trop imprévisibles.

Les nouvelles mesures prises par Ernst Röhm ne calmèrent pas la situation. La rébellion grondait toujours au sein de la SA et la personne même de son dirigeant alimentait encore le conflit. Röhm ne faisait pas mystère de son homosexualité, et les penchants de ses plus proches collaborateurs étaient de notoriété publique. Dans des lettres adressées à un médecin berlinois, le Dr Heimsoth, Röhm écrivait sans détour : « Entre Herr Alfred Rosenberg, ce défenseur benêt de la

Il est encore au deuxième plan : le *Reichsführer* SS Heinrich Himmler derrière Röhm, août 1933. *A gauche*, le *SS-Gruppenführer* Daluege.

morale, et moi, c'est la lutte sans merci. Et c'est surtout contre moi que sont dirigés ses articles, parce que je ne fais pas mystère de mes penchants. Vous pouvez donc constater "qu'on" a été obligé de se faire à cette singularité criminelle dans les milieux nat[ionaux]-soc[ialistes]. »

> « Pour tout le monde, il a toujours été "le Ernstl*". »
>
> Rita Stephan, nièce de l'ordonnance de Röhm, Schweighardt
>
> * Diminutif de Ernst

Une affaire opposant Röhm et un gigolo berlinois du nom de Herrmann Siegesmund, contre lequel le chef de la SA avait porté plainte pour le vol de sa valise, atterrit devant les tribunaux. Sur le procès-verbal du tribunal d'instance de

Berlin-Mitte, il était consigné : « Le soir du 13 janvier 1925, Röhm invita Siegesmund à boire un verre de bière au Marienkasino de Berlin, puis à ce qui suivait toujours ce genre de prises de contact. » Sur le procès-verbal, Siegesmund déclare : « Pendant que nous étions encore habillés, dans la chambre d'hôtel, monsieur Röhm a sorti un paquet de cigarettes de sa poche ; j'ai remarqué qu'un morceau de papier était tombé par terre, et je l'ai ramassé. Au bout d'une demi-heure environ, j'ai quitté la chambre, parce que monsieur Röhm exigeait de moi un rapport sexuel répugnant, ce que je ne pouvais pas accepter. C'est seulement dans la rue que j'ai remarqué que la feuille que j'avais prise dans la chambre était un ticket de bagage de monsieur Röhm. »

Les gens de la SA se moquaient ouvertement de l'homosexualité de leur chef. Un tract conseillait aux cadres du Parti d'utiliser Röhm pendant les jours d'hiver dans la « Maison brune » pour « chauffer » l'atmosphère. Les auteurs anonymes suggéraient aussi de renouveler les uniformes de la garde de Röhm avec des pantalons de cavaliers munis d'une « fermeture à glissière fonctionnant avec un pas de progression de 175 » (allusion au paragraphe 175 sur l'homosexualité). Mais les amis de Röhm n'en vinrent pas moins occuper peu à peu les postes laissés vacants par la révolte de Stennes. Ces hommes ne partageaient pas seulement les idées politiques de leur chef, mais également ses penchants homosexuels. Des rumeurs selon lesquelles des orgies étaient organisées circulèrent à Munich et à Berlin. Hitler, à cette époque, balayait encore d'un revers de manche toutes les plaintes concernant la vie dissolue des cadres de la SA en les déclarant « absolument inacceptables » : il avait encore besoin de Röhm.

Pourtant, en avril 1932, un obscur complot ourdi contre Röhm et ses amis, organisé par le juge supérieur du Parti et son « gardien des bonnes mœurs », Walter Buch, fit la une des journaux. Craignant pour leur vie, de grands chefs SA avaient signalé à la police la menace que faisaient peser sur eux leurs « camarades » NS, ce qui, pour Himmler, qui eût préféré laver son linge sale en famille, constituait un « impardonnable manquement à la loyauté ». Les instigateurs comparurent dans un procès qui mit à nu quelques nouveaux détails peu ragoûtants. Pour les gardiens de la morale du Parti, la mesure était comble. Le gendre de Buch, Martin Bormann, se plaignait ainsi dans une lettre à Rudolf Hess : « Alors ça, c'est le bouquet. Un des plus grands chefs du Parti va déblatérer chez un autre grand chef qui est le chef des adversaires les plus virulents et [...] traite de salopards des camarades de son propre parti, qui sont aussi des chefs. » Bormann, faisant allusion aux prétoriens de la « Maison brune » et à leur conduite exemplaire, ajoute : « En revanche, regardez les SS, vous connaissez bien Himmler, et vous connaissez ses compétences. » Plus les troupes anarchiques de la SA, y compris leurs dirigeants, paraissent incontrôlées, plus l'esprit de corps des troupes dirigées d'une main de fer par Himmler ressort. L'heure de la lutte entre la SA et la SS pour s'emparer du pouvoir n'allait pas tarder à sonner.

L'euphorie du 30 janvier 1933 masqua les profondes divergences que connaissait le Parti. Les hommes de Röhm, qui s'étaient illustrés par plusieurs années de combats de rues et étaient devenus le symbole visible du nouveau pouvoir, défilèrent aux flambeaux sous les fenêtres de la Chancellerie. Mais leur prestation martiale, dont le seul but était la propagande, ne faisait nullement partie de la tactique de prise de pouvoir par Hitler, qui dépendait, dans un premier temps, d'une alliance avec les forces conservatrices.

Pour la SA, cette journée fut une soupape. Les bandes en uniforme brun considéraient désormais qu'elles n'étaient plus

Après la prise de pouvoir par Hitler, les SS furent utilisés comme auxiliaires de la police, comme ici, pendant les élections au Reichstag, le 5 mars 1933.

soumises aux lois civiques, exigeant « vingt-quatre heures de temps libre » pour exercer leur vengeance sur leurs adversaires politiques. Plus que jamais, des hordes de SA ivres contrôlaient et rouaient de coups de paisibles passants pris au hasard. Hurlant des slogans devant les magasins juifs, ils quêtaient pour le Parti ou se livraient au racket pour leur propre compte. Au cours des premiers mois du nouveau régime, ils donnèrent libre cours à leur soif de vengeance en faisant disparaître près de 100 000 personnes dans les caves, les garages et leurs autres repaires. Partout, ils installèrent des « camps sauvages », et quelques *Sturmlokale* se transformèrent en chambres de torture.

Mars 1933 vit la construction, sur le terrain d'une ancienne brasserie située à Oranienburg, au nord de Berlin, d'un camp destiné à concentrer les opposants au régime. Arno Hausmann, l'un des derniers survivants de ce premier camp, se souvient : « Un vagabond qui venait d'être transféré au camp a été martyrisé à coups de brosse par les gardiens et brossé jusqu'à ce que sa peau pende en lambeaux. Le lendemain, il était mort. » C'était là ce que la SA entendait par la *Schutzhaft*, la « détention préventive ». Le camp se trouvait sous son autorité. Il était situé dans un quartier d'habitation, à proximité des cabarets et des boîtes de nuit.

C'est dans le quartier berlinois de Köpenick que cette entreprise de terreur fut poussée à son paroxysme. Comble de provocation, le tristement célèbre *Sturm* 15 avait choisi d'établir son quartier général au tribunal d'instance. De là, il organisa une chasse, un véritable pogrom, contre les opposants politiques et tous ceux qui, d'une façon ou d'une autre, « se faisaient remarquer désagréablement ». La SA entassa jusqu'à vingt personnes dans des cellules de quelques mètres carrés. Voyant une troupe de chemises brunes investir la maison de ses parents, le jeune social-démocrate Anton Schmaus, pris de panique, abattit trois SA. Leur vengeance fut d'une cruauté indescriptible. Le père de famille fut lynché sur place et pendu dans sa propre maison. Son fils, qui était d'abord parvenu à s'enfuir, fut rattrapé et abattu de plusieurs balles dans le dos pendant sa détention. En peu de temps, 500 communistes et sociaux-démocrates furent traînés jusqu'aux *Sturmlokale* et à la prison du tribunal d'instance, où ils furent torturés de façon bestiale. Un témoin oculaire raconte : « Quand ils ont appris la mort des trois SA, ils se sont vengés sur nous, les prisonniers, en nous noyant dans un épouvantable bain de sang. Ils nous ont tapé dessus à coups de chaise, de fouet et de baïonnette. Dans l'église, il y avait à peu près trente-cinq ouvriers qui baignaient dans leur sang. Leurs vêtements avaient été arrachés. Les SA les piétinaient avec leurs bottes. Le sang et les morceaux de chair ont été balayés et sortis dans des seaux. »

On ne sait toujours pas à l'heure actuelle combien de victimes ont péri durant cette semaine sanglante. On connaît le nom de vingt-trois d'entre elles, mais il y en eut probablement une centaine.

« Il faut quelque chose de nouveau, vous comprenez ? Une nouvelle discipline. Un nouveau principe d'organisation. Les généraux sont des vieux machins. Ce n'est pas d'eux qu'il faut attendre une idée nouvelle. »

Ernst Röhm

« Les chefs SA étaient des officiers aux idées nationales, auxquels on avait arraché leurs épaulettes après leur retour de la Première Guerre mondiale. Mon oncle Hans venait du milieu de ceux que l'on appelait les Meurtriers de la Sainte Vehme. »

Rita Stephan, nièce de l'officier d'ordonnance de Röhm, Schweighardt

La terreur semée par la SA après la prise de pouvoir fournit à Hitler la dernière preuve, si besoin en était, que les bataillons bruns n'avaient pas leur place dans son nouvel Etat s'il voulait s'allier avec les élites conservatrices. Le chef de la SA poussa le conflit qui couvait à son sommet. Dès l'été, Röhm exigea qu'à la révolution nationale succède enfin la révolution nationale-socialiste. Nostalgique de la stratégie « troupe de choc », il rêvait d'une révolution menée au canon et au fusil, qui provoquerait l'effondrement de l'ordre ancien au cours d'une « Nuit des longs couteaux ». Ses espoirs avaient été vains, et il était profondément déçu de l'alliance de Hitler avec les forces conservatrices, d'autant plus que la masse des membres de la SA attendait toujours sa récompense, si souvent promise, pour les « victimes du temps des combats ». Beaucoup de SA restaient sans emploi en raison de leur réputation désastreuse. Or, leur chef d'état-major considérait que les membres de la SA devaient accéder à des postes clés de l'Etat. Le 22 mai 1933, Röhm écrivait à la direction du Parti : « Le Parti doit cesser de se comporter avec nous comme une marâtre. » Afin d'appuyer ses exigences et de démontrer sa puissance, la SA se rassembla pour de grandes démonstrations sur l'Annaberg (12 000 participants), à Liegnitz (16 000 participants) et Breslau (80 000 participants).

Ernst Röhm caressait un rêve qui lui tenait à cœur : il voyait dans la SA le noyau d'une nouvelle armée populaire allemande, dans laquelle la petite armée de métier, la Reichswehr, se dissoudrait purement et simplement. Lui-même, évidemment, en prenait la tête. Il avait organisé sa « section d'assaut » sur le modèle d'une armée, jusque dans les moindres détails. Les instructions de service copiaient les règlements de l'armée, et les *Standarten*, les « régiments », portaient les numéros des anciens régiments du royaume de Prusse. Le capitaine Röhm, vétéran de la Grande Guerre, nourrissait une profonde aversion pour le corps des officiers

En haut : « Seuls les ânes sont envoyés en camp de concentration. » Des mises en scène macabres comme celle-ci étaient destinées à intimider la population. Cassel, 1933.
En bas : Des gardes SA devant l'entrée du « camp de détention provisoire » d'Oranienburg, l'un des premiers camps de concentration, avril 1933.

de la Reichswehr, dont les représentants, lors des manifestations officielles, ne daignaient pas lui tendre la main. Or, c'est sur eux qu'il rejetait en partie la responsabilité de la défaite de 1918. « Les généraux sont des vieux machins. Ce n'est pas d'eux qu'il faut attendre une idée nouvelle. » Lui-même se plaisait à fanfaronner : « Je suis le Scharnhorst [1] de la nouvelle armée. » Röhm tablait sur le pouvoir de la masse ; il voyait dans une armée populaire l'armée du futur. Une partie du *Stahlhelm*, le « Casque d'acier », l'association ultra-conservatrice des vétérans de la Première Guerre mondiale, était déjà entrée à la SA. Fort des quatre millions et demi d'hommes qui se retrouvaient sous ses ordres, Röhm formula ouvertement ses exigences, parmi lesquelles le commandement aux frontières de l'est, ainsi que le contrôle des dépôts d'armes de l'est de l'Allemagne.

Mais cette SA incontrôlable compromettait le succès de Hitler, qui craignait pour sa fragile alliance avec l'armée et l'industrie. Le 6 juillet 1936, il déclarait : « La révolution n'est pas un état permanent, elle ne doit pas se transformer en état durable. Il faut canaliser le flux de la révolution et l'orienter vers le lit sûr de l'évolution. » Hitler troquait son uniforme brun contre la jaquette et le haut-de-forme. Dans une mise en scène cynique, aux côtés du vieux maréchal von Hindenburg, il avait affiché à Potsdam sa prétendue fidélité à la Constitution. Mais il lui fallait encore compter avec les conseillers qui gravitaient autour du vieux président du Reich, et prendre en compte la possibilité de tout reperdre. Car Hindenburg, en cas de durcissement de la crise politique intérieure, pouvait à tout moment décréter l'état d'urgence, donner les pleins pouvoirs à la Reichswehr et évincer le chan-

1. Scharnhorst (1755-1813) : général prussien qui réorganisa l'armée de Frédéric-Guillaume III.

celier Hitler. Tant que Hindenburg vivrait, Hitler devrait observer la plus grande prudence.

Frick, le ministre de l'Intérieur, réagit aux prétentions de la SA, qui voulait s'immiscer dans l'administration et l'économie, en publiant une circulaire : les postes devenus vacants dans l'administration seraient d'abord pourvus par des dirigeants politiques du NSDAP. Röhm obtint bien un poste au gouvernement, mais, nommé ministre du Reich sans portefeuille, il était – et à travers lui, la SA tout entière – une simple potiche. La seule position qui l'intéressait véritablement, celle de ministre de la Reichswehr, demeurait aux mains d'un militaire conservateur. Le ton restait celui de la camaraderie, mais à la fin de 1933, la situation était tendue à craquer. Hitler, dans une lettre adressée « avec son amitié sincère et toute sa reconnaissance » à son cher chef d'état-major, esquissa un vague compromis : « Si l'armée doit garantir la défense de la nation à l'extérieur, c'est à la SA qu'il revient d'assurer la victoire de la révolution nationale-socialiste, l'existence de l'Etat national-socialiste et de notre communauté nationale-raciale à l'intérieur. » Hitler fit savoir à celui qu'il devait faire assassiner six mois plus tard « combien [il était] reconnaissant au destin de pouvoir appeler des hommes tels que [lui] [ses] amis et camarades de combat ». Au même moment, il chargeait le chef du bureau de la Police secrète, Rudolf Diels, de rassembler des preuves contre Röhm et les cadres de la SA. « C'est la chose la plus importante que vous ayez jamais eu à faire. »

Deux mois plus tard à peine, Hitler laissa son chef d'état-major fixer les modalités du prétendu accord avec l'armée. Le 28 février 1934, il invita l'encadrement de la SA et de la Reichswehr dans la salle du ministère, toute de marbre, où se signaient les contrats, et demanda instamment aux contractants de faire enfin la paix. Le ministre Blomberg et Röhm furent sommés de confirmer la nouvelle formule en présence de Hitler. La Reichswehr était désormais seule responsable de la préparation de la défense du Reich, de la mobilisation et la conduite de la guerre, tandis que la SA était chargée de la formation pré- et post-militaire mais soumise aux directives du ministère de la Défense. Autour d'un petit déjeuner arrosé au champagne, les adversaires fêtèrent leur réconciliation apparente. Mais à peine les officiers avaient-ils quitté la salle que Röhm éclatait. « Ce Hitler ! Si seulement on pouvait se débarrasser de cet homme [...] Ce qu'il raconte, ce caporal ridicule, ça ne nous regarde pas... Hitler n'a pas de parole, il faut au minimum qu'on lui fasse prendre des vacances. »

Röhm se croyait en sécurité au milieu de ses chefs SA. Dans l'atmosphère embrumée par les vapeurs de l'alcool, il donna libre cours à sa colère, et cet accès de fureur ne resta pas confidentiel. Viktor Lutze, un *SA-Obergruppenführer*, répéta ses paroles à Hess d'abord, puis à Hitler. La réponse du *Führer* à celui qui venait de manquer à sa foi donnée fut brève : « Nous devons laisser mûrir cette affaire. » Hésitant à agir – comme ce fut souvent le cas au moment des grands tournants de sa carrière politique –, il attendit que la corde destinée à étrangler son vieux camarade de combat et son encombrante SA fût nouée de façon aussi habile que mortelle. Il devait saisir l'occasion de jouer l'un contre l'autre les deux seuls groupements indépendants de l'Etat, la Reichswehr et la SA, en s'alliant avec les uns et en sacrifiant les autres. La prétendue menace de « trahison » d'Ernst Röhm fut le prétexte d'une « purification » sanglante.

« J'ai entendu fin janvier 1934 un discours de Röhm. Il criait : "Je préfère faire la révolution que fêter des révolutions – la révolution n'est pas encore achevée !" »

Otto Gritschneder, avocat munichois

« Qui a le pouvoir, la SA ou la SS ? C'est comme ça que nous avons compris la chose, c'est pour ça que l'on a fusillé Röhm et qu'on l'a remplacé par un homme complaisant comme Lutze. »

Rita Stephan, nièce de Schweighardt, l'ordonnance de Röhm

Au même moment, Heinrich Himmler affichait l'image d'une SS animée d'une volonté de réconciliation. A Munich, il invita des industriels, des officiers et des scientifiques à une conférence. Habitués à être dénoncés aux accents stridents des combats de rue comme des « petits-bourgeois », des « décadents » et des « larbins des juifs », les auditeurs s'attendaient au pire. Ils n'en crurent pas leurs oreilles. Loin de se livrer à des attaques, le *Reichsführer SS* les appelait à devenir une nouvelle élite. Himmler les priait de collaborer avec lui, afin de « rendre possible une réunion des différents courants de la tradition au sein de la SS ». Tous les Etats avaient besoin d'une élite : dans l'Etat national-socialiste, l'élite était la SS. En elle étaient appelés à s'unir « la vraie tradition militaire, le noble idéal, les bonnes manières et la bonne éducation de la noblesse allemande, ainsi que l'énergie créatrice de l'industriel sur le terreau de la sélection raciale, avec les exigences sociales du temps ».

« Les "gens bien", quand ils entraient dans l'un des mouvements du Parti, choisissaient de préférence la SS. »

Walter Schellenberg, chef du Renseignement extérieur de la SS, dans ses Mémoires

« Aucun peuple ne peut se permettre l'insurrection permanente s'il veut exister devant l'Histoire. La dynamique perpétuelle empêche de construire. L'Allemagne ne doit pas ressembler à un train roulant à l'aveuglette... Un jour, le mouvement doit s'arrêter, un jour, un cadre social solide, s'appuyant sur une juridiction impartiale et une autorité publique incontestée, devra voir le jour. »

Franz von Papen, vice-chancelier, dans un discours du 17 juin 1934

Félix Kersten, le masseur de Himmler, se rappela plus tard que presque tous les auditeurs étaient entrés à la SS après sa prestation. Cet épisode démontrait, d'après l'auteur Heinz Höhne, « avec quelle habileté Himmler sut [...] présenter sa *Schutzstaffel* ». Dans le « Cercle des Amis du *Reichsführer SS* », on trouvait des personnalités allant de Flick à Oetker, des patrons de la Dresdner Bank à ceux de Siemens-Schuckert – des gens que la terreur semée par les prolétaires en chemise brune, les appels à la révolution et à l'expropriation avaient révulsés. Mais, pour la SS de Himmler, ils sortirent leur carnet de chèques.

Avec un flair exceptionnel, le grand chef de la SS recruta les représentants d'anciennes forces puissantes et influentes : avec les associations de maîtres cavaliers, il ouvrit à la SS la société jusque-là fermée des agriculteurs et des propriétaires terriens. Dans les fiefs de la Prusse-Orientale, du Holstein, de la Westphalie, de l'Oldenburg et de Hanovre, nombreuses furent les sociétés de cavaliers fermées qui devinrent membres de l'Ordre noir. Le pacte avec la « Ligue de Kyffhäuser », la fédération regroupant les associations d'anciens combattants de la Grande Guerre, amena à Himmler les vieux soldats qui jusqu'alors se sentaient plus proches de la SA et de sa nostalgie des tranchées. Des fidèles du Kaiser eux-mêmes, anciens militaires et diplomates conservateurs nationalistes, portaient maintenant l'uniforme noir à tête de mort – ce qui déclencha des protestations au sein de la SS elle-même, car sous son nouvel uniforme, plus d'un « chef d'honneur » conservait ses anciennes opinions. On recrutait systématiquement les jeunes scientifiques et les jeunes juristes, particulièrement dans le nouveau *Sicherheitsdienst*, le Service de sécurité, SD en abrégé. C'est là que l'on vit se développer l'archétype du bureaucrate SS, un homme froid, apparemment apolitique, « intelligent, sans illusions, revenu de tout, adepte d'aucune idéologie hormis celle du pouvoir », selon Höhne.

Pouvait-on pressentir où mènerait un jour la voie tracée par cette nouvelle garde noire ? « Tout le monde avait entendu parler de Dachau, dit Renate Weisskopf, la fille du critique musical munichois Willi Schmid, qui devait être assassiné. Dachau, le journal en parlait. Mais on trouvait que c'était bien, parce que là-bas, apparemment, on ne mettait que ceux qui n'étaient pas considérés comme des êtres humains par la SS, mais comme des "parasites sociaux", comme ils disaient. »

La SS, pour reprendre les termes de l'ancien SA Herbert Crüger, mit « un ordre terrible dans la terreur. Ce que faisait la SA était affreux, mais à partir de là, on a terrorisé, humilié et assassiné systématiquement ».

Depuis le 22 mars 1933, le nom de Dachau témoignait de la nouvelle nature de la SS. Ce jour-là, les premiers « parasites sociaux » transportés sur des camions non bâchés traversèrent une haie formée d'une « multitude de curieux qui s'étaient massés depuis des heures à l'entrée de l'ancienne fabrique de poudre », comme le rapporta le journal *Münchner Neuesten Nachrichten*. La population avait été informée. Deux jours auparavant, l'ouverture d'un camp pouvant recevoir 5 000 personnes avait été annoncée par Himmler dans une conférence de presse. Lorsque des soldats américains, douze ans plus tard, libérèrent le camp de concentration, ils trouvèrent 67 000 prisonniers végétant dans les baraquements. 206 206 personnes y avaient été internées au cours du IIIe Reich. Les registres mentionnent le décès de 31 000 détenus. Le nombre effectif des victimes de la SS, le nombre de ceux qui succombèrent pendant les expérimentations humaines, de ceux qui marchèrent à la mort, ne figure pas dans les dossiers.

Le 13 mars 1933, Adolf Wagner, commissaire d'Etat au ministère de l'Intérieur bavarois, donne le ton : « Au cas où le nombre de prisons mises à la disposition des autorités de justice ne serait pas suffisant, je recommande d'appliquer les méthodes qui étaient employées autrefois pour l'internement en masse des membres du *Nationalsozialistichen Deutschen Arbeiterpartei*. Chacun sait qu'ils étaient enfermés dans des ruines abandonnées, sans que personne ne se préoccupe de savoir s'ils étaient soumis aux intempéries ou pas. » Rassembler tous les ennemis de l'intérieur dans un camp : c'est le dirigeant du SD, Reinhard Heydrich, qui inculqua à ses troupes cette idée qui symbolise plus que nulle autre l'horreur du règne de la SS, les camps de concentration.

> « J'ai vu un avocat juif battu si violemment au cours d'un interrogatoire qu'il est mort sous mes yeux. »
>
> Paul Tollmann, communiste, prisonnier de la SA en 1933

Si l'on en croit un reportage du *Münchner Neuesten Nachrichten*, le camp de concentration de Dachau s'apparentait à une sorte de centre de socialisation pour jeunes éclaireurs. « Il est prévu de répartir les prisonniers politiques dans des groupes de travail et [...] de les employer à des travaux de culture dans les marais de Dachau [...] Les heures de loisir seront occupées par des conférences d'ordre géo-culturel sur notre pays et des conférences d'ordre confessionnel. Le but est de tenter de regagner les détenus aux idées patriotiques par le travail, par une nourriture adaptée, par la justice. » Mais à l'arrière-plan on n'envisageait pas les choses de cette façon. A vingt kilomètres du camp, à Munich, deux personnages s'efforçaient d'en obtenir le contrôle. Heinrich Himmler et Reinhard Heydrich œuvraient pour l'arracher à la tutelle de la police et de la justice du *Land* et le placer sous l'autorité de la SS. Dachau devait devenir un lieu d'extermination organisée.

Dans les premiers jours de l'existence du camp, les intentions de la SS se réduisaient encore à de vagues rumeurs ; mais ces rumeurs suscitaient déjà les plus grandes craintes. Certains détenus, s'adressant à un poste de garde de la police, demandèrent si la SS envisageait de constituer les équipes de gardiens. « Les SS ? Mais comment voulez-vous qu'ils vous surveillent ? Ils sont incapables de tenir un fusil, ils sont tout juste bons à faire les fanfarons en jouant les héros ! » répliqua un policier tout en exprimant sans détour ce qu'il pensait des gens de Himmler : « Ce ne sont plus des êtres humains, mais des vrais sauvages ! Non, non, on n'en est pas là, pas question de vous livrer à ces gars-là. » Mais l'effet apaisant de ces paroles rassurantes ne dura pas longtemps.

L'ascension de Himmler scella le destin des détenus. En tant que nouveau commandant de la police politique de Bavière, il plaça le camp sous son autorité le 2 avril. Insidieusement, la police fut déchargée de ses responsabilités, qui furent transférées à la SS. Une nuit, les détenus furent réveillés en sursaut par les hurlements du *SS-Oberführer* von Malsen-Ponickau : « Camarades de la SS ! Vous connaissez la mission que le *Führer* nous a confiée. Nous ne sommes pas venus pour traiter les salopards qui sont là-dedans en êtres humains. Nous ne les considérons pas comme des êtres humains, comme nous, mais comme des gens de seconde catégorie. Pendant des années, ils ont pu donner libre cours à leur nature criminelle. Si ces salauds avaient accédé au pouvoir, ils nous auraient coupé la tête à nous tous. C'est pourquoi nous n'allons pas faire de sentiment. S'il y a ici des camarades qui ne supportent pas la vue du sang, ils n'ont rien à faire avec nous. Qu'ils s'en aillent ! Ces salauds, plus nous en liquiderons, moins nous aurons à en nourrir. »

> « Les SS, à part quelques exceptions, étaient des gens normaux, qui, grâce à leur sur-moi criminel, sont devenus des criminels normaux. »
>
> Elie Cohen, détenu à Auschwitz

Dès le soir du 12 avril, le lendemain de leur prise de fonctions, les SS démontrèrent qu'ils ne se contentaient pas de fanfaronner. Quatre prisonniers juifs, Arthur Kahn, le Dr Rudolf Benario, Ernst Goldmann et Erwin Kahn, après une journée entière de tortures, furent séparés des autres prisonniers. « Venez, vous quatre », leur ordonna le *SS-Scharführer* Steinbrenner. On les emmena vers le champ de tir, puis ils disparurent dans la forêt. « Peu après, nous avons entendu des coups de feu et des cris », racontera un témoin oculaire. « Abattus pendant leur fuite », annonça-t-on aux détenus le lendemain. La vérité était tout autre : les SS avaient laissé un peu d'avance à leurs victimes et les avaient suivies – puis, sans prévenir, ils avaient ouvert le feu.

A l'époque, les détenus étaient encore livrés à l'arbitraire de leurs gardiens. Ce n'est qu'après l'arrivée d'un nouveau commandant, à la fin du mois de juin 1933, que le régime de la terreur fit l'objet d'un règlement. « Papa Eicke » : c'est ainsi que l'appelaient les gardiens. « Les garçons d'Eicke », c'est ainsi que les suppliciés du camp appelaient leurs tortionnaires. Il se forma à Dachau une grande famille d'assassins.

Avec Theodor Eicke naquirent les tristement célèbres *Règlement régissant la discipline et la répression du camp de détenus* et les *Règles de service pour le personnel d'escorte et de surveillance des détenus*. Le règlement stipulait que quiconque « fait de la politique, tient des discours ou des réunions de provocation, forme des clans, se rassemble avec d'autres dans le but d'inciter à la révolte, se livre à une nauséabonde propagande d'opposition ou autre sera pendu en vertu du droit révolutionnaire ; quiconque se sera livré à des voies de fait sur la personne d'un garde, aura refusé d'obéir ou se sera révolté sous quelque forme que ce soit, sera considéré comme mutin et fusillé sur-le-champ ou pendu. » Eicke prévoyait également des sentences plus douces : « Des peines mineures seront appliquées, telles que : les exercices physiques, la bastonnade, la privation de courrier, la privation de nourriture, le couchage à même le sol, la mise au poteau, les blâmes et les amendes. »

En même temps, Eicke inculqua à ses gardiens la conscience de leur statut d'élite habilitée à fouler aux pieds toute humanité, qui devait devenir le principe même des camps de concentration. Les scrupules et les réflexes humains devaient, d'après Eicke, être « éradiqués par une nouvelle éducation ». « La tolérance est de la faiblesse », martelait-il à ses hommes, ajoutant : « En partant de ce constat, on s'emploiera à intervenir partout où cela paraîtra nécessaire dans l'intérêt de la Patrie [...] Aux fauteurs de trouble politique et aux rebelles intellectuels de tout bord, nous disons, gardez-vous de vous faire prendre, car on vous attrapera par le cou et on vous réduira au silence en utilisant vos propres recettes. » La soumission des SS de Dachau fut mise à l'épreuve tout juste un an plus tard. On demanda aux hommes d'Eicke de « réduire au silence » leurs camarades d'hier.

Au printemps 1934, Ernst Röhm n'avait plus aucun motif pour se réjouir mais il continuait à proclamer qu'il disposait avec sa SA d'une armée forte de trente divisions. Ses démonstrations de force verbales, les rodomontades auxquelles il se livrait plus que jamais devant l'encadrement de la SA, ses achats d'armes ostensibles et les incessants plans de formation militaire de ses troupes étaient suivis de phases de profonde résignation.

A cette époque, il évoquait à voix haute un possible retour en Bolivie. Ses relations avec Hitler étaient au point mort mais il n'y avait encore aucun projet de putsch. Lorsque, le 20 avril 1934, la SA offrit six avions à Hitler pour son anniversaire, ce fut en l'absence de son chef d'état-major. Trois jours auparavant, les deux hommes s'étaient montrés ensemble en public au concert de printemps de la SS au palais des Sports de Berlin pour la dernière fois.

En coulisse, on parlait de l'imminence d'une révolte de la SA. Reinhard Heydrich ourdissait dans le plus grand secret un sanglant complot d'une ampleur sans pareille, auquel est attaché le nom de Röhm mais qui aurait mérité de porter celui du nouveau chef de la SD. Aucun document ne vient étayer cette thèse mais, selon les témoignages de nombreux participants, il fut établi après la guerre que c'est au plus tard à la fin du mois d'avril 1934 que Heydrich entreprit de réunir des charges contre Röhm : un mélange de rumeurs, de preuves falsifiées destiné à convaincre des partenaires potentiels des prétendus projets de putsch. Röhm, qui en était réduit aux suppositions sur l'identité des comploteurs, devint l'objet d'une véritable traque. Tout se ligua bientôt contre lui. La Justice elle-même reprit ses poursuites contre des membres de la SA sans qu'il puisse l'en empêcher. Ses ennemis ne furent que trop contents de voir le navire prendre l'eau de toutes parts : mal aimé de la population, craint de la Reichswehr, haï par Goebbels, Bormann et Göring, maintenu à distance par Hitler, il était devenu une proie facile.

Heinrich Himmler n'avait rejoint que tardivement la fronde anti-Röhm qui s'était peu à peu formée. Après quelques hésitations, l'ancien porte-drapeau du chef de la SA sentit que la donne avait changé et oublia leurs liens anciens. A l'anniversaire de Röhm, le 28 novembre 1933, il lui souhaitait encore, « en tant que soldat et ami, tout ce que l'on peut offrir, en toute fidélité. Notre plus grande fierté est de compter parmi tes amis les plus fidèles. » A Rathenow, près de Berlin, eurent lieu au début du mois de mars selon toute vraisemblance et en avril 1934, deux rencontres secrètes entre Röhm et Himmler, au cours desquelles le chef d'état-major sermonna le chef de la SS qui l'écouta en silence. « La SS a une attitude conservatrice, elle protège la réaction et les petits-bourgeois, sa soumission à l'armée et à la bureaucratie traditionnelle est trop grande. »

Selon Karl Wolff, l'ordonnance de Himmler, ce dernier avait mis en garde le chef de la SA : ses débordements d'ordre sexuel ne devaient pas venir à la connaissance du public. Röhm avait paru acquiescer, mais dès le lendemain matin Himmler avait été informé qu'une nouvelle orgie avait eu lieu. Au cours des semaines suivantes, Himmler fit la tournée des bataillons SS du Reich, afin de les préparer aux événements à venir.

Pendant ce temps, Heydrich mettait au travail les rares espions et informateurs dont il disposait. Les résultats furent plus que maigres, mais il obtint quelques informations sur l'existence de dépôts d'armes secrets à Munich, à Berlin et en Silésie. Röhm avait également rencontré l'ancien chancelier, le général Kurt von Schleicher, qui cherchait à établir des contacts avec des groupes critiques à l'égard de Hitler au sein du NSDAP, ainsi qu'en témoigne aujourd'hui sa fille Lonny. Röhm avait également rencontré l'ambassadeur de France, François-Poncet. Mais, à part un dîner ennuyeux, il n'en était rien sorti, selon le diplomate. L'ensemble des renseignements recueillis ne fournit pas même l'amorce d'une menace concrète de putsch. Le « putsch de Röhm » n'était en fait qu'un putsch contre Röhm.

Un communiqué de presse se chargea de propager la rumeur à l'étranger. L'agence de presse AP évoqua les controverses qui agitaient l'étage supérieur de l'appareil du Parti. Pour faire bonne mesure, Edgar Jung, un proche du vice-chancelier von Papen, fit courir un nouveau bruit : selon lui, Röhm s'était allié à l'ex-chancelier von Schleicher contre von Papen, et des listes de cabinet étaient en train de circuler. Röhm était, disait-on, en train de négocier son poste de ministre de la Reichswehr, Gregor Strasser, celui de ministre de l'Economie, tandis que Hitler restait chancelier.

Mais ce dernier démentit officiellement. Dans une interview au journaliste américain Louis P. Lochner, il déclara : « Il est vrai que je ne me suis pas entouré de zéros, mais de vrais hommes. Les zéros sont ronds, ils roulent au loin quand les choses vont mal. Les hommes que j'ai autour de moi ont des angles et ils sont droits. Ce sont tous des personnalités, ils sont tous pleins d'ambition... Mais jamais aucun homme de mon entourage n'a essayé de m'imposer sa volonté. Au contraire, ils se conforment entièrement à mes vœux. »

Quand les indices ne suffisaient pas à prouver le contraire, on avait recours aux falsifications et aux manipulations. Certains ordres d'armement courants donnés par la SA furent présentés par Heydrich à l'encadrement de la Reichswehr de manière si habile que les militaires ne furent que trop heureux de croire à l'imminence d'un putsch. Heydrich se servit également de documents falsifiés pour convaincre les sceptiques. Ainsi le commandant de la *Leibstandarte Adolf Hitler*, Sepp Dietrich, présenta-t-il au ministère de la Reichswehr une pseudo « liste d'hommes à abattre » établie par la SA, qui était censée prouver que Röhm envisageait de faire assassiner le gratin des officiers de la Reichswehr.

« Si j'avais refusé à l'époque d'exécuter l'ordre de Hitler, il est absolument certain que j'aurais été fusillé sur ordre de Hitler lui-même. »

Sepp Dietrich au cours d'un interrogatoire, 1953

« Mon cher chef d'état-major... » : Hitler et Röhm le 31 janvier 1934 à Berlin.

« Un homme simple, extrêmement convenable, qui est toujours resté fidèle à lui-même et qui était comme un père pour les membres de la *Leibstandarte*. »

Hans Fischach, SS appartenant à la *Leibstandarte Adolf Hitler*, à propos de Sepp Dietrich

« Il était à la tête d'une bande d'assassins. »

Otto Gritschneder, avocat munichois, à propos de Sepp Dietrich

La spirale de la conjuration s'accéléra. Entre la SS et le SD, entre Göring, Goebbels et Himmler, les listes de morts circulaient, divergentes. Les acteurs se rencontraient en secret pour débattre avec cynisme du sort des différentes victimes pressenties, tel le président de la police de Munich, August Schneidhuber, un chef SA que Heydrich mit lui-même sur la liste. L'ancien chef de la Gestapo Rudolf Diels, chargé d'une enquête secrète sur Röhm, fut sauvé par un trait de plume de Göring. Le jour des règlements de comptes approchait. Depuis longtemps, les listes incluaient des personnalités qui n'appartenaient pas à la SA. On attribue à l'un de leurs auteurs, un certain Ilges, *SD-Obersturmführer*, la déclaration suivante : « Vous savez ce que c'est, d'être ivre de sang ? J'ai l'impression d'avoir le droit de patauger dans le sang. »

Début juin 1934, les meurtriers se préparèrent. Theodor Eicke, le commandant du camp de Dachau, entraîna ses formations en simulant une marche sur Munich, Lechfeld et Bad Wiessee. Des unités SS de Munich reçurent l'ordre de se tenir prêtes pour le jour J.

Le seul grain de sable dans ces rouages bien huilés fut Ernst Röhm. Car, alors que les listes des morts étaient déjà établies et que les conjurés attendaient de lancer l'opération, il envoya la SA en permission le 7 juin. Lui-même partit en cure au

Une normalité trompeuse : Hitler assiste au mariage du *Gauleiter* NSDAP Josef Terboven à Münster, le 28 juin 1934.

bord du paisible lac de Tegern, non sans avoir lancé au préalable un avertissement : « Afin de tordre le cou dès à présent à toutes les fausses interprétations qui pourraient en résulter, le chef d'état-major précise qu'après avoir recouvré sa santé, il reprendra ses fonctions avec toutes leurs attributions. » Et, le lendemain : « Si les ennemis de la SA se bercent de l'espoir que la SA ne réincorporerait pas après sa permission, ou ne le ferait que partiellement, nous voulons bien les laisser profiter brièvement de ce plaisir. Ils recevront, au moment venu et sous la forme qui paraîtra nécessaire, la réponse appropriée. La SA est et reste le destin de l'Allemagne. »

Mais les congés ne devaient pas sauver Röhm et la SA. Les conjurés étaient, certes, pris par le temps, mais la condamnation était prononcée. Un nouvel élément était venu briser la résistance intérieure de Hitler.

Dans un discours, son vice-chancelier, Franz von Papen,

La pension Hanselbauer à Bad Wiessee. C'est là que Hitler « arrêta » Ernst Röhm au matin du 30 juin 1934.

tempêta ouvertement contre la prétention de la SA à exercer une influence dans les affaires de l'Etat et les affaires militaires. Un scénario de plus en plus menaçant se dessinait, qui laissait Hitler soudain sans pouvoir : les forces conservatrices autour de Papen, avec le soutien de la Reichswehr, mettaient à profit la courte période qui restait encore au vieux président von Hindenburg pour renverser Hitler avec son aide et établir une dictature militaire. Lorsque Hitler, le 21 juin, alla rendre ses devoirs à Hindenburg à Neudeck, Blomberg, le ministre de la Reichswehr, l'engagea instamment à faire rentrer définitivement la SA dans le rang et à ramener l'ordre dans le pays. Le 23 juin 1934, le colonel Fritz Fromm, chef de l'Office général de l'armée, donna pour instruction à ses officiers de remettre des armes à la SS si celle-ci le souhaitait. Car elle était du côté de la Reichswehr.

Hitler se voyait contraint de frapper la SA, mais il hésitait encore sur le choix des moyens. Chercha-t-il une dernière fois à parler à son vieil ami ? A Bad Wiessee, des témoins virent Hitler, le 25 juin – donc cinq jours avant la « Nuit des longs couteaux » – quitter Sankt Quirin en bateau à moteur et accoster devant la pension Hanselbauer vers 17 h 30. Il aurait demandé en vain à parler à Röhm. Le temps étant magnifique, celui-ci était parti en excursion. Hitler se serait entretenu avec le personnel et aurait demandé à voir sa chambre. Au bout d'une vingtaine de minutes de vaine attente, il aurait quitté la pension, devant retourner à Berlin le soir même.

*« Je faisais mes études à Berlin et je dus me joindre à l'alerte générale de la SS à Lichterfelde. Nous n'avions aucune idée de ce qui se passait. Nous vîmes alors une unité de SS sortir en ordre de marche par une porte de la caserne. Je n'avais absolument pas remarqué jusque-là qu'en dehors de notre SS générale, il y avait aussi une SS armée, casernée, qui avait reçu une instruction militaire et qui portait un ceinturon blanc et un casque noir. Derrière venait une rangée de véhicules ouverts. Dans chacun de ces véhicules, se trouvait sous bonne garde un homme à la tête rasée en uniforme de détenu. Je n'en connaissais aucun, mais les Berlinois savaient presque toujours de qui il s'agissait, et ils disaient : "Ma parole, mais c'est l'*Obergruppenführer *de Silésie ! Ma parole, mais c'est l'*Obergruppenführer *de Poméranie !" et ainsi de suite. Ils ont tous été fusillés. »*

Hans Lautenbach, médecin militaire

Trois jours plus tard – Hitler était témoin au mariage du *Gauleiter* Terboven à Essen –, il reçut un appel de Himmler : une rencontre entre Papen et Hindenburg aurait été aménagée pour le 30 juin. Il s'agissait de convaincre Hindenburg de remettre le gouvernement entre les mains de la Reichswehr et de déposer Hitler. Ce dernier reçut un deuxième appel de Himmler à son hôtel, le *Kaiserhof* : on ne pouvait plus exclure l'imminence d'un putsch de la SA. Fou de colère, Hitler convoqua une réunion avec le chef de la SA à Bad Wiessee pour le samedi 30 juin, à 9 heures. Pourtant, l'arrêt de mort n'était pas encore prononcé. Peut-être y avait-il encore un moyen de résoudre le conflit avec Röhm ?

Le lendemain, le 29 juin, Hitler descendit à l'hôtel *Dreesen* de Bad Godesberg. Le soir, il reçut des nouvelles de Berlin. La situation était tendue. La SA de Munich était déjà en état d'alerte. Ces informations falsifiées provenaient de Himmler. Elles poussèrent Hitler à prendre une décision radicale qui, comme bien souvent, mettait un terme à une longue phase d'hésitation. Le chef de sa garde rapprochée joua en l'occurrence un rôle déterminant.

> *« Le 29 juin, à 13 h 10, nous avons été placés en état d'alerte. Et il était clair qu'il pouvait se passer quelque chose, mais nous ne connaissions pas les détails. On nous distribua aussi des munitions pour tir réel. Quelques soldats reçurent l'ordre de préparer les vieilles mitrailleuses. Et j'ai vu l'un des soldats, un vrai feignant toujours en train de tirer au flanc, faire ça avec un soin extraordinaire. Je lui ai demandé pourquoi il s'appliquait autant, cette fois. Il m'a regardé d'un air très grave et m'a dit : "Mon lieutenant, demain, il ne faudrait pas que ça s'enraye." »*
>
> Comte Johann Adolf von Kielmansegg,
> alors officier de la Reichswehr

A 22 heures, Hitler reçut le commandant de la *Leibstandarte*, Sepp Dietrich. « Vous prenez l'avion pour Munich. Dès que vous serez arrivé, vous m'appellerez ici, à Godesberg. » Au même moment, deux compagnies de la *Leibstandarte* montaient en même temps dans un train spécial. Destination : la Bavière.

Himmler appela de Berlin : selon lui, les préparatifs de la SA à Berlin étaient terminés. Elle envisageait d'occuper les bâtiments gouvernementaux le lendemain, 30 juin, à

16 heures. Hitler ne savait pas qu'en fait la plupart des SA de Berlin étaient déjà en permission.

Le *Gauleiter* bavarois Adolf Wagner lui apprit sur ces entrefaites qu'à Munich la SA était descendue dans la rue et protestait à grands cris contre le *Führer* et la Reichswehr – une exagération aussi démesurée que délibérée.

Josef Zander, un témoin oculaire, voisin de l'hôtel *Dreesen*, remarqua que, cette nuit-là, toutes les lumières s'allumèrent d'un seul coup dans l'hôtel et qu'une longue file de voitures quittait le site de cet établissement huppé.

A 1 h 50, sur le terrain d'aviation de Bonn, Hitler monta à bord d'un Ju 52 qui l'amena directement à Oberwiesenfeld, près de Munich. Le *SA-Obergruppenführer* Viktor Lutze, qui l'accompagnait, nota dans son journal :

« Aurore, aurore,
Tu éclaires notre mort.
Hier encore, sur de hauts destriers,
Aujourd'hui, la poitrine transpercée. »

Sur le terrain d'aviation, Hitler était attendu par le *Gauleiter* Adolf Wagner, deux officiers de la Reichswehr et sans doute quelques vieux camarades du *Stosstrupp* : Berchtold, Maurice et Weber. Ils lui annoncèrent que la SA de Munich avait défilé en armes devant la Feldherrnhalle. Hitler fit appeler le prétendu responsable, le *SA-Gruppenführer* Wilhelm Schmidt, et lui arracha ses galons : « Vous êtes un traître. Vous serez fusillé. » En compagnie d'une poignée de SS, il se rendit aussitôt à Bad Wiessee. Là-bas, à 6 heures du matin, la moitié du village était déjà sur pied. A la boulangerie Königslinde, les fours étaient allumés depuis des heures en vue du banquet de la grande réunion. Le patron de la pension *Hanselbauer* était en train d'apporter des bottes pour les faire cirer.

Sans bruit, les hommes encerclèrent le bâtiment. Hitler, en manteau de cuir noir, y pénétra. Il s'excusa auprès de la patronne pour le dérangement, puis le détachement se rua dans l'escalier. Un fonctionnaire de la police criminelle frappa à la porte de la chambre 21. Röhm ouvrit en tricot de peau. La porte fut brutalement poussée. Hitler entra et hurla à l'adresse de Röhm : « Tu es un traître. Tu seras fusillé ! » Le chef SA Heines sortit de la chambre voisine ; à l'arrière-plan se dessinèrent les contours d'un autre homme. En tout, sept hommes furent arrêtés et conduits à la prison de Munich-Stadelheim dans un autobus.

« Le 30 juin, ce fut le chef-d'œuvre qui venait couronner l'apprentissage de la SS. »

Otto Gritschneder, avocat munichois

« Je vis pour mon *Führer*. Penser à lui est la seule chose qui me maintienne debout. Si je ne pouvais plus croire en mon *Führer*, je préférerais mourir. »

Hans Peter von Heydebreck, chef SA de Stettin, exécuté le 30 juin 1934

« Les gens étaient aveugles ou voulaient être aveugles. Les gens auraient dû comprendre le 30 juin 1934 au plus tard, au moment du prétendu putsch de Röhm, que Hitler n'était qu'un criminel brutal. »

Frieda Becker, qui vivait alors à Francfort-sur-le-Main

A Munich, on remit à Sepp Dietrich une liste sur laquelle Hitler avait coché en vert le nom de six dirigeants SA. Dans la cour de la prison de Stadelheim, Dietrich fit amener et fusiller August Schneidhuber, *SA-Obergruppenführer* et préfet de police de Munich ; Wilhelm Schmidt, *SA-Gruppenführer* à Munich ; Hans Hayn, *SA-Gruppenführer* à Dresde ; le comte

Hans Joachim von Spreti-Weilbach, *SA-Standartenführer* à Munich ; Edmund Heines, *SA-Obergruppenführer* et préfet de police de Breslau ; Hans Peter von Heydebreck, *SA-Gruppenführer* à Stettin.

> « *Je faisais partie des* Pimpfe*. *Nous devions interdire l'accès à l'hôtel* Hanselbauer *pendant la réunion de la SA. Mais cette réunion n'a pas eu lieu. A cinq heures du matin, deux SS ont fait irruption à la pension de mes parents et ont demandé à voir le registre des clients. Ils voulaient voir s'il y avait des SA qui habitaient chez nous.* »
>
> Hannes Kuntze-Fechner, alors âgé de neuf ans
>
> * Die Pimpfe : « *les Gars* », *organisation nationale-socialiste à laquelle adhéraient les garçons jusqu'à dix ans.*

Certains moururent en proférant des malédictions, d'autres en faisant le salut « Heil Hitler » à l'adresse de celui qui avait prononcé leur arrêt de mort et qui, à dater de ce moment, deviendrait juge et bourreau à la fois. Schneidhuber cria et supplia : « Camarade Sepp, qu'est-ce qui se passe, nous sommes innocents ! » Mais Dietrich obéissait aux ordres.

Un nom n'avait pas été coché sur la liste : Röhm était épargné. Hitler laissa entendre qu'il l'avait gracié en raison des grands services qu'il avait rendus.

Goebbels, qui avait participé à l'épisode de Wiessee, appela Göring à Berlin et prononça le nom de code convenu : « Colibri ». A ce signal, la terreur se déclencha à travers toute l'Allemagne. Dans tout le Reich, des enveloppes scellées furent ouvertes par les cadres SS et les officiers de police ; à Berlin, Heydrich distribua lui-même les ordres. L'heure des assassins avait sonné.

A 12 h 30, une voiture transportant deux SS s'arrêta devant la villa du général von Schleicher, au numéro 4 de Griebnitzstrasse, à Potsdam. La cuisinière qui ouvrit la porte d'un geste hésitant fut brutalement poussée de côté. Un SS resta avec elle, l'autre monta dans le bureau.

« Vous êtes le général von Schleicher ?

— Oui, je suis le général von Schleicher. »

Au même instant, des coups de feu éclataient. Le général et sa femme, qui était auprès de lui, moururent sur le coup. Lorsque leur fille adoptive Lonny, âgée de quinze ans, rentra de l'école à la veille des vacances, l'accès à la maison familiale était déjà barré sur un vaste périmètre. Le policier en faction la laissa passer. Une tante lui raconta ce qui était arrivé. « Ce fut le jour le plus horrible de toute ma vie, raconte Lonny von Schleicher aujourd'hui. Ma mère était morte, mon père était mort, ma maison n'existait plus. » Dès le premier jour, elle mit en doute l'explication qu'on lui fournit : son père aurait sorti une arme pour se défendre. « Il avait une arme, mais elle était au coffre. Il lui était impossible de la prendre à ce moment-là. On les a froidement assassinés. »

« Il n'est pas exact qu'à la date du 30 juin la Reichswehr se trouvait en état d'alerte depuis longtemps. »

Comte Johann Adolf von Kielmansegg,
officier de la Wehrmacht

« Considérant les grands mérites de la SS, en particulier dans le contexte des événements du 30 juin 1934, j'élève celle-ci au rang d'organisation autonome dans le cadre du NSDAP. »

Décret de Hitler, 20 juillet 1934

« Mon père nous a regardés, n'a rien dit ; il est monté, a rassemblé quelques affaires, et au bout de dix minutes ils ont démarré, et il a simplement dit : "Bien, de toute façon, je reviens bientôt." Après ça, évidemment, on n'a pas dormi [...] Ensuite nous avons attendu et nous n'avons eu aucune nouvelle,

sauf que mon père était en prison à Potsdam. Et il est revenu sans prévenir au bout de trois ou quatre jours ; il était pâle et n'a pas dit grand-chose. Ce que j'ai appris, c'est qu'il a été emmené en prison et que, quand la voiture s'est arrêtée dans un bois pendant le trajet, il a cru qu'il allait être fusillé. Mais finalement on l'a transporté là-bas et on l'a interrogé, mais il n'avait rien à voir avec ce putsch. »

Paul Adenauer, à propos de l'arrestation de son père, Konrad Adenauer

Prinz-Albrecht-Strasse, dans l'antichambre du chef de la Gestapo, Reinhard Heydrich, d'autres SS attendaient leur ordre de mission. Heydrich reçut les chefs des commandos de la mort un par un. Il dit au *SS-Sturmhauptführer* Kurt Gildisch : « C'est vous qui êtes chargé du cas Klausener. Vous l'abattrez personnellement. Vous partez immédiatement pour le ministère des Transports. » Gildisch ne connaissait pas cet homme, mais il n'hésita pas une seconde. Sa mission accomplie, il téléphona pour le signaler et reçut alors l'ordre de maquiller l'assassinat en suicide. Le même jour, il alla chercher Ernst, le chef SA de Brême, puis l'ordonnance du *SA-Obergruppenführer* Heines et le *Sanitätsstandartenführer* Villain, et les conduisit à Berlin. Gildisch amena les détenus à la caserne de la « garde » à Berlin-Lichterfelde, où ils furent aussitôt fusillés. Les suppléments aux journaux annonçaient déjà sa mort, mais Ernst crut à une blague de mauvais goût. Incrédule jusqu'à la fin, il mourut avec, aux lèvres, ce cri : « Visez juste, camarades ! »

Au même moment, Hitler, qui, la veille, avait tempêté, écumant de rage, en fustigeant « la plus grande trahison de l'histoire mondiale » comme s'il voulait s'en convaincre lui-même, se montrait à une garden-party donnée pour les dirigeants du Parti et les membres de son cabinet. Les épouses et les enfants étaient également invités. Tandis qu'à Lichterfelde crépitaient les salves des pelotons d'exécution et que les

EXTRA-BLATT

B.Z. am Mittag

Kostenlos

Verlag Ullstein Berlin SW 68 Kochstraße 22/26. Fernruf Ullsteinhaus: Dönhoff (A 7) 3600–3665

Berlin
Sonnabend
30. Juni

Durchgreifende Aktion des Führers

Röhm seiner Aemter enthoben und aus Partei und SA ausgestoßen

DNB. München, 30. Juni

Die Reichspressestelle der NSDAP teilt folgende Verfügung des Führers mit:
Ich habe mit dem heutigen Tage den Stabschef Röhm seiner Stellung enthoben und aus Partei und SA ausgestoßen.
Ich ernenne zum Chef des Stabes Obergruppenführer Lutze.
SA-Führer und SA-Männer, die seinen Befehlen nicht nachkommen oder zuwiderhandeln, werden aus SA und Partei entfernt bzw. verhaftet und abgeurteilt.

gez. Adolf Hitler
Oberster Partei- und SA-Führer.

Obergruppenführer Lutze Chef des Stabes der SA

Ruhe im ganzen Lande

Hauptschriftleiter: Fritz Stein, Berlin. Verlag und Druck: Ullstein A.G., Berlin SW 68

Quelques heures à peine après les événements, des suppléments comme celui-ci diffusent la version du régime national-socialiste.

Les titres disent : Action radicale du *Führer*
Röhm relevé de ses fonctions et exclu du Parti et de la SA
[...] L'*Obergruppenführer* Lutze, chef d'état-major de la SA
[...] Le calme règne dans tout le pays

familles des officiers habitant à proximité quittaient leur quartier, bouleversées, Hitler arborait la plus charmante humeur, devisant avec ses invités, buvant du thé, tapotant la joue des enfants. « Cette scène dévoile un grand pan de sa psychologie ; on voit s'imposer sans peine la figure de l'un de ces héros shakespeariens négatifs qui ne sont pas de taille à se mesurer au mal », écrit Joachim, le biographe de Hitler. A en juger par cette assurance de façade, c'est certainement cet après-midi-là qu'il donna l'ordre de perpétrer le dernier meurtre que Himmler et Göring le pressaient d'ordonner en ce dimanche, et qu'il ne pouvait décidément éviter, car Röhm n'était pas un adversaire de second rang, mais un tribun qui devait être réduit au silence.

« Malheur à celui qui trahit, croyant, par une révolte, servir la Révolution ! C'est Adolf Hitler qui est le grand stratège de la Révolution. Malheur à celui qui triture maladroitement les fils de ses subtils plans stratégiques avec l'illusion d'aller plus vite. C'est un ennemi de la Révolution. »

Discours radiodiffusé de Rudolf Hess, 25 juin 1934

« Après l'assassinat de Röhm et de Schleicher, la mort de Hindenburg et la réunion en une entité unique de la présidence et de la chancellerie du Reich, j'ai été convaincu que Hitler ne pouvait plus être destitué. »

Theodor Eschenburg, journaliste

« Malheureusement, on n'a pas complètement fait le ménage. On a agi avec beaucoup trop d'égards. »

Robert Schulz, membre du SD, 17 août 1934

Ce n'est pas « l'adjoint du *Führer* », Rudolf Hess, qui, quelques jours plus tôt s'était écrié plein de zèle : « Mon *Führer*, c'est à moi que revient le devoir de fusiller Röhm ! » qui fut chargé de cette mission, mais deux tueurs expérimentés en uniforme noir. Vers 18 heures, le commandant du camp de Dachau, Theodor Eicke, et le *SS-Sturmbannführer* Michael Lippert pénétrèrent dans la cellule de Röhm à Stadelheim. Un troisième, Lechler, l'administrateur de la prison, fut chargé de poser sur la table la dernière édition du *Völkischer Beobachter* qui faisait ses gros titres sur les derniers événements. Enveloppé à l'intérieur, se trouvait un pistolet qui ne contenait qu'une cartouche. Puis les SS quittèrent la cellule.

Röhm ne réagit pas à cette invitation au suicide non déguisée. Aucun coup de feu ne fut tiré. A nouveau – mais prudemment cette fois, car ils redoutaient que leur victime ne se livre à un acte désespéré –, les SS firent ouvrir la cellule. Lentement, Eicke et Lippert pointèrent leurs pistolets sur Röhm qui se mit au garde-à-vous. « Doucement », siffla Eicke à son adjoint qui tremblait. Deux coups de feu mirent fin à l'existence d'Ernst Röhm.

Pendant ce temps, la vague des assassinats décidés en secret déferlait sur tout le pays. L'occasion était trop belle de se débarrasser des ennemis réels ou supposés du régime. Le général de brigade Ferdinand von Bredow fut arrêté à son domicile de Berlin. Un commando de la Gestapo le tua près de Lichtenberg.

> *« On disait que Röhm avait monté un putsch et qu'il avait été fusillé. Un petit camarade est venu jouer avec moi en apportant ses soldats de plomb. Il avait même un Adolf Hitler qui pouvait bouger le bras et un Röhm : nous lui avons coupé la tête sur la table du jardin et nous l'avons jeté. Pour nous, c'était ça, le putsch de Röhm. Nous n'avions absolument pas compris ce qui se passait. »*
>
> Heinrich Kling, qui était enfant à l'époque

D'anciens militants du parti de Hitler faisaient également partie des victimes, tel l'ancien « chef de l'organisation » du NSDAP, Gregor Strasser. Photo prise en 1932.

C'est son opposition au putsch de Hitler, en 1923, qui causa la perte du chevalier Gustav von Kahr, âgé de soixante et onze ans. Il fut torturé à Dachau et fusillé sur ordre de Eicke dans les salles de détention de la kommandantur. On retrouva plus tard son cadavre tailladé à coups de pioche dans les marais de Dachau. Gregor Strasser, un adversaire intelligent qui appelait Himmler avec mépris « *der Anhimmler* », « l'adorateur », mourut dans une cave de la Gestapo à Berlin. En Silésie, le chef SS Udo von Woyrsch perdit le contrôle des opérations qu'il avait déclenchées et qui se transformèrent en règlements de comptes internes. Ses tueurs traquèrent le chef SA Engels dans un bois, et le tuèrent d'une décharge de plomb. Puis l'un des sbires de Woyrsch assassina un ancien *SS-Stabsführer*, et le meurtrier fut lui-même abattu. Le *SS-Oberabschnittsführer* Erich von dem Bach-Zelewski chargea deux SS d'éliminer son rival, le baron Anton von Hohberg-Buchwald, *SS-Reiterführer*, et le fit assassiner dans la grande salle de son manoir. Au fils de la victime, âgé de dix-sept ans, qui se précipitait dans la pièce, l'un des deux assassins annonça avec le plus grand calme : « Nous venons d'abattre ton père. »

« La SA se montra très discrète après le putsch de Röhm, elle était beaucoup moins présente dans la rue. Ce n'est que pour la "Nuit de cristal", en 1938, que l'on eut de nouveau besoin d'elle. »

Paul Tollmann, communiste,
prisonnier de la SA en 1933

« L'ensemble du cabinet du Reich était convaincu que l'affaire Röhm représentait réellement un cas de légitime défense de l'Etat. »

Hans-Heinrich Lammers,
chef de la chancellerie du Reich

« D'après les informations reçues, l'opération préparée par Röhm devait débuter le samedi 30 juin 1934 à quatre heures. Il était nécessaire d'agir immédiatement afin d'éviter une catastrophe, d'autant plus que la tactique de Röhm devait consister à gagner les membres de la SA à sa cause en leur faisant dire que Hitler ne marchait plus avec eux. »

Hitler lors d'une réunion ministérielle,
le 3 juillet 1934

Le 2 juillet, un ordre de Hitler fit cesser le premier massacre de l'histoire du IIIe Reich. A Berlin et à Munich, la plupart des documents furent détruits. Ce n'est qu'après la guerre, au cours des procès de Sepp Dietrich, Michael Lippert, Kurt Gildisch et Udo von Woyrsch, que les événements purent être reconstitués et les morts dénombrés. Quatre-vingt-cinq assassinats sont enregistrés à l'heure actuelle, mais il ne s'agit là que d'une estimation.

Il régnait désormais un calme mortel. Les journaux répercutèrent les justifications de Hitler qui – encadré de SS casqués d'acier – déclarait devant le Reichstag : « En cet instant, je suis devenu le juge suprême du peuple allemand. » La loi qui légalisa les assassinats *a posteriori* tenait en une seule phrase : « Les mesures prises le 30 juin et les 1er et 2 juillet 1934 pour venir à bout des offensives de haute trahison et de trahison sont applicables de droit, en vertu de la légitime défense de l'Etat. » La SS fut déclarée organisation autonome, les assassins obtinrent de l'avancement. Leurs meurtres furent récompensés par un « poignard d'honneur » car ils avaient amplement prouvé ce qu'ils appelaient la fidélité.

Quelques jours après l'assassinat, à la suite d'une erreur d'identité, du critique musical Willi Schmid, un cercueil fut remis à sa famille, avec interdiction de l'ouvrir. Il en fut de même pour tous les proches des victimes du 30 juin. La plupart des cadavres avaient été brûlés : la cendre était le seul moyen de masquer la barbarie de la mort infligée par les SS. Rudolf Hess exprima ses regrets à la famille de Willi Schmid pour la méprise qui avait conduit à le confondre avec un chef SA portant le même nom que lui – non sans avoir fait remarquer auparavant que le défunt était mort « pour une grande cause ».

Comment s'expliquer cette confusion ?

> *« Je n'ai eu que le temps de voir mon père prendre son chapeau et nous faire un signe d'adieu. Parce qu'à l'époque, un homme ne sortait pas sans chapeau. Ma mère a essayé désespérément de montrer son passeport aux*

SS. Mais ils ont sorti leurs pistolets et l'ont menacée. Il leur était égal de savoir qui ils avaient vraiment devant eux. Il a été aussitôt fusillé à Dachau. Quand nous avons reçu le cercueil, nous n'avons pas été autorisés à l'ouvrir. »

Renate Weisskopf, fille du critique musical Willi Schmid, qui fut confondu le 30 juin 1934 avec un chef SA portant le même nom

Quelques jours avant sa mort, comme saisi de pressentiments, Schmid avait écrit une lettre traduisant de sombres pensées : « Et la vie fuit ; elle coule et s'enfuit en murmurant comme un ruisseau, heure après heure, nuit après nuit... Oui, c'est ainsi. Ne rien pouvoir y changer, c'est la loi, elle est dure, elle est inflexible. Et c'est parce qu'elle est inflexible que nous sommes devenus peureux. Je suis peureux. Ne dis pas que c'est la lâcheté ou l'appétit de vivre. C'est simplement le besoin de quelques heures de bonheur de plus ou de moins. »

Personne ne soupçonnait son angoisse de la mort, au moment où Schmid dut affronter les fusils de ses assassins à Dachau. « Il était le contraire exact de ce que ces hommes en uniforme noir représentaient, dit aujourd'hui sa fille, Renate Weisskopf. La vie était sacrée pour lui. Eux la méprisaient. Peu leur importait qu'il puisse ne pas être celui pour qui ils le prenaient. Cela ne les intéressait pas. La vie humaine ne les intéressait pas. »

La SS de Heinrich Himmler venait de dévoiler sa véritable nature. Elle ne se contentait pas d'avoir remporté le pouvoir ; ce jour-là, elle posa également la première pierre de l'édifice de la terreur noire. Pendant quelques années encore, la SS afficha le visage convenable, le visage noble du IIIe Reich.

Cette « mascarade du mal » fut désignée par Dietrich Bonhoeffer comme le principe structurel de la domination nationale-socialiste. Dans les premières années, la SS se révéla

Séance au Reichstag du 13 juillet 1934 : Hitler déclare que, le 30 juin 1934, il a été le « juge suprême du peuple allemand ». Des gardes SS sont venus se poster dans la salle pour assurer sa sécurité.

comme un champion du camouflage. « Ils allaient au théâtre et s'émouvaient aux larmes en entendant la *Neuvième Symphonie* de Beethoven », raconte Wolfgang Held, de Weimar. Pour lui, le masque de l'Ordre noir ne tomba – très tardivement – que lorsque des soldats américains l'emmenèrent de force avec d'autres concitoyens, pour la plupart membres du Parti, au camp d'extermination de Buchenwald. « C'étaient des fauves. Ils étaient élégants, beaux, mais ils pouvaient à tout instant apporter la mort – c'était pour eux parfaitement naturel. »

> « Pour moi, la SS était une organisation qui avait juré, jusqu'à la mort et jusqu'à la perte, de vivre pour Hitler et son idéologie. Et qui était prête à commettre n'importe quel crime et n'importe quelle injustice. »
>
> Josef Zander, qui vivait alors à Bad Godesberg

« Que sont nos destins individuels en comparaison du meurtre multiplié en millions d'exemplaires qui arriva plus tard ? » demande Renate Weisskopf avec modestie. La réponse pourrait être : c'est dans l'éthique perverse de la SS, construite à partir de notions comme la « fidélité », le « devoir » et l'« obéissance inconditionnelle » que l'on peut trouver la justification des meurtres de 1934, comme du crime du siècle perpétré quelques années plus tard. Dans un discours de 1943, Heinrich Himmler fait lui-même le parallèle : « Accomplir son devoir et aligner au mur les camarades qui avaient fauté et les fusiller [...] chacun en frémissait, et pourtant, chacun savait avec certitude qu'il le referait la prochaine fois qu'on le lui ordonnerait et quand ce serait nécessaire. Je veux parler de l'évacuation des juifs et de l'extermination du peuple juif. »

Vu sous cet angle, le destin de Schmid et des autres victimes du 30 juin 1934 était un prélude à ce qui devait suivre.

La folie de Himmler

> « Cet homme, le mauvais génie de Hitler, froid, calculateur, assoiffé de pouvoir, était le personnage le plus déterminé et le plus dénué de scrupules du IIIe Reich. »
>
> Friedrich Hossbach, général de la Wehrmacht

Le *Reichsführer* était un homme très occupé. Son agenda du 13 octobre 1941 montre combien son emploi du temps était serré, et combien diversifié son champ d'activité. Après avoir terminé son courrier et donné quelques directives concernant la succession de sa mère Hilde, décédée début septembre, Heinrich Himmler, à 12 h 30, demanda à Erika Lorenz, sa secrétaire à Berlin, d'envoyer des fleurs à un certain August Meine. Celui-ci, un collaborateur de « l'état-major personnel » du *Reichsführer*, blessé pendant la campagne de Russie, était devenu papa la veille. A 12 h 40, Himmler téléphona pour demander des nouvelles de la santé du ministre des Affaires étrangères Joachim von Ribbentrop, qui était alors un peu souffrant. Ribbentrop comptait parmi les rares proches de Hitler qui avaient des rapports relativement bons avec Himmler. Un an auparavant, il avait été nommé *SS-Obergruppenführer* honoris causa. A 14 h 30, il rappela sa secrétaire à Berlin : cette fois, c'était elle que son chef gâtait en lui offrant un bouquet, accompagné d'une œuvre d'art « germanique » pour sa maison, un élan sculpté. Une heure plus tard suivirent une conversation téléphonique avec sa fille Gudrun, puis une autre avec Reinhard Heydrich, le plus puissant et le plus important de ses subordonnés, à Prague. Les deux hommes les plus craints du Reich convinrent de se revoir le plus tôt possible.

A 16 heures, on annonça un appel de la *Wolfsschanze*, la « Tanière du loup », le quartier général de Hitler. Himmler, dans son train spécial « Heinrich », à Angerburg, n'était qu'à une demi-heure de voiture mais il ne rendait visite à son *Führer* que lorsqu'il y était invité. Au téléphone, il eut Karl Wolff, le numéro trois dans la hiérarchie de Himmler, après Heydrich. Wolff qui, contrairement à son supérieur, approchait d'assez près l'idéal nordique de la SS, était chargé de maintenir la liaison avec Hitler et fournissait au chef de la SS les informations importantes recueillies au cours des points de situation journaliers. Ce jour-là, les nouvelles étaient particulièrement réjouissantes. Le groupe d'armées du centre, qui avançait sur Moscou depuis une semaine, faisait de tels progrès que les Soviétiques en étaient à préparer l'évacuation de leur gouvernement. Himmler paraissait de bonne humeur. Les douleurs d'estomac qui le faisaient souffrir depuis sa jeunesse le laissaient tranquille. A 18 heures, il faisait entrer ses interlocuteurs pour le dernier rendez-vous professionnel de cette journée. Deux de ses subordonnés importants étaient arrivés de la Pologne occupée : l'*Obergruppenführer* Friedrich Wilhelm Krüger, ancien directeur du service de nettoiement de Berlin devenu « chef supérieur de la SS et de la Police » de Cracovie, ainsi qu'Odilo Globocnik, surnommé « Globus », l'officier SS en charge du district de Lublin. Les deux dirigeants SS voulaient discuter des « mesures de déplacement » prévues dans leurs districts. Derrière ces mesures se cachaient, hormis le peuplement, par des paysans allemands, de régions entières de la Pologne, « l'épuration progressive du Gouvernement Général », ainsi que l'avait exprimé Globocnik dans un papier préparatoire écrit dans le langage codé des assassins nazis. A huis clos, Himmler utilisa un langage clair et ordonna à « Globus » de procéder à l'installation d'un camp spécial à Belzec pour cette « épuration » : il s'agissait de construire le premier camp d'extermination, où six cent mille personnes furent assassinées avant la fin de l'année 1942.

« Himmler me paraissait falot, il ne me faisait pas une impression particulière. Il donnait l'impression de quelqu'un d'aimable, de gentil. »

Martin Bormann junior

« Je n'étais pas du tout impressionné par Himmler, cet homme ne m'était pas agréable. »

Ernst-Günther Schenck, médecin SS

Dans la journée, on envoie des fleurs, et le soir on ordonne l'installation d'une usine de mort... Himmler paraît maîtriser avec un détachement remarquable les différences d'attitude qu'imposent ses fonctions. La postérité ne peut que s'interroger. Comment un homme en arrive-t-il à un tel comportement ? Quel monstrueux univers mental agitait son cerveau ? Comment la fille de Himmler, Gudrun, peut-elle conserver le souvenir d'un homme « particulièrement gentil », alors que le même homme porte la responsabilité d'un massacre sans précédent ?

Ses contemporains, déjà, considéraient Heinrich Himmler comme un phénomène difficilement saisissable. Le Suisse Carl Jacob Burckhardt lui trouvait quelque chose « d'inquiétant, une méticulosité bornée, quelque chose de méthodique qui n'a rien d'humain, une sorte d'automatisme ». Albert Speer, qui coordonnait avec lui le travail de dizaines de milliers de détenus des camps de concentration pour le programme de construction des fusées V2, le décrit comme étant « moitié maître d'école, moitié détraqué – une personnalité absolument insignifiante qui était arrivée à un poste important de façon inexplicable ». Beaucoup de ceux qui le rencontrèrent furent déçus par son aspect physique. « Un fonctionnaire assez insignifiant » : tel est le verdict du diplomate suédois Bernadotte, qui, peu avant la fermeture des portes en 1945, conduisit des négociations totalement inutiles en vue d'une paix séparée avec le chef SS. Le masseur finnois Félix Kersten lui-même, qui le soigna pendant des années et fut peut-être le mieux placé pour connaître vraiment le Grand Inquisiteur du IIIe Reich, sut le décrire après la guerre, mais pas l'expliquer : « Jamais l'homme véritable ne paraissait se livrer. Jamais un signe de sincérité. Quand Himmler combattait, il intriguait, quand il se battait pour ses prétendues idées, il utilisait la ruse et la tromperie. Ses méthodes étaient celles, lâches, faibles, sournoises et infiniment cruelles, du serpent. Les idées de Himmler n'étaient pas adaptées au vingtième siècle. Son caractère était moyenâgeux, féodal, machiavélique, méchant. »

L'histoire de Heinrich Himmler semble rebuter les biographes. On ne dispose d'aucune biographie complète correspondant aux normes actuelles de la recherche historique. Bien des aspects du monde obscur qu'il régissait furent mis en lumière par les chercheurs, mais beaucoup restent dans l'ombre. Et pourtant, les documents existent : Himmler était un personnage tatillon, qui consignait presque tout par écrit ; il entretenait de surcroît une importante correspondance, et nous a donc laissé de véritables montagnes de papier relatant ses méfaits. La plupart de ses nombreux et souvent interminables discours nous sont parvenus. Mais l'intérêt pour le

Reichsführer SS est resté remarquablement limité. Peut-être est-ce dû au fait que cet homme pâle et myope était loin d'avoir le rayonnement d'autres potentats de l'Etat national-socialiste, comme le fastueux Göring ou Goebbels, provocateur, brillant rhétoricien et coureur de jupons notoire. Il n'est pas exclu non plus que les biographes potentiels aient été effrayés par l'ampleur de l'entreprise, compte tenu de l'accumulation de ses fonctions à la fin de la guerre. Ils ont pu être freinés aussi par la perspective des conclusions inconfortables auxquelles les mènerait l'étude du cas de Himmler : une fois que l'on a écarté la diabolisation, à laquelle ont d'ailleurs participé ses complices afin de réduire leur propre culpabilité, il reste un être irrésolu qui est avant tout le produit de son époque.

« Car Himmler était le fils d'un professeur bavarois qui fut aussi le précepteur d'un prince. Il a été très influencé par l'atmosphère familiale. Il y avait en lui un côté professoral et pédant : froid, distant, méprisant. Et il n'avait aucune bonté. Son premier principe d'éducation a toujours été la punition. »

Ernst-Günther Schenck, médecin SS

Toutes les explications avancées – surtout par les Anglo-Saxons – pour mettre le comportement de Himmler sur le compte d'une grave maladie mentale à caractère schizoïde nous égarent. De solides qualités secondaires, un goût prononcé pour le romantisme et un manque flagrant de repères : ce qui caractérise Himmler est le fait de toute une génération unie dans la défaite de la Première Guerre mondiale, subie collectivement comme une catastrophe. Himmler se distinguait uniquement par le fait que les ingrédients qui ont rendu possible la catastrophe suivante étaient présents chez lui jusqu'à l'excès ; son accession au pouvoir lui a permis de mettre en application les idées nourries du délire racial et pseudo-scientifique qui avait cours à l'époque. De ce fait, s'intéresser à la folie de Himmler implique que l'on s'intéresse aussi à la pathologie de la société d'alors. Maladie allemande ou carrière allemande ? L'histoire de la SS et la fausse route de Himmler, illustrent un peu les deux.

Au début, il y avait un petit garçon tout simplement adorable. « L'agneau le plus doux qui se puisse imaginer », dit George Hallgarten, historien émigré aux Etats-Unis en 1933, de son camarade de classe Heinrich Himmler. Leur professeur au collège Wilhelm de Munich le décrivait comme un « élève très doué, qui, grâce à son zèle inlassable, son ardente ambition, sa participation de chaque instant obtenait les meilleurs résultats de la classe ». Le jeune Heinrich avait beaucoup d'amis, il était tout le contraire d'un solitaire replié sur lui-même. En lisant ses journaux intimes, on apprend avec étonnement que ce pratiquant régulier était même capable d'une grande sensibilité. Il faisait la lecture à un universitaire aveugle pendant les vacances de Noël ; il offrait à une vieille dame pauvre du gâteau et des petits pains ; il regrettait le traitement brutal infligé aux prisonniers de guerre français qu'il avait vus en 1914 à la gare de Landshut ; il organisa une manifestation de bienfaisance au profit d'orphelins viennois. De tendres liens l'unissaient à ses parents. Son père, Gebhard Himmler, était un conservateur nationaliste, un professeur de collège conscient de son rang. Avant la naissance de ses trois enfants, Gebhard, Heinrich et Ernst, il s'était déjà forgé une bonne réputation au sein de la société en tant que précepteur du prince Heinrich de Bavière. Le prénom de son fils cadet rappelait l'honneur de sa fonction au sein de la maison royale.

Rien dans les sources n'indique que le petit Heinrich ait souffert d'un excessive sévérité paternelle, comme le croient beaucoup de biographes férus de psychologie. Au contraire : les manières professorales du futur chef de la SS et surtout

Le filleul du prince Heinrich de Bavière : Heinrich Himmler (1901).

son penchant pour la pré- et la protohistoire germaniques traduisent plutôt la forte influence que son père, passionné d'archéologie, exerça sur son lui. Ce ne sont pas là des indices susceptibles de prouver les « racines précoces du mal ». L'enfance de Heinrich Himmler fut sereine et normale, voire vraiment heureuse. On ne trouve pas davantage dans sa jeunesse de traces de l'antisémitisme criminel qui deviendra le monstrueux moteur de la SS. Son père était fidèle à son roi, catholique, conservateur nationaliste, mais pas antisémite.

> « A 8 heures, suis allé à l'église avec Père et ai communié. Ensuite, ai appris mes leçons. Après le repas, suis allé à la prière. Aujourd'hui il y a eu un exercice militaire. J'aimerais y aller aussi... »
>
> Heinrich Himmler, Journal, 11 octobre 1914

Un seul problème sérieux paraît avoir affecté la jeunesse de Heinrich Himmler. « Heinrich a été souvent malade. 160 absences », lit-on dans les notes de son père sur la scolarité de son fils à l'école publique. Il était plus petit que ses camarades de classe, myope et peu sportif. George Hallgarten racontera plus tard que les cours d'éducation physique avec un certain Herr Haggenmüller étaient pour Himmler une véritable torture. Un jour, selon Hallgarten, après avoir raté un rétablissement avec tour d'appui, il s'était retrouvé suspendu tête en bas sur la barre fixe, et Haggenmüller l'avait laissé pendouiller ainsi devant toute la classe. Puis le professeur de sport s'était approché de la barre, lui avait arraché ses lunettes et s'était amusé à le balancer, si bien que les creux de ses genoux avaient viré au bleu et au vert. De telles humiliations ont dû être particulièrement douloureuses pour un garçon qui, comme la plupart de ses condisciples, ambitionnait de devenir officier. Pendant toute sa vie, ses capacités physiques restèrent une source de complexes d'infériorité. Les années d'entraînement acharné auxquelles se soumit cet homme petit et peu sportif ne parvinrent pas à faire de lui un athlète. Ses SS, en revanche, étaient tenus de correspondre à des critères physiques extrêmement exigeants. Les marches forcées à n'en plus finir, les épreuves de courage et la « dureté inconditionnelle [1] » inlassablement martelée étaient sans

1. Dureté : en allemand, *Härte*. Ce terme signifie à la fois dureté, sévérité, endurance, violence... Pour rester au plus près de la langue national-socialiste, il sera toujours traduit ici par « dureté ».

La famille Himmler avant la Première Guerre mondiale. Heinrich Himmler est au premier plan à gauche.

doute un lointain écho des fameux cours d'éducation physique de Herr Haggenmüller.

C'est la guerre qui dévia le cours de la vie du jeune Heinrich Himmler, comme celle de tant d'autres jeunes gens de sa génération. Il était âgé de quatorze ans lorsqu'elle éclata. Influencé par les cours « patriotiques » du collège royal et par les conversations chez ses parents, au cours des repas, il brûlait du désir de devenir enfin soldat lui-même. L'idéal était la Marine mais celle-ci, hélas ! n'admettait pas les candidats à lunettes. Il passait des heures à jouer à la guerre avec son ami Falk Zipperer. « Je suis impatient d'aller me battre et de porter la tunique du roi », écrit-il dans son Journal. Mais ce n'est qu'en janvier 1918, alors que la guerre tirait à sa fin, que « *miles* Heinrich » – ainsi qu'il signa une de ses lettres, utilisant le terme latin pour « soldat » – fut enrôlé dans une caserne. Il y resta jusqu'à l'armistice, sans avoir jamais vu le front. Le jeune sous-officier ne ressentit pas cela comme une chance, mais comme un échec honteux. A la Noël 1918, il rentra chez ses parents, à Landshut, aussi inexpérimenté qu'auparavant. A la déficience physique s'ajoutait désormais la tare de ne pas appartenir aux « combattants du front ».

> « Je me retrouve une fois de plus en proie à une lutte intérieure. Si seulement j'avais des dangers à surmonter, si je pouvais mettre ma vie en jeu, me battre, ce serait pour moi un délice. »
>
> Heinrich Himmler, Journal, novembre 1919

Ce défaut rédhibitoire se révéla une douloureuse épine qui le tourmenta plus tard, lorsqu'il rejoignit la ligue des anciens de la Grande Guerre autour du caporal Hitler ; il n'en fut libéré que lorsqu'il détint les rênes du pouvoir. C'est dans une allocution adressée à des membres de la Jeunesse hitlérienne, le 22 mai 1936, que l'on trouve pour la première fois la version enjolivée de son curriculum vitae : « Nous, les soldats, les combattants du front », formula Himmler dans ce discours sur « l'idée de race », et, plus tard : « Nous qui avons participé à la guerre. » Le désir avait pris le pas sur la réalité, et quelque temps après fut même inscrit noir sur blanc. En 1943, le *Manuel du Reichstag de la Grande Allemagne* arrangeait docilement la biographie de Himmler à sa façon et prétendait que, à l'âge de dix-sept ans, le *Reichsführer* avait participé au sein du 11e régiment d'infanterie de Bavière aux « combats de la Grande Guerre ». C'est là l'un des mensonges semés dans sa biographie par celui qui était déjà le numéro deux dans la hiérarchie du pouvoir. Himmler ne fit véritablement la guerre qu'en tant que chef de la Waffen-SS et en 1944-1945, en tant que chef de deux groupes d'armées, sur le Rhin supérieur et sur la Vistule, mais jamais au front. Contrairement à son seigneur et maître Hitler, il ne connut jamais personnellement les horreurs du carnage industrialisé. Jusqu'à la fin, il conserva son idée romantique de l'héroïsme et du combat, sans que jamais la sanglante vérité ne vienne la gâcher.

Avec la défaite de 1918, les perspectives du fils de l'estimable professeur devinrent extrêmement mauvaises. On n'avait plus besoin de nouveaux officiers. La sécurité que promettaient ses origines bourgeoises n'existait plus. Après son baccalauréat, il décida – à la surprise de ses parents – de faire des études d'agronomie. A l'automne 1919, Himmler s'inscrivit à l'université de Munich. C'est à cette époque qu'il commença à s'engager sur la mauvaise pente. Ce pur produit de la bourgeoisie cultivée devint en quelques années un extrémiste politique. Les notes de son journal intime révèlent quelques-unes des raisons de cette métamorphose. D'une part, elles reflètent les doutes et les tourments d'un jeune homme à l'avenir incertain, à la recherche de repères et d'explications sur la perte des brillantes perspectives qui lui avaient semblé acquises. Il note ainsi, le 4 janvier 1919 : « Le soir, nous sommes allés dans l'arrière-salle. J'étais affreusement grave et oppressé. Je crois que les temps vont être durs. » D'autre part, les notes indiquent aussi que le jeune étudiant subissait de plus en plus l'influence d'une littérature raciste.

Une liste de ses lectures, méticuleusement annotée, donne une idée précise du terreau dans lequel commençait à germer le fanatisme. Les textes antisémites s'amoncelèrent sur sa table de chevet. Ainsi, on trouve le commentaire suivant du best-seller antisémite de Houston Stewart Chamberlain, *Race et Nation* : « Une vérité dont on est convaincu qu'elle est objective et non pas haineusement antisémite. C'est pourquoi elle fait d'autant plus d'effet. Cet affreux judaïsme ! » Il dévorait des traités comme *Le Péché contre le sang*, *Le Manuel de la question juive* ou *Le Mauvais Dieu*, un ensemble d'écrits nauséabonds issus de la boue de la mouvance *völkisch* [1] qui s'était développée dans la capitale bavaroise. Aujourd'hui, ces mouvements racistes et leurs éructations feraient l'objet de condamnations mais, dans la République de Weimar, ceux qui menaçaient les fondations de la démocratie restaient impunis. C'est sous le signe du mouvement raciste *völkisch* que se forgea en peu de temps la nouvelle et funeste idéologie de Himmler. Il rendait désormais responsables les juifs, les bolcheviques, les francs-maçons et, de plus en plus, l'Eglise catholique, du prétendu « déclin » du peuple allemand. Ces boucs émissaires étaient ceux qu'à la même époque un caporal encore inconnu, nommé Hitler, croyait pouvoir désigner. C'était la même haine, basée non pas sur le raisonnement, mais sur les lueurs trompeuses de l'irrationnel. Mais le *Verführer*, le Séducteur, et l'exécuteur de ses œuvres ne se connaissaient pas encore.

---

1. Concept nazi raciste difficilement traduisible ; terme incluant les notions de « peuple » et de « race ».

Heinrich Himmler ne se contentait pas de repérer les adversaires. Déjà, il s'engageait tout entier dans la lutte contre ce qu'il voyait comme une déchéance. La recherche de la « délivrance » et de l'« illumination » était un stéréotype du discours raciste *völkisch*. Himmler trouva ce qu'il cherchait dans l'Antiquité. Le « héros germanique », pas encore entaché par la décadence romaine, pas encore soumis au joug de l'Eglise catholique : voilà ce dont avait besoin le jeune étudiant en agronomie de Munich pour nourrir ses rêves éveillés. Sa grande référence était le *Germania* de Tacite, le cheval de bataille de Gebhard, ce père formé aux humanités. Himmler vénérait « l'image magnifique de nos ancêtres, si élevés, de mœurs si pures, sublimes ». Le soir, en ruminant ses pensées, il notait : « C'est ainsi que nous devrions redevenir. » Il ne pouvait savoir que la réalité germanique, loin des projecteurs, était misérable, brutale et extrêmement primitive. Le récit idéalisé de Tacite, écrit pour servir d'exemple à la jeunesse romaine, trop molle à ses yeux, passait à l'époque pour une source digne de foi, en particulier chez les spécialistes de l'Antiquité. Même connaissant la vérité historique, Himmler n'aurait pas changé sa conception délirante du monde. Il devait prouver à maintes reprises qu'il était prêt à faire plier l'Histoire dans le sens qui lui convenait.

Les conclusions qu'il tira de ses lectures empoisonnées lui ouvrirent la voie vers ce qui allait devenir le crime du siècle. Commentant un pamphlet de la Ligue *deutsch-völkischer Schutz und Trutz* (la Ligue nationale-raciste allemande de Protection et de Défense), intitulé *Un inceste inconscient, le déclin de l'Allemagne. Les lois de la nature sur la doctrine des races*, Himmler nota en 1924 : « Une brochure magnifique. La dernière partie surtout, qui dit comment il est possible de corriger la race, est d'une magnifique, d'une haute valeur morale. » L'élevage des êtres humains, l'élimination des minorités, l'entretien d'une élite : le programme primaire et inhumain de la SS, qui s'est

Himmler en porte-drapeau, le 9 novembre 1923, devant l'ancien ministère de la Guerre bavarois, à Munich.

inscrit en lettres de feu dans l'histoire de l'humanité avec les sélections, les rapts d'enfants et les massacres de masse, est le produit des idées de la sous-culture *völkisch* du début des années vingt. La question est simplement de savoir si les concepteurs allaient jusqu'à imaginer sérieusement de mettre en pratique leurs élucubrations à l'échelle européenne. Pour Himmler lui-même, qui était encore fermement décidé à devenir exploitant agricole, ces propositions radicales n'étaient à l'époque que de vagues « projets idéalistes ». Deux décennies plus tard, toutefois, dans la griserie d'un pouvoir presque sans limites, il devait nommer à des grades élevés de la SS de nombreux pionniers des idées *völkisch* de la période munichoise.

A l'époque de ses études, la vie privée de Himmler se plaçait sous de mauvais auspices. Membre de dix associations au moins, il recherchait ardemment la compagnie de ses compagnons militants, mais ne trouvait pas la reconnaissance qu'il souhaitait. Son association d'étudiants « Apollo » l'avait déclaré « insatisfaisant » en raison de son manque d'empressement à lever le coude, ce qui, pour un être susceptible comme Himmler, était assimilable à une catastrophe. Ce n'est qu'après avoir présenté un certificat médical faisant état d'une « irritation de l'estomac » qu'il obtint une « dispense de bière ». On imagine aisément que cet étrange binoclard aux idées crues suscitait davantage d'amusement que d'admiration aux réunions arrosées d'« Apollo ». Le beau sexe, en particulier, ne témoignait que peu d'intérêt pour cet étudiant falot. Les rares contacts notés dans son Journal ne méritent même pas le nom de flirt. On est en droit de penser qu'il n'eut sa première expérience sexuelle qu'à l'âge de vingt-huit ans, au moment de son mariage avec Marga. « Il était grand temps », commenta le fonctionnaire national-socialiste Otto Strasser à l'époque.

Si l'on en croit les notes de Himmler et sa liste de lectures, c'est avec une assiduité croissante qu'il se réfugiait dans le monde imaginaire de ses livres pour échapper aux revers du quotidien. Dans les contes indiens anciens, il découvrit une troupe de valeureux guerriers qui lui en imposa beaucoup : la caste des Kschatria. « Voilà, c'est comme eux que nous devons devenir. Voilà le salut », résolut-il en 1925. Ailleurs, on trouve des notes admiratives sur les samouraïs japonais ou les prétoriens romains. Appartenir à une telle élite, voilà qui règlerait tous ses problèmes : Heinrich Himmler deviendrait membre, ou mieux encore, chef d'une caste de héros guerriers conjurés et soigneusement sélectionnés. La rêverie devient une idée fixe, une automédication en réponse aux complexes d'infériorité qui le minaient. Le fantasme naïf d'un jeune homme qui peinait à accéder à l'âge adulte allait donner naissance à la SS.

Auprès de l'*Artamanenbund*, la Ligue des *Artamanen*, l'un des nombreux cercles du milieu *völkisch*, il rencontrait des gens qui partageaient ses opinions. Les *Artamanen* avaient fabriqué leur nom en accolant deux termes de moyen haut-allemand : « Art » pour *Ackerbau* (« culture de la terre »), et « Manen », pour *Männer* (« hommes »). Ils se considéraient comme un ordre de chevaliers ayant pour mission la colonisation de l'Est. Dans les soirées où se réunissaient ces aspirants colonisateurs, on débattait déjà du travail obligatoire des jeunes ou d'un programme destiné à contenir l'exode rural. La conquête par la force, l'expulsion et la réduction à l'esclavage des populations slaves firent dès le départ partie du programme des *Artamanen*, qui comptaient tout juste deux mille membres.

Himmler nota dans son Journal à quoi devaient ressembler les colonies du « paradis germanique » de l'Est. Entre les villages militaires des gens « de sang nordique », on trouverait des camps « de travailleurs esclaves, qui, quelles que soient les pertes, construisent nos villes, nos villages, nos fermes ». L'idée délirante de l'homme supérieur couvait déjà dans le cercle des *Artamanen*. C'est là que fut préparé le terrain de la guerre de destruction de l'Est. Sur une liste de membres établie durant les années vingt figure déjà le noyau dur des futurs fanatiques du « sang-et-sol » de l'entourage de Hitler : hormis Himmler, on y trouvait Richard Walther Darré, le futur chef de l'Office principal des Races et du Peuplement, Alfred Rosenberg, ministre des Territoires occupés de l'Est après 1941, et Rudolf Höss, le célèbre commandant d'Auschwitz.

L'Histoire n'est pas une voie à sens unique. Le virus *völkisch* ou les fantasmes sur les castes de guerriers de l'Inde ancienne ne font pas nécessairement d'un jeune homme le plus grand assassin du siècle. Bien des membres de l'*Artamanenbund* n'ont jamais fait parler d'eux. Il y eut pour Heinrich Himmler lui-même un moment où tout eût pu basculer. Au cours de ses études, il s'intéressa sérieusement à la possibilité de mettre en

En haut : Le complice de Hitler en costume bavarois, lors d'un exercice de tir.
En bas : Un sport de compensation, une partie de tennis en double avec son ordonnance Karl Wolff comme coéquipier.

Un athlète peu doué : Himmler au lancer de poids (*en haut*) et s'entraînant à la course pour le « Brevet sportif du Reich » (*en bas*).

œuvre ses plans d'implantation dans l'Est. Il prit des cours de russe et se renseigna sur les formalités d'expatriation. Le 23 novembre 1921, il confia à son Journal : « Aujourd'hui, j'ai découpé dans le journal un article sur l'expatriation au Pérou. Où vais-je me retrouver : en Espagne, en Turquie, sur la Baltique, en Russie, au Pérou ? J'y réfléchis souvent. Dans deux ans, je ne serai plus ici. » Himmler fit une demande auprès de l'ambassade soviétique de Berlin pour aller s'installer en Ukraine comme intendant d'un domaine. Celui dont les unités devaient terroriser la population rurale d'Ukraine deux décennies plus tard avait projeté de participer à son développement en tant que paisible exploitant agricole. Si sa demande avait été accueillie favorablement, Himmler, exploitant agricole en Ukraine, aurait pu considérer l'invasion allemande sous une tout autre perspective.

> « Il m'est dévoué, et je l'utilise comme secrétaire. Il est très ambitieux, mais je ne l'emmènerai pas dans le nord, ce n'est pas un conquérant. »
>
> Gregor Strasser à propos de Himmler

L'entrée de Himmler au NSDAP, en 1923, fut la conséquence logique de sa quête incessante de reconnaissance et d'orientation politique. Le membre du Parti portant le numéro 42404 fut d'abord un élément discret dans l'ombre du capitaine de la Reichswehr Ernst Röhm. Röhm, qui devait ouvrir la route de Hitler vers le pouvoir avec ses hordes de la SA, fréquentait à l'époque, comme Himmler, les arrière-salles *völkisch* de Munich. Il éprouva rapidement de la sympathie pour cet universitaire zélé et docile, aux lunettes cerclées de nickel.

« Il n'est pas d'une intelligence exceptionnelle, mais il est travailleur et obéissant. »

Joseph Goebbels à propos de Himmler, dans son Journal, le 28 avril 1930

Le 9 novembre 1923, pendant que Hitler marchait sur la Feldherrnhalle, Röhm occupait avec ses hommes l'ancien ministère de la Guerre bavarois. Une photo du coup de main montre Heinrich Himmler portant le pavillon de guerre du Reich. Ce fut un moment décisif de sa vie. Enfin il « en » faisait partie. Même si le putsch échoua lamentablement, même si ses instigateurs furent emprisonnés, Himmler avait trouvé sa vocation : la « lutte » politique pour la « cause ». Il coupa tous les ponts derrière lui. Sa carrière dans le secteur agricole s'acheva définitivement après un bref emploi dans une société d'engrais de Schleissheim. Un grave désaccord l'opposa à ses parents bien-aimés. Le strict professeur de collège Gebhard Himmler désapprouvait les ambitions « politiques » de son fils cadet, qui était devenu pendant l'été 1924 secrétaire du député du parlement du *Land* de Bavière, Gregor Strasser, pour le salaire assez modeste de 120 Reichsmark. Pendant l'interdiction du NSDAP, Strasser affubla son organisation du nom transparent de *Nationalsozialistische Freiheitsbewegung*, « Mouvement national-socialiste pour la liberté ». Le fait que Heinrich se fût détourné de l'Eglise contribuait également à la discorde familiale. Pendant quelque temps, il avait encore tenté de se réconcilier avec l'Eglise en se raccrochant à une théorie absurde suivant laquelle Jésus, en réalité, n'était pas un juif, mais un aryen engendré par un centurion romain. Mais rien n'y fit, le christianisme et les idées *völkisch* ne s'accordaient pas. Himmler se transforma donc en fervent adversaire de l'Eglise. Plus tard, il devait envoyer des dizaines de milliers de prêtres en camp de concentration.

C'est aux côtés de Strasser que Himmler fit carrière dans

le Parti. Sillonnant les routes de Basse-Bavière en motocyclette, il allait de village en village en tenant des « réunions politiques » dans lesquelles il excitait la population contre les juifs et le capitalisme, conformément aux cours imprégnés de socialisme que lui dispensait Strasser. Le jour où, après l'un de ses discours, un commerçant juif qui passait par un petit village y fut roué de coups, c'est avec fierté que le jeune agitateur relata l'événement à son chef. Gregor Strasser et son jeune frère Otto, qui étaient tous deux des hommes en vue du « mouvement » en Bavière, malgré leur orientation à gauche, reconnurent la valeur du jeune secrétaire du Parti et son énergie radicale. En 1925, Himmler proposa de répertorier tous les juifs de Basse-Bavière et d'en publier la liste, ce qui n'eût pas été un procédé particulièrement choquant dans le climat politique laxiste de la République de Weimar. Cette proposition avait, dit-on, amusé Gregor Strasser. Mais son rire s'étrangla bientôt dans sa gorge. Son frère, Otto Strasser, témoigna plus tard que le jeune fanatique lui avait déclaré un jour qu'il n'hésiterait pas à « fusiller aussi sa mère » si Hitler le lui ordonnait, et que, de plus, il serait « fier de la confiance » que traduirait un tel ordre. « Heinrich, tu me fais peur », disaient les frères Strasser en plaisantant, mais cette plaisanterie illustrait déjà le radicalisme que mettait Himmler dans l'accomplissement de sa tâche.

C'était des gens de cette trempe qu'il fallait à Hitler. Celui-ci, après la suppression de l'interdiction du NSDAP en 1925, souhaitait établir des structures nouvelles et efficaces. Himmler devint *Gaugeschäftsführer* (« Commissaire à la direction de la province »), en 1926, *Gauleiter* adjoint (« chef de province adjoint ») et adjoint au chef de la Propagande et enfin, en 1927, *Reichsführer SS* adjoint. A cette époque, la *Schutzstaffel* n'était forte que de deux cents hommes environ et, en tant que subdivision de la SA, qu'une simple garde rapprochée de Hitler. Son ascension au statut d'Etat tentaculaire dans l'Etat, d'incarnation de la terreur et de la violence, de synonyme de l'erreur la plus fatale de l'histoire allemande, devait toutefois être étroitement liée à la personne du nouvel adjoint.

> « L'homme juste aimera sa femme de trois manières. Comme une mignonne créature que l'on doit réprimander et peut-être punir lorsqu'elle se montre déraisonnable, que l'on protège et dont on prend soin. Puis comme une épouse et une camarade fidèle et compréhensive, qui affronte la vie avec vous, se tient toujours fidèlement à vos côtés sans brider l'esprit de son époux et sans lui mettre de chaînes. Et comme une épouse à qui l'on doit baiser les pieds, qui vous donne de la force par sa douceur féminine et sa sainteté pure et enfantine, que les luttes les plus dures ne parviennent pas à affaiblir, et qui vous donne, dans les heures idéales de la communion des âmes, quelque chose de divin. »
>
> Heinrich Himmler, Journal, 1922

En 1926, lors d'une tournée de conférences, Himmler avait fait la connaissance à Bad Reichenhall de Margarete Siegroth, de huit ans son aînée. Le frère de Himmler, Gebhard, la décrivit comme la « quintessence de la femme nordique », avec sa magnifique chevelure blonde et ses yeux bleus. Des photos ultérieures montrent une personne plutôt « imposante ». Les rapports entre les deux époux ne paraissent pas correspondre aux clichés de l'époque concernant leurs rôles respectifs. Henriette von Schirach, une commère notoire, fut sidérée de constater que le maître de l'empire SS paraissait vivre chez lui sous la coupe de sa femme. En effet, Marga était une personne sûre d'elle et résolue, qui transmit à Heinrich ses connaissances approfondies en médecine naturelle – qui comprenaient les traitements à base de bains à la paille d'avoine – et en homéopathie.

De plus, elle apportait une dot que le couple investit en 1928, après son mariage, dans un élevage de poules à Waldtrudering, dans les faubourgs de Munich. Mais l'image que l'on voulut donner d'un Himmler éleveur de poules, appliquant tout simplement par la suite ses principes d'élevage aux humains, est fausse. En réalité, le travail à la ferme était assuré par Marga, pendant que son mari passait son temps sur les routes, en mission politique. Leur fille Gudrun vit le jour en 1929 et resta leur unique enfant. Selon les sources dont on dispose, Himmler, en dépit de ses nombreuses absences, s'efforça d'être un bon père et un bon époux. Les pages de son agenda professionnel indiquent des conversations téléphoniques quasi quotidiennes avec sa fille et son épouse – même à l'époque où il était en train de fonder une nouvelle famille avec sa maîtresse.

On pourrait penser qu'un homme de vingt-neuf ans, père depuis peu et rencontrant un certain succès professionnel, gagnerait en maturité et en aisance. Mais il n'en fut rien. Son manque d'assurance continuait à le mettre dans un état d'agitation perpétuelle. Le *Gauleiter* du NSDAP de Hambourg, Albert Krebs, qui effectua avec lui un voyage en train de six heures d'Eberfeld à Hambourg au printemps 1929, eut l'occasion de l'observer. « Himmler ne dégageait aucune chaleur ni aucune séduction, dit-il par la suite. En cela il se différencie entièrement de Hitler et de Goebbels qui, lorsqu'il le fallait, pouvaient se montrer tout à fait gentils et charmants. Himmler, au contraire, se comportait d'une manière extrêmement abrupte et directe ; il fanfaronnait avec des manières de soudard en tenant des propos anti-bourgeois, alors qu'il était visible qu'il ne cherchait qu'à masquer son manque d'assurance et sa maladresse. Mais c'était supportable à la rigueur. En revanche, ce qui a fait de lui un compagnon de voyage presque insupportable, c'est le flot d'idioties et de paroles sans queue ni tête qu'il m'a infligé à jet continu. Aujourd'hui

Le *Reichsführer SS* Himmler passe en revue, aux côtés de Hitler, les troupes de la *Leibstandarte Adolf Hitler* qui défilent le 20 avril 1939.

encore, je crois pouvoir dire sans exagérer que jamais un homme de formation supérieure ne m'a servi un tel concentré d'inepties politiques. Ses développements étaient un étrange méli-mélo de rodomontades martiales, de verbiage de Café du Commerce et de prophéties dignes d'un prédicateur illuminé. » Le noyau de ce conglomérat devait rester intact : immature, délirant, de guingois, tiré par les cheveux...

> « C'est ainsi qu'il bâtit l'organisation de la SS d'après les principes de l'ordre des Jésuites. Les bases dont il s'était servi étaient la Règle et les exercices prévus par Ignace de Loyola. »
>
> Walter Schellenberg, chef du Renseignement extérieur, dans ses Mémoires
>
> « Avec la SS, je crois avoir planté un arbre qui a des racines si profondes qu'il résistera à toutes les tempêtes et à toutes les intempéries. »
>
> Heinrich Himmler à son masseur Félix Kersten
>
> « Personne n'avait accès à celui qui se cachait derrière leur grand chef ; on ne voyait qu'un bureaucrate qui dirigeait l'organisation. »
>
> Franz Riedweg, *Germanische Leitstelle* (« Administration germanique ») de la SS

Comment, dans ces conditions, a-t-il pu faire l'une des carrières les plus fulgurantes du IIIe Reich ? Précisément parce que c'était ce genre de personnalité que recherchait Hitler, et qu'il les entraîna avec lui au pouvoir. Le chef du Parti n'avait que faire de gens embarrassants et autonomes, comme les frères Strasser. Au contraire, il avait besoin de personnages dévoués, fidèles, extrêmement efficaces et si possible non indépendants. Le profil de Himmler faisait tout simplement de lui le prototype idéal de l'exécutant au service du totalitarisme. Le 6 janvier 1929, il fut nommé par Hitler *Reichsführer SS*. A la fin de l'année, le nombre de membres de la troupe à la tête de mort avait déjà plus que quadruplé et atteint les mille hommes. Himmler, avec le cadre raciste qu'il imposait pour l'admission des candidats, para sa *Schutzstaffel* des attraits d'une prétendue troupe d'élite. Samouraïs, prétoriens, caste kschatria : le nouveau chef SS chercha, avec toute son énergie, à réaliser son rêve de jeunesse. Les candidats devaient être de « bon sang », mesurer au minimum 1,70 mètre et correspondre à des catégories précises de critères raciaux : « purement nordique », « à dominance nordique ou falique [1] » ou « avec de légères adjonctions alpines, dinariques [2] ou méditerranéennes ». Quiconque était classé par les mesureurs du bureau de recrutement dans la catégorie métissée, surtout « d'origine orientale ou alpine », voire mélangée « hors origine européenne » n'avait aucune chance. A moins que Himmler en personne, qui exigeait de voir une photo d'identité de chaque candidat, ne décide de l'accepter pour d'autres raisons. Lui-même, d'ailleurs, eût été recalé en raison de sa petite taille.

Ainsi, dès le début de l'histoire de la SS, on trouve déjà une « sélection ». L'horrible procédure du quai d'Auschwitz, pendant laquelle les médecins SS triaient les victimes juives en les condamnant au travail ou au « traitement spécial » immédiat, est le pendant du procédé de sélection qui présidait à l'entrée dans l'Ordre noir. La sélection biologique était en effet le principe barbare de base de la doctrine nazie. Elle était également appliquée aux fiancées des SS. Dans son ordre du 31 décembre 1931 concernant les fiançailles et le

1. Falique : selon la doctrine raciste, sous-race nord-européenne, encore appelée « dalique ».

2. Dinarique : selon la même doctrine, sous-race de l'Europe centrale et des Balkans.

mariage, Himmler soumet les fiancées à un examen biologique préalable par le Bureau des Races.

> « Quiconque, étant de race étrangère, séduira une femme allemande ou une jeune fille allemande sera puni de pendaison. Les Allemands, hommes ou femmes, qui se commettront avec des gens de race étrangère, et les femmes de race étrangère qui fréquenteront des Allemands, seront envoyés en camp de concentration. »
>
> Note de Himmler, 24 juin 1940
>
> « Notre père et Himmler pensaient que l'on devait donner la possibilité aux Allemands "de grande valeur raciale" – et pourtant ni Père ni Himmler n'avaient rien de deux resplendissants Germains blonds aux yeux bleus – de prendre une deuxième femme ou de pratiquer la polygamie, afin de compenser plus rapidement les énormes quantités de sang perdues pour la race. »
>
> Martin Bormann junior
>
> « Je vous donne vos anneaux en formulant le souhait que votre amour soit sans commencement ni fin, et je vous souhaite davantage : que votre lignée soit elle aussi sans commencement ni fin. »
>
> Heinrich Himmler au mariage d'un SS, 4 mars 1937

Ce n'est que si la candidate était « saine, d'hérédité saine et de valeur raciale au moins égale », que le *Reichsführer SS* accordait l'autorisation de mariage. Après avoir échangé le oui, le couple SS n'en continuait pas moins à faire l'objet d'une surveillance. Avoir des enfants était un devoir. Les SS sans enfants se voyaient supprimer une partie de leur solde, ce qui était une prime déguisée à la procréation. Plus tard, Himmler envisagea avec le plus grand sérieux d'ordonner le divorce aux SS restés sans enfants au bout de cinq ans. Car il voulait pratiquer « l'élevage humain » et, comme il ne cessait de le répéter dans ses discours, « rendre sa pureté à la race germanique ». Devant des officiers de marine, il déclara : « Je me suis fixé la mission d'obtenir, par une sélection basée sur l'apparence physique et par un effort continu, par un tri brutal effectué sans aucune sentimentalité humaine, et par l'éradication du faible et de l'inapte, l'émergence d'une nouvelle race germanique. » Les désirs individuels, l'amour, le bonheur personnel – points centraux de la dignité humaine et de la civilisation – étaient balayés, passaient pour « sentimentalisme » ou « décadence ». Le projet délirant de Himmler avait pour but exclusif le maintien et l'amélioration de la « race ». Les raisons qui ont poussé des centaines de milliers de personnes à suivre cette doctrine darwiniste primaire ne peuvent s'expliquer que par les nostalgies irrationnelles de l'époque.

Les observateurs voyaient monter l'Ordre noir dans un mouvement aussi silencieux qu'irrépressible. En 1931, une partie de la SA de Berlin se révolta contre l'encadrement national-socialiste. Pour récompenser la loyauté des unités SS à cette occasion, Hitler leur octroya des « poignards d'honneur » portant cette devise gravée : « *SS, deine Ehre heisst Treue* », « SS, ton honneur s'appelle fidélité ». Cette phrase devint le serment de toute la SS, une devise fatale qui la conduisit à sa perte. Plus de critique, plus de divergence d'opinion, plus de conscience. Hitler accorda bientôt une importance de plus en plus grande à ces hommes en uniforme noir. Longtemps, il a semblé qu'il ne prenait pas tout à fait au sérieux ce Himmler que Röhm avait affublé du sobriquet de *Anhimmler* (« l'adorateur »), auquel il manquait l'expérience du front et l'odeur de l'écurie révolutionnaire. Mais la grave crise du « Mouvement » devait changer radicalement la donne et Röhm lui-même, l'ancien bienfaiteur et ami de

« Une nouvelle moralité... » : Himmler et son ordonnance, Karl Wolff.

Himmler, devait devenir la victime de ce retournement, ainsi que Gregor Strasser, son autre mentor d'autrefois.

> « Himmler me déteste. Je vais faire en sorte qu'il tombe. Cette brute perfide doit disparaître. »
>
> Joseph Goebbels dans son Journal, 30 juin 1931

« Il ne m'est arrivé qu'une seule fois d'entendre Hitler évoquer Himmler et les camps de concentration au cours d'un repas. C'était formulé de manière à donner l'impression qu'il s'agissait de camps de travail. Hitler a raconté que Himmler utilisait un système très astucieux. Par exemple, il avait donné à un incendiaire notoire la responsabilité de la surveillance incendie. Explication de Himmler : "Vous pouvez être sûr, mon Führer, *qu'il n'y aura pas d'incendie." On avait l'impression qu'ils parlaient d'un camp de travail bien organisé, dirigé avec doigté et psychologie. En dehors de cette fois, Hitler n'a plus jamais parlé de Himmler. On sentait qu'il avait une sorte de respect et d'admiration pour ses talents d'organisateur. »*

Traudl Junge, la secrétaire de Hitler

La manière froide et précise dont la SS mena ses assassinats lors de la destitution de la SA au cours de l'été 1934 hissa Himmler au premier rang des complices de Hitler.

Alors qu'elle avait été l'instigateur du coup frappé contre l'armée populaire de Röhm, ce n'est pas la Reichswehr qui fut le véritable vainqueur de la « nuit de la Saint-Barthélemy », mais les Têtes de mort. Leurs meurtres furent richement récompensés. Hitler délivra la SS de sa subordination à la SA et en fit une division autonome du Parti. Himmler était en bonne voie pour devenir le numéro 2 du Reich.

Après la « prise de pouvoir », le 30 janvier 1933, il avait adroitement manœuvré, en collaboration parfaite avec son complice Reinhard Heydrich, pour se trouver aux postes clefs du nouvel Etat. En commençant par la Bavière, le duo se saisit peu à peu de tous les leviers du pouvoir exécutif du Reich. Dans les services de police et dans les camps de concentration nouvellement construits, c'étaient des SS qui étaient aux commandes. Les principaux instruments du pouvoir dictatorial se concentrèrent entre les mains de Himmler. C'est lui qui détenait désormais les moyens d'appliquer l'arbitraire, la violence et l'intimidation. En 1936, ce processus était provisoirement achevé. Le *Reichsführer SS*, en réunissant toutes les fonctions dans sa personne, devenait le chef de tous les policiers allemands. Même s'il reprit le slogan facile et amical de l'époque de Weimar – « La police, ton amie, est là pour t'aider » –, son style de travail était différent. « Si notre manière d'agir est en contradiction avec un paragraphe, cela m'est complètement égal, plastronna-t-il devant l'Académie de droit allemand. Pour assurer mes fonctions, je ne fais par principe que ce dont je peux assumer la responsabilité en conscience dans mon travail pour le peuple et le *Führer*, et ce qui correspond au bon sens. Les autres pouvaient bien pleurnicher en disant que c'était contraire aux lois, cela m'était tout à fait égal. En vérité, nous avons, par notre travail, posé les fondements d'un droit nouveau, le droit de vie du peuple allemand. » Ce que Himmler parait du nom de « bon sens » n'était autre que l'institution de la terreur.

« Himmler nommé chef de la police allemande. C'est une bonne chose. Il est intelligent, énergique et sans compromis. »

Joseph Goebbels, dans son Journal, le 19 juin 1936

« Je sais qu'il y a beaucoup de gens qui se trouvent mal quand ils voient cet uniforme noir. Nous le comprenons et nous ne nous attendons pas à être aimés par grand-monde. »

Heinrich Himmler, 1936

Quiconque avait la malchance d'attirer son attention était emporté par un déchaînement de violence. Les communistes, les juifs, les homosexuels, les tziganes étaient systématiquement humiliés, maltraités et assassinés dans les geôles et les camps de Himmler. Dès les « années de paix », le régime commença à déverser sa haine aveugle contre tout ce qui n'entrait pas dans le schéma de la prétendue race des seigneurs. Himmler édicta personnellement des règles détaillées régissant la vie quotidienne dans les camps de concentration afin, prétendait-il, d'empêcher l'arbitraire et les débordements du personnel. Mais la réalité était tout autre. En dépit de ses recommandations précises, les sadiques y avaient le champ libre. Il était interdit à la justice de poursuivre les auteurs des meurtres perpétrés dans les camps. En cas de doute, le *Reichsführer SS* tranchait toujours en faveur de ses gardiens. Il n'y a pas un seul témoignage allant dans le sens contraire. En revanche, de nombreux témoignages mentionnent le cynisme avec lequel il traitait les détenus. A Dachau, par exemple, il accueillit en 1938 une colonne de nouveaux arrivants par ces mots : « Vous savez que vous êtes ici en *Schutzhaft* ["détention préventive", littéralement : "détention par mesure de protection"]. Cela signifie que nous allons tout faire pour assurer votre protection. » Un éclat de rire tonitruant des gardiens interrompit ses explications.

En dépit de ses responsabilités toujours plus nombreuses, Himmler continuait à échafauder son idéologie. Le 2 juillet 1936, il mettait en scène un spectacle d'une nature particulière : le gratin de l'Ordre noir se réunit en la cathédrale de Quedlinburg pour une sinistre cérémonie. Tandis que des SS casqués et armés montaient silencieusement la garde, « des couronnes vertes de chênes allemands » décoraient la crypte et des cierges plongeaient la scène dans une mystérieuse lumière tamisée. Des cors, inspirés de pièces datant de l'Antiquité germanique retrouvées lors de fouilles archéologiques, jouaient des mélodies « exaltantes ». On fêtait le millième anniversaire de la mort du roi germanique Henri Ier. Si l'on en croit son masseur finnois Félix Kersten, Himmler se prenait pour la réincarnation de ce souverain du Moyen Age, dont il prétendait recevoir en rêve les conseils.

> *« C'est là que j'ai été témoin par hasard de l'une des excentricités teintées d'occultisme de Himmler, auxquelles il faisait même participer des chefs de la SS. Pendant les débats du procès de Fritsch, il avait fait venir une douzaine de ses chefs SS les plus proches dans une salle attenant à la salle d'audience, et leur avait ordonné d'exercer, par leur pouvoir de concentration, une influence sur le général d'armée inculpé. Himmler était persuadé que l'accusé soumis à cette influence dirait la vérité... »*
>
> Walter Schellenberg, chef du Renseignement extérieur, dans ses Mémoires

Celui qui donna naissance à la dynastie saxonne joua un rôle clef dans la vie du chef des SS pour des « raisons historiques ». Avec ses conquêtes à l'Est et sa présumée résistance contre l'Eglise, il avait montré la voie de la « Renaissance germanique », qui avait enfin lieu mille ans plus tard. La célébration, avec sa mise en scène soignée, ne fut pas sans effet sur les participants. Dans les vieux murs de la cathédrale, ils purent satisfaire pleinement le besoin de religiosité païenne qui s'était accumulé en eux. Un haut gradé SS exalta les « cœurs pleins de foi » et la « vraie piété allemande » qui s'étaient exprimés dans ce « saint lieu ». L'émotion collective embruma les cerveaux. Il est permis de penser que Himmler, qui avait assisté à des centaines d'offices à l'église, s'abandonnait avec volupté à ce simulacre de grand-messe solennelle. Son allocution fumeuse allait tout à fait dans ce sens : « Ainsi, nous nous sommes rassemblés, nous, un ordre militaire national-socialiste, un ordre formé d'hommes portant l'empreinte nordique, une communauté soudée de même clan, pour marcher selon des lois intangibles sur la route d'un avenir lointain. »

C'était là un de ses discours habituels sur l'avenir, nébuleux et flou, sans définition précise d'objectif. Il faisait recréer une puissante culture germanique primitive à partir de vestiges datant de l'âge de bronze, afin de justifier ses prétentions à

Renaissance germanique : Himmler près du tombeau du roi Henri Ier à la cathédrale de Quedlingburg.

une nouvelle domination du monde ; pour les officiers SS tombés à la guerre, il faisait dessiner des monuments funéraires d'après des modèles datant de la préhistoire germanique. Sa conception de l'avenir était une interprétation d'un passé mal compris, un retour à des ancêtres fabriqués de toutes pièces.

Himmler répéta la cérémonie de Quedlinburg un an plus tard, avec la « mise au tombeau » des ossements d'Henri Ier. Toutefois, ainsi qu'on l'a établi après la guerre d'après les restes exhumés près de la cathédrale, il ne s'agissait nullement des véritables ossements du roi : des archéologues serviles avaient simplement voulu faire plaisir au chef de la SS.

Le pouvoir de la suggestion collective qui caractérise cette époque explique le grand succès de l'ersatz de religion blasphématoire de Himmler. Les éléments liturgiques des services religieux chrétiens furent adaptés sans vergogne et transposés en « germanique ».

> « Il faut que Rosenberg, Himmler et Darré arrêtent leurs bêtises avec ces histoires de culte [...] Nous [...] devons faire cesser toutes ces bêtises de culte germanique. Avec cela, nous ne faisons que donner des armes aux saboteurs. »
>
> Joseph Goebbels, Journal, 21 août 1935

Dans les œuvres laissées par le *Reichsführer*, on trouve en effet un détournement du Notre Père, adapté dans la langue de la religion naturelle saxo-irministe[1]. « *Vatar unsar der Du bist der Aithar, Gibor ist Hagal des Aithars und der Irda !* » On imagine, perplexe, Himmler marmonnant avec ferveur la nouvelle « prière » assis à son bureau. Avec sa méticulosité coutumière, il prescrivit jusque dans les moindres détails le déroulement des cérémonies de son nouveau culte. Des milliers d'enfants reçurent le *Namensweihe* SS, le baptême SS au lieu du baptême chrétien. Au milieu de la salle, on trouvait un autel orné de la croix gammée avec un portrait de Hitler sacré « nouveau Christ ». Derrière l'autel, trois SS en uni-

1. Irministe : d'après les Irminons, l'une des branches des peuples germaniques selon Tacite.

forme de combat montaient la garde, flanqués de vasques de feu et d'« arbres de vie ». Pendant que l'enfant, couché devant l'autel dédié à Hitler, était soumis au rituel, les participants à la cérémonie déclamaient des passages de *Mein Kampf*. Ce rituel symbolisait comme nul autre la mainmise du pouvoir sur les corps et les âmes. Himmler croyait à la vertu et à la force spirituelle des cérémonies célébrées à toute occasion pour maintenir la cohésion de ses troupes : les équinoxes d'été, fêtées de préférence dans des lieux « magiques » comme les pierres de Paderborn ; les mariages des SS ; les cérémonies funéraires ; l'anniversaire de Hitler ; la *Julfest* (l'équinoxe d'hiver, fêtée par les Germains) qui devait remplacer Noël. Il mit au travail les détenus des camps de concentration pour transformer le château du Wewelsburg, en Westphalie orientale, en centre de culte comportant une crypte pour les officiers SS tombés au combat ainsi qu'une salle dallée de marbre. La guerre empêcha sa mise en service, mais les plans de construction et les maquettes indiquent la façon dont Himmler, après la « victoire finale », entendait installer en ce lieu le centre spirituel de son Ordre noir. Une gigantesque esplanade circulaire était prévue autour de ce château de taille plutôt modeste – une sorte de Vatican SS qui devait servir de lieu de culte et de centre de sa « nouvelle moralité ».

En toute occasion, on martelait aux hommes de Himmler le message de ce nouvel Evangile. Avec des discours, des brochures et des cours, la SS travaillait en permanence à la *Weltanschauung*, la vision du monde, de ses membres. Ce n'était pas l'individu et sa quête du bonheur qui devaient être au centre de la « nouvelle pensée », mais le bien de la communauté raciale. Chaque membre de la SS devait se considérer exclusivement comme le maillon d'une chaîne qui reliait ses ancêtres et sa descendance. « Nous nous inclinons avec respect devant nos ancêtres, dont le sang qui circule dans nos veines nous rappelle notre mission et notre devoir », lit-on par exemple dans les instructions de Himmler pour les discours des fêtes de l'équinoxe, en décembre. A quoi les assistants répondaient comme pour une demande d'intercession : « Que votre lumière nous éclaire. » Le discours se poursuivait ainsi : « Le clan impose à l'homme l'obligation de défendre l'héritage. Le sens de l'existence est l'éclosion du fruit de l'héritage. – Que votre lumière nous éclaire. – Nous deviendrons nous-mêmes un jour des ancêtres. Nos enfants sont les témoignages de notre élevage et de notre nature. Et nos petits-enfants seront les hérauts de notre grandeur. – Que votre lumière nous éclaire. » L'essence de ce message totalitaire était le renoncement à toute individualité, à toute liberté personnelle. « Tu n'es rien, ton peuple est tout. » C'est dans l'empressement d'un nombre beaucoup trop élevé de convaincus à se soumettre à ce collectivisme placé sous le signe de la croix gammée que l'on trouve le ciment, étonnamment solide, de la dictature de Hitler. Mais ce zèle était aussi la condition du recrutement du personnel chargé d'exécuter le massacre organisé. Si le *Reichsführer SS* définit plus tard dans ses discours l'holocauste en le décrivant comme la mission « la plus difficile au service du peuple et de la patrie », c'est que ces termes reflétaient la perspective horriblement déformée de la SS. Le crime perçu comme un « service » pour la race : telle était la conséquence perverse de la doctrine aberrante de Himmler.

L'exigence première du *Reichsführer SS* pour contrer d'éventuels doutes ou signes de compassion était celle de la « dureté ». Les discours et les lettres de Himmler dans lesquels il exhorte ses troupes à « la plus grande dureté » ou à une « opiniâtreté inflexible » sont légion. Dans son fameux discours de Poznan, le 4 octobre 1943, il fit ce résumé : « Sang, sélection, dureté. Car la loi de la nature est celle-ci : ce qui est dur est bon, ce qui est fort est bon, le résultat de la lutte pour la vie sur le corps, la volonté, l'âme, voilà ce qui est bon. » L'application de ce principe à la formation des nouvelles recrues SS se soldait souvent par la mort de quelques recrues, comme lorsqu'on utilisait des balles réelles pendant les manœuvres, sur ordre du grand chef. Ce dernier se glorifiait alors auprès de ses pairs en affirmant que ces morts étaient des « victimes profondément morales », car leur sacrifice avait pour effet d'éviter de voir couler des « fleuves de sang » pendant la guerre. Kersten, son masseur, rapporta une conversation entre Himmler et Göring. Ce dernier raillait la « lubie de la dureté » de son interlocuteur. Evoquant les manœuvres de la Waffen-SS, le maréchal annonça d'un ton extrêmement sérieux : « Mon cher Himmler, j'envisage de faire de même avec ma Luftwaffe. J'ai prévu une "épreuve de courage", l'ordre est prêt à signer. » A Himmler qui demandait des précisions, Göring répondit : « C'est très simple, il ne s'agit que d'un tout petit changement pour le saut en parachute : les hommes font deux sauts avec leur parachute, et le troisième, sans. » L'histoire ne dit pas si Himmler fut capable d'en rire.

Son radicalisme et son intransigeance lui faisaient une épaisse cuirasse. Seules ses douleurs d'estomac qui se réveillaient régulièrement révélaient un doute secret. Ses démonstrations notoires de « dureté » paraissent avoir servi à fabriquer ce blindage qu'il s'était imposé. Himmler était connu pour les « exemples » particulièrement sévères qu'il ordonnait au sein de son Ordre noir. Il durcissait presque systématiquement les peines infligées par les tribunaux SS lorsqu'elles lui étaient soumises. Au printemps 1939, ce fut son chauffeur qui eut à souffrir de sa sévérité sans bornes, pour avoir heurté un cyclomotoriste au cours de son service. Personne ne fut sérieusement blessé, et la culpabilité ne fut pas clairement établie, mais Himmler fit enfermer le malheureux pendant six semaines sans audition préalable, allant jus-

Le château de Wewelsburg, en Westphalie orientale, où le centre spirituel de l'Ordre noir aurait dû voir le jour.

qu'à lui interdire d'informer sa famille. Ainsi que le rapporte le diplomate Ulrich von Hassel, il subit à sa sortie une intimidation en règle pour l'empêcher de parler, et fut renvoyé. Il semble que Himmler, en pareilles occasions, et en dépit de tous les témoignages contraires, se laissait griser par son propre pouvoir. La condamnation à mort de son propre neveu, l'*Obersturmführer* Hans Himmler, en est un exemple particulièrement éclatant. Ce dernier, sous l'effet de l'alcool, avait ébruité des secrets de service. Il fut condamné à mort, puis gracié et envoyé au front comme parachutiste. Mais il fut à nouveau emprisonné pour « déclarations dénigrantes » et finalement fusillé en 1941 pour homosexualité au camp de concentration de Dachau, sur ordre personnel de Himmler. C'est là la façon dont le *Reichsführer SS* entendait démontrer son sens de la « décence » et de l'incorruptibilité : pas de pitié pour les membres de sa famille, pas de favoritisme pour ses neveux. Sans doute eût-il réellement fait fusiller sa mère si Hitler le lui avait ordonné.

> « Himmler faisait sans arrêt rechercher les herbes les plus bizarres et travaillait aussi avec un alchimiste à qui il avait donné carte blanche. Ensuite, comme au Moyen Age, Himmler le fit pendre parce que l'or ne venait pas. »
>
> Reinhard Spitzy, ancien collaborateur de Ribbentrop, ministre des Affaires étrangères
>
> « Himmler était un apôtre de l'alimentation. Au fond, les peuples de l'Est, ainsi qu'on les appelait, lui étaient beaucoup plus proches que les peuples de l'Ouest, qu'il trouvait ramollis. Son espoir, après la guerre – il savait parfaitement qu'il ne pouvait pas le faire pendant la guerre –, était de transformer toutes ses troupes en végétariens, et de leur faire renoncer à l'alcool et au tabac. Telle était sa conception de l'avenir, et il croyait que c'était la meilleure façon de continuer à améliorer la race germanique. »
>
> Ernst-Günther Schenck, médecin SS
>
> « C'était un homme aux gestes silencieux, inexpressifs. Un homme sans nerfs. »
>
> Général de brigade Walter Dornberger à propos de Himmler

Lorsqu'on se penche sur la personnalité de ce bourreau de bureau, on est parcouru d'un frisson. Son sang-froid découlait de l'aveuglement total avec lequel il croyait devoir accomplir sa « mission » pour le « peuple » et la « race ». Ainsi, il entrait parfaitement dans sa logique, une seconde après avoir signé un arrêt de mort, de s'adonner avec le même sérieux à l'étude de ses marottes macabres. Parmi elles, on comptait les innombrables expéditions qu'il envoyait à travers le monde.

Himmler expédia des chercheurs au Tibet pour leur faire effectuer des fouilles sur les traces des aryens originels, puis il fit étudier des formations rocheuses en Forêt-Noire pour vérifier s'il ne s'agissait pas de gigantesques forteresses préhistoriques, et envoya également des scientifiques dans de vieilles ruines de châteaux forts afin d'aller à la quête du Saint Graal. Le *Reichsführer SS* exigeait d'être tenu au courant jusque dans les moindres détails des préparatifs et des résultats de ces voyages, qui ne présentaient naturellement pas un grand intérêt scientifique. En particulier, on ne trouva aucune trace tangible de ses fumeuses théories historiques. Mais les chercheurs SS ne se risquaient généralement pas à protester de l'absurdité de leurs missions. Aussi a-t-on allégrement falsifié, triché et menti, afin de s'assurer la bienveillance de ce puissant bailleur de fonds. Autour de l'organisateur de la terreur se constitua un réseau de charlatans et de pseudo-savants prêts à sacrifier l'objectivité de la recherche à la mission idéologique.

Un exemple particulièrement absurde est la prétendue « théorie du monde de glace dans l'univers » de l'ingénieur autrichien Hans Hörbiger, dont les rejetons, Paul et Attila, firent une carrière de comédiens. Hörbiger, en contradiction avec toutes les connaissances empiriques, prétendait que l'univers contenait de grandes quantités de glace qui se trouvaient en lutte permanente avec des « soleils brûlants ». Il détenait la preuve irréfutable de sa théorie avec la grêle, qui tombait sur la Terre en provenance directe de l'univers. Bien entendu, les scientifiques sérieux réfutèrent absolument cette thèse. Un professeur berlinois la déplora comme « un retour en arrière très regrettable pour le prestige de l'Allemagne », un retour au « premier degré primitif » de la recherche scientifique. Mais Himmler défendit ces élucubrations avec véhémence. Dans une lettre pleine de sous-entendus menaçants, il rappelait que Hitler, lui aussi, était « depuis de longues

En haut : Où sont les runes ? Himmler visite une carrière dans le Palatinat.
En bas : De nouveaux camarades. Himmler en conversation avec des représentants de la police italienne au lac de Côme (1939).

années » un « adepte convaincu » de la « théorie du monde de glace ». Un chargé d'affaires de ses services, qui n'avait commis d'autre crime que de se faire envoyer les commentaires critiques d'astronomes de renom sur la « théorie » de Hörbiger, fut congédié par Himmler « avec interdiction de porter l'uniforme et l'insigne civil ».

Le *Reichsführer* ne relâcha jamais ses efforts pour appuyer sa curieuse conception du monde sur des fondements scientifiques. Dès 1935, il créa la fondation *Ahnenerbe*, « Héritage des ancêtres », destinée à faire des investigations sur « l'espace, l'esprit, l'action et l'héritage de l'identité ethnique indo-germanique de race nordique » et à agir comme une « armurerie vivante » contre ces puissances qui menaçaient la germanité. L'*Ahnenerbe*, sous la présidence de Himmler, devint le bassin collecteur de toutes sortes de pseudo-sciences obscures. A la fin de la guerre, l'association comprenait plus de quarante antennes. Son champ d'action incluait les expérimentations criminelles sur les détenus, au même titre que les « recherches sur la communauté raciale » dans le Tyrol oriental, innocentes en comparaison. Un mystérieux ex-officier de l'armée austro-hongroise devint le personnage clef du culte du passé irrationnel auquel se livrait Himmler. Karl Maria Wiligut alimenta comme personne sa passion pour l'utopie, le romantisme et l'occultisme. Les deux hommes firent connaissance en 1933.

« Nous vivons une époque de conflit définitif avec la chrétienté. Il est de la mission de la *Schutzstaffel* de donner au peuple allemand, dans le demi-siècle à venir, des bases idéologiques spécifiques non chrétiennes pour la conduite et l'organisation de sa vie. »

Himmler, dans un plan pour la mise en valeur de l'héritage germanique, 1937

« Académie d'éducation physique » : Himmler s'adresse aux sous-cheftaines du *Bund Deutscher Mädel* (BDM), la « Ligue des Filles allemandes », 1937.

Wiligut était déjà âgé de soixante-sept ans – le double de Himmler – et, comme on devait le découvrir plus tard, il avait été soigné pour les nerfs pendant près de trois ans dans une maison de santé de Salzbourg.

Il parla au grand chef SS de sa prétendue « mémoire de l'héritage », mémoire magique qui lui permettait d'évoquer le savoir de générations éteintes depuis longtemps. Il en découlait qu'il était le dernier descendant d'une longue série de sages germains de la tribu des « ouligoths ». Sa mémoire attestait que la Bible avait en réalité été écrite en Allemagne, et que la préhistoire germanique remontait à deux cent vingt-huit mille ans avant Jésus-Christ. A cette époque, « trois soleils » étaient encore accrochés au firmament, et la Terre était peuplée de « géants et de nains ». Tout autre auditeur, titulaire ou non de diplômes universitaires comme Himmler, l'eût remercié poliment ou appelé un médecin, mais le chef SS s'enflamma littéralement. Il engagea Wiligut séance tenante comme directeur de son « Office principal des Races et du Peuplement » à Munich. Son enthousiasme spontané pour les élucubrations de Wiligut jette une lumière édifiante sur les deux visages opposés de Himmler. Froid, pointilleux et efficace à son bureau, il pouvait sans transition s'abandonner à des idées tout à fait irrationnelles, comme s'il était resté l'adolescent immature échafaudant en rêve son propre monde.

Wiligut, qui était inscrit à la SS sous le pseudonyme de Karl Maria Weisthor, devint le Raspoutine personnel de Himmler. Il pouvait entrer à tout moment dans son bureau et lui livrer les dernières découvertes de sa « mémoire de l'héritage ». Il étudiait les runes, écrivait pour son grand chef des traités de cosmologie et de poésie mythologique et créa le Notre Père retrouvé dans les œuvres posthumes de Himmler. Il put entreprendre des expéditions à la recherche des anciens sanctuaires de la religion « irministe », dont il avait conclu à l'existence en se fondant sur la tradition de la *Weltesche*[1] saxonne, l'*Irminsul*[2]. C'est également Wiligut qui conçut l'aménagement et la construction du Wewelsburg, qu'il croyait avoir reconnu comme une forteresse historique dans l'une de ses visions, forteresse qui avait brisé « l'assaut des Huns » venus de l'est – ce qui, du point de vue historique, est une absurdité totale. Mais Himmler s'était entiché de Wiligut/Weisthor et il le chargea de concevoir une bague d'honneur pour la SS. Wiligut remplit sa mission de manière satisfaisante, car cette bague d'honneur munie de la bénédiction de Himmler était désormais ornée non seulement du

1. *Weltesche* : chez les Germains, frêne qui porte le toit du monde et dont les racines descendent dans les entrailles de la terre ; il sert d'axe et de colonne à l'univers.

2. *Irminsul* : tronc majestueux symbolisant la *Weltesche*.

sigle runique, d'une croix gammée et d'une tête de mort, mais aussi d'un groupe de lettres runiques censé représenter l'histoire de la famille de Weisthor. Himmler décréta que les bagues d'honneur des SS tombés au combat seraient conservées dans un coffre au Wewelsburg, en « éternel souvenir ». A la fin de la guerre, ce coffre fut probablement expédié au pays par quelque soldat allié à titre de souvenir d'Allemagne.

Le pouvoir magique du gourou subit un petit accroc en novembre 1938, le jour où l'ordonnance de Himmler, Karl Wolff, alla rendre visite à Malwine, l'épouse de Wiligut, à Salzbourg. Celle-ci confia au visiteur que son époux avait été enfermé dans une maison de santé après avoir proféré contre elle d'incessantes menaces de mort. Himmler prit connaissance du passé secret de son « voyant », mais ne réagit pas. L'influence spirituelle exercée par Wiligut fit taire une fois de plus toutes ses interrogations. Mais les énormes problèmes d'alcoolisme et les autres égarements, parfois délicats, de son protégé, avaient déjà sapé sa position depuis un certain temps. Wiligut avait, par exemple, affirmé à une jeune et jolie amie du *Reichsführer*, nommée Gabriele Dechend, que Himmler souhaitait qu'il eût une descendance... avec elle ! C'était une affaire de la plus haute importance et qui, de plus, honorait son interlocutrice. Las, l'heureuse élue n'avait pas mesuré cet honneur à sa juste valeur et était allée se plaindre au chef de la SS. Ce dernier tomba des nues. Le 28 août 1939, trois jours avant l'invasion de la Pologne, s'acheva l'ère Wiligut, avec son retrait officiel de la SS. Himmler lui demanda de restituer sa bague à tête de mort, son poignard et son épée, qu'il conserva personnellement en dernier signe d'attachement.

Avec le début de la guerre, les responsabilités de Himmler s'accrurent encore. Hitler qui, par ailleurs, s'était toujours moqué du goût pour le romantisme et l'occultisme de son disciple le plus efficace, avait plus que jamais besoin de lui. Les funestes idées de celui-ci sur l'espace vital à l'est, qu'il

Un charmant tableau champêtre : deux chefs SS cueillent des fleurs au bord de la route avec leur grand maître.

s'agissait d'abord de dépeupler, puis de « germaniser », paraissaient enfin prendre forme. Les collaborateurs de Himmler avaient commencé à établir des projets pour repousser la « frontière de la germanité » le plus loin possible vers l'est. Leurs études se soldèrent par l'établissement du « Plan général Est » de 1942, qui prévoyait la mort par la famine de trente millions de personnes en Pologne et dans les parties occidentales de l'Union soviétique.

« Les théories de Himmler ne furent, hélas ! pas combattues. Adolf Hitler croyait qu'elles pourraient s'effondrer d'elles-mêmes. »

Albert Speer, lors de son interrogatoire par les Américains, 1945

> « Quiconque va s'implanter dans les terres de l'Est n'est pas un colon mais un successeur de nos pères, qui ont dû s'éloigner pour un certain temps seulement de ce sol, parce que le manque de terre ou le goût du voyage les y poussèrent et que nul empire ne pouvait les protéger par l'épée. »
>
> Guide du SS, juin 1941

En contrepartie, des armées de colons allemands devaient assurer la défense les nouvelles frontières germaniques dans des « villages militaires ». Dès l'invasion de la Pologne, Himmler et Heydrich avaient commencé leur entreprise de décimation des « peuples de l'est ». A l'arrière du front, leurs commandos d'intervention, de façon peu systématique au début, avaient fait la chasse aux intellectuels polonais et aux juifs. La transmission des ordres se faisait suivant une hiérarchie immuable : au cours d'une conversation personnelle, Hitler donnait au chef de la SS des lignes générales que ce dernier transformait en ordres concrets pour ses hommes.

Mais les relations entre les deux assassins en chef n'étaient nullement empreintes de la bonne intelligence vantée par les images de l'actualité. Pour Himmler, les moments où il devait affronter son *Führer* étaient des épreuves qu'il subissait dans un état de tension extrême. Kersten, son masseur, et Wolff, le chef de son état-major, ont tous deux rapporté combien Himmler craignait les rencontres avec Hitler. « Il est impossible de croire pour quiconque ne l'a vu de ses yeux qu'un homme qui possédait les pouvoirs de Himmler avait peur quand il était appelé chez Hitler, consigna Kersten, et qu'il se réjouissait comme s'il avait réussi un examen si cela s'était bien passé, voire s'il avait été félicité. » Cette relation de dépendance était quasi pathologique. Lorsque Himmler affirmait à ses subordonnés que le *Führer* avait « toujours raison », c'était tout simplement pour lui une vérité métaphysique – même si lui, l'homme le mieux informé du Reich, savait que Hitler avait déjà pris diverses décisions qui s'étaient révélées des erreurs flagrantes. Mais sa pathologie le poussait à faire effectivement jouer au dictateur le rôle du sauveur national. « Il nous est apparu au plus profond de la misère, chantait-il à la gloire de Hitler en 1940, il appartient aux grands personnages de lumière qui surgissent invariablement pour la germanité lorsqu'elle tombe dans la plus profonde misère physique, mentale et spirituelle. Goethe était l'une de ces figures dans le domaine de l'esprit, Bismarck dans le secteur politique, le *Führer* l'est dans tous les domaines. Il est prédestiné par le karma de la germanité du monde à conduire le combat contre l'Est et à sauver la germanité du monde. » Dans la bouche de Himmler, de tels hymnes n'étaient pas des déclarations de circonstance. Pour celui qui prenait au sérieux les fables dc Wiligut, qui croyait aux « trois soleils » et au « monde de glace » de l'univers, élever son *Führer* au rang d'un dieu n'était pas un problème intellectuel. De plus, cette vénération sans bornes lui permettait d'assouvir le besoin profond de soutien, d'orientation et de sécurité, noté par certains de ceux qui l'observèrent durant les années qu'il passa aux côtés de sa femme, nettement plus âgée que lui. Il allait si loin dans sa projection sur le personnage de Hitler que certains de ses subordonnés, tel le *Brigadeführer* Walter Schellenberg, remarquèrent chez lui quelque chose de la diction du *Führer*.

« Himmler était surnommé avec ironie *Reichsheini**. On savait qu'il n'avait jamais été soldat, et pourtant, il était devenu l'un des plus grands généraux. Les histoires sur Himmler étaient toutes moqueuses et méprisantes. Le soldat du front regardait un peu de haut cet homme qui détenait le commandement suprême dans de telles conditions. »

Ernst-Günther Schenck, médecin SS

* Reichsheini : l'imbécile du Reich. Heini, diminutif de Heinrich, signifie également « imbécile ».

Fin septembre 1939 – on se battait encore autour de Varsovie –, Himmler entreprit une tournée d'inspection à travers la Pologne occupée et visita aussi plusieurs implantations juives. La Pologne, avec trois millions trois cent mille juifs sur trente-cinq millions d'habitants, avait la plus nombreuse population juive du monde. L'antisémite viscéral qu'était Heinrich Himmler voyait là un problème dont la « solution » ne pouvait être confiée qu'à sa SS. La décision de massacrer des millions de personnes n'avait pas encore été prise, mais Himmler et Hitler avaient déjà prévu que le processus de persécution des juifs serait plus radical encore en Pologne qu'en Allemagne. Au cours de ce voyage, le chef suprême de la SS ne fit pas mystère de sa haine et de sa détermination.

« Himmler parcourut l'hôpital de campagne, là où nous avions nos blessés et nos malades, en commençant par les salles des blessés. Puis il se montra pressé de partir, et moi, qui étais médecin chef dans cet hôpital, cela me contraria. Je demandai au Reichsführer *s'il ne voulait pas voir les malades. Il me répondit alors : "Qu'est-ce que vous voulez que je fasse chez les malades, je n'ai pas envie d'être contaminé ! Que va dire le* Führer, *si son Himmler est malade ?" Cela me contraria encore plus. Spontanément, je mis la main dans la poche de ma blouse, où je gardais un petit tube de Pyramidon. J'en sortis deux comprimés et les lui donnai en lui disant :* "Reichsführer, *si vous prenez ça, vous ne serez pas contaminé." Comme il était entouré de son état-major et qu'il devait garder la face, il prit les comprimés et m'accompagna à travers le service de médecine au pas de charge, pratiquement sans piper mot, en se contentant de distribuer quelques saluts. »*

Ernst-Günther Schenck, médecin SS

En haut : Présentation de types de criminels. Himmler en 1936, lors d'une visite du camp de concentration de Dachau.
En bas : Education nationale-socialiste : la petite Gudrun accompagne son père au « travail ».
Sur le panneau il est écrit : « Point de rassemblement des détenus ».

Alors qu'on lui « présentait » quelques « types de criminels », ainsi que le consigna un membre de l'équipe qui l'accompagnait, il montra du bout de sa baguette des vieillards tremblants de tous leurs membres en se moquant de leurs papillotes et en les traitant de parasites. A cette époque, ses SS avaient déjà fusillé près de vingt mille personnes. Depuis des années, Himmler avait préparé le terrain pour le « combat » qui commençait. Le point central de sa théorie raciale délirante était la répartition des êtres en catégories : les hommes, les « sous-hommes » et les animaux. A toute occasion, il répétait à ses SS que les juifs étaient des « sous-hommes », ou encore des « hommes-animaux ». Ses discours étaient émaillés de propagande anti-juive, dans laquelle ils étaient insultés et traités de « parasites », de « suceurs de sang » ou de « traîtres ». Pas à pas, discours après discours, pamphlet après pamphlet, en dépouillant les juifs de leur humanité, on allégea la conscience des criminels avant même qu'ils n'aient perpétré leurs crimes. A la fin, on en vint à mettre sur le même plan les juifs et la vermine, infamie que Himmler formula tout à fait ouvertement : « Se débarrasser des poux n'est pas une question idéologique, affirma-t-il en 1943 à Charkow. C'est une affaire de propreté. »

Des bataillons entiers de spécialistes se sont affrontés pour savoir à quel moment précis fut prise la décision de l'holocauste, et qui l'a prise. C'est oralement que l'encadrement national-socialiste abordait cette question, la plus scabreuse de toutes, afin de ne pas laisser de traces. Par ailleurs, un grand nombre de sujets concernant la « question juive » sont exprimés en termes voilés, dissimulés dans une langue camouflée. « Solution finale », « traitement spécial », « évacuation »... Jamais les assassins n'appelaient leur génocide par son nom. Si on ne dispose d'aucune certitude concernant la décision, on sait de façon sûre que Himmler se trouvait au centre du processus, et on sait aussi que c'est avec le déchaînement des groupes d'intervention après le début de l'invasion de l'URSS, à l'été 1941, que le massacre prit cette dimension nouvelle, inconcevable, qui fit de l'holocauste un crime à part. On peut estimer sans crainte de se tromper que la décision fut prise vers la fin de l'automne 1941. Si, au début de l'année, on ourdissait encore des plans au *Reichssicherheitshauptamt* (« l'Office central de Sécurité du Reich ») pour l'évacuation en masse des juifs vers Madagascar, à la fin de la même année des centaines de milliers de personnes avaient déjà été exterminées par les groupes d'intervention dans les territoires conquis en Union soviétique, et l'ordre d'aménagement des premiers camps d'extermination avait déjà été donné.

« Le *Führer* ne tarit pas d'éloges sur la bonne tenue des soldats des unités armées de la SS. Elles ont accompli de véritables actions d'éclat... Force est de constater que Himmler a accompli là un véritable miracle en matière d'instruction. »

Joseph Goebbels, Journal, 22 novembre 1941

« Après la visite de Birkenau, il inspecta le processus complet de l'extermination d'un transport de juifs qui venait d'arriver. Il observa aussi pendant un moment le tri qui était fait parmi ceux qui n'avaient pas de travail, sans émettre de remarque. Pendant le processus d'extermination, il ne s'exprima en aucune façon, il se contenta de regarder sans mot dire. En même temps, il observa discrètement à plusieurs reprises les chefs et sous-chefs qui participaient à l'opération, et moi. »

Rudolf Höss, à propos de la visite de Himmler à Auschwitz pendant l'été 1942

La question, qui a opposé les spécialistes, de savoir si c'est Hitler qui, dans les innombrables réunions de cette année-là, a encouragé ses complices à plus d'efficacité, ou si ses hommes liges sont allés dans son sens en lui soumettant des propositions de plus en plus radicales, est vaine. Car tous se rejoignaient sur la ligne directrice. Depuis huit ans déjà, on assassinait arbitrairement et impunément dans les camps de concentration ; depuis 1939, sous l'étiquette T4, on pratiquait le massacre des handicapés en utilisant le gaz, et il était impossible d'ignorer les tueries perpétrées en Pologne et dans les Balkans, pendant l'été 1941, par des commandos SS et SD. Le nombre des personnes assassinées par le régime s'élevait déjà à des centaines de milliers avant le début fixé par les historiens pour l'holocauste. Pour les assassins en chef, le signal de départ de l'« extermination de la race juive en Europe » annoncée officiellement par Hitler dès 1939 n'était plus qu'une question de temps.

Himmler n'a jamais laissé planer le doute parmi ses subordonnés : la décision définitive fut prise par Hitler. Après la guerre, le commandant d'Auschwitz, Rudolf Höss, rapporta une conversation qu'il avait eue avec Himmler pendant l'été 1941. « Le *Führer* a ordonné la solution finale de la question juive et nous, la SS, nous devons exécuter cet ordre. » Trois ans plus tard, le 5 mai 1944, Himmler pouvait annoncer à Sonthofen que la « question juive en général » avait été « résolue sans compromis » par sa SS, en ajoutant d'une voix légèrement larmoyante : « Vous pouvez comprendre ce que j'ai ressenti, combien m'a été pénible l'exécution de cet ordre qui m'a été donné en tant que soldat, auquel j'ai obéi et que j'ai exécuté par obéissance et par totale conviction. » Il se plaignit aussi en d'autres lieux d'avoir reçu du *Führer* l'« ordre le plus difficile » qu'il lui eût jamais été donné. Avec un cynisme inouï, le commandant en chef des meurtriers se plaignait du poids de sa tâche.

En outre, Kersten, son masseur, se rappela après la guerre que son patient lui avait confié ne « pas du tout » avoir voulu « exterminer les juifs » et avoir des « idées tout à fait différen-

Des objectifs communs : Himmler et Hans Frank, chef du « Gouvernement général », ont mis en place l'holocauste.

tes ». Mais les innombrables discours haineux et la froide détermination avec laquelle Himmler mit en œuvre la « solution finale » sont là pour le contredire. Un homme tel que lui ne peut invoquer l'obéissance aux ordres. Il agit par conviction pleine et entière. C'est l'énergie qu'il mit dans son travail d'organisation qui a rendu possible la dimension du crime. Son amour de l'intrigue et de la mystification renforça encore le caractère sinistre des camps de la mort. La perfidie avec laquelle les victimes furent envoyées à la mort sous prétexte de « douche » ou d'« épouillage » est à mettre au compte de la perversité du chef suprême de la SS.

Mais ce qui, aux yeux de la postérité, constitue le sommet de la noirceur, est l'absence totale de sentiment de culpabilité. Le premier des coupables ne se considérait pas comme un criminel. Himmler était à ce point le jouet de sa folie qu'il était capable de présenter l'holocauste à ses hommes, très sérieusement, comme un travail méritoire. L'exemple le plus célèbre en est le discours qu'il tint le 4 octobre 1943 devant les *Gruppenführer SS* : « Je veux aussi évoquer devant vous en toute sincérité un chapitre très difficile, prononça-t-il d'une voix ferme dans la grande salle de réception du château de Poznan, nous devons en parler une bonne fois très ouvertement entre nous. Je veux parler de l'évacuation des juifs, de l'extermination du peuple juif. Cela fait partie des choses que l'on dit en toute tranquillité. "Le peuple juif est en train d'être exterminé", dit-on communément au sein du Parti. C'est ce que nous faisons. C'est clair. C'est dans le programme de notre parti. C'est à ce moment qu'ils interviennent, les braves quatre-vingts millions d'Allemands, et ils ont chacun leur bon juif. De tous ceux qui disent ça, il n'y en a pas un qui soit passé par là, pas un qui ait tenu bon jusqu'au bout. La plupart d'entre vous savent sans doute ce que ça veut dire, de voir cent cadavres gisant par terre, de voir cinq cents cadavres par terre, ou mille. Avoir tenu bon et – hormis quelques faiblesses humaines exceptionnelles – être restés convenables, c'est ça qui nous a rendus durs. » Ces passages constituent la négation de tout ce qui confère à l'homme sa dignité. La « correction » de Himmler n'était en vérité qu'une manière mensongère de qualifier une énorme force de destruction. Le maître de l'Ordre noir était aveuglé par l'hérésie de son idéologie, la conviction que cette conception du monde était l'unique voie vers un monde meilleur, un monde national-racial, un monde *völkisch*. Cette voie menait tout droit au précipice.

En août 1941, le chef suprême de la SS, en tournée d'inspection, fit une halte à Minsk auprès du chef du Groupe d'intervention B, le *Brigadeführer* Arthur Nebe. Après que Nebe lui eut fait son rapport sur les exécutions collectives effectuées par ses hommes, Himmler ordonna l'exécution de cent nouveaux prétendus « partisans » afin de pouvoir y assister personnellement. D'après Karl Wolff, c'était la première fois que le chef de la SS voyait de ses yeux une exécution. Le lendemain matin, des membres du Commando d'intervention 8 et du Bataillon de police 9 conduisirent donc cent détenus, dont deux femmes, jusqu'à une fosse que l'on venait de creuser. Les victimes durent y descendre par groupes et se coucher au fond, le visage tourné vers le sol. Puis le peloton d'exécution tira une salve depuis le bord. C'est alors que Himmler décela un jeune homme d'une vingtaine d'années, très blond, aux yeux bleus, parmi les détenus qui attendaient, et le fit appeler. Le général SS Erich von dem Bach-Zelewski, témoin oculaire, rapporte leur entretien :

« Vous êtes juif ? demanda le chef de la SS.

— Oui.

— Vos deux parents sont juifs ?

— Oui.

— Avez-vous quelques ancêtres qui n'étaient pas juifs ?

— Non.

— Dans ce cas, je ne peux rien faire pour vous. »

Le jeune homme fut fusillé. Au fur et à mesure que la fosse se remplissait de cadavres, la nervosité de Himmler augmentait. Ses nerfs lâchèrent, il vomit. Von dem Bach-Zelewski profita de cette occasion pour lui faire comprendre que ses hommes étaient « au bout du rouleau » après ce genre d'opérations. Himmler fit là-dessus un petit discours dans lequel il en appelait aux tueurs en leur demandant d'obéir aveuglément, « en soldats », à tous les ordres, et en leur faisant remarquer par ailleurs que ce n'était pas eux, mais lui seul et Hitler qui en portaient la « responsabilité ».

« Himmler était présent lors de la première mise en service de la chambre à gaz. Il a regardé à l'intérieur par l'œilleton et il s'est trouvé mal. Il est ensuite sorti derrière la chambre à gaz et il a vomi. Deux SS l'ont vu, ils ont été aussitôt expédiés au front. Parce qu'un Heinrich Himmler ne vomit pas quand on tue des juifs. »

Hans Frankenthal, ancien détenu en camp de concentration

A partir de ce moment, il accorda une attention particulière au « moral » de ses troupes d'assassins. Il étudia avec ses subordonnés le moyen d'appliquer des méthodes de mise à mort plus « humaines », fit faire des essais avec de la dynamite, des gaz toxiques et des gaz d'échappement de moteurs de camions. Il demanda des informations très précises, suggéra et émit de nouvelles instructions pour les exterminations. Le résultat de ces recherches fut la mise à mort industrialisée d'Auschwitz-Birkenau avec ses conteneurs de Zyklon B déversés dans les chambres à gaz. A plusieurs reprises, Himmler était allé inspecter personnellement la mécanique de la solution finale – contrairement à Hitler, qui ne mit jamais les pieds dans un camp de concentration. Ainsi, le 17 juillet 1942, le chef de la SS observa-t-il avec intérêt l'arrivée et le gazage à Auschwitz d'un transport de quatre cent quarante-neuf juifs hollandais dans le bunker n° 2. Le spectacle, ainsi que le rapporte le commandant du camp, Rudolf Höss, fut suivi d'une agréable soirée arrosée au vin rouge. De même, Himmler se préoccupait activement des règles de comportement des groupes d'intervention et des unités *Tête de mort* afin d'éviter la « brutalité inutile » et les « dommages moraux ». Dans une circulaire, il recommandait de se changer les idées le soir, après le service, en ne buvant que modérément, en faisant un bon repas et en écoutant de la « musique allemande ». Il s'éleva avec une énergie particulière contre tout enrichissement personnel. « Nous avions le droit moral, déclara-t-il devant un auditoire de commandants SS, nous avions le devoir, vis-à-vis de notre peuple, de tuer ce peuple qui voulait nous tuer. Mais nous n'avons pas le droit de nous enrichir, ne serait-ce qu'avec une fourrure, une montre, un mark ou une cigarette, ou quoi que ce soit d'autre. » Il ajouta que quiconque s'approprierait quelque objet malgré tout serait puni « de mort ». Mais la réalité, au sein des groupes d'intervention et des équipes de gardiens, était différente. Himmler commandait un empire dans lequel existaient les abus, la corruption et l'enrichissement sous toutes les formes imaginables. Et le prétendu gardien de la vertu qui était à sa tête savait parfaitement à quoi s'en tenir. Les exemples qu'il fit étaient destinés à la galerie. A l'intérieur, Himmler devait alimenter régulièrement la cupidité de ses complices par des avancements, des cadeaux et des gratifications généreuses, très souvent camouflées en crédits, et accepter sans commentaire que ses commandants de camp s'entourent de luxueux biens spoliés. L'argent des dotations qui rétribuaient le crime sortait généreusement de la poche du « Cercle d'Amis du *Reichsführer SS* », auquel appartenaient de grands noms de l'industrie allemande, de Siemens à la Deutsche Bank.

L'accumulation des responsabilités, encore plus nombreuses lorsqu'il fut nommé ministre de l'Intérieur en 1943, et la diversité de ses attributions semblent avoir eu pour effet un éclatement de sa personnalité. Ses décisions, auxquelles il travaillait souvent jusqu'à deux heures du matin à son bureau, donnent l'impression d'avoir été prises par plusieurs personnages fondamentalement différents les uns des autres. Himmler pouvait parler avec émotion de son amour profond pour les animaux, qui lui faisait détester la chasse et prévoir des autorisations de police pour les associations de protection des animaux et, aussitôt après, dans une réunion, passer à « l'évacuation » d'un ghetto juif et signer ainsi l'arrêt de mort de dizaines de milliers de personnes. Après avoir joué les pères aimants et attentionnés en téléphonant à sa fille, il pouvait parfaitement expliquer sans l'ombre d'une émotion pourquoi il était nécessaire de tuer aussi les enfants juifs. Entre les deux attitudes, il ne s'écoulait parfois que quelques secondes. Un jour, il emmena avec lui sa fille Gudrun, surnommée « Püppi », au camp de concentration de Dachau. Le soir, elle nota dans son Journal : « Nous avons vu le jardin aux herbes, les poiriers et les dessins qu'ont faits les détenus. Magnifique. Ensuite, nous avons fait un très bon déjeuner. »

« Comment pouvez-vous éprouver du plaisir, monsieur Kersten, à tirer à coups de fusil à partir de votre abri sur de pauvres créatures qui broutent à la lisière de la forêt ! A y regarder de près, c'est de l'assassinat pur et simple. »

Himmler à son masseur Félix Kersten,
à propos de la chasse

« Il n'avait absolument aucune barrière d'ordre éthique. Il était prêt à tous les crimes. »

Franz Riedweg, « Administration germanique »
de la SS

« Nous pouvons nous livrer à ces recherches [...] avec des chances de succès particulièrement grandes, parce que j'ai pris personnellement la responsabilité de fournir pour cela des éléments asociaux et criminels détenus en camps de concentration, qui ne méritent que la mort. »

Himmler dans une lettre de novembre 1942, à propos
des recherches sur les êtres humains à Dachau

« A ma connaissance, jamais aucune demande de recherche nécessitant l'accord préalable de Himmler n'a été refusée. »

Hans Münch, médecin SS à Auschwitz

Le même jour, son père avait eu des préoccupations totalement différentes, et rencontré son médecin préféré, un médecin de la Luftwaffe employé à Dachau, le docteur Sigmund Rascher, qui se livrait sur les détenus à des expérimentations se terminant presque toutes par la mort. Celui-ci opérait à cœur ouvert sans anesthésie, enfermait des cobayes dans une chambre de dépression ou leur faisait subir des séjours dans des bassins d'hypothermie qui les tuaient. Il était en contact permanent avec Himmler et échangeait avec lui des courriers étudiant la manière d'acquérir des connaissances pour la conduite de la guerre grâce à de telles expériences. Un jour, le *Reichsführer SS* eut l'idée de procéder à des expériences de réchauffement, grâce à la « chaleur animale », de gens soumis à l'hypothermie, ce que Rascher s'empressa d'expérimenter avec quatre femmes spécialement dépêchées du camp de Ravensbrück. Il força les femmes à se coucher, peau à peau, contre un détenu soumis à une température de moins 30 degrés. Il annonça son résultat le 12 février 1943, en déplorant le fait que l'apport de chaleur « animale » n'était « malheureusement » pas plus concluant que les autres méthodes. Il proposa par ailleurs de mener les expériences ultérieures à Auschwitz, car elles étaient trop difficiles à cacher à la population de Dachau. « Les gens que l'on expérimente braillent quand ils ont très froid. » Le chef de la SS, qui regardait dans son quartier général les films des expériences de Rascher et participa même personnellement à un « test de dépression », soutenait l'horrible docteur avec des subventions de sa fondation *Ahnenerbe* et le défendait aussi avec véhémence contre les critiques de ses collaborateurs scientifiques. « Dans ces milieux médicaux "chrétiens", écrivit Himmler, on estime qu'un jeune aviateur allemand a le droit de risquer sa vie, mais que la vie d'un criminel est trop sacrée pour cela et on ne veut pas se salir en le faisant. » Le grand maître de l'ordre à la tête de mort était le moteur des innombrables expérimentations humaines, aussi sadiques qu'inutiles, conduites par les médecins allemands des camps de concentration et les instituts de recherche. Des milliers de victimes servirent de cobayes, tant pour les stérilisations forcées par exposition à de hautes doses de rayons que par l'inoculation de maladies mortelles, ou les célèbres recherches sur les jumeaux du docteur Mengele à Auschwitz.

Le médecin tueur Sigmund Rascher fut d'ailleurs, par une ironie du sort, à la fois coupable et victime de l'idéologie de son maître. En 1941, il épousa une vieille amie de Himmler, la cantatrice Karoline Diehl. Himmler avait tout d'abord refusé son accord, car la fiancée, qui avait seize ans de plus que Rascher, était déjà âgée de quarante-huit ans, et par conséquent peu susceptible en principe d'avoir des enfants. Mais un miracle biologique sembla se produire pour Karoline. En un an, elle fit de Sigmund l'heureux père de deux vigoureux garçons. Himmler donna sa bénédiction. Ce couple fertile fut admis dans le cercle étroit des amis du *Reichsführer* et dîna à plusieurs reprises chez les Himmler. Mais la supercherie fut éventée. Lorsque Karoline devint enceinte une troisième fois, son époux fut pris de soupçons. Pourquoi ses enfants ne lui ressemblaient-ils pas ? L'édifice des mensonges de la mère tardive finit par s'écrouler. Elle avoua avoir simulé ses grossesses avec l'aide de sa cousine. Sillonnant Munich en dissimulant leur visage, elles avaient graissé la patte à diverses sages-femmes, convaincu de jeunes mères sans logis et finalement volé un bébé dans une pouponnière. Pour son troisième enfant, Karoline était allée jusqu'à simuler un accouchement à domicile avec de la peinture rouge. Son époux avait été visiblement trop occupé par ses expérimentations humaines pour démasquer son imposture. Le couple se retrouva en prison. Peu avant la fin de la guerre, ils furent exécutés tous deux sur ordre personnel de Himmler.

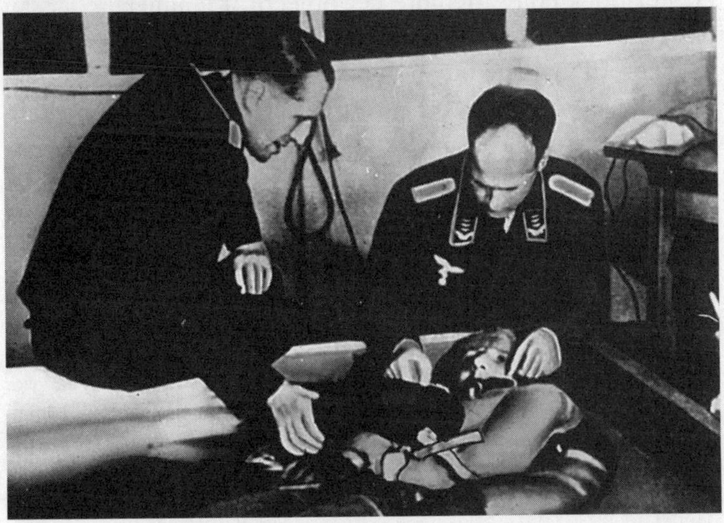

En haut : La « mécanique de la solution finale » : Himmler visite le camp de concentration d'Auschwitz (1942).
En bas : Avec l'accord de Himmler, le docteur Sigmund Rascher (au centre) effectua à Dachau d'innombrables expérimentations en se servant de cobayes humains. Ici, la mise en hypothermie.

L'exemple de Karoline Diehl montre les conséquences que pouvait avoir l'obsession de Himmler : voir croître et multiplier la « race des seigneurs ». Lorsque Kersten lui opposa, lors d'une affaire de mariage similaire, qu'il connaissait des couples sans enfants et heureux malgré tout, Himmler lui répondit que savoir que « Monsieur et Madame Muller sont heureux » ne l'intéressait pas, que seul comptait le bien du peuple. La richesse nationale que constituaient les enfants était pratiquement une condition *sine qua non* pour atteindre les monstrueux objectifs du régime. Ce n'était qu'en augmentant le nombre des naissances que l'on compenserait les pertes dues à la guerre ; il fallait également fournir un nombre suffisant de *Wehrbauern*, de « soldats-paysans », pour les immenses territoires à coloniser à l'Est. Tous les moyens étaient bons pour atteindre cet objectif. Himmler ne laissait passer aucune occasion pour inviter ses SS à procréer, dans les liens du mariage ou en dehors. Les homosexuels devaient être traqués sans pitié, car ils étaient perdus pour la « revitalisation du peuple ». Dans les foyers de son association *Lebensborn*, « Source de vie », il donnait le moyen à des femmes célibataires qui correspondaient à ses critères « raciaux » d'accoucher dans la discrétion.

« Le contraste entre ces deux rivaux était, du point de vue du physique comme du caractère, [...] frappant. Tandis que Bormann ressemblait à un sanglier s'attaquant à un champ de pommes de terre, Himmler me faisait penser à une cigogne dans un champ de salades. »

Walter Schellenberg, chef du Renseignement extérieur, dans ses Mémoires

« Himmler est toujours très choqué par notre style de vie contraire aux principes de la bonne santé. Il dit qu'il lui faut aller se coucher à minuit, au moins

En haut : La richesse par les enfants, un objectif d'Etat. Des SS et des membres du *Bund Deutscher Mädel*, la « Ligue des Filles allemandes », lors d'une rencontre de l'association *Lebensborn*.
En bas : La politique familiale de la SS. Les foyers de l'association *Lebensborn* servaient aussi à accueillir les enfants illégitimes.

en règle générale. Et nous, nous travaillons jusqu'à quatre heures du matin, même si nous restons au lit un peu plus tard. »

Martin Bormann, dans une lettre à sa femme, 9 septembre 1944

« Le nombre minimum d'enfants requis pour un couple en bonne santé est de quatre. »

Heinrich Himmler, Instructions au *Lebensborn*, 13 septembre 1936

Mais l'objectif de ces maisons n'était pas de fournir une aide à la procréation, comme on l'a souvent raconté après la guerre avec des mines gourmandes. Les histoires de solides étalons SS aidant les jeunes filles allemandes à fournir des enfants au *Führer* relèvent de la fantaisie. Le véritable objectif de ces maisons était d'éviter le plus grand nombre possible d'avortements. Les bébés *Lebensborn* que leurs mères ne voulaient pas garder étaient proposés à l'adoption à des familles de SS, ou restaient sous la garde de la SS. Douze mille enfants sont nés dans les foyers du *Lebensborn* jusqu'en 1945.

Ce n'est qu'avec l'augmentation dramatique des pertes après le tournant décisif de Stalingrad que le premier des éleveurs d'êtres humains du Reich étudia la question de la procréation organisée. Formant équipe avec Martin Bormann, lui-même très intéressé, il évoqua la possibilité d'aider les veuves, ou les femmes qui ne trouvaient pas de mari, à connaître les joies de la maternité. Il réfléchit également avec Bormann à l'introduction de la polygamie pour les hommes « dignes ». Sans doute sa proprc situation n'était-elle pas étrangère à ce projet : en 1942, sa maîtresse et ancienne secrétaire, Hedwig Potthast, surnommée *Häschen* (Petit Lapin), lui donna un fils illégitime baptisé Helge. En 1944, suivit une fille prénommée Nanette. La double vie du chef de la SS était d'une discrétion absolue. Seul le premier cercle de l'encadrement national-socialiste savait que Himmler partageait ses rares moments privés avec sa nouvelle famille, plutôt qu'avec Marga et Püppi. Häschen semble avoir effectivement été le grand amour de Heinrich Himmler – même si l'on éprouve quelque difficulté à s'émouvoir de cet aspect de la vie privée de l'assassin du siècle. Non loin du *Berghof* de Hitler, en Bavière, il installa pour Häschen et sa progéniture une maison très chic, et cette deuxième famille se coula harmonieusement dans la société brune. Himmler était prêt à divorcer, mais Marga refusa, surtout à cause de Püppi.

> « J'estime qu'il est bon et judicieux de se procurer des petits enfants de familles polonaises présentant les caractéristiques raciales désirées, afin de les élever dans des jardins d'enfants et des foyers d'enfants spéciaux (et pas trop grands). »
>
> Heinrich Himmler, dans une lettre de juin 1941

Tandis qu'il se livrait à des acrobaties pour sauvegarder les intérêts respectifs de ses enfants, les nervis de la SS partaient à la chasse aux enfants dans les territoires occupés. Ils attaquaient surtout les orphelinats, mais aussi les jardins d'enfants, les cours d'école ou les aires de jeux. Leurs victimes étaient avant tout les enfants blonds aux yeux bleus. Ils étaient mesurés, pesés et classés suivant leur aspect physique, selon les critères du « Bureau des races » de la SS. Si on les trouvait « aptes à la germanisation », ils étaient déportés dans le Reich. Lors d'une assemblée des chefs SS et des chefs de la police, le 16 septembre 1942, Himmler résuma les objectifs : « Tout ce qui existe de par le monde comme bon sang, comme sang germanique, nous devons le recueillir. » Il précisa dans un autre discours à ses *Gruppenführer* : « Tout ce qui existe de par le monde comme bon sang, comme sang germanique, qui ne se trouve pas du côté de l'Allemagne, peut un jour causer notre perte. C'est pourquoi chaque Germain de bon sang que nous irons chercher pour l'amener en Allemagne et dont nous ferons un bon combattant, sera un combattant pour nous, tout en étant un combattant de moins pour l'autre côté. J'ai réellement l'intention d'aller chercher du sang germanique dans le monde entier, de m'en emparer et de le voler partout où je le pourrai. » Ce programme atavique fut le point de départ d'un aspect de la guerre particulièrement déchirant. On estime que le nombre des enfants kidnappés par les sbires de Himmler s'élève à des centaines de milliers. La plupart du temps, on ne prenait pas la peine d'informer leurs parents. Dans la seule région de Zamosc, en Pologne, on en enleva trente mille, et ils furent vingt mille en Ukraine et en Biélorussie. Leurs papiers furent falsifiés en Allemagne, et ils furent adoptés par des familles fidèles à la ligne. Bon nombre de ces enfants n'ont jamais eu connaissance de leur véritable origine. Ils sont aujourd'hui retraités, portent des noms authentiquement allemands et sont loin d'imaginer qu'ils sont les victimes de la folie de Himmler.

En 1943, le *Reichsführer SS* était considéré par tous les observateurs allemands ou étrangers comme le deuxième homme incontesté du régime. Ce ne fut pas un hasard si son ascension eut précisément lieu pendant la phase qui vit la fortune de la guerre commencer à tourner inexorablement. Le régime réagit par une sévérité accrue aux échecs essuyés sur les différents fronts, et Himmler vit grossir le nombre de ses attributions. Les batailles perdues s'avéraient bonnes pour sa carrière.

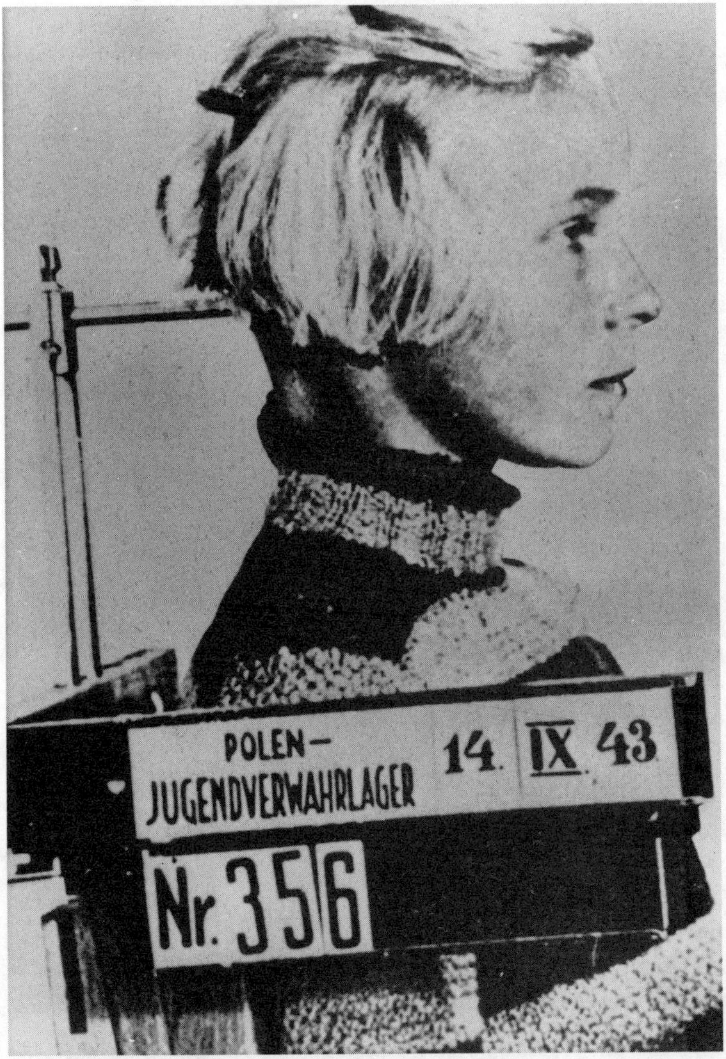

Elle est prévue pour la « germanisation forcée » : photo d'une fillette capturée en Pologne occupée.
L'inscription de l'écriteau indique « Camp de détention pour la jeunesse polonaise ».

La feuille de propagande éditée par Himmler *Der Untermensch* (*Le Sous-Homme*) montre toute l'absurdité de la folie raciste.

> « A ce jour, je ne m'explique toujours pas comment cet homme a pu parvenir à un tel pouvoir et le garder. Il restera toujours un personnage énigmatique. »
>
> Albert Speer lors de son interrogatoire par les Américains, mai 1945

Depuis 1943, il ne contrôlait plus seulement toutes les organisations internes de l'appareil policier et la terreur : il disposait aussi, avec la Waffen-SS, en progression constante, d'un véritable pouvoir militaire. De plus, avec le démantèlement des services secrets de la Wehrmacht sous l'impénétrable amiral Canaris, c'est à lui qu'incombèrent toutes les responsabilités inhérentes à l'espionnage et au contre-espionnage. Himmler avait accumulé une somme de pouvoirs qui faisaient de lui un personnage terrifiant, mais il n'en jouait pas. Quand il se rendait chez Hitler, il restait son dévoué vassal. Il arrivait au dictateur de tout simplement « balayer d'un revers de main » les divergences de vues de son SS en chef, ainsi que le rapporta Kersten. Himmler ne s'imposa jamais dans aucune affaire, même de moyenne importance. De plus, il arrivait à Hitler de décocher à son « fidèle Heinrich » des mots volontairement blessants, sachant combien ce dernier les prenait à cœur. Ainsi, Bormann relata en 1942 dans une lettre à sa femme que Hitler se livrait à des attaques insultantes dont Himmler était « profondément blessé, et sans doute pas depuis hier ». Le *Reichsführer SS* se trouvait dans une impasse. Il avait voué son empire noir à la « fidélité » aveugle à Hitler, et il se trouvait pris dans la nasse de ce serment. Hitler le savait, aussi n'hésitait-il pas à lui confier un tel pouvoir. L'idée d'un putsch de Himmler contre lui était totalement exclue. Car lui faisait défaut ce qui, à côté de la terreur, constituait le deuxième pilier du régime : la faveur des masses. On acclamait Göring, ainsi que Goebbels – tout du moins en tant qu'orateur –, mais jamais Himmler. Lorsque le *Reichsführer SS* traversait une ville en voiture, il ne se formait aucun attroupement au bord de la route pour crier « *Heil !* » Tout au plus son arrivée suscitait-elle des regards apeurés et respectueux. Jamais Himmler n'aurait pu accéder au rang de *Führer*, tout au plus à celui de dictateur policier. De plus, l'étude de ses dossiers de service montre à quel point sa position est restée faible, jusqu'à la fin, dans le maquis des instances nazies. Le chef de la SS, si puissant en apparence, se voyait contraint de discuter des questions de détail les plus insignifiantes avec les responsables du parti, de la Wehrmacht ou des ministères, avant de soumettre l'affaire à Hitler pour qu'il prenne la décision. Ainsi, la querelle permanente pour l'armement et les renforts destinés à la Waffen-SS était un sujet qui contraignait Himmler à intervenir quasi quotidiennement, et pas toujours avec succès.

« A ma grande surprise, il fut d'une amabilité inhabituelle. Il eut quelques traits d'humour, même s'il trahissait un fort penchant pour l'humour macabre. »

Comte Folke Bernadotte à propos de Himmler

« Himmler, qui était radical dans le passé, mais qui sent battre maintenant le véritable pouls du pays, désire une paix de compromis. »

Comte Galeazzo Ciano, ministre des Affaires étrangères italien, dans son Journal, avril 1942

Les seules démarches qu'il entreprit contre la volonté de Hitler eurent lieu en cachette. Himmler, dans ses moments de lucidité, semblait avoir compris que la guerre ne pouvait être remportée. Depuis 1943, il sondait le terrain auprès des puissances occidentales, avec pour unique objectif de s'entendre avec l'Ouest, et de continuer à se battre à l'est. La guerre s'éternisant, Himmler se cramponnait de plus en plus désespérément – comme Hitler, d'ailleurs – à l'espoir d'une rupture de l'union sacrée des Alliés. Il dépêcha des émissaires, comme l'avocat berlinois Carl Langbehn ou son fidèle Karl Wolff, il rencontra des représentants de pays neutres, tel le comte suédois Bernadotte, et alla même jusqu'à envoyer un message – resté mystérieux – à Churchill. Mais l'Ouest ne songeait pas un instant à négocier avec le bourreau de Hitler. Après avoir reçu en juillet 1944 son message radio, Churchill se contenta de noter sèchement : « Reçu et détruit ». Aujourd'hui encore, les motivations qui poussèrent le *Reichsführer SS* à ces tentatives de prise de contact ne peuvent être décryptées qu'avec difficulté. Ces propositions constituaient-elles une trahison secrète de son *Führer* ? Entrait-il dans les attributions d'un chef des services secrets de sonder toutes les options possibles ? A moins qu'il n'eût agi en accord avec Hitler ? Si Himmler avait effectivement caressé l'idée de se présenter comme un partenaire sérieux pour une paix séparée, ce n'était qu'une manifestation supplémentaire de son aveuglement. Les Alliés l'avaient placé juste après Hitler sur la liste des criminels de guerre les plus importants. Ils avaient désormais des informations plus que schématiques sur l'holocauste perpétré par Himmler et sa SS. Si le chef de la SS n'éprouvait de son côté aucun sentiment de culpabilité, le bon sens lui eût commandé de comprendre que ses ennemis le considéraient, à bon droit, comme le coupable principal.

De même, le rôle joué par Himmler dans le scénario de l'attentat contre Hitler du 20 juillet 1944 reste obscur, faute de sources. Ses contemporains, déjà, avaient eu peine à croire que l'appareil d'espionnage universel de Himmler n'avait pas été informé de la conjuration des officiers. Est-ce un hasard si le chef de la SS a refusé personnellement, le 17 juin, une demande écrite d'arrestation des conjurés Ludwig Beck et Carl Goerdeler ? De même, est-ce un hasard si, le jour de l'attentat, il n'a pas alerté pas les garnisons SS de Berlin et si Kersten l'a vu, le soir même, détruire des documents ? Il y a cependant une certitude : la plupart des conjurés réunis autour de Stauffenberg préférèrent exclure le chef de la SS de leur entreprise. Himmler n'appartenait certainement pas à la coalition. Mais, la pressentant ou la connaissant, attendait-il de prendre les commandes lui-même grâce à ses immenses pouvoirs ? Sans doute aurait-on assisté à une guerre civile : les unités SS contre la Wehrmacht. On ne peut que se livrer à des spéculations sur l'issue des événements, tout comme sur les informations que possédait Himmler le 20 juillet 1944.

> « Ça y est, mon heure est arrivée. Je vais traquer toute cette bande de réactionnaires. J'ai déjà donné l'ordre d'arrêter ces traîtres. La Providence nous a donné un signe en sauvant le *Führer*. Je prends immédiatement l'avion pour Berlin. »
>
> Himmler à son masseur Félix Kersten, après l'attentat du 20 juillet 1944

Il est simplement établi qu'après l'échec de l'attentat, il se trouvait dans le camp des vainqueurs. Sa SS participa en masse à la mise en œuvre des représailles sanglantes contre les conjurés et leur famille. Himmler imposa la pratique barbare de « l'emprisonnement du clan », qu'il faisait déjà appliquer depuis 1943 à l'encontre des déserteurs. C'était une autre conséquence du culte du passé et des « coutumes des Anciens ». Le 3 août 1944, il expliqua à une réunion des *Gauleiter* : « Il suffit de relire les sagas des Germains. Lorsqu'ils mettaient une famille au ban de la société et la déclaraient hors-la-loi, lorsqu'il y avait une vendetta dans une famille, on appliquait la logique jusqu'au bout. Si la famille était déclarée hors-la-loi et mise au ban, ils disaient : cet homme a trahi, son sang est mauvais, il y a du sang de traître dedans, il faut l'exterminer. Et avec la vendetta, on extermine le clan dans son entier. La famille du comte Stauffenberg sera éliminée jusqu'à son dernier membre. » En effet, des centaines de membres de la famille des conjurés, leurs épouses, enfants, frères et sœurs, et parfois même leurs petits-enfants et leurs parents, furent enfermés dans des camps de concentration. Un oncle et la belle-mère de Stauffenberg moururent.

La chute menaçait, et l'auréole de Himmler, celle d'un homme fort et dur, semblait le prédestiner aux responsabilités militaires. Le 25 septembre 1944, il prit le commandement militaire du *Volkssturm*, les « Troupes d'assaut populaires ». Cette dernière trouvaille du régime, composée d'adolescents et d'hommes âgés qui n'avaient pas encore été incorporés, était chargée de défendre le « sol de la patrie » avec le « fanatisme le plus dur ». Le chef de la SS savait dès le départ que ces unités insuffisamment équipées et à peine formées seraient appelées à payer un lourd tribut.

« J'étais horrifié par cette grossière erreur... Hitler affirmait que Himmler avait très bien mené son affaire dans le Rhin supérieur. Qu'il avait l'armée de relève à sa disposition et qu'il pouvait donc disposer de ses moyens sans problème. »

Général Heinz Guderian, à propos de la nomination de Himmler comme commandant en chef du groupe d'armées de la Vistule en janvier 1945

« Le destin et l'Histoire elle-même vous ont confié le soin de conduire cette terrible guerre vers sa fin. »

Félix Kersten à Himmler, 4 octobre 1943

Quatre jours avant la levée de son *Volkssturm*, il avait évoqué une coutume des « Germains de la mer », visiblement tirée d'une ancienne saga : « Lorsqu'ils partaient en mer en emmenant tout le peuple, et qu'ils étaient attaqués et que le bateau prenait l'eau et qu'il fallait donc réduire la charge, un cri unanime s'élevait : "Les garçons à l'eau !" Alors, les garçons qui n'étaient pas en âge de se battre se jetaient à l'eau et ils se noyaient. C'était parfaitement pensé, du point de vue de la sauvegarde de la race ! Les femmes et les filles, en tant que mères du peuple, devaient être sauvées. Ceux qui étaient capables de se battre devaient rester. » Il ajouta pour finir que l'Allemagne, elle aussi, devait avoir la volonté « d'envoyer des garçons de quinze ans au front, afin de maintenir le peuple en vie ». A la fin, Himmler devint presque par la force des choses le prophète et l'homme qui mit en œuvre le déclin collectif, comme Hitler en avait donné la consigne. Avec les tribunaux militaires volants de la Wehrmacht, les commandos SS se lancèrent à la chasse aux déserteurs à l'arrière des fronts qui se brisaient. Des milliers d'entre eux terminèrent leurs jours pendus aux arbres et aux réverbères avec un écriteau autour du cou. En tant que commandant en chef de deux groupes d'armées, d'abord celui du Rhin supérieur, puis celui de la Vistule, le chef de la SS devait, pour suivre la volonté de Hitler, prouver également sa fermeté contre les « ennemis intérieurs » militaires. Mais l'aboutissement de son rêve, sa carrière militaire, se termina par une catastrophe. Ses fronts ne résistèrent pas plus que ceux des autres commandants. Himmler fut relevé de ses fonctions et se retira dans la clinique Hohenlychen, près de Berlin où, en compagnie de Häschen et de leurs deux enfants, il s'abandonna à la dépression. Son monde s'était désagrégé. Son idéologie délirante était réduite à des phrases creuses. Les prétentions élitistes de sa SS étaient devenues lettre morte. Par manque de chair à canon, tous les critères « raciaux » d'incorporation avaient dû être jetés par-dessus bord. Des unités slaves et même musulmanes se battaient sous le sigle runique et la tête de mort, bien qu'elles fussent formées de « sous-hommes » selon les catégories de Himmler. Ses convictions intimes elles-mêmes chancelaient. Il confia à Kersten ses regrets d'avoir combattu l'Eglise parce que, à la fin, elle s'était « montrée la plus forte ». L'homme qui, après la « victoire finale », voulait régler son compte « impitoyablement » à la chrétienté, fit sortir vingt-sept religieux d'un camp de concentration en leur demandant de prier pour lui à la fin de la guerre.

« Heinrich H. est parti hier sur la ligne Siegfried. Nous sommes en contact téléphonique quotidien. Il s'attelle à sa tâche de commandant en chef de l'armée de relève avec une magnifique énergie. »

Martin Bormann, lettre à sa femme, 3 septembre 1944

« La SS n'a pas fourni, elle non plus, de stratège particulièrement remarquable. Pas plus que les autres, Himmler n'a réussi à en dénicher un dans ses rangs. Ce sont des casse-cous, mais ils n'ont pas grande envergure. »

Joseph Goebbels, Journal, 28 mars 1945

Le 20 avril 1945, Himmler se mit en route pour Berlin afin d'aller rendre une dernière visite à Hitler. Les troupes soviétiques se trouvaient déjà aux abords de la ville. Le dernier anniversaire du *Führer* se mua en une sinistre cérémonie. Himmler fit ses adieux à son seigneur et maître, qui n'était plus que l'ombre de lui-même. Mais l'approche de sa fin n'avait pas dissipé la fascination qu'il exerçait sur le chef de la SS. Dans le bunker du sous-sol de la chancellerie, Himmler ne prononça pas une parole de contradiction, pas une invitation à mettre enfin un terme à la tuerie. Au contraire, Hitler se lança dans ses habituelles tirades sur le revirement de situation qui n'allait pas manquer de se produire – mais sans la force de persuasion des jours anciens, et avec le grondement assourdi des tirs de l'artillerie soviétique en fond sonore. Ce n'est que lorsqu'il se retrouva sur le chemin du retour vers Hohenlychen qu'il soupira en disant que « ceux du Bunker » avaient tous « perdu la tête ». Dans la nuit qui suivit sa dernière rencontre avec Hitler, il reçut encore un hôte particulier. Norbert Masur, un représentant du Congrès juif mondial, s'était glissé clandestinement dans un avion de l'espace aérien contrôlé par les Alliés, afin de négocier avec le bourreau de son peuple. Himmler salua Masur avec une étonnante amabilité. « Bienvenue en Allemagne, monsieur Masur ! Il est temps que vous, les juifs, et nous, les nationaux-socialistes, enterrions la hache de guerre. » Masur répondit sèchement : « Il y a trop de sang entre nous pour que ce soit possible. Mais j'espère que notre rencontre sauvera la vie de beaucoup de gens. » Masur présenta une liste de noms de personnes à libérer, dont mille juives de Ravensbrück et les juifs hollandais de Theresienstadt. Himmler se montra réceptif : bien sûr, tous les détenus de ces listes seraient libérés ; non, plus aucun prisonnier ne serait « évacué ».

> *« Mon dernier entretien et mes adieux au* Reichsführer SS *resteront toujours gravés dans ma mémoire. Il était rayonnant et d'excellente humeur, alors que le monde avait sombré, notre monde. S'il avait dit : "Bien, messieurs, c'est la fin, vous savez ce que vous avez à faire", je l'aurais compris, c'est ce qui aurait correspondu à ce qu'il avait prêché pendant des années à la SS : le don de soi pour l'Idée. Mais le dernier ordre qu'il nous ait donné, c'est : "Allez vous planquer dans la Wehrmacht !" »*
>
> Rudolf Höss, ancien commandant d'Auschwitz, à propos de sa dernière rencontre avec Himmler en 1945

Cette rencontre nocturne venait couronner les efforts secrètement déployés par Himmler pour utiliser la vie des juifs se trouvant encore sous sa coupe comme moyen de pression. L'année précédente, il avait, sous le cynique slogan « sang contre marchandise », proposé un échange de vies humaines contre des devises et des camions militaires. Il espérait toujours pouvoir conduire des négociations avec l'Ouest, en vue d'une paix séparée. Que Himmler ait pu réellement se considérer, lui entre tous, comme un interlocuteur possible pour l'Ouest témoigne d'un incompréhensible manque de clairvoyance. Etait-il toujours pris dans les brumes de son propre délire ? Après toutes ces années de pouvoir démesuré, lui manquait-il tout bonnement le sens des réalités ? Ou était-ce simplement la peur de la fin ? Toujours est-il que ses efforts pour obtenir des négociations avec l'Ouest permirent à plusieurs dizaines de milliers de juifs de survivre à l'holocauste, tandis que des centaines de milliers d'autres perdirent la vie au cours de marches épuisantes ou lors des brutales « évacuations » des camps. Mais ses contacts avec l'Ouest provoquèrent aussi la rupture totale avec Hitler car, le 28 avril, Radio Londres rendit publiques les offres de paix séparée du chef de la SS. Hitler, du fond de son bunker, tempêta contre la « trahison la plus éhontée de l'histoire mondiale » et retira au « fidèle Heinrich » toutes ses fonctions. Mais la condamnation de son *Führer* n'atteignit plus Himmler. Pendant que Hitler mettait sa fin en scène dans les sous-sols de Berlin, son complice s'était déjà transporté dans le nord de l'Allemagne, où il proposa en vain ses services au gouvernement de Dönitz, afin de participer à l'organisation des derniers jours du Reich.

Le 19 mars 1945, Himmler évoquait encore une perspective glorieuse : ses SS et lui périraient comme les « Ostrogoths au Vésuve », en se battant jusqu'au dernier plutôt que de déposer les armes. Mais lorsque la fin s'approcha réellement, il ne fut plus question d'héroïsme. Rudolf Höss, l'un des derniers partisans de Himmler, fut sidéré d'entendre son

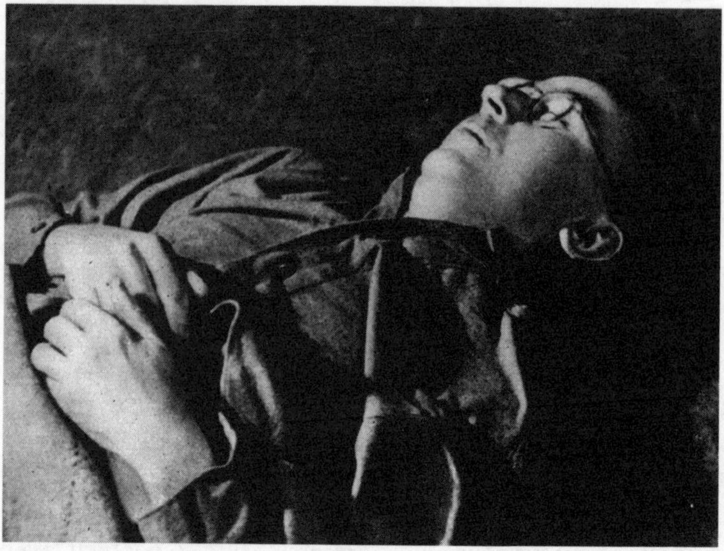

La mort par le cyanure de potassium : en se suicidant le 23 mai 1945, Himmler s'est soustrait à sa condamnation par les tribunaux alliés.

Reichsführer lui déclarer que le mieux était d'aller se cacher « dans la Wehrmacht ». C'était l'écroulement définitif de l'idéal aberrant de la SS. Le grand-maître, qui professait le mépris de la mort, avait peur de la mort. Au bout du compte, il ne restait plus que cette fin pitoyable.

« J'ai peur de ce qui va arriver. »

Heinrich Himmler, 22 avril 1945

« Himmler a sans doute pensé à tort jusqu'à la fin qu'il pourrait s'entendre avec les Américains et qu'il serait reconnu par eux. »

Ernst-Günther Schenck, médecin SS

Pour beaucoup de ses disciples, un monde s'écroulait. Des douzaines de SS se suicidèrent en apprenant la « trahison » de Himmler. A Böhmen, un groupe d'officiers SS alluma un feu de camp, autour duquel ils chantèrent le chant de la promesse solennelle de la SS « *Wenn alle untreu werden*... Quand tous seront infidèles » avant de se donner collectivement la mort. Pendant ce temps, leur ancien chef se rasait la moustache, se mettait un bandeau sur un œil et passait un uniforme d'adjudant de la *Geheime Feldpolizei*, la police secrète. Muni des papiers d'un certain « Heinrich Hitzinger », qui avait été condamné à mort par la « Cour de justice populaire » de Freisler, il entreprit de fuir son passé, accompagné de son officier d'ordonnance pareillement travesti.

« Pendant la période où Himmler se trouva sous ma surveillance, il se comporta tout à fait correctement. Il paraissait avoir compris son sort et l'avoir accepté. »

Capitaine Tom Selvester, commandant du camp de prisonniers britannique no 31

« Un homme insignifiant peut très bien accéder à un poste important. La dernière phase de sa vie a donné toute la mesure de sa réelle insignifiance. »

Albert Speer, lors de son interrogatoire par les Américains, mai 1945

« Quand il fut mort, nous l'avons recouvert d'une couverture et nous l'avons laissé comme ça. »

Sergent-major Edwin Austin, officier dirigeant les interrogatoires, 23 mai 1945

Sa destination était le sud de l'Allemagne. C'est là qu'il voulait attendre le moment où les puissances occidentales auraient besoin de lui pour combattre le bolchevisme. Mais il n'arriva pas jusque-là, car les membres de la *Geheime Feldpolizei*, massivement impliqués dans les crimes perpétrés à l'Est, étaient systématiquement capturés par les Alliés. Une patrouille soviétique arrêta les deux hommes, mais les remit peu après aux Britanniques. Les Soviétiques n'avaient pas reconnu l'homme qu'ils avaient capturé, et Himmler préféra sans doute tomber sous la coupe d'un « peuple frère germanique ». Le 23 mai, il leva son incognito, se fit conduire au chef du camp de prisonniers de Barnstedt, au sud de Lüneburg, enleva son bandeau et prononça à voix basse : « Heinrich Himmler ». Peut-être se berçait-il encore de l'espoir de conclure un marché politique. Mais les vainqueurs le traitèrent sans la considération qu'il espérait. Himmler fut contraint de se déshabiller entièrement et de se soumettre à un examen complet. Lorsque le médecin militaire C. J. Wells voulut inspecter sa bouche, le prisonnier mordit dans la capsule de cyanure que, selon son épouse, il portait toujours sur lui depuis le premier jour de la guerre. Les Britanniques photographièrent et filmèrent son cadavre, fabriquèrent un masque mortuaire et découpèrent un morceau de son cerveau pour l'étudier en laboratoire. Puis ils enveloppèrent l'assassin du siècle dans un filet de camouflage et le transportèrent dans la lande de Lüneburg. On ignore toujours, à l'heure actuelle, où se trouvent ses ossements. Ainsi Himmler a-t-il un point commun, au moins dans la mort, avec le roi saxon Henri Ier dont il pensait être la réincarnation.

Le règne de Heydrich

> « Heydrich était le prototype de l'homme nouveau, tel que le voulait le national-socialisme. Heydrich était un personnage de *La Génération de l'inconditionnel* : aucun acte d'inhumanité n'était désormais impossible. »
>
> Ralph Giordano

Ce jour s'annonçait comme une belle journée de printemps, ensoleillée et paisible – paisible comme pouvait l'être une journée sous le règne de Heydrich. Loin de la cave où se déroulaient les interrogatoires de la Gestapo de Prague, des cris des victimes martyrisées, des camps de concentration et de l'industrie de la mort, Reinhard Heydrich, le *stellvertretende Reichsprotektor von Böhmen-Mähren*, le « protecteur adjoint de Bohême-Moravie », profitait dans sa propriété de Panensky Brezany, qui s'appelait alors Jungfern-Breschan, des bons côtés de son sinistre règne. Celui qui avait la responsabilité de la « solution finale », l'organisateur de l'holocauste, prenait son temps, en ce matin du 27 mai 1942. Dans le vaste jardin entouré de bois épais, les ouvriers tchèques entretenaient les coulisses du maître. Devant le portail, les rayons de soleil se reflétaient sur la peinture brillante de la Mercedes de fonction immatriculée de façon éloquente « SS-3 ».

Le chauffeur, le *SS-Oberscharführer* Klein, attendit que son supérieur eût pris congé de sa famille : de Lina son épouse, tout près d'accoucher, et de la petite Silke, sa fille, qu'il souleva une dernière fois dans ses bras pour la serrer contre lui. Un tableau de famille tout à fait ordinaire. Le père part travailler. Un bisou. Un sourire. Le rituel du matin. « Nous nous embrassons une dernière fois, racontera Lina Heydrich. J'accompagne mon mari devant le portail du château. Reinhard monte dans la Mercedes décapotée, qui démarre aussitôt. Je fais un signe de la main. Mon mari me répond. » A l'intérieur, la femme de chambre, attendrie, dit à sa patronne : « Oh ! quels adieux ! »

Heydrich pensait ne pas revoir sa famille avant assez longtemps. Le Ju 52 qui devait l'emmener de l'aéroport militaire de Prague au quartier général de Hitler près de Rastenburg, en Prusse-Orientale, l'attendait déjà. Sa carrière allait faire un nouveau bond en avant. A trente-huit ans, le *SS-Obergruppenführer* Heydrich connaissait déjà une belle réussite.

Le tout-puissant chef des Services de Sûreté (SD), de la police secrète (Gestapo), de la police criminelle, chargé de la « solution finale de la question juive », l'« homme au cœur de fer », ainsi que l'appelait Hitler avec admiration, avait également fait la preuve de son efficacité aux fonctions de « protecteur de Bohême-Moravie ». Une paix mortelle régnait dans le pays. La résistance anti-allemande n'était pas brisée mais, apparemment, très affaiblie. Heydrich croyait avoir « pacifié » la « Tchéquie » conquise, la forge du Reich, avec la carotte et le bâton, avec des cours martiales, des exécutions, mais aussi avec des concessions d'ordre social. Le premier objectif important était atteint, les usines d'armement tchèques continuaient à livrer des armes pour la guerre de Hitler.

« Une entrée de star » : Reinhard Heydrich, le « protecteur adjoint de Bohême-Moravie » au palais Waldstein à Prague, le 26 mai 1942.

Dans le « protectorat », dès le premier jour, le nom de Heydrich fut synonyme de terreur. Peu après sa prise de fonctions, on placarda des affiches rouges diffusant le nom des personnes exécutées – plus de quatre cents dans les premières semaines. L'arrivée de Heydrich à Prague est comparée par l'écrivain Pavel Kohout, qui appartenait à la résistance ainsi que son père, à une « entrée en scène, comme si on assistait à l'entrée d'une grande star, avec tambours et trompettes. Les affiches rouges proclamant le nom des personnes exécutées nous faisaient comprendre que cet homme était peut-être l'un des plus dangereux. Et si le titre de protecteur adjoint ne paraissait pas imposant, on n'en avait pas moins le sentiment de voir tout à coup le bras de Hitler s'étendre sur la Bohême-Moravie ».

Accomplir la volonté de ses supérieurs, Hitler et Himmler : c'était ainsi qu'il entendait sa mission. « L'essentiel, c'est qu'il soit calme, car nous avons besoin de ce calme et de ce silence pour l'annexion définitive de ce territoire », avait-il indiqué à ses adjoints lors de son arrivée à Prague. La ligne directrice était « que ce territoire devienne un jour allemand et que le Tchèque, à la fin, n'ait plus rien à faire sur ce territoire ».

On n'en était pas encore là, à la fin mai 1942, mais Heydrich était fermement convaincu d'avoir préparé le terrain pour l'utopie de Hitler, qui rêvait de faire de la Bohême-Moravie un « Etat allemand modèle ». Le talent que Heydrich déploya pour instituer la terreur fit de lui le porte-étendard d'un « Reich pangermanique », qui voulait asservir les « peuples vassaux » jusqu'à l'Oural et détruire par milliers les ressortissants des populations de « race inférieure ». Fasciné, Joseph Goebbels notait le 15 février 1942 dans son Journal : « Heydrich mène les opérations avec succès. Il joue avec les Tchèques au chat et à la souris, et ils avalent tout ce qu'il leur présente. Il a pris une série de mesures extrêmement populaires, dont, en premier lieu, la lutte presque totale contre le marché noir. Les Slaves, il insiste là-dessus, ne peuvent pas être éduqués comme on éduque un peuple germanique, il faut les briser ou les faire plier sans cesse ; il applique en ce moment la deuxième tactique, et avec succès. »

De tels « spécialistes » étaient rares et ils étaient recherchés dans les foyers où grondait le feu de la révolte au sein du Reich de Hitler. Par exemple, dans la France occupée, où les actions de sabotage de la Résistance s'accumulaient de façon dramatique. Briser la résistance, telle était la spécialité de Heydrich. Il avait déjà mis au point un nouveau statut de l'occupation. Il était à prévoir que son pouvoir s'étende à une nouvelle fonction : celle de *Reichsprotektor* de France et de Belgique.

Quelques jours auparavant, le 6 mai 1942, Heydrich avait inspecté à Paris le futur champ d'action de ses crimes et déclaré spontanément que la politique à appliquer en France serait nécessairement différente de celle de l'Est. Les exécutions d'otages n'y étaient pas de mise. Mais la « politique à l'Est », déterminée en grande partie par Heydrich, ne consistait pas uniquement à exécuter des otages. En cercle restreint, le responsable de la « solution finale de la question juive » alla dans les détails, parla de « bus destinés au transport des juifs de la gare au camp, du camp aux lieux de travail, dans lesquels on envoie un gaz mortel pendant le trajet ». Mais cette technique, selon lui, était « insuffisante ». « Les bus sont trop petits, le nombre des morts trop restreint, sans compter d'autres insuffisances contrariantes. » Heydrich annonça d'autres solutions à plus grande échelle, plus satisfaisantes, avec de meilleurs résultats en termes de chiffres, et conclut par ces mots : « Comme pour les juifs russes de Kiev, l'arrêt de mort de la totalité des juifs d'Europe a été prononcé. De même pour les juifs français, dont la déportation commencera dans les semaines qui viennent. » Prononcer des arrêts de mort faisait partie du quotidien de l'homme qui apparaissait à ses contemporains comme « d'acier poli » et que Hitler appelait « mon duc d'Albe ».

Lui-même ayant droit de vie et de mort, il se sentait invulnérable. Servir un jour de cible lui semblait inconcevable. « Ses » Tchèques, il en était convaincu, ne lui « feraient rien, et quiconque le voudrait n'oserait pas ». Il allait au concert sans garde du corps, se faisait conduire dans les rues de Prague en voiture découverte. Mais les services secrets étrangers avaient depuis longtemps désigné le chef du SD comme l'un des nazis les plus dangereux. Les autorités allemandes possédaient des indications révélant qu'il se préparait quelque chose contre Heydrich ou d'autres dirigeants nazis. Au cours d'un contrôle effectué dans un train en mars 1942, des policiers trouvèrent sur un musicien un fusil à lunette et à silencieux. L'homme, qui venait de Moscou, déclara qu'il projetait de tuer Heydrich. Personne ne voulut le croire.

Au printemps 1942, le SD de Heydrich enregistrait un nombre croissant de sabotages dans toute la Bohême-Moravie. Ainsi que le relève le rapport de la section SD de Prague du 26 mai 1942, les Tchèques continuaient à manifester un état d'esprit anti-allemand :

« Dans la nuit du 24 mai, à Mährisch-Ostrau-Witkowitz, ont été éparpillées environ cinq cents feuilles volantes portant des slogans communistes, sur lesquelles il était écrit d'un côté en tchèque "Vive la République socialiste de Tchécoslovaquie, l'Armée rouge et Staline", et, de l'autre, en allemand : *"Sichel, Hammer, Hitlers Jammer. Die Armee rot, Hitlers Tod"*, que l'on pourrait traduire par : "La faucille et le marteau, Hitler sont ton tombeau. Rouge est l'armée, Hitler va crever". »

« Le 24 mai, au croisement de Kladno – Prague et Kladno – Nutghit, les roues avant d'une locomotive ont déraillé. On suppose que l'origine du déraillement est une vis desserrée. »

« Le 23 mai vers 23 heures a eu lieu un attentat à l'explosif contre le train de voyageurs n° 816 partant de Tchelakowitz à destination de Prague. L'explosif, probablement muni d'un dispositif de retardement, a sauté à peu près au milieu du train, projetant en l'air l'un des rails de la voie. »

Avec un instinct de prédateur, Heydrich sentit lui aussi la menace croissante du danger. « Je sens et je vois que la propagande étrangère et le bouche-à-oreille défaitiste anti-allemand sont de nouveau en progression considérable, déclara-t-il la veille de son départ à des journalistes réunis à Prague. Vous savez que, malgré ma patience, je n'hésiterai pas à frapper avec une force inouïe si je devais avoir le sentiment et l'impression que l'on continue à s'imaginer que le Reich est faible, et à prendre ma sincère bienveillance pour de la faiblesse. » Il le pensait réellement : il se croyait bienveillant, et ses victimes, les populations tchèques, étaient priées de lui en être reconnaissantes. Son sens des réalités commençait à s'émousser.

Une dernière fois, le « bourreau de Prague », ainsi qu'on le nommait dans le « protectorat » avec un mélange de haine et de crainte, voulut aller au concert dans « sa » ville, la capitale de l'Etat SS modèle de Bohême-Moravie, l'Etat de Heydrich. Sa dernière soirée à Prague, ville qu'il considérait plus allemande que Nuremberg, Heydrich voulut la passer au côté de son épouse Lina, au palais Waldstein. Au programme, imposé par le « protecteur » en personne, un opéra de son père Bruno Heydrich, le fondateur et le directeur du conservatoire de Halle. *Amen*, tel était le titre de cette œuvre wagnérienne de bout en bout, dont la première représentation eut lieu à Cologne en 1895, neuf ans avant la naissance de Reinhard Heydrich. Comme une sombre prophétie, le prologue s'intitulait : « Le crime de Reinhard ». Il y est question – comment pourrait-il en être autrement – de meurtre.

Tandis que Heydrich, assis au premier rang, la mine sévère, suivait la musique, le gouvernement tchèque en exil à Londres attendait avec une nervosité croissante une information qui devait lui parvenir de son pays. Les Tchèques en exil et leur président, Edouard Benes, ne parvenaient pas à s'accorder sur l'action à entreprendre contre Heydrich. Il fallait mettre toutes les chances de succès de leur côté. Certains, dès l'année précédente, avaient réclamé une attaque massive et immédiate contre l'occupant allemand. D'autres mettaient en garde contre sa vengeance, qui s'exercerait sur les populations civiles, contre les mesures de rétorsion très dures qui ne manqueraient pas d'être prises si une personnalité comme

Heydrich devenait leur cible. Les plus courageux imposèrent leur point de vue. Ils voulaient donner un signe et montrer au monde que le peuple tchèque ne s'était pas couché devant Heydrich. Un attentat contre un national-socialiste si haut placé redonnerait courage à tous ceux qui se trouvaient sous le joug allemand et porterait un grave coup aux nazis, invaincus jusqu'alors.

Le jour choisi pour l'attentat fut d'abord le 28 octobre 1941, jour de la fondation de la République tchécoslovaque. Deux jeunes parachutistes devaient remplir cette dangereuse mission : Josef Gabcik, un serrurier slovaque, et le Tchèque Karel Svoboda. Tous les participants étaient conscients de la portée de leur action : l'opération « Anthropoïde », le nom de code de l'attentat, était un commando suicide.

Le plan était strictement secret. Seul le premier cercle d'Edouard Benes connaissait l'objectif de la petite troupe d'agents qui s'entraînait depuis des semaines sur les terrains d'exercice britanniques. Mais Svoboda se blessa et Jan Kubis, le fils d'un paysan de Moravie, devint le nouveau coéquipier de Gabcik. Les deux hommes s'étaient connus à la Légion étrangère et s'étaient battus ensemble contre la Wehrmacht. Ils étaient d'excellents amis et se comprenaient à demi-mot : ils formaient donc le tandem idéal pour une entreprise aussi risquée. Après plusieurs semaines d'hésitation, le 28 décembre 1941, à 10 heures du soir, un Halifax décolla de l'aérodrome de Tangmere, en Angleterre, avec les deux agents à son bord. Le lendemain matin, vers 2 h 15, Jan Kubis et Josef Gabcik sautèrent en parachute à environ huit kilomètres au sud de Plzen – loin de l'endroit prévu. Le brouillard avait gêné le pilote, l'appareil avait dû voler très bas et il était à craindre que le bruit du moteur les ait trahis. Mais Kubis et Gabcik eurent de la chance. Les premières personnes qu'ils rencontrèrent n'appartenaient pas à la Gestapo : il s'agissait d'un garde-chasse et d'un meunier sympathisants du gouvernement d'Edouard Benes en exil. Ils accueillirent et cachèrent les deux agents. Kubis et Gabcik restèrent dans la clandestinité, prirent contact avec des résistants, recueillirent des renseignements sur les habitudes de leur « protecteur » et cherchèrent le meilleur moyen de le tuer. La première idée, celle de placer une bombe dans son train lors d'un voyage à Berlin, fut rejetée. Il paraissait plus sûr de l'attaquer sur son trajet quotidien, de Jungfern-Breschan à Prague.

Kubis et Gabcik étudièrent le trajet à bicyclette afin de trouver l'endroit adéquat. Ils le découvrirent en revenant à Prague, à la limite nord de la ville. Dans la rue Klein-Holschewitzer, le chauffeur de Heydrich rétrogradait pour aborder un virage à angle droit et une forte pente. Les deux résistants décidèrent de frapper à ce moment précis, avant que la voiture ait pu reprendre de la vitesse. Kubis abattrait Heydrich dans sa voiture découverte d'un coup de feu tiré de sa mitraillette démontable Sten-Gun, tandis que Gabcik, avec une grenade à main, porterait un second coup par sécurité. Les préparatifs durèrent quatre mois. Puis une information filtra, selon laquelle Heydrich était susceptible de quitter la Bohême-Moravie plus tôt que prévu pour se rendre en France. Il n'y avait plus de temps à perdre. Le 20 mai, le gouvernement tchèque en exil envoya son accord par radio : l'attentat aurait lieu le 27 mai 1942.

Ce n'est pas une œuvre géniale qui fut donnée au palais Waldstein de Prague, le soir du 26 mai. *Amen*, quoique inspiré de la musique de Wagner, n'égalait pas son modèle. Le *Reichsprotektor*, lui-même bon violoniste et violoncelliste, n'était pourtant pas troublé par les faiblesses de cet opéra, composé par l'auteur de ses jours. Pour lui, *Amen* était un voyage dans son passé, dans la jeunesse de Reinhard Tristan Eugène Heydrich, le garçon de Halle qui devait devenir l'un des plus grands criminels du siècle.

En fait, tout aurait dû se passer autrement. Les auspices étaient favorables. Reinhard Heydrich était le deuxième enfant d'une famille de la bonne société du royaume de Saxe. Il était doué pour la musique, apprenait le violon et le violoncelle, mais c'était un garçon solitaire. Il le resta toute sa vie durant. Heydrich était d'apparence frêle, dégingandé ; il louchait légèrement et avait une voix de fausset qui lui valut le surnom de « la Chèvre ».

> « Ce qui est étonnant, c'est qu'il était parfaitement conscient de son travail de bourreau et qu'il disposait même pour cela d'une justification positive. Il considérait sa tâche comme une activité exigeant de grands sacrifices personnels qu'il se croyait obligé d'accomplir pour la cause. »
>
> Lina Heydrich, l'épouse de Heydrich, dans ses Mémoires

Parvenu au sommet, il appréhendait toujours de prendre la parole en public, de crainte que sa voix claire, qui ne correspondait pas à sa carrure athlétique, ne lui attire les mêmes moqueries qu'au temps de sa jeunesse. A l'époque, ses complexes d'infériorité le poussaient à se protéger en faisant taire les rieurs grâce à ses bons résultats en tout, et plus particulièrement en sport. Toute sa vie durant, Heydrich ressentit le besoin de faire ses preuves, à ses yeux comme à ceux des autres. Il se devait d'être le meilleur, et souvent il y parvint. Mais cela ne lui attira pas pour autant les sympathies. Très tôt, son esprit de compétition lui valut une réputation d'arrogance. La pensée élitiste de la SS, la promesse d'une communauté composée de nobles Germains paraissait faite pour un homme de son espèce, trop souvent en proie aux railleries de son entourage.

Mais rien n'atteignait autant le jeune homme que le fait d'être soupçonné d'avoir des origines juives, d'avoir un grand-père juif. « Le Moïse blond », ainsi l'appelait-on à l'époque où il servait chez les cadets de la Marine. « Moïse Haendel », le surnommaient en riant ses camarades lorsqu'il se réfugiait dans la musique en jouant du violon. Sa veuve, Lina, en était encore persuadée, plusieurs dizaines d'années après sa mort : « Les goûts et les dons de Reinhard ont toujours été ceux d'un artiste. Il savait traduire ses sentiments en musique, et si le monde n'avait pas été démoli comme il l'était à l'époque, je ne serais pas aujourd'hui la femme d'un criminel de guerre, mais sûrement celle d'un violoniste génial. »

L'existence de Heydrich était à peu près satisfaisante dans la Marine. Le « Moïse blanc », comme on le surnommait aussi, gagna le respect de ses camarades, qu'il battait souvent à l'escrime, à la natation, à la voile ou à cheval. Mais il n'y trouva pas davantage d'amis. Il restait un être à part, encombré de lui-même. Les choses allaient pourtant changer : du jour au lendemain, l'univers de Heydrich bascula. Sa carrière dans la Marine devait s'achever.

L'affaire avait tout de la farce. En 1931, le jeune officier dut comparaître devant un tribunal d'honneur pour avoir trahi sa parole après avoir promis le mariage à la fille d'un influent inspecteur principal des constructions de la Marine.

Il avait rencontré au bal, à Kiel, la fille du maître d'école du village de Fehmarn, Lina von Osten, et s'était fiancé avec elle deux jours plus tard. A la fiancée trahie, Heydrich se contenta d'envoyer l'annonce de ses nouvelles fiançailles parue dans le journal local. La jeune femme fit une crise de nerfs ; le scandale était total. Son père se plaignit auprès de la direction de la Marine. Reinhard Heydrich fut traduit devant un tribunal d'honneur ; il ne montra pas le moindre sentiment de culpabilité et se comporta d'une manière tellement suffisante que le jury le jugea indigne de continuer à appartenir au corps de la Marine. Heydrich fut cassé de façon

« Ne pas montrer ses sentiments » : Heydrich avec sa femme Lina, qui avait rejoint le NSDAP dès l'âge de dix-huit ans. 1931.

fort peu honorable. Il avait perdu sa carrière, sa respectabilité et sa solde régulière ; son monde s'écroulait.

Que faire ? De retour à Halle, humilié et déchu, il pleura comme un enfant, dit-on, pendant des jours. Il n'avait aucun espoir de trouver un emploi. L'Allemagne était en proie à une profonde crise économique. Reinhard Heydrich appartenait désormais à la cohorte des millions de chômeurs. Sa mère finit par s'adresser à un vieil ami de la famille, le baron Karl von Eberstein, chef de la SA de Munich, en le priant d'aider son fils à trouver du travail. Eberstein était en relation avec Heinrich Himmler, qui avait justement le projet de monter un service de renseignement afin de recueillir des informations, pour son compte et celui de la direction du NSDAP, sur les amis et les ennemis du Parti. Comme officier de renseignement, Heydrich paraissait faire l'affaire. Eberstein arrangea une visite à l'élevage de poules de Himmler à Waltrudering, près de Munich.

« *Plus je connaissais cet homme, plus ses manières de prédateur me frappaient : toujours sur le qui-vive, toujours flairant le danger et se méfiant de tout et de tous. Parallèlement, il était dévoré par l'ambition insatiable d'être toujours celui qui savait, d'être partout le premier. Il soumettait tout le reste à cet objectif.* »

Walter Schellenberg, à la Gestapo à partir de 1934, plus tard chef de l'Amt VI du SD (espionnage), dans ses Mémoires

Son physique athlétique, de type nordique, ses manières assurées et la rapidité avec laquelle il ébaucha un plan de mise sur pied d'un service secret impressionnèrent Himmler, qui l'engagea sur-le-champ. A nouveau, Heydrich pouvait revêtir un uniforme. « Le principal pour Reinhard à cette époque, se souvient sa veuve, était d'avoir des responsabilités à caractère militaire dans le cadre de l'idéologie *völkisch*. »

Heydrich était âgé de vingt-sept ans tout juste lorsqu'il prit ses nouvelles fonctions. Il n'avait jamais eu aucun contact avec le NSDAP ni avec la SS avant l'été 1931. Il ne connaissait le parti de Hitler qu'à travers les descriptions de sa femme Lina, qui y était entrée dès l'âge de dix-huit ans. Il n'avait aucune sympathie pour les hordes hurlantes de la SA, mais l'élitisme et la structure de la SS, qui s'apparentait à celle d'un ordre, correspondaient tout à fait à ses aspirations. Ainsi commença en 1931 la relation fatale entre Himmler et Heydrich, qui conduisit au *Sicherheitsdienst* (SD), le « Service de sécurité » et aux bataillons de la mort, et qui détermina le cours ultérieur de la SS et de la police pendant l'ère nationale-socialiste. Heydrich devait sa carrière à Himmler, et il l'en remercia en se montrant d'une loyauté sans faille et d'une implacable fermeté dans l'application de la politique de la SS. Bientôt, Himmler constata que Heydrich possédait des dispositions irremplaçables pour forger la SS et la police au-delà de toutes les résistances, en faire « l'outil de l'accomplis-

En haut : Heydrich, chef de la police politique de Bavière, en conversation avec son collaborateur Alfred Naujoks, 1934.
En bas : Ces criminels ont une conception très personnelle du droit. Heydrich avec Himmler et Hans Frank à l'« Académie du droit allemand » à Berlin, 1936.

sement de la volonté du *Führer* » et créer une culture du meurtre. Le délire racial de Himmler forma avec le pragmatisme glacé de Heydrich une combinaison fatale. Bien souvent, Himmler, tout entier à son rêve de Reich composé d'hommes supérieurs et germaniques, capitula devant Heydrich en pestant : « Ah ! vous et votre satanée logique ! Tout ce que je propose, vous le mettez par terre avec votre logique. » Mais en réalité, Heydrich cherchait généralement un moyen d'accomplir les desiderata de Himmler, pour en retirer un surcroît de pouvoir. « *Himmlers Hirn Heisst Heydrich* » : « Le cerveau de Himmler s'appelle Heydrich », ironisait Hermann Göring.

> « Il avait un talent particulier pour déceler immédiatement les faiblesses personnelles, professionnelles, mais aussi politiques, des autres, et les enregistrer dans sa mémoire phénoménale ainsi que dans son "fichier" pour s'en servir au bon moment. »
>
> Walter Schellenberg, à la Gestapo à partir de 1934, plus tard chef de l'Amt VI du SD (espionnage), dans ses Mémoires

La relation qui unissait Himmler et Heydrich fut sans équivalent dans le IIIe Reich en raison des conséquences qu'elle eut sur la vie de millions de personnes. Les deux hommes poursuivaient les mêmes objectifs, se complétaient de façon quasi diabolique, liés par une même volonté de destruction, mais sans jamais avoir été amis. « Reinhard n'avait pas d'amis. Personne ne peut dire qu'il a été l'ami de Heydrich, confirmera Lina Heydrich. Il ne voulait pas d'amis. Il pensait ne pas avoir le droit de nouer des liens d'amitié. » Car des amis l'auraient gêné dans l'exercice de son sanglant métier. Walter Schellenberg, qui devint plus tard le chef du Renseignement extérieur du SD, se forgea une opinion similaire à propos de son supérieur. « Il pouvait être incorrect jusqu'à la cruauté, dit-il. Cela ne l'empêchait pas, étant donné que son supérieur, le *Reichsführer* SS Himmler, accordait beaucoup d'importance à l'image de la vie de famille, de jouer les tendres époux et les bons pères de famille pendant les soirées musicales qu'il donnait régulièrement chez lui. » Ce ne sont là que des contradictions apparentes dans la biographie de l'un des plus grands criminels du siècle.

Les débuts des services secrets de Heydrich furent modestes, voire miteux. L'argent, les locaux, les collaborateurs : tout manquait. Mais Heydrich fit montre d'un grand talent d'organisateur et du plus grand zèle pour monter un réseau d'informateurs. Très tôt, ses « qualités » se révélèrent : beaucoup d'allant, une énergie quasi inépuisable et une incroyable puissance de travail. Au faîte de sa carrière, il faisait travailler ses secrétaires par équipes, usait les uns après les autres les officiers d'ordonnance qui ne pouvaient suivre son rythme effréné. Heydrich devint le prototype du dirigeant moderne mû par le goût du pouvoir.

> *« Mes souvenirs de Heydrich sont très positifs. C'était un bon supérieur. Je l'ai bien connu, c'est moi qui lui apportais les bulletins d'information. Je lui remettais personnellement la première édition, Prinz-Albrecht-Strasse. J'avais de bonnes relations avec Heydrich – disons, comme entre sportifs. Mais je n'ai jamais reçu de lui de directives professionnelles ou autres. »*
> Karl-Heinz Hass, membre du service de presse du RSHA

« Ce n'était pas la puissance du Reich qui lui importait, déclarera l'ancien *SS-Obersturmbannführer* Wilhelm Höttl, c'était pour lui-même qu'il recherchait la jouissance du pouvoir. C'est tout. » Jamais il n'agit par conviction politique personnelle. Heydrich resta au fond un homme dénué de principes. Il avait reçu une leçon en se faisant renvoyer de la

Marine, et avait appris que, dans une organisation militaire, seul réussit celui qui se soumet sans condition. Heydrich accomplit la volonté de Himmler et ne s'opposa jamais. Il découvrit de bonne heure le funeste talent qui lui faisait sentir à l'avance ce que mijotaient Hitler ou Himmler. De la sorte, il pouvait se rendre indispensable, comme une arme polyvalente qui ne reculait devant rien.

Seules les ombres du passé et la rumeur, si dangereuse pour un SS, qui circulait à propos de ses origines juives, furent de nature à compromettre sa vertigineuse ascension. « En février 1932, quelques semaines seulement après notre mariage, écrivit Lina Heydrich, nous apprenons une nouvelle qui nous cause un choc. Des camarades de la Marine, apprenant que Reinhard Heydrich, qui a été renvoyé de cette armée de 10 000 hommes, a trouvé un emploi à la SS du NSDAP de Munich, ont porté plainte auprès du *Gauleiter* du NSDAP de Halle en déclarant que Reinhard ne s'appelait pas réellement Heydrich, mais Süss, et qu'il était juif. » La rumeur s'amplifia. Le 6 juin 1932, le *Gauleiter* de Halle-Merseburg, Rudolf Jordan, écrivait à Gregor Strasser : « Comme je viens de l'apprendre, il se trouve à la direction du Reich un membre du Parti du nom de Heydrich, dont le père demeurerait à Halle. Il y a lieu de supposer que l'homme désigné comme étant son père, Bruno Heydrich, de Halle, est juif. » Un extrait du *Dictionnaire musical* de Hugo Riemann était joint à la lettre. Le *Gauleiter* concluait en suggérant qu'il serait bon que « le service du personnel vérifie cette affaire ». Des années plus tard, l'interrogation subsistait et on se demandait à mi-voix : Heydrich haït-il les juifs parce qu'il a lui-même des ancêtres juifs ?

« Comme je viens de l'apprendre, il se trouve à la direction du Reich un membre du Parti du nom de Heydrich, dont le père demeurerait à Halle. Il y a lieu de supposer que l'homme désigné comme étant son père, Bruno Heydrich, de Halle, est juif. »

Rudolf Jordan, *Gauleiter* de Halle-Merseburg,
à Gregor Strasser, 6 juin 1932

« Au vu de la liste généalogique ci-jointe, il apparaît que Reinhard Heydrich, enseigne de vaisseau de 1re classe relevé de ses fonctions, est d'origine allemande et ne présente pas de sang de couleur ni de sang juif. »

Extrait d'une « Evaluation de l'origine raciale »
de Reinhard Heydrich datée du 22 juin 1932

Selon Lina Heydrich, la rumeur remontait à l'année 1926, époque à laquelle une association d'étudiants refusa d'admettre le frère de Reinhard, Heinz, sous prétexte qu'il était juif. Déçu, bouleversé, Heinz Heydrich était rentré de Dresde à Halle « à pied », afin d'interroger son père à ce sujet. Il apprit alors que ce dernier avait continué à aider financièrement sa propre mère après son remariage avec le maître serrurier Süss et lui avait écrit des lettres à l'adresse de « Frau Heydrich-Süss ». Lui-même, le père, avait été dénoncé par son professeur de violon comme le « juif Süss », ce qu'il avait trouvé plutôt amusant.

Mais il était difficile à Reinhard Heydrich de rire de cette affaire. Il fut harcelé de questions pénibles au début de sa carrière à la SS, jusqu'à ce qu'une « évaluation de l'origine raciale » le déclare apparemment clair sous tous rapports, le 22 juin 1932 : « Au vu de la liste généalogique ci-jointe, il apparaît que Reinhard Heydrich, enseigne de vaisseau de 1re classe relevé de ses fonctions, est d'origine allemande et ne présente pas de sang de couleur ni de sang juif. » Il ressortait de cette évaluation que la grand-mère de Heydrich, Ernestine Wilhelmine Heydrich, avait épousé en secondes noces Gustav Robert Süss et s'était fait très souvent appeler Süss-Heydrich, « étant mère d'une ribambelle d'enfants issus de son mariage avec son premier mari Reinhold Heydrich ». Grâce à ce certificat, la rumeur fut officiellement balayée, mais le soupçon persista. On dit que lorsque cette rumeur fut rapportée à Himmler, celui-ci décida de l'exclure. Mais Hitler, après une longue conversation avec Heydrich, en aurait conclu que ce dernier était « un homme très doué, mais aussi très dangereux, dont il faut conserver les talents pour le bien du mouvement. Néanmoins, les gens de cette sorte doivent être autorisés à travailler à la seule condition d'être fermement tenus en main et son origine non aryenne s'y prête particulièrement bien, car ainsi, il nous sera éternellement reconnaissant de l'avoir gardé et non pas repoussé, et il nous obéira aveuglément ». Et il disait vrai, ainsi que le confirma Himmler : « Le *Führer* n'aurait réellement pas pu choisir meilleur homme que Heydrich pour la lutte contre les juifs. Vis-à-vis des juifs, il se montrait impitoyable. »

Dans un premier temps, Heydrich et son *Sicherheitsdienst* ne parurent tirer que peu de profit de la prise du pouvoir par Hitler. La SS n'occupait qu'une place de second rang dans la structure nationale-socialiste. Heydrich était chef de la police politique de Bavière, et il résidait à la préfecture de police de Munich. Il était devenu l'adjoint de Himmler et rêvait, comme son mentor, d'incorporer la police au sein de la SS à l'échelle du Reich. Jusqu'en avril 1934, seules les polices politiques se trouvaient sous la coupe de Himmler. La première percée fut réalisée le 20 avril 1934, lorsque Hermann Göring transmit à Himmler la direction de la Gestapo de Prusse et que Himmler, à son tour, en confia le commandement à Heydrich. Celui-ci fut chargé d'étendre l'influence de la SS sur la totalité de la

En haut : « Soirée de camaraderie » entre la Wehrmacht et la SS, 1935. Heydrich est à côté de Wilhelm Canaris, le chef de l'Abwehr au ministère de la Guerre.

En bas : Le chef de la SS, Himmler, en 1939, lors d'une réunion avec ses collaborateurs Franz Josef Huber (Gestapo), Arthur Nebe (*Kripo* – police criminelle), Reinhard Heydrich et Heinrich Müller (Gestapo).

police allemande à partir de Berlin. Avec le premier massacre qui suivit sa prise de fonctions, il devait faire la preuve de sa détermination et de son absence totale d'état d'âme.

> « L'objectif est d'être craint du criminel, et considéré en même temps comme un ami et un allié fidèle par notre camarade au sein de la communauté du peuple allemand. »
>
> Himmler à propos de la Gestapo dans un discours radiodiffusé lors de la « Journée de la police allemande », en janvier 1937
>
> « La police doit être présente partout, afin de prévenir ou de réprimer tout trouble de l'ordre dans le Reich, y compris lorsqu'il n'y a pas de manquement caractérisé à la loi – ou pas encore. »
>
> Dr Werner Best, directeur adjoint de l'office prussien de la Police secrète d'Etat

Car c'était précisément le chef de la SA, Ernst Röhm, le parrain de son fils aîné, qu'il s'agissait de liquider. Heydrich et Röhm se tutoyaient, mais ce détail n'avait plus d'importance dès lors qu'il s'agissait d'asseoir la puissance de la SS. Lors du prétendu « putsch de Röhm », Heydrich et Himmler participèrent avec Göring à l'élaboration des listes de condamnés. Heydrich s'occupa de la partie bureaucratique. Pour lui, le massacre du 30 juin 1934 n'était qu'une « mesure », comme toutes les autres actions de terreur qui lui incombaient, à lui et à « son » Service de sécurité, à sa police réorganisée depuis 1936 dans tout le Reich selon les lois de la SS, et en particulier à « sa » Gestapo.

Sous Göring et son premier président, Rudolf Diels, la Gestapo avait déjà enfreint les règles du droit, mais c'est Heydrich qui fit de cette administration une « troupe de choc idéologique », un appareil de terreur qui devait devenir pour un nombre incalculable de victimes le symbole du IIIe Reich et se différenciait fondamentalement des polices politiques des autres dictatures. La Gestapo se voyait comme une « police *völkisch* », et considérait ses adversaires comme des « parasites sociaux » qu'il s'agissait de combattre « biologiquement », d'éradiquer. Tel un médecin, la police devait protéger le « corps du peuple » des maladies provoquées par les « bacilles ». Ralph Giordano, qui fut confronté six fois avec la Gestapo de Heydrich, subit des expériences traumatisantes qui continuent à le réveiller en sursaut. « La Gestapo était présente partout, dit-il. C'était le nom de code pour l'Allemagne de Hitler, pour l'Allemagne nazie, pour l'effroi, pour le sentiment qui ne nous quittait jamais d'être susceptibles de succomber à une mort violente à tout moment. »

La légende de la Gestapo évoque un système d'espionnage omnipotent, omniprésent, tentaculaire, dont la simple existence avait pour fonction de faire comprendre à tous que toute résistance était inutile. En réalité, la Gestapo était une administration mal pourvue en personnel. En 1937, pour les 500 000 habitants de Düsseldorf, par exemple, la Gestapo ne comptait que 126 fonctionnaires ; pour Essen et ses 650 000 habitants, 43 seulement, et pour Mönchen-Gladbach 14 en tout et pour tout. La plupart des villes ne disposaient que d'un seul fonctionnaire de la Gestapo, et nombreux étaient les endroits où ils étaient totalement absents. Cela n'empêchait pas la Gestapo de tout voir et de tout entendre, au point qu'elle devint un véritable mythe. « La *Geheime Staatspolizei* (Gestapo) et le *Sicherheitsdienst* (SD), constatait Heydrich avec satisfaction en 1941, sont entourés d'un halo de mystère qui fait murmurer et chuchoter, comme dans les romans policiers. Avec un mélange d'appréhension et d'effroi, mais, à l'intérieur du pays, avec un certain sentiment de sécurité dû à sa présence, on reproche volontiers aux hommes qui exercent cette fonction, dans les milieux malveillants de l'étranger, d'être brutaux, inhumains, à la limite du sadisme et sans cœur. » Mais, et cela se comprenait, on préférait « avoir relativement peu affaire à [eux] » au sein du Reich, ajoutait-il.

Les délateurs étaient les seuls à s'adresser en toute confiance à la Gestapo. Et ils étaient beaucoup trop nombreux. Sans l'armée des calomniateurs, la « police *völkisch* » serait restée sourde et aveugle. Quatre-vingt-cinq pour cent des « cas » signalés étaient des dénonciations. Jamais, dans l'histoire de l'Allemagne, il ne fut aussi facile de pratiquer la délation. Il suffisait d'un mot pour faire basculer la vie de voisins peu appréciés, de collègues concurrents ou de toute autre personne à qui l'on voulait nuire. Ceux-ci étaient entraînés dans d'énormes difficultés, devenaient les victimes impuissantes de l'arbitraire, étaient dépossédés de leur travail et de leur avenir.

> « Le jour où j'ai fait sa connaissance, S. a tout de suite commencé à faire de la politique [...] par exemple, il a dit d'un ton méprisant : "L'Allemagne veut absorber la Belgique, la Hollande et tous les pays qui sont autour, et c'est pour ça qu'il faut intervenir contre l'Allemagne." [...] Je suis convaincu que S. est un opposant à l'Etat très virulent qui veut [...] influencer tous les clients. »
>
> Dénonciation du 17 août 1938 d'un coiffeur par son locataire à la Gestapo de Wiesbaden
>
> « Je ne comprends pas que, pendant que le soldat allemand accomplit loyalement son devoir, ce genre d'agitateur puisse frapper dans le dos le soldat allemand du front. Je connais F. depuis longtemps et je ne lui veux pas de mal [...] Mais comme je ne peux pas tolérer que F. continue à faire ce genre de déclarations en public, je le dénonce aujourd'hui de mon plein gré. »
>
> Dénonciation faite par un permissionnaire du front à la Gestapo de Wiesbaden, février 1942

> « Les discours tenus par F. sont, compte tenu de la guerre [...], de nature à saper la combativité de nos troupes et la confiance de la patrie. Selon les déclarations des témoins, il est clairement établi que F. est un opposant au IIIe Reich et qu'il s'exclut de la communauté du peuple. Pour cette raison, une punition exemplaire me paraît nécessaire. »
>
> Conclusion du rapport de la Gestapo de Wiesbaden sur la même affaire, 7 mars 1942

L'une des bases juridiques sur lesquelles Heydrich a bâti son Etat-espion est la loi appelée *Heimtückegesetz*, la « loi contre la trahison sournoise » du 20 décembre 1934. Selon cette loi, étaient passibles de sanctions les « déclarations ouvertement hostiles ou témoignant de sentiments bas vis-à-vis de personnalités dirigeantes du NSDAP, qui sont de nature à saper la confiance dans la direction politique ». Ainsi ouvrait-on toutes grandes les portes à la calomnie. Une vague de bassesse submergea le pays. Les traces de ce déluge ont survécu et apparaissent dans des milliers de dossiers dans les archives de l'Etat et des *Länder*.

Un cas tiré d'un dossier d'enquête de la section de la Gestapo de Wiesbaden du 5 février 1940 : « Il est exact que le collègue Wulf nous a déclaré le 31 janvier 1940 : "Hier, quand le *Führer* a fait son discours, j'ai éteint la radio, tous ces braillements et toutes ces vitupérations, c'était insupportable, et d'ailleurs je ne m'intéresse pas à ça. S'il y a la guerre, c'est bien à cause de Hitler, qu'on la gagne ou pas, nous, on restera toujours les pauvres gens." » Pas moins de trois de ses « collègues » se précipitèrent pour dénoncer cet homme, un mécanicien, à la Gestapo. Le « collègue Wulf » fut condamné à quatre mois d'emprisonnement. Trois ans plus tard, il n'aurait pas échappé à la condamnation à mort par la cour de justice populaire de Freisler. Pour la seule année 1937, des « trahisons sournoises » du même ordre amenèrent 17 168 personnes à répondre des plaintes déposées contre elles.

Ralph Giordano fut lui aussi victime de la dénonciation de gens à qui il faisait confiance. Le 1er septembre 1939, date du premier jour de la guerre, il fut arrêté et interrogé pendant cinq jours. Que s'était-il passé ? « Des copains d'enfance, deux copains avec lesquels j'avais grandi, avec lesquels je jouais dans la rue, ont noté pendant des années toutes mes déclarations hostiles à l'Etat, et ensuite, par l'intermédiaire de leurs parents ou de leurs grands-parents, ils ont donné leurs notes au responsable du quartier, qui, lui, les a transmises à la Gestapo. »

La nouvelle d'une arrestation et de ses circonstances se répandait à la vitesse de l'éclair, amplifiant la légende de cette Gestapo à laquelle rien n'échappait, et de la menace qui planait d'être dénoncé au moindre mot inamical. Un climat de méfiance et de peur régnait sur le pays. Car dans les cas les plus graves, ce n'était pas la prison qui attendait les victimes des délateurs, mais le camp de concentration ou la hache du bourreau, pour châtier les « parasites sociaux ».

Ce qui se passait derrière les portes d'un camp de concentration allemand, le Suisse Carl Jacob Burckhardt voulut aller le vérifier en 1935 avec une délégation du Comité international de la Croix-Rouge. Bien entendu, Burckhardt se heurta à des résistances du côté allemand : la visite et les contacts avec les détenus ne seraient autorisés qu'en présence du commandant du camp et d'officiers SS. Burckhardt refusa, brandit la menace d'un retour à Genève et d'un affront international.

> « Les forces motrices de l'adversaire restent éternellement les mêmes : le judaïsme mondial, la franc-maçonnerie mondiale et un clergé en grande partie politisé, qui détourne à son profit les convictions religieuses. »
>
> Reinhard Heydrich, 1936

Un dîner fut organisé chez le duc de Cobourg afin d'aplanir les difficultés. Burckhardt décrivit par écrit ce qu'il ressentit à l'entrée de Heydrich. Son récit nous offre un regard unique sur la psychologie d'un homme qui devait devenir quelques années plus tard l'architecte de l'holocauste.

« Avant son arrivée, tout le monde était tendu, oppressé, on ne parlait plus qu'à voix feutrée. Puis la porte battante s'ouvrit et Heydrich apparut, vêtu du premier uniforme noir qu'il m'ait été donné de voir de près, grand, blond, avec un visage pâle, asymétrique, aux traits accusés et divisés en deux moitiés totalement dissemblables, où étaient enchâssés deux yeux de Mongol. D'un pas martial et en même temps mou et sans allant, ce célèbre bourreau pénétra dans le salon du duc. »

A table, Heydrich était assis à côté de Burckhardt. « Je remarquai ses mains, des mains de lys préraphaélites, faites pour étrangler lentement, en faisant durer le plaisir. Le chef tout-puissant de la police commença la conversation par une considération sur Heinrich von Kleist, mais il trouvait tant *Michael Kohlhaas* que *Le Prince de Hombourg* douteux. Puis il changea de sujet et attaqua de front :

— Dans votre petit pays, les francs-maçons sont les maîtres, il faudra que ça change, sinon, vous êtes perdus vous aussi.

— Que reprochez-vous à cette société ? lui demandai-je.

— Les francs-maçons, répondit-il, sont les instruments de la vengeance des juifs. Tout au fond de leurs temples, il y a un gibet devant un rideau noir, qui cache le Saint des Saints. Seuls les plus élevés dans la hiérarchie des initiés peuvent y accéder. Derrière le rideau, il n'y a qu'un seul mot, "Yahvé". Ce seul nom en dit assez long.

Puis, s'échauffant :

— Si l'œuvre millénaire du *Führer* devait échouer, si nous devions être mis à terre, tout cela apparaîtrait au grand jour, et des triomphes, des orgies de cruauté seraient célébrés, à côté desquels la sévérité d'Adolf Hitler paraîtrait très mesurée. »

Burckhardt eut « le sentiment d'avoir devant lui un homme qui cherche à se rattraper au rocher mouillé qui le surplombe pendant qu'il est en train de tomber dans l'abîme ».

Après le repas, Heydrich et Burckhardt poursuivirent leur entretien en tête-à-tête dans la pièce attenante. « Heydrich jeta un regard rapide comme l'éclair à droite et à gauche, sur les rideaux – par habitude –, puis il me regarda en face pour la première fois pendant une seconde. Ce furent deux personnes qui me regardèrent en même temps, et aussitôt, je fus sur la défensive ; Heydrich ne me regarda en face que cette fois-là, l'espace d'une seconde. » Heydrich n'accéda pas au souhait émis par Burckhardt de visiter le camp de concentration de son choix. « Vous ne devez pas oublier que nous nous battons, le *Führer* se bat contre l'ennemi du monde. Il ne s'agit pas seulement de guérir l'Allemagne, nous devons aussi sauver le monde de son déclin spirituel et moral, c'est une chose que l'on n'a pas encore comprise chez vous. Donc, ce n'est pas possible, la réponse de Monsieur le *Reichsführer* est négative. Vous visiterez les camps que nous vous proposerons. »

L'« entretien » se conclut sans résultat concret. « Nous nous levâmes d'un même mouvement, note Burckhardt. Heydrich se posta devant moi, et en regardant par-dessus mon épaule gauche, il dit d'une voix oppressée : "On nous prend pour des monstres sanguinaires à l'étranger, n'est-ce pas ? C'est presque trop dur individuellement, mais nous devons être durs comme la pierre, sinon l'œuvre de notre *Führer* sera anéantie ; plus tard, on nous remerciera de ce que nous nous sommes chargés de faire." » Puis Heydrich prit congé de la société et Burckhardt resta avec l'impression d'avoir rencontré un « jeune et maléfique dieu de la Mort ».

Deux jours plus tard, Heydrich convoqua Burckhardt et autorisa la délégation à visiter les camps de concentration, après avoir reçu l'agrément de Himmler.

> « Ce qui était valable pour d'autres était aussi valable pour Heydrich. Heydrich était comme Himmler, comme le commandant du camp d'Auschwitz, Höss, et comme d'autres pères dévoués. Leur inhumanité ne se voyait pas. De Heydrich, on sait qu'il était cultivé. Comment est-ce conciliable ? D'où vient cette fracture ? D'où vient cette schizophrénie ? Elle vient de ce qui est formulé avec justesse dans le livre *La Génération de l'inconditionnel* : on s'est voué au mal sans le nommer ainsi. »
>
> Ralph Giordano
>
> « Œuvrer et se battre pour l'Allemagne. Votre moteur est votre foi inébranlable, votre instrument de mesure doit être votre résultat. »
>
> Reinhard Heydrich à propos du mot d'ordre de la Gestapo et du SD

Burckhardt avait en face de lui un homme aux idées figées. L'ennemi était désigné une fois pour toutes. Heydrich ne mit jamais cette question en doute. Il était absolument convaincu du bien-fondé de sa tâche. C'est pourquoi il pouvait rédiger des condamnations à mort assis à son bureau et, après son travail, jouer au bon père de famille : c'était un criminel en règle avec lui-même, qui ne perdait jamais son adversaire de vue. Dans une série d'articles pour le *Schwarze Korps* – le Corps noir – sur « Les transformations de notre combat », à l'automne 1935, Heydrich déplorait qu'« une partie du peuple allemand, deux ans seulement après la révolution nationale-socialiste, commence à devenir indifférente vis-à-vis du juif ».

Mais la SS, au contraire, voyait « du côté du juif une aspiration immuable à atteindre son objectif, qui reste toujours

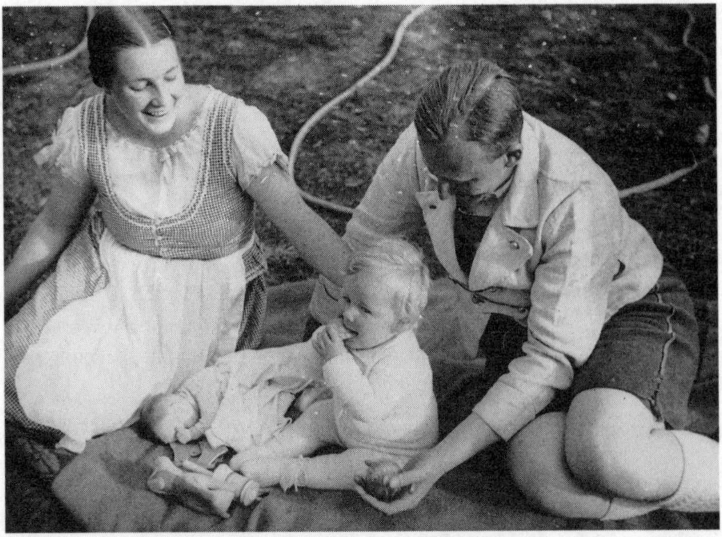

L'autre visage de Reinhard Heydrich : ici, il pose avec sa femme et son fils pour l'album de famille, à Munich, en 1934.

celui-ci : la domination du monde et la destruction des peuples nordiques ». Dans ce combat idéologique, il s'agissait de se montrer intransigeant. « Car si nous, les nationaux-socialistes, nous n'accomplissons pas notre devoir historique, parce que trop objectifs et trop humains, ce n'est pas pour autant qu'on nous accordera des circonstances atténuantes. On dira tout simplement : ils n'ont pas fait leur devoir devant l'Histoire. » En vertu de cela, il n'y avait plus d'« ennemis de l'Etat », mais uniquement des « ennemis du peuple », des adversaires raciaux. « Les forces motrices de l'adversaire, formula-t-il en 1936, restent éternellement les mêmes : le judaïsme mondial, la franc-maçonnerie mondiale, et un clergé en grande partie politisé, qui détourne à ses fins les cultes religieux. » Heydrich considérait le juif comme « l'ennemi mortel de tous les peuples de race nordique et saine. Son objectif était et reste la domination du monde par une couche supérieure plus ou moins visible. Pour arriver à cet objectif, tous les moyens et toutes les formes d'organisation sont bons, si bêtes et si ridicules qu'ils paraissent de l'extérieur. La voie reste toujours la même. » Ainsi qu'en témoigne sa veuve Lina, il était fermement convaincu que les juifs devaient être séparés des Allemands.

> « Lors de nombreuses conversations, il m'expliqua que l'antisémitisme n'était pas un fait politique, mais "un problème médical". »
>
> Lina Heydrich, épouse de Heydrich, dans ses Mémoires

Les juifs étaient à ses yeux des prédateurs apatrides qui cherchaient à se procurer des avantages et finissaient par se coller comme des sangsues sur le corps des peuples étrangers. Au cours de nombreuses conversations, il lui avait expliqué que « l'antisémitisme » n'était pas un fait politique, mais un « problème médical ». Lina Heydrich : « Les juifs ne dérangeaient pas Reinhard, ni politiquement ni socialement. Ils lui paraissaient, comme à moi, insupportables dans l'âme, dans le psychisme. » De telles paroles sont l'expression d'un délit d'opinion.

Heydrich, tel que le décrit Ralph Giordano en se référant aux recherches de l'historien Michael Wildt, « était le prototype de l'homme nouveau que voulait le national-socialisme. C'était un personnage de *La Génération de l'inconditionnel*. Aucun acte d'inhumanité n'était désormais impossible. Tout était possible, y compris le meurtre de millions d'êtres humains. » Ne serait-ce que par son physique de grand blond athlétique, Heydrich apparaissait comme « la personnification de l'homme nouveau conforme à l'idéal de la doctrine raciale nationale-socialiste. Heydrich était l'incarnation du national-socialiste parfait ».

Dans l'univers de Heydrich, l'ennemi était partout, un ennemi que sa névrose l'obligeait à éliminer, dans son rôle de « bonne à tout faire » ou de « poubelle du Reich », ainsi qu'il s'est décrit un jour. Celui en qui Hitler voyait le « national-socialiste idéal » voulait tout savoir sur ces « filous de la marge », ainsi qu'il appelait aussi ceux qu'il traitait de « parasites ». « Plus je connaissais cet homme, plus ses manières de prédateur me frappaient : toujours sur le qui-vive, toujours flairant le danger et se méfiant de tout et de tous. Parallèlement, il était dévoré par l'ambition insatiable d'être toujours celui qui savait, d'être partout le premier. Il soumettait tout le reste à cet objectif. » L'amiral Canaris, le chef de l'Abwehr de la Wehrmacht, et donc en concurrence avec le SD de Heydrich, voyait en lui une « bête féroce extrêmement intelligente ».

Pour chasser, le « prédateur » agissait de façon strictement bureaucratique. Son SD mit sur pied un fichier comprenant tous les juifs d'Allemagne, les juifs émigrés à l'étranger et les personnalités juives les plus importants de l'étranger. « Il avait un talent particulier pour déceler immédiatement les faiblesses personnelles, professionnelles, mais aussi politiques, des autres, et les enregistrer dans sa mémoire phénoménale ainsi que dans son "fichier" et de s'en servir au bon moment », dit Schellenberg.

C'est dans ce but qu'il chargea deux cent cinquante fonctionnaires de rassembler dans un fichier central les renseignements d'état civil, les informations et les rumeurs concernant tous ceux qu'il tenait pour des ennemis du Reich ou simplement pour des rivaux à titre personnel.

Il semble que Heydrich soit allé jusqu'à constituer des dossiers sur Hitler lui-même et son entourage proche. Il s'intéressait particulièrement à l'origine incertaine du *Führer*, aux

C'est dans cet immeuble d'apparence anodine que se trouvait le « Salon Kitty », un bordel de luxe, que le SD utilisait pour recueillir les confidences des personnages publics.

traces de sang juif chez certains membres de la famille de Himmler, aux affaires de cœur de Goebbels, aux débordements de Göring et à ses penchants pour la corruption. Connaissant tant de choses, il était craint, y compris par ses supérieurs dans la hiérarchie de Hitler. Se méfiant de tout et de tous, il passait des jours et des nuits derrière des montagnes de dossiers, étudiant les cas des catholiques, des francs-maçons, des marxistes et des juifs. Bientôt, on le surnomma le « suspecteur n° 1 », l'homme qui flairait des complots révolutionnaires en tout lieu et ne reculait devant aucune méthode, même la moins orthodoxe, lorsqu'il se lançait à la chasse aux opposants. Ainsi, comme l'écrit Walter Schellenberg dans ses Mémoires, il se servit sans scrupules du « Salon Kitty », un bordel de luxe situé au 11 Giesebrechtstrasse à Berlin. C'est là que, contre des honoraires moyens de 200 Reichsmark, les prostituées du SD proposaient leurs services aux cadres du parti, de l'Etat, de la Wehrmacht et de la diplomatie, et se chargeaient de provoquer leurs confidences. Elles venaient de toutes les régions du Reich, d'Autriche ou de Pologne. Agées de vingt à trente ans, elles parlaient non seulement l'allemand, mais également le français, l'italien, l'espagnol, l'anglais, le russe ou le polonais. Beaucoup connaissaient trois langues ou davantage, et toutes avaient un point commun : un passé suspect qui les avait poussées dans les griffes du SD. Au « Salon Kitty », on trouvait des étudiantes ratées, des femmes qui avaient avorté, des criminelles et des prostituées professionnelles qui pouvaient ainsi se livrer à leur commerce dans l'Etat national-socialiste sans craindre la répression de la police. Leur lieu de travail était truffé de micros. Installés à la cave, les spécialistes de Heydrich enregistraient les conversations. Mais lorsque le chef en personne venait en « inspection », « il m'ordonnait de veiller strictement à ce que tout l'appareillage soit débranché », rapporta Walter Schellenberg, de qui émanait apparemment l'idée d'utiliser ces moments intimes pour se procurer des informations. Le « Sa-

En haut : La ghettoïsation, premier pas vers la « solution finale ». Des membres du SD distribuent leurs ordres à des membres de la communauté juive (novembre 1939).
En bas : Ils ont droit de vie et de mort : deux SS fouillent un habitant juif du ghetto de Varsovie (1942).

lon Kitty » était très fréquenté. Pour la seule année 1941 apparaît une fréquentation probable de plus de dix mille personnes, avec une moyenne de trente clients par jour, dont beaucoup de personnalités en vue, de diplomates, de généraux, de *Reichsführer*, de ministres, de *Gauleiter*, d'artistes. Le cercle des clients allait de Sepp Dietrich à Joachim von Ribbentrop, de Ferdinand Marian [1] à Hans Albers [2], du comte Ciano, le ministre italien des Affaires étrangères, au chef du *Deutsche Arbeitsfront* [3], Robert Ley. Mais le butin resta maigre : en règle générale, les prostituées de Heydrich échouaient à arracher des secrets d'Etat à leurs clients.

« Heydrich était toujours assez brusque, un peu nerveux, assez vaniteux, un excellent camarade pour ceux qui, parmi ses collaborateurs, contribuaient dans une certaine mesure à renforcer sa position. »

Adolf Eichmann, 1959

« Des actions vont être menées sous peu sur tout le territoire du Reich contre les juifs, en particulier contre les synagogues. Il ne faudra rien faire pour les empêcher. Mais il convient de prendre contact avec l'*Ordnungspolizei**, afin de s'assurer que les pillages et autres excès seront évités. »

Instructions confidentielles de l'inspecteur de police criminelle Heinrich Müller aux directions de la police d'Etat avant la nuit du pogrom, le 9 novembre 1938

* La police de l'ordre, *Orpo* en abrégé

1. Acteur de cinéma, qui incarna le personnage central du film de propagande nazie *Le Juif Süss* de Veit Harlan.

2. Acteur, interprète notamment du baron de Münchhausen dans le film *Les Aventures du baron de Münchhausen* de Josef Baky.

3. Le « Front du Travail allemand », qui remplaça les syndicats à partir de 1933.

Impitoyable, résolu et perfectionniste, Heydrich menait à bien tout ce qu'il entreprenait. Si Etat-espion il y avait, il devait l'être jusqu'au bout. Si persécutions il y avait, nul ne devait y échapper. Et si « le juif » était considéré comme un ennemi du peuple, il devait être éliminé entièrement, par n'importe quel moyen. Heydrich n'appréciait pas l'antisémitisme populiste d'un Julius Streicher, ni les tirades pornographiques du *Stürmer*, ni les pogroms anarchiques contre les juifs. Son souhait était la solution radicale du « problème », tout en n'envisageant pas l'extermination de masse au début, mais plutôt l'expulsion, organisée de façon centralisée, de tous les juifs d'Allemagne, si possible vers la Palestine. Car, à son avis : « Soit nous l'emportons définitivement sur l'adversaire, soit nous sombrons. » La « législation sur les aryens » n'était pas suffisante à ses yeux pour bannir le « danger du judaïsme » en Allemagne. Les organisations juives, avec toutes leurs connexions internationales, continuaient selon lui à travailler comme avant à la « destruction de notre peuple et de toutes ses valeurs ». Mais comment faire pour « éliminer » les juifs ? Herbert Hagen, *SS-Untersturmführer*, conçut un plan provisoire qu'il résuma ainsi dans une note à Heydrich : « Premièrement : répression de l'influence juive dans tous les domaines de la vie publique (y compris l'économie). Deuxièmement : encouragement à l'émigration des juifs. » Du point de vue de Heydrich, il n'existait qu'une solution au « problème juif » : le départ forcé des juifs pour la Palestine. « En tant que national-socialiste, disait-il cyniquement, je suis sioniste. »

L'annexion de l'Autriche au Reich, en 1938, permit la première misc en application de ce concept sur une grande échelle. Afin d'augmenter l'efficacité du processus, Adolf Eichmann, le délégué de Heydrich à Vienne, fit construire une « Administration centrale de l'émigration juive » dans l'ancien palais Rothschild de Prinz-Eugen-Strasse.

« Il faut prendre les mesures nécessaires à l'arrestation de 20 000 à 30 000 juifs sur la totalité du territoire du Reich. Mais les personnes fortunées devront être placées à part. Des instructions détaillées suivront au cours de la nuit. »

Instructions confidentielles de l'inspecteur de police criminelle Heinrich Müller aux directions de la police d'Etat avant la nuit du pogrom du 9 novembre 1938

Les candidats à l'émigration obtenaient leurs papiers sous huit jours, mais pour une véritable fortune. Leurs biens étaient confisqués. Les devises, les indispensables *Vorzeigegelder*[1], étaient délivrées à des taux fantaisistes atteignant des sommets. Heydrich et ses acolytes tirèrent de cette affaire des bénéfices faramineux. Un fonctionnaire juif de Berlin, invité à Vienne pour visiter l'« Office central », décrivit ainsi cette administration qui fonctionnait à la chaîne : « On fait entrer d'un côté le juif qui possède encore quelque chose, un magasin, ou une usine, ou un compte en banque. Il parcourt alors tout l'immeuble, de guichet en guichet, de bureau en bureau, et quand il ressort de l'autre côté, on lui a ôté tous ses droits, il n'a plus un pfennig en poche, mais, en contrepartie, un passeport sur lequel il est écrit : "Vous devez quitter le pays sous quinze jours, sinon on vous met en camp de concentration". » Heydrich et son complice Eichmann ne confiaient qu'à des membres de la SS ou du SD le soin de se livrer à ce pillage organisé. Autour des longues tables sur lesquelles on martelait les formulaires à coups de tampons, on trouvait des collaborateurs juifs. Ainsi les victimes devenaient-elles des complices – un système pervers qui porte la signature manifeste de Heydrich. L'administration centrale de Vienne devait servir de modèle pour tout le Reich.

1. Devises étrangères nécessaires à l'obtention du visa d'entrée dans le pays d'immigration.

En revanche, Heydrich condamna les pogroms qui se produisirent à travers le pays au cours de la « Nuit de cristal », le 9 novembre 1938, en les qualifiant de « gigantesques saloperies », d'un retour à l'époque où les hordes hurlantes de SA ivres sillonnaient les rues en pillant et en rossant les passants. Les pogroms, selon lui, étaient « le coup le plus dur infligé à l'Etat et au Parti depuis 1934 ». Bien entendu, il ne s'agissait pas de compassion pour les victimes. Simplement, Heydrich jugeait ces débordements irrationnels. Comme son supérieur, Himmler, il accordait sa préférence à la terreur silencieuse, bureaucratique, à la mort administrée à coups de tampons et de signatures, commandée à partir d'une administration centrale et automatisée.

Trois jours plus tard, Hermann Göring convoquait des représentants de tous les services, dont Heydrich, au ministère de l'Air. Cette assemblée réunissant plus de cent participants était destinée à débattre des conséquences économiques de la « Nuit de cristal » et à adopter des mesures propres à exclure les juifs de l'économie allemande. Le résultat de ces discussions recueillit la faveur de Heydrich. Les juifs d'Allemagne devraient dorénavant s'acquitter d'une « amende » d'un milliard de Reichsmark ; de plus en plus, l'économie allemande devrait passer aux mains des aryens et les juifs du pays subir une discrimination toujours croissante ; les théâtres, les cinémas et les cirques, les établissements de bains et même la « forêt allemande » leur seraient interdits. Cette dernière proposition était venue de Goebbels.

Heydrich avait pris la parole et insisté sur ce qui semblait primordial au SD : « Même si nous écartons les juifs de l'économie, le problème de fond subsistera toujours, à savoir chasser le juif d'Allemagne [...] Sur instruction du commissaire du Reich, nous avons installé à Vienne une Administration centrale de l'émigration juive, grâce à laquelle nous avons mis dehors 50 000 juifs, tandis que dans le vieux Reich, nous n'avons pu en chasser que 19 000. » L'assemblée avait approuvé d'une même voix les propositions de Heydrich : ériger une Administration centrale d'émigration semblable dans le « vieux Reich », placer les juifs dans des ghettos et les contraindre à porter un signe distinctif.

Le ministre des Finances, Schwerin von Krosigk, avait déclaré, quant à lui, que le « prolétariat juif de la société » ne pouvait plus être gardé dans le pays. « Par conséquent, l'objectif doit être ce qu'a dit Heydrich : mettons dehors tout ce qui peut être mis dehors ! »

Un coup d'œil au journal de la SS, *Le Corps noir*, diffusé par Gunter d'Alquen, membre du SD, nous éclaire sur la façon dont Heydrich envisageait les détails de la « solution du problème ». Fin novembre 1938, un article précisait le scénario esquissé par Heydrich au cours de la réunion du 12 novembre : « Les juifs doivent être chassés de nos maisons et de nos quartiers et être logés dans des rues ou des pâtés de maisons où ils se retrouveront entre eux et où ils seront le moins possible en contact avec des Allemands [...] Ainsi isolé, ce peuple de parasites entièrement livré à lui-même, n'ayant ni l'envie ni la capacité de travailler pour son propre compte, sombrera dans la pauvreté [...] Mais que personne ne s'imagine que nous laisserons se dérouler ce processus sans réagir. Le peuple allemand n'a pas la moindre envie de tolérer chez lui des centaines de milliers de criminels qui non seulement assurent leur existence grâce au crime, mais veulent de plus exercer leur vengeance ! [...] Ce que nous ne voulons à aucun prix, c'est voir dans ces centaines de milliers de juifs plongés dans la misère un bouillon de culture du bolchevisme et une organisation de racolage pour la sous-humanité politiquement criminelle [...] Parvenus à ce stade d'évolution, nous nous verrions placés devant la dure nécessité d'éradiquer la sous-humanité juive de la même manière que nous nous employons à éradiquer les criminels dans notre Etat : par le feu et par l'épée. Le résultat en serait la fin effective et définitive du judaïsme en Allemagne, son anéantissement intégral. »

Depuis 1939, Heydrich était chargé de coordonner tous les ministères et tous les services qui travaillaient à la « solution du problème » et qui voulaient accélérer l'émigration. La pression sur les juifs allemands augmentait. Les juifs de Berlin furent contraints de présenter quotidiennement une liste de soixante-dix familles prêtes à émigrer. L'office central du Reich put bientôt annoncer un « record » : dans le « vieux Reich », les chiffres de l'émigration étaient passés de 40 000 en 1938 à 78 000 en 1939, soit près du double. De plus, à Prague, Eichmann mit environ 30 000 juifs « dehors ». Heydrich alla jusqu'à négocier avec la Haganah, l'armée de résistance juive, afin d'accélérer le rythme de l'exode massif.

Mais toutes les trouvailles destinées à chasser les juifs passèrent au second plan le 31 août 1939. La radio interrompit son programme ce soir-là, à 22 heures, pour annoncer une nouvelle historique : « Vers 20 heures, un groupe d'insurgés polonais a attaqué l'émetteur de Gleiwitz et a occupé provisoirement les lieux. Les Polonais ont pénétré par la force dans le studio. Ils ont réussi à lire un appel en langue polonaise et, pour partie, en langue allemande, mais ils ont été maîtrisés par la police au bout de quelques minutes. » Cette nouvelle faisait partie d'une action prévue de longue date, organisée par Reinhard Heydrich. Au *SS-Sturmbannführer* Alfred Naujocks, il indiqua ouvertement : « Il faut donner à la presse étrangère et à la propagande allemande une preuve effective des incursions polonaises. » En conséquence, un commando SS en uniforme polonais devait simuler l'attaque surprise d'un émetteur allemand et fournir à Hitler une justification de son entrée en Pologne. Le complice de Hitler n'hésita pas à commettre une véritable ignominie : faire revêtir des uniformes polonais à des détenus du camp de concentration de Sachsenhausen, et les faire fusiller sur le lieu de la pseudo-attaque. La propagande exploita comme il se devait la provocation montée par Heydrich. « Scandaleuse attaque de l'émetteur de Gleiwitz par des bandits », titra le *Völkische Beobachter*. La Wehrmacht viola la frontière de la Pologne. Le conflit fut déclenché sans déclaration de guerre. La cible de Heydrich s'étendait désormais au-delà des juifs d'Allemagne : le destin des trois millions de juifs polonais était maintenant en jeu.

Quatre heures avant le début de la guerre, Heydrich rédigea une lettre d'adieu dans laquelle il désignait sa femme comme son unique héritière au cas où il viendrait à mourir, en lui donnant les instructions suivantes : « Elève nos enfants dans la foi en le *Führer* et en l'Allemagne, dans la fidélité à l'idéal du mouvement, apprends-leur la dureté dans l'observation des règles de la *Schutzstaffel*, la dureté vis-à-vis d'eux-mêmes, la bonté, la générosité envers les gens de leur propre peuple, la dureté vis-à-vis de tous les ennemis de l'intérieur et de l'extérieur. » La dureté, la dureté, la dureté : tel était le credo de Heydrich.

La dureté vis-à-vis des ennemis du Reich s'exerçait déjà en Pologne par l'intermédiaire des Groupes d'intervention du SD. Trois jours à peine après le début de la guerre, les hommes de Heydrich pouvaient se prévaloir d'un grand nombre d'arrestations auprès de l'Office central de Berlin. Mais après l'assassinat, le 3 septembre, au cours du « dimanche sanglant de Bromberg », d'un certain nombre de *Volksdeutsche* [1] en Pologne, l'action des Groupes d'intervention se durcit. Désormais, les ordres donnés pour « écraser radica-

1. *Volksdeutsche* : « Allemands de race » ; personnes d'origine allemande ou autrichienne vivant à l'étranger et possédant la nationalité du pays où elles sont installées.

lement l'insurrection polonaise qui est en train de se lever » prévoyaient aussi les exécutions. Deux jours plus tard, le 5 septembre, une cinquantaine de Polonais furent fusillés à l'hôtel de ville de Bromberg. Le 7 septembre, les premières exécutions publiques d'otages firent quatre cents victimes. A la Wehrmacht qui se plaignait des exécutions arbitraires, Heydrich répliqua en affirmant que, pour lui, « tout cela » allait « trop lentement ». Pour lui, le chiffre de deux cents exécutions par jour était « insuffisant ». « Nous voulons bien protéger les petites gens, mais les aristocrates, les curetons et les juifs doivent être supprimés. » La guerre devait servir de couverture pour les assassinats. « Les couches dirigeantes de la Pologne doivent être mises dans l'incapacité de nuire autant que faire se peut, indiqua Heydrich aux chefs de ses services réunis à l'Office central de la Gestapo à Berlin. Les couches inférieures ne seront pas particulièrement touchées mais devront être réprimées sous une forme ou sous une autre. » Les couches supérieures seraient déportées dans des camps de concentration allemands. Les juifs seraient parqués dans des ghettos au sein de certains quartiers de la ville, de manière à les contrôler plus facilement et à les déporter ultérieurement. Heydrich était dans son élément : à présent, il régnait sur la vie et sur la mort.

Heydrich se rendit sur place, en Pologne, afin de se faire une idée du travail de ses Groupes d'intervention, de la « restructuration raciale » ordonnée par Hitler, de l'expulsion des juifs, de la germanisation du pays. Hitler en avait donné les grandes lignes, Himmler et Heydrich en fignolèrent les détails. Il fallut une petite semaine à Heydrich pour rentrer à Berlin, rédiger son rapport, exiger une augmentation constante du nombre des exécutions et mettre au courant ses chefs de service du gigantesque programme d'expulsions qui était prévu pour la Pologne. En premier lieu, les juifs devaient être chassés immédiatement des anciens territoires occiden-

Un « ghetto modèle » sert de camp de transit pour les usines de la mort : des prisonniers franchissent la porte d'entrée du camp de concentration de Theresienstadt, 1942.

taux et, dans « l'Etat polonais restant », être concentrés dans des ghettos situés dans un nombre restreint de villes facilement accessibles, jusqu'à ce que les « mesures globales prévues [c'est-à-dire la solution finale] », à garder strictement confidentielles, puissent être mises en route. Partout, dans l'Etat polonais restant, qui devint bientôt un « Gouvernement général », surgirent des ghettos. Les Groupes d'intervention et les autorités de la police de sécurité et du SD entreprirent les expulsions. Mais, là où on chassait les juifs, il n'était prévu ni logements ni approvisionnement.

Depuis le début de la guerre, la terreur de Heydrich était dirigée par une super administration, le *Reichssicherheitshauptamt* (RSHA), l'« Office central de Sécurité du Reich », situé à Berlin au numéro 8 de la Prinz-Albrecht-Strasse. Celle-ci comprenait la *Geheime Staatspolizei* (Gestapo), la police secrète ;

la *Kriminalpolizei* (Kripo), la police criminelle ; le *Sicherheitsdienst* (SD), le service de sécurité du Parti. Toutes ces instances étaient réunies dans une institution centrale qui reliait les compétences entre elles et exploitait les synergies pour augmenter l'efficacité de la surveillance et de la persécution. L'Amt IV (la Gestapo), en particulier, auquel le *Judenreferat*, le « Service des questions juives » d'Eichmann était rattaché, acquit une terrifiante réputation de « centrale de la terreur », de domicile des bourreaux de bureau.

> « "L'instrument de Heydrich", oui, naturellement, c'est ce que j'étais, puisque j'étais son subordonné. »
>
> Adolf Eichmann, 1959

Mais avec la guerre, Heydrich, leur chef, attrapa des fourmis dans les jambes. Le grand bureaucrate de l'extermination ne tenait plus en place dans son bureau. Il voulait participer en personne aux combats. Il s'en donna à cœur joie pendant la campagne de Pologne, tirant à la mitrailleuse depuis le cockpit d'un avion, et, plus tard, pilotant un avion de chasse.

Avec l'escrime, le pilotage était sa grande passion. Depuis que la police, en 1936, avait été placée sous la direction centrale de Himmler et que l'autorité de Heydrich s'étendait sur tout le Reich, il disposait d'un appareil quatre places pour ses voyages professionnels. Tous les jours, avant le travail, il prenait des cours de pilotage auprès de son pilote, s'initiait à l'acrobatie, aux loopings, aux tonneaux. Aux commandes d'un avion comme ailleurs, il poussait jusqu'aux limites. Lorsqu'il se sentit trop à l'étroit dans son biplan, il alla s'entraîner en secret sur le terrain d'aviation miliaire de Staaken, près de Berlin. « Et un jour, raconte Lina Heydrich, il atterrit à Werneuchen, une base aérienne pour pilotes de chasse. Toujours plus soucieux de préserver le secret de son activité, il fit transporter des dossiers là-bas. Il y tint des réunions dans des conditions spartiates. » Sa famille observait avec une inquiétude croissante sa propension à jouer les casse-cou. Himmler à son tour émit de fortes réserves après qu'un aide de camp de Hitler eut péri dans un accident d'avion. En mai 1937, il lui interdit par un ordre écrit de « piloter un avion pendant le service actif ». Car « voler exige un entraînement constant, ce qui ne peut être le cas quand on ne vole qu'après des arrêts prolongés ». Cette interdiction affecta certainement Heydrich, mais ne l'empêcha nullement de continuer et même de passer son brevet pour la Luftwaffe.

Heydrich, le bureaucrate, recherchait le contact direct avec l'ennemi sur le front du ciel. Lors de la conquête de la Norvège, il pilota un Me 109. Au même moment, tandis que l'adjoint de Hitler, Rudolf Hess, entreprenait son énigmatique mission en Angleterre, Heydrich participait à des vols de reconnaissance au-dessus du Royaume-Uni. Lors de l'invasion de la France, il affronta des pilotes de la Royal Air Force au-dessus de la Belgique et des Pays-Bas. Véritable trompe-la-mort, il se sentait invulnérable dans le cockpit d'un avion. « Mauvaise herbe croît toujours, c'est connu ! » écrivait-il le 5 mai 1940 sur une carte postale à Himmler, signée « Votre fidèle et reconnaissant Heydrich ».

« *Reichsführer*, permettez-moi de vous annoncer que j'ai intégré ma formation du front. Naturellement, il me faut encore un peu de temps avant d'être un pilote parfait, mais, d'ici huit jours, j'espère pouvoir tenir ma place de "servant de patrouille" à la satisfaction de mes supérieurs... »

Reinhard Heydrich sur une carte postale
à Heinrich Himmler, le 5 mai 1940

Mû par le besoin de faire ses preuves, et dans l'espoir de voir ses exploits de pilote de chasse récompensés, le chef tout-puissant du Service de sécurité et de la Gestapo se lançait sans cesse dans de nouveaux raids aériens risqués. Les distinctions militaires avaient une grande valeur dans la société guerrière de la SS. Kersten, le masseur de Himmler, explique ce comportement par le fait que Heydrich était « derrière son bureau en permanence, pendant que les autres se battaient au-dehors ». Il lui fallait « décider de la vie et de la mort », et c'est la raison pour laquelle il voulait « avoir regardé la mort en face et avoir prouvé son courage ». Heydrich ne voulait pas se contenter d'être l'organisateur des assassinats. Il se voyait en combattant de première ligne et, tout comme Hitler, semblait apprécier la griserie qu'il éprouvait à jouer son va-tout. Lors de l'invasion de l'Union soviétique, il fut saisi d'une véritable excitation. Tandis qu'au sol, ses Groupes d'intervention massacraient les gens par milliers, il se battait dans les airs contre l'aviation ennemie. Mais un jour, il parut avoir tenté le sort une fois de trop : son avion fut touché et il dut faire un atterrissage forcé à l'est de la Berezina. Il fut porté disparu pendant deux jours. Le plus proche collaborateur de Himmler était-il tombé entre les mains de l'Armée rouge ? Reinhard Heydrich prisonnier des Soviétiques... « Quelle aubaine pour les Russes ! » dira Lina Heydrich.

Heydrich s'était caché dans une grotte et avait dû attendre, pour en sortir, une troupe d'assaut de son Service de sécurité, dépêchée à la rescousse. Après cette aventure, Hitler, à son tour, lui interdit de voler. On avait besoin de lui pour d'autres tâches ; la tuerie à grande échelle venait de commencer.

Dès le mois de septembre 1939, Heydrich avait compris que, pour Hitler, la conquête militaire à l'Est et l'élimination des juifs étaient deux objectifs inséparables. Dès lors, il considérait qu'il était de son devoir d'indiquer à Hitler et à Himmler le moyen d'y parvenir. Il avait très vite vu jusqu'où devait aller la persécution des juifs.

« Nous fûmes invités, en tant que couple Heydrich, à deux de ces rencontres [avec Hitler]. La première eut lieu à la Chancellerie. Hitler se trouvait dans le vestibule. Nous nous dirigeâmes vers lui. Il nous tendit les deux mains et dit avec spontanéité : "Quel beau couple ! Je suis très impressionné." Cela fit sourire Reinhard. Puis il nous laissa entre nous. »

Lina Heydrich, l'épouse de Heydrich, dans ses Mémoires

« Dans les villes, le judaïsme devra être rassemblé dans le ghetto, afin de permettre un meilleur contrôle et, plus tard, de meilleures possibilités d'expulsion. »

Reinhard Heydrich, le 20 septembre 1939, aux cadres de la police et aux chefs des Groupes d'intervention

Lorsque, en janvier 1941, les plans d'attaque de l'Union soviétique en arrivèrent à un stade décisif, Heydrich sut que le massacre allait prendre une nouvelle dimension. Car il avait à remplir une « mission spéciale ». Aux chefs des commandos spéciaux qui seraient chargés de pratiquer le massacre à l'arrière des lignes d'assaut de la Wehrmacht, il ne donna que des informations partielles sur ce qui lui avait été ordonné par Hitler. Lorsqu'il convoqua pour la première fois les chefs des départements du RSHA à ce sujet, en avril 1941, il ne parla que d'une « dure mission ». Il s'agissait de « sécuriser et pacifier » le territoire russe. Après avoir pris connaissance des instructions de façon plus précise, aucun des responsables SS ne se déclara volontaire pour cette sanglante mission, hormis Heinrich Müller, le célèbre chef de la Gestapo. Ce n'est que sous la pression de Heydrich que se constitua l'équipe qui devait commander les Escadrons de la mort. Il ne fut pas plus facile de former les Groupes d'intervention.

Un moyen toujours efficace d'attirer les candidatures était l'argent. Wilhelm Höttl, qui appartenait alors à l'Amt VI du RSHA, rapportera que, lors du recrutement des troupes, il n'était pas encore question de massacre. « On parlait simplement de mettre les juifs hors circuit, mais cela signifiait leur élimination physique. On pouvait se porter volontaire pour cette mission, mais comme le nombre des candidats était beaucoup trop faible, chaque département du SD, de la Gestapo ou de la *Kripo* fut obligé de fournir un contingent ; la police de l'ordre dut, elle aussi, participer. » Car, précisait Höttl, à l'époque, les Allemands ne roulaient pas sur l'or. « C'est pourquoi les fortes indemnités journalières que l'on touchait dans un commando d'intervention avaient de quoi attirer les candidats. Ils se disaient : "Il suffit de t'inscrire, et après, on t'envoie à Bialystock ou ailleurs, et on te paye." Ces quelques Reichsmark, pour les petits salaires, c'était déjà une belle somme. » Bientôt, on sut à qui et pour quel travail les gens ainsi recrutés s'étaient vendus. Mais l'argent n'était évidemment pas leur unique motivation pour rejoindre une troupe d'assassins : beaucoup étaient convaincus d'agir pour la bonne cause – et pour leur carrière.

Grâce aux pressions et à l'argent, Heydrich parvint à réunir ses troupes. En mai 1941, il avait rassemblé trois mille hommes prêts à l'action. Quatre Groupes d'intervention furent formés. Ils étaient composés de fonctionnaires de la Gestapo, d'enquêteurs de la *Kripo*, de membres du SD et de la police de l'ordre, de soldats de la Waffen-SS, d'auxiliaires de police étrangers.

« Généralement, les Allemands qui entraient dans le ghetto étaient très brutaux. On avait peur d'eux. Il fallait ôter son chapeau devant chaque uniforme allemand. Certains nous demandaient : "Pourquoi t'enlèves ton chapeau, je te connais pas, moi !" Les autres nous frappaient quand nous ne le faisions pas. Les juifs faisaient tout pour éviter de croiser un uniforme.

Et pourtant, certains Allemands en uniforme se comportaient de façon humaine quand ils étaient seuls, ils donnaient quelquefois un morceau de pain aux juifs. Ils leur disaient qu'ils étaient de Hambourg, syndicalistes, ou membres d'un parti socialiste. Ils voulaient donner l'impression qu'ils n'étaient pas d'accord avec tout. Mais cela n'arrivait que lorsqu'ils étaient seuls. Quand ils voyaient s'approcher un autre soldat, ils changeaient complètement de ton et de comportement. »

Professeur Israël Gutman, juif polonais qui vivait à l'époque dans le ghetto de Varsovie

Le Groupe d'intervention A, sous le commandement du Dr Walter Stahlecker, devait suivre le groupe d'armées du nord jusqu'à Leningrad, tandis que le Groupe B, sous le commandement du chef de la *Kripo* Arthur Nebe, suivrait le groupe d'armées du centre jusque devant Moscou. Les Groupes C et D, commandés par le *SS-Brigadeführer* Otto Rasch et le *SS-Standartenführer* Otto Ohlendorf, se déploieraient à travers le gigantesque territoire du groupe d'armées du sud, des marais du Pripiet jusqu'à la mer Noire.

Heydrich lui-même ne fournit que des instructions verbales aux chefs des Groupes d'intervention sur la nature de leur atroce mission. Walter Blume, le chef du Commando spécial 7a, racontera que Heydrich avait présenté l'extermination des juifs de l'Est comme un « ordre des instances suprêmes de l'Etat ». « Cet ordre a été donné de façon tellement claire qu'il ne pouvait exister aucun doute sur ce qui nous attendait en Russie », précisera-t-il.

Dans quelle mesure Heydrich a-t-il décrit concrètement leur mission aux chefs des commandos de la mort ? « La seule chose dont je me souvienne, dira après la guerre l'ancien chef du Commando d'intervention 3, Karl Jäger, c'est que Heydrich nous avait tenu un discours en expliquant qu'en cas de guerre avec la Russie, les juifs de l'Est devraient tous être fusillés [...] Je me rappelle aussi que l'un des chefs de la Stapo posa une question comme : "Il faut que nous fusillions les juifs ?", à quoi Heydrich répondit en substance que ça allait de soi. »

« Pour moi, indiquera Jäger, cette déclaration était un ordre formel : en prenant mes fonctions à l'Est, j'aurais à fusiller les juifs. C'est pourquoi je n'ai rien entrepris pour m'opposer à ces exécutions. »

Pendant les premières semaines de l'opération, il fut encore possible d'interpréter de différentes manières les ordres de Heydrich. La sentence de mort concernait les juifs occupant un poste au sein du Parti et de l'Etat. Elle s'appliquait au premier chef aux hommes en âge de porter les armes. La définition plus précise des catégories concernées était laissée à l'initiative de chaque commando. Avant le début de l'attaque de l'empire de Staline, les Groupes d'intervention n'avaient pas reçu l'ordre précis d'éliminer en bloc toute la population juive d'Union soviétique – pas encore.

« Il faudra s'interroger sérieusement pour savoir si la solution la plus humaine ne serait pas de supprimer les juifs inaptes au travail par un moyen rapide et efficace. »

Rolf-Heinz Höppner, directeur du bureau central de la déportation de Poznan, dans une lettre à Eichmann datée du 16 juillet 1941

« Il est interdit aux juifs de plus de six ans de se montrer en public sans une étoile juive. Celui qui enfreint cette interdiction, délibérément ou par imprudence, encourt une amende pouvant aller jusqu'à 153 Reichsmark ou une peine de détention pouvant aller jusqu'à six semaines. »

Ordonnance de police du 1er septembre 1941 sur le port d'un signe distinctif par les juifs

L'armée qui attaqua l'Union soviétique le 22 juin 1941 fut le plus grand rassemblement de troupes de l'Histoire pour une même campagne : 3 200 000 soldats, répartis entre sept armées, quatre groupes de blindés comportant 3 580 engins, 7 184 pièces d'artillerie, trois flottes aériennes de plus de 2 000 appareils. En quelques jours, la Wehrmacht de Hitler envahit la partie occidentale du gigantesque empire de Staline. Un nombre incalculable de personnes se retrouvèrent soudain confrontées à une occupation allemande dont elles ignoraient tout, mais dont elles connurent très vite les plus terribles aspects. Pour Hitler, ce 22 juin marqua le début d'une guerre qu'il désirait depuis toujours, une guerre d'extermination à l'Est pour réaliser ses vieux rêves : la conquête d'un « espace vital », l'éradication du communisme et l'extinction du peuple juif. Dès le début du mois de mars, il avait martelé aux commandants en chef des trois entités qui composaient la Wehrmacht et aux autres généraux : « Une guerre contre la Russie ne peut pas être menée de façon chevaleresque. Il s'agit ici d'une lutte entre des idéologies et des races opposées, qui doit être menée avec une dureté et une inflexibilité encore sans exemple. »

La mission des Groupes d'intervention était claire : c'était la « lutte contre tous les éléments ennemis du Reich et de l'Allemagne dans le pays ennemi à l'arrière des troupes combattantes ». Concrètement, il s'agissait d'avancer dans l'ombre de la Wehrmacht, de passer au peigne fin les territoires déjà occupés pour traquer les ennemis idéologiques et les ennemis de race du Reich de Hitler et de les assassiner. Les Tsiganes et les autres « éléments asociaux » devaient eux aussi être exécutés.

Telle était donc la guerre que Hitler voulait mener en Union soviétique, une guerre affranchie de toutes les entraves de la civilisation ; toute règle comportant la moindre once d'humanité était bannie.

Dès le premier jour de la campagne de Russie, les Groupes d'intervention assassinèrent des communistes, des intellec-

Un SS abat des civils. Parmi les témoins de ces crimes figurent des membres de la Wehrmacht.

tuels et, conformément à l'ordre de Heydrich, surtout des « juifs occupant des postes au sein du Parti et de l'Etat », comme « fauteurs de troubles » potentiels.

« A Riga, les conversations portent en général sur les fusillades en masse des juifs rassemblés jusqu'ici dans le ghetto. La plus grande partie de la population de Riga en parle avec satisfaction et espère la disparition complète des juifs pour voir se libérer les logements dans le ghetto. »

Rapport du chef de la police
et de la SS de Lettonie et commandant
de la police de l'ordre daté du 23 décembre 1941

« La décision de nettoyer les secteurs un par un de façon systématique demanda une préparation minutieuse de chacune des mesures prises et une étude des conditions locales. Les juifs durent être concentrés en un ou plusieurs lieux et il fallut, suivant leur nombre, trouver un endroit et creuser une fosse. »

Karl Jäger, *SS-Standartenführer*, commandant
les Groupes d'intervention et le SD en Lituanie,
dans un rapport écrit de la fin décembre 1941

Mais, ainsi que le démontrent les premiers assassinats perpétrés par les Groupes d'intervention en Lettonie, à Liepaja, appelée alors Libau par les Allemands, les frontières qui séparaient les différentes catégories de victimes n'étaient pas clairement établies. Dès le mois de juillet 1941, on procéda à des exécutions quotidiennes d'otages. Depuis le 29 juin, la ville et son port militaire étaient entre les mains des Allemands. Il avait fallu une semaine à la Wehrmacht, après l'invasion de l'Union soviétique, pour défaire les défenseurs de la ville, des soldats de la marine soviétique et la milice du chantier naval Torsmare. Mais les échanges de tirs continuaient entre les occupants allemands et des défenseurs éparpillés. Ce fut une raison suffisante pour décider les hommes du Commando 2 à « pacifier sans ménagement » la ville de Libau – tels étaient les ordres. Le commandant de la place, un capitaine de corvette de la marine de guerre allemande, avait sollicité leur aide. C'est également lui qui avait annoncé des mesures de représailles draconiennes : « Pour chaque tentative d'attaque, d'acte de sabotage ou de pillage, dix otages se trouvant aux mains des Allemands seront fusillés. » Les premiers « otages » furent fusillés dans les dunes de Liepaja le 4 juillet, avec l'aide d'un commando SS du Groupe d'intervention 2 : 47 juifs et 5 communistes lettons. Trois jours plus tard, le commandant de la place fit passer le nombre des otages à fusiller à titre de représailles à cent pour un soldat allemand blessé. Les commandos d'intervention allemands, les instruments dociles de Hitler dans sa guerre contre l'« ennemi universel judéo-bolchevique », savaient parfaitement quels étaient les otages à choisir de préférence : les juifs de la ville nouvellement conquise. Leurs victimes restaient encore les hommes « en mesure de se battre », ainsi qu'on le leur avait ordonné. Les femmes, les enfants et les vieillards étaient encore épargnés.

Pour rechercher leurs otages, les commandos investissaient les maisons et les passaient au peigne fin ; les juifs de sexe masculin étaient raflés sans avertissement, en pleine rue. C'étaient des proies faciles car, depuis le 5 juillet, sur ordre du commandant de la place, les juifs étaient contraints de porter des pièces de tissu jaune sur la poitrine et dans le dos.

« Les Allemands procédaient de façon très systématique. Ils avaient des informations précises, savaient exactement où vivaient les juifs et combien ils étaient. D'abord, il a fallu que nous portions l'étoile. Après, nous avons dû remettre tous nos instruments de musique et nos postes de radio. Nous n'avions évidemment plus le droit d'aller au cinéma. Dans le tram, nous n'avions droit qu'à la partie arrière. Le seul endroit où nous, les enfants, les jeunes, avions encore le droit d'aller, à Prague, c'était la place Hagibau, un terrain de football à côté duquel il y avait un petit parc. C'était le seul endroit où nous pouvions profiter un peu de la nature. On nous a évidemment chassés de l'école, du collège. Je suis donc entré en apprentissage comme électricien. Mais ça n'a marché que pendant trois ou quatre mois, ensuite, ça m'a été interdit aussi. »

Chanan Bachrich, juif tchèque

C'est à cette époque que Fanny Segal, alors âgée de seize ans, perdit son père. Celui-ci avait senti que les juifs de Libau devaient se préparer au pire : « Un jour, il est rentré à la maison et il a annoncé à ma mère qu'ils avaient creusé des fosses près de la mer. "Je crois que ces fosses sont pour nous", a-t-il dit. » Ses craintes se vérifièrent le 8 juillet. Fanny Segal se souvient : « Nous travaillions dans un camp militaire derrière Libau. A 5 heures, les Allemands nous ont ramenés en ville et nous ont ordonné d'aller nous présenter pour pouvoir obtenir un certificat de travail. Nous sommes allés au centre-ville. Là-bas, il y avait une grande salle, dans une grande maison. Nous étions plusieurs centaines de personnes. Tout à coup, un ordre est tombé : "Tous les hommes dehors !" Mon père a commencé à pleurer, il m'a embrassée et m'a donné sa montre. Il savait que c'était la fin. » Mille juifs de sexe masculin furent abattus à Libau au cours du premier mois de l'occupation allemande, par des Groupes d'intervention et « l'autoprotection » lettone.

Tout l'arrière du front allemand ressembla à Libau en cet été 1941. Mais certains facteurs permirent à Hitler d'imputer aux Soviétiques, pour des raisons de propagande, la férocité croissante de la guerre barbare qu'il menait lui-même. Pendant les premières semaines de la guerre de Russie, les massacres – perpétrés de façon systématique ou par pure folie meurtrière – ne furent pas commis uniquement du côté allemand. La police secrète de Staline, le NKVD, sut tirer parti de la situation en assassinant à tour de bras, dans l'intention d'éliminer toutes les forces d'opposition : les politiques, les intellectuels, les fonctionnaires, les enseignants, les nationalistes ukrainiens et polonais. A Tchortkov, Tarnopol, Riga, Zloczow, les soldats allemands découvrirent les traces d'horribles massacres. Cinq mille personnes avaient été incarcérées dans les trois prisons de Lviv (Lwow) avant l'invasion allemande. A la suite de l'attaque de la Wehrmacht, entre le 24 et le 28 juillet, la police politique de Staline s'y livra à des assassinats méthodiques : Beria, le chef de la police secrète soviétique, avait donné l'ordre d'abattre tous les « ennemis de classe » et les « éléments contre-révolutionnaires ». Des milliers de prisonniers furent tués dans leur cellule d'une balle dans la nuque ; d'autres périrent le crâne écrasé à coups de marteau. Lorsque, dans le chaos qui résultait de l'avance allemande, il y eut un mouvement de fuite générale, les gardiens soviétiques tirèrent à la mitraillette sur les prisonniers, et finirent par lancer des grenades dans les cellules encore bondées.

Le 29 juillet, les troupes allemandes étaient devant Lviv, et les Soviétiques se retiraient de la ville. Les habitants se lancèrent à la recherche de leurs parents et amis au milieu des monceaux de cadavres pourrissants laissés par les Soviétiques. Cette tuerie monstrueuse appelait vengeance. Les véritables assassins s'étant évanouis dans la nature, on trouva vite des boucs émissaires. La milice ukrainienne, rapidement mise sur pied, se mit à traquer les juifs de la ville. Les soldats allemands n'avaient nulle intention de les en empêcher, et encore moins les membres présents des Groupes d'intervention. Car il entrait dans leurs fonctions d'inciter discrètement aux pogroms. La Polonaise Jaroslawa Woloszanska, alors âgée de vingt-deux ans, assista aux événements de Lviv, dont la population, forte de 340 000 âmes, était composée de juifs pour près d'un tiers : « Il y eut un effroyable pogrom contre les juifs. Ils sont arrivés au petit matin, ont chassé les gens de leurs maisons. Le plus terrible, c'est qu'ils ont aussi tué les enfants. C'était absolument affreux. La ville entière sentait la mort et la pourriture. »

Les membres des Groupes d'intervention assistèrent au massacre, et beaucoup y participèrent. Tout cela était en accord avec leur vision distordue du monde. Le *SS-Hauptscharführer* Felix Landau obéit de bonne grâce aux ordres de Heydrich qui prévoyaient de ne rien entreprendre contre les « efforts individuels de purification anti-juifs ». Il décrivit les événements de Lviv dans son journal : « Des centaines de juifs au visage couvert de sang, avec des trous dans la tête, des mains cassées et des yeux pendant hors de leurs orbites courent le long des rues. Quelques juifs couverts de sang en portent d'autres qui sont incapables de marcher. »

Quatre mille juifs furent abattus en pleine rue en l'espace de trois jours, par la milice locale, par des fractions des commandos spéciaux, par la population. Et Lviv n'était pas un cas isolé. Dans un rapport du chef du Groupe d'intervention A, le *SS-Brigadeführer* Dr Franz Stahlecker, daté d'octobre 1941, on lit : « Nous avons incité les forces antisémites locales aux pogroms contre les juifs. Conformément aux ordres, la police de sécurité était décidée à régler la question juive par tous les moyens et avec toute la détermination nécessaire [...] Il fallait montrer à l'extérieur que la population locale, en réaction naturelle contre une oppression juive de plusieurs décennies et contre la récente terreur communiste, avait pris d'elle-même les premières mesures. » Les pogroms, que les Groupes d'intervention, selon les ordres de Heydrich, devaient déclencher « sans laisser de traces », étaient d'autant plus applaudis qu'on espérait que les débordements des populations locales réduiraient les scrupules et les résistances dans les rangs de la SS et de la Wehrmacht : les pogroms perpétrés par la population permettaient aux commandos SS de relativiser leur propre barbarie.

Durant tout le mois de juillet 1941, les actualités de la *Wochenschau* rendaient compte des prétendus massacres perpétrés par les juifs et indiquaient la ligne idéologique : « Pas de pitié pour les juifs, qui sont les instigateurs ». Les films et leurs commentaires remplirent leur office dans le Reich. Le sondage d'opinion du Service de sécurité du 7 juillet indique que les spectateurs « dans leur majorité se déclaraient convaincus que ces images qui trahissaient le véritable visage du bolchevisme et du judaïsme dans leur horreur réaliste devaient être diffusées sans relâche ».

C'est sur une telle propagande que la SS appuyait son idéologie. A partir de la mi-août, sur toute l'étendue des territoires de l'Est, les Groupes d'intervention franchirent les frontières d'une terreur sélective qui s'était jusqu'alors limitée aux juifs de sexe masculin en âge de porter les armes et, par la suite, aux femmes. Désormais, toute la population juive sans exception était concernée, y compris les enfants. L'holocauste avait commencé.

Le nom d'une ville en devint le symbole : Bjelaja Zerkow, située à soixante-dix kilomètres au sud de Kiev. A la mi-août, les hommes de la 295e division d'infanterie entrèrent dans cette petite ville pour « se rafraîchir », comme on disait, car ils avaient derrière eux des semaines de durs combats. Les fantassins épuisés n'avaient qu'un seul désir : le « repos ».

Mais Bjelaja Zerkow n'était pas le lieu idéal. En effet, les soldats entendirent bientôt tirer des coups de feu dans cette ville où les juifs étaient nombreux. Franz Kohler, un opérateur radio de la division, voulut aller vérifier lui-même ce qui se passait dans un bois tout proche. Arrivé à la hauteur du terrain de tir de la caserne de la ville, il n'en crut pas ses yeux : « Je vois là toute une rangée de gens qui font la culbute tous en même temps. Qu'est-ce que c'est que ça ? je me suis dit. Je me suis approché, et alors j'ai vu qu'on était en train de les fusiller. Ils sont tous tombés dans la fosse. » Une fraction du Commando spécial 4a, une section de la Waffen-SS et la milice ukrainienne étaient en train de massacrer plusieurs centaines de juifs, hommes et femmes. Kohler eut sous les yeux un spectacle abominable : « Il y avait un homme âgé et deux femmes, sans doute ses filles, c'étaient les trois derniers. L'homme a pris les femmes dans ses bras, puis un SS est arrivé et les a abattus d'un coup de pistolet dans la nuque. » Le

L'école de Bjelaja Zerkow. C'est là que 90 enfants juifs furent enfermés pendant une semaine, avant d'être fusillés par des auxiliaires de la SS.

soldat demanda, bouleversé, ce que deviendraient les enfants de ces gens, et l'un des tireurs SS répondit : « C'est pas notre affaire. Nous, on fusille qu'à partir de quatorze ans, jusqu'aux grands-pères. Les enfants, c'est pas notre boulot. »

La tragédie de Bjelaja Zerkow n'était pas encore terminée. Au bout d'une semaine, des camions allèrent chercher les enfants pour les massacrer. Des soldats avertirent des prêtres de la Wehrmacht. Il y eut des protestations. L'action fut momentanément interrompue. Quatre-vingt-dix enfants furent enfermés dans une maison à la lisière de la ville, seuls, sans eau ni pain. Leurs cris et leurs pleurs étaient impossibles à ignorer. De nouvelles protestations restèrent sans effet. Le feld-maréchal von Reichenau, un carriériste du IIIe Reich, réitéra l'ordre d'abattre les enfants. « Une action commencée doit être menée à son terme. » C'était là le sens moral du feld-maréchal von Reichenau. Le commandant en chef de la Sixième Armée approuvait et ordonna le massacre d'enfants juifs, se rendant complice de la barbare industrie de Heydrich.

August Häfner, *SS-Obersturmführer* du Commando spécial 4a, raconta devant le tribunal de Nuremberg qu'il s'était querellé avec son supérieur, le *SS-Standartenführer* Paul Blobel, célèbre pour son efficacité, pour savoir qui tuerait les enfants. « Il m'a ordonné de faire exécuter les enfants. Je lui ai demandé : "Par qui l'exécution doit-elle être effectuée ?" Il m'a répondu : "Par la Waffen-SS." J'ai objecté : "Ce sont tous des hommes jeunes ; comment pouvons-nous prendre la responsabilité de leur faire tuer des enfants ?" Là-dessus, il a dit (Blobel) : "Alors, prenez donc vos hommes." Là aussi, j'ai dit : "Comment voulez-vous qu'ils fassent ça, eux aussi ont des enfants." Ces tergiversations ont duré à peu près dix minutes [...] J'ai proposé que la milice ukrainienne du commandant en chef se charge de fusiller les enfants. Cette proposition n'a soulevé aucune objection ni d'un côté, ni de l'autre. »

« Une grande partie des intellectuels juifs des grandes villes a réussi à fuir à l'est à l'approche des armées allemandes [...] en conséquence, il n'est pas possible pour le moment de maintenir à la même hauteur le chiffre des liquidations, l'élément juif faisant défaut dans une mesure non négligeable. »

SS-Brigadeführer Arthur Nebe,
commandant du Groupe d'intervention B,
le 4 septembre, au RSHA

« La solution de la question juive, en particulier dans le territoire situé à l'est du Dniepr [...] a été énergiquement prise en main par le Groupe d'intervention. »

Rapport n° 6 des Groupes d'intervention
pour la période du 1er au 31 octobre 1941

C'est dans la villa située au 56/58 Am Grossen Wannsee que se rencontrèrent, le 20 janvier 1942, les chefs de la bureaucratie d'Etat pour coordonner la « solution finale ».

De plus en plus, la SS et ses acolytes choisirent la méthode de laisser aux autres le soin des assassinats. Les chefs des Groupes d'intervention eurent en effet une tendance de plus en plus marquée à transférer le « sale boulot », les fusillades, aux troupes auxiliaires recrutées au sein de la population locale.

Les Allemands se contentaient alors de boucler le secteur, et certains s'imaginaient effectivement ne pas porter la responsabilité des tueries, celle-ci revenant uniquement aux collaborateurs locaux. Le nombre des *fremdvölkische Hiwis* (« auxiliaires étrangers à notre race ») grimpa rapidement et fut multiplié par dix au cours de la guerre, passant d'environ 30 000 à 300 000 personnes. Cette augmentation du nombre des recrues n'était pas seulement destinée à soulager les bourreaux allemands, mais également à augmenter le rendement. Les collaborateurs ainsi instrumentalisés se montrèrent souvent trop heureux de pouvoir donner libre cours aux sentiments antisémites, fort répandus dans certains territoires conquis, en s'acharnant sur des victimes innocentes.

Rozèle Goldenstein, une juive lettone qui subit l'inhumanité des commandos d'exécution dans sa propre chair, racontera : « Ils nous ont rassemblés, nous les enfants, pour nous fusiller. Quelques-uns ont essayé de s'enfuir. Mais ils ont été fusillés sur place. » Rozèle crut ses derniers instants arrivés. Mais elle ressentit la marche vers la fosse comme un soulagement, après des jours et des semaines d'attente, d'incertitude et de solitude. « Ils avaient fusillé ma mère, je voulais mourir aussi, et l'heure était enfin arrivée. Je savais que je retrouverais ma mère. » Par miracle, Rozèle survécut au massacre. Aux premiers coups de feu, elle se laissa tomber dans la fosse ; les corps s'amoncelèrent sur elle et la recouvrirent alors qu'elle gisait inerte. Fermement convaincue que sa dernière heure avait sonné, elle mit quelques minutes à comprendre qu'elle vivait encore. Lorsqu'elle entendit que les assassins quittaient l'orée de la forêt, « en chantant à tue-tête, et ivres », elle se glissa hors de la fosse et se cacha.

Un grand nombre de survivants racontèrent que les bourreaux, pendant les fusillades, et surtout après, étaient ivres. L'alcool était distribué sciemment aux exécuteurs. Petras Zelionka, un Lituanien qui fut auxiliaire de police en 1941, raconte : « Tout le monde buvait jusqu'à plus soif. On nous donnait à boire à volonté. Une fois que le schnaps avait agi, on avait tous le courage de participer à l'opération. » Le policier Tögel, membre du Commando d'intervention 10a, a déclaré à propos d'une exécution : « Je me souviens parfaitement que les gens de la SD étaient bourrés après, et qu'ils avaient donc dû recevoir une ration de schnaps supplémentaire. Nous, les gens de la Schupo, on ne nous avait rien donné et ça nous avait beaucoup énervés. » Ce n'était pas l'horreur de leur mission qui donnait lieu à des récriminations, mais le fait qu'on leur refuse le moyen de la refouler.

L'instigateur de tous ces événements, Adolf Hitler, était parfaitement informé des exécutions collectives car, depuis le 1er août, l'ordre suivant avait été passé par le chef de la Gestapo, Heinrich Müller : « Des rapports sur le travail des Groupes d'intervention à l'Est seront régulièrement présentés au *Führer*. » Cet ordre fut fidèlement observé. C'était une absurdité si l'on songe que, d'un côté, ces actions barbares exigeaient le secret le plus absolu, et que de l'autre dominait le besoin de coucher le crime par écrit jusque dans ses moindres détails.

Au RSHA, Heydrich, lui aussi, était tenu au courant en permanence. Les « bulletins d'information » de ses Groupes d'intervention affluaient en continu, tandis que les commandos de la mort assassinaient sans pitié les juifs de Russie. Tous les jours, il lisait des comptes rendus comme celui du Groupe d'intervention B, daté du 19 décembre 1941 : « Lors de contrôles effectués sur les routes avec le concours de la police de l'ordre à la sortie de Mogilev, nous avons procédé à l'arrestation de 135 personnes au total, en grande partie des juifs. 127 personnes ont été fusillées. » Selon le rapport, dans un camp de transit de prisonniers soviétiques voisin, on « procéda au contrôle de la présence de juifs et de fonctionnaires. 126 personnes furent transférées et fusillées. » Par ailleurs, à Paritschi, près de Bobruisk, eut lieu une « action spéciale, au cours de laquelle 1 013 juifs et juives furent abattus ». Les chiffres ne cessèrent de grimper et de s'additionner pour atteindre plusieurs centaines de milliers de victimes, dont on tenait une comptabilité exacte au RSHA.

Quels que fussent les massacres perpétrés à l'arrière du front de l'Est, la ligne de conduite officielle de la politique raciale nationale-socialiste restait la même : il s'agissait de chasser les juifs hors d'Europe. « Les juifs sont le fléau de l'humanité », déclara Hitler le 21 juillet 1941 au maréchal croate Kvaternik. L'endroit où on les déporterait, la Sibérie ou Madagascar, n'avait pas d'importance. Les détails de cette « solution finale » restaient encore flous. Bien des possibilités furent envisagées mais la décision devenait de plus en plus urgente au fil des jours. Dans les ghettos du « Gouvernement général », la situation devenait dramatique. « Les juifs risquent de ne plus être tous nourris cet hiver », signalait le *SS-Sturmbannführer* Rolf-Heinz Höppner, chef de la section du SD de Poznan, le 16 juillet 1941 à Adolf Eichmann, le responsable des questions juives au RSHA. Le ghetto concerné était celui de Lodz, qui se trouvait alors sur le territoire du Reich. « Il faudra s'interroger sérieusement pour savoir si la solution la plus humaine ne serait pas de supprimer les juifs inaptes au travail par un moyen rapide et efficace. Dans tous les cas, ce serait plus agréable que de les laisser mourir de faim. » Le « gouverneur général » Hans Frank refusa tout net de créer de nouveaux ghettos en Pologne « car, suivant une déclaration expresse du *Führer* du 19 juin de cette année, les juifs seront éloignés du Gouvernement général dans un proche avenir, et le Gouvernement général, en quelque sorte, ne serait plus qu'un camp de transit » – sur la route des « réserves au-delà de l'Oural ».

Pendant que les massacres continuaient de plus belle à l'arrière du front, Heydrich trouvait le temps de s'adonner aux joies du sport. En août 1941, il prit part aux championnats d'escrime du Reich, et, en décembre 1941, alors que la Wehrmacht était prise au piège de l'hiver russe devant Moscou, il participa à une compétition internationale d'escrime contre la Hongrie, et fut le meilleur Allemand. Il s'entraînait régulièrement le matin, entre quatre et six heures.

Au début de l'année 1941, Reinhard Heydrich travaillait déjà à un vaste programme de déportation de tous les juifs d'Europe vers l'est. A présent, avec la victoire qui semblait imminente, Heydrich voulait être prêt pour le moment où arriverait « sans l'ombre d'un doute la solution finale de la question juive », selon Hitler. Dans l'ivresse trompeuse de la victoire assurée, il fit établir par son subordonné Adolf Eichmann un document que signa Hermann Göring le 31 juillet 1941. Göring, qui avait été chargé en 1938 de la « solution totale de la question juive », y donnait à Heydrich les pleins pouvoirs pour « prendre toutes les mesures nécessaires à la préparation d'une résolution totale de la question juive dans les territoires sous influence allemande en Europe ». L'holocauste, qui avait commencé avec les massacres des Groupes d'intervention à l'Est, devait s'étendre à l'ouest de l'Europe et jusqu'à l'Afrique du Nord française. Avec ces « pleins pouvoirs », Heydrich consolidait sa position. Elle le « promut » au rang de « commissaire en chef des questions juives » pour toute l'Europe : il devenait responsable d'un domaine qui occupait une place centrale dans les projets de Hitler. Après la guerre, Lina Heydrich affirma qu'elle n'avait cessé de supplier son mari de renoncer à son « métier ». Mais, selon elle, il se contentait de lui répondre : « Tu ne peux pas comprendre. C'est moi qui dois le faire. Je suis le seul à pouvoir le faire. Les autres ne peuvent pas. »

Après quelques hésitations, Heydrich informa lui-même Adolf Eichmann des vastes projets en préparation au cours d'un entretien qu'ils eurent à Berlin à la fin de l'été 1941. Selon les déclarations d'Eichmann lors de son procès en Israël, son supérieur paraissait étrangement nerveux, véritablement mal à l'aise. « Le *Führer*, enfin, l'émigration... Le *Führer* a ordonné l'élimination physique des juifs », aurait

En haut : Il voulait être « le meilleur » en tout. Heydrich lors de la remise des trophées aux championnats d'escrime de la SS en 1936.
En bas : Le sport comme préparation à la guerre : Heydrich félicite un participant au championnat de ski de la police en 1938.

prononcé Heydrich avec difficulté. Et, comme s'il voulait vérifier l'effet produit par ses paroles, « contrairement à son habitude, il fit une longue pause, poursuivit Eichmann à son procès. Je m'en souviens encore aujourd'hui. Pendant quelques instants, je n'ai pas pu en mesurer la portée, étant donné le soin avec lequel il choisissait ses mots. Mais après, j'ai saisi, et je n'ai rien répondu, parce que je ne pouvais rien dire de plus ». Eichmann avait été informé par Heydrich qu'il devait organiser les transports. A ceux qui étaient chargés d'exécuter l'holocauste, on ne donnait que les informations nécessaires à leur travail.

> « Je constate aujourd'hui que l'objectif, la solution du problème juif pour la Lituanie, a été atteint par l'EK [le Commando d'Intervention] 3. Il n'y a plus de juifs en Lituanie, en dehors des juifs affectés au travail et leurs familles. »
>
> Rapport du responsable de la Sipo
> (la police de sûreté)
> et du SD, Commando d'intervention 3,
> 1er décembre 1941

Reinhard Heydrich faisait confiance à sa propre dureté pour mener à terme la « solution finale ». Le 20 janvier 1942, les chefs de la bureaucratie d'Etat se réunissaient sous sa présidence dans une villa située au numéro 56/58 Am Grossen Wannsee. L'objet de la séance était de trouver le moyen d'organiser le génocide. La conférence avait été fixée initialement au 9 décembre 1941, mais après l'attaque japonaise sur Pearl Harbor et la déclaration de guerre de l'Allemagne aux Etats-Unis qui avait suivi, la rencontre avait dû être reportée. Heydrich ne convoquait pas cette conférence pour prendre de nouvelles mesures de principe concernant la « solution finale ». Le massacre des juifs dans les territoires conquis de l'Union soviétique avait commencé bien longtemps auparavant, et de nouveaux camps d'extermination étaient en construction. Il s'agissait avant tout d'intégrer la haute bureaucratie ministérielle au projet.

Le procès-verbal de la conférence fut établi par Eichmann. C'est lui qui avait fourni les faits et les chiffres pour l'exposé d'ouverture de Heydrich, dans lequel le chef du SD confirmait les pleins pouvoirs qu'il avait reçus de Göring, et leur finalité. Heydrich devait « prendre toutes les mesures nécessaires à la préparation d'une solution totale de la question juive dans les territoires sous influence allemande en Europe ». Dans la villa de Wannsee, Heydrich indiqua que « dans le cadre de cette solution finale de la question juive européenne, onze millions de juifs environ sont concernés ». Il était prévu de les « mettre au travail à l'Est », étant entendu que « sans aucun doute, une grande partie ne sera plus comptabilisée par suite d'une diminution naturelle ».

« Que faut-il comprendre par "diminution naturelle" ? » demanda le capitaine Avner Less à Eichmann, vingt ans plus tard, lors de son interrogatoire par la police en Israël.

Réponse d'Eichmann : « C'est une mort tout à fait normale. C'est-à-dire une crise cardiaque ou une pneumonie. Si moi, je mourais maintenant, ce serait une diminution naturelle. »

« Les juifs devraient être éloignés le plus rapidement possible du territoire du Gouvernement général, car c'est là que le juif représente un danger important en tant que porteur d'épidémies ; par ailleurs, par son commerce clandestin continuel, il désorganise en permanence la structure économique du pays. »

« Au lieu de l'émigration, il a été adopté une nouvelle solution après concertation préalable avec le *Führer*, à savoir l'évacuation des juifs vers l'Est [...]

Dans le cadre de cette solution finale, onze millions de juifs environ sont concernés. »

Extrait du procès-verbal de la « Conférence de Wannsee » du 20 janvier 1942

« L'opération qui a reçu votre agrément, en accord avec le chef de l'Office central de Sécurité du Reich, le *SS-Obengruppenführer* Heydrich, concernant le traitement spécial d'environ 100 000 juifs dans mon secteur, pourra être terminée dans les deux ou trois prochains mois. »

Arthur Greiser, *Gauleiter* du Warthegau*, dans une lettre à Himmler datée du 1er mai 1942

* Partie de la Pologne annexée par le Reich

« Le reliquat éventuel devra être traité en conséquence, car il s'agira sans nul doute de la partie la plus résistante, étant donné que celle-ci, étant le produit d'une sélection naturelle, pourrait constituer le germe d'un renouveau juif si nous la relâchions », indiqua Heydrich aux personnalités assises à la table de conférence.

Avner à Adolf Eichmann :

« Que signifie "traité en conséquence" ?

Eichmann, en bredouillant :

« C'est... c'est... ça, ça vient de Himmler... Sélection naturelle... c'est... c'était son idée fixe.

— Oui, mais qu'est-ce que ça signifie en l'occurrence ?

— Il faut les tuer ! Les tuer ! Bien sûr ! »

On ne trouve pas ce genre de termes sur le procès-verbal de la conférence de Wannsee. Eichmann, en rédigeant son compte rendu, retranscrit dans le langage camouflé des bourreaux ce qui avait été exprimé à la table de conférence tout à fait ouvertement. Le texte ne reproduit pas le véritable langage des participants qui, ainsi qu'Eichmann le déclara à son procès, « désignaient la chose sans fioritures... En réalité, on parlait de tuer, d'éliminer et d'exterminer. » Heydrich, les huit secrétaires d'Etat, les six experts de la police et de la sûreté et le directeur de ministère assis à la table de conférence de la villa de Wannsee parlaient très clairement.

« Au début, je ne peux imaginer que quelqu'un puisse être assez cinglé pour vouloir s'emparer de ce "métier", le plus épouvantable de tous les métiers, qu'exerce Reinhard ; mais ensuite, je saisis à quel point cette activité représente un poste clef. Et pour la première fois, je comprends pourquoi Reinhard m'a confié : "C'est moi qui dois le faire. N'importe quel autre pourrait s'en servir pour ses propres intérêts ou faire un mauvais usage de l'appareil." »

Lina Heydrich, l'épouse de Heydrich,
dans ses Mémoires

« Quiconque veut réussir au sein du SD par son travail doit subir une transformation du caractère, sinon je pense qu'il est impossible de tenir. »

Albert Speer, lors de son interrogatoire
par les Américains, mai 1945

« Selon nos ordres de principe, le travail de nettoyage systématique dans les pays de l'Est comprenait, si possible, l'élimination totale du judaïsme. Cet objectif, à l'exception de la Biélorussie, a été en grande partie atteint avec l'exécution à ce jour de 229 052 juifs (voir annexe). »

Rapport d'activité secret du Groupe d'intervention A
pour la période du 16 octobre 1941
au 31 janvier 1942

Après la réunion, Heydrich, Eichmann et le chef de la Gestapo, Heinrich Müller, se regroupèrent autour de la cheminée de la villa de Wannsee. Les officiers d'ordonnance apportèrent du cognac. L'ambiance était excellente. « Jamais

L'homme fort de Hitler à Prague : Heydrich dicte sa politique au président du « protectorat de Bohême-Moravie », Emil Hacha.

je n'ai vu Heydrich aussi détendu », déclarera Eichmann. Le terrain était enfin prêt pour l'holocauste. A partir de mars 1942, les transports affluèrent de toute l'Europe vers les camps d'extermination. Le responsable de la direction centrale des déportations était Eichmann.

Que se passe-t-il dans la tête d'un homme qui planifie l'assassinat de millions de personnes ? De l'extérieur, Heydrich – fidèle au cliché du SS au caractère en acier trempé, dénué de sentiments – paraissait froid et dur, guidé par une logique implacable. Pourtant, certains témoignages indiquent que son rôle lui faisait éprouver une certaine haine de lui-même, plus que de la fierté. Son chef de bureau, Streckenbach, affirmera que la mission mortelle qu'il confia aux Groupes d'intervention fut « la mission la plus terrible de sa vie ». Mais celle qui l'attendait maintenant dépassait tout.

C'est par le « devoir de dureté » qu'il justifiait son œuvre à ses propres yeux. Selon Lina Heydrich, il était toujours parti du principe « qu'il [devait] remplir toutes ses obligations et en assumer toutes les conséquences jusqu'à la dernière ». Cela ne changeait rien au fait qu'il ressentait ces « obligations » de plus en plus comme « négatives ». La brutalité ne correspondait pas à un besoin chez lui. La nuit, il ne trouvait pas le sommeil, dira sa veuve. « Il se retournait souvent d'un côté et de l'autre et ne trouvait pas le sommeil. Il ne me disait pas pourquoi. »

> *« Lors de sa prise de fonctions, Heydrich prononça un discours à l'hôtel* Majestic, *le siège de notre administration militaire, devant les haut gradés du commandement militaire. Dans ce discours, il exigea la coopération du commandement de l'armée et du nouveau chef supérieur de la SS et de la police mais, en même temps – quasiment comme un cadeau à ses hôtes –, il lâcha quelques confidences sur la "conférence de Wannsee", dont l'expérience qui consistait à tuer des juifs déportés dans des camions spécialement aménagés par des émanations de gaz pendant le transport. »*
>
> Walter Bargatzky, ancien commandant de la Wehrmacht et juriste à la kommandantur de Paris

Depuis l'été 1941, depuis que les Groupes d'intervention assassinaient aussi en son nom, il cherchait un nouveau champ d'activité, une nouvelle chance d'ascension.

Sa chance arriva lorsque la résistance tchèque du « protectorat de Bohême-Moravie » menaça de prendre le dessus et que le « protecteur » Konstantin von Neurath tomba en disgrâce auprès de Hitler. Les manifestations de masse, les actes de sabotage et les grèves avaient pris une dimension inquiétante pour l'occupant dans ce « protectorat » où battait le cœur des industries d'armement à l'extérieur du territoire propre du Reich. « Les choses tournent à la crise à Prague, écrivait Joseph Goebbels dans son Journal le 24 septembre

Objectif final : la « germanisation ». En janvier 1942, Heydrich reçoit des membres du gouvernement du protectorat au château de Prague.

1941, et le *Führer* a pris la décision de frapper énergiquement. Pour régler la situation, [il a] décidé de déléguer Heydrich là-bas... Dans ces conjonctures de crise, il faut des hommes forts à la barre. Ces hommes forts doivent posséder une main ferme et sûre ; ils n'ont pas le droit de se laisser détourner du but par le sentiment. » Neurath fut privé de ses pouvoirs et on plaça à ses côtés, en la personne de Heydrich, un homme à la poigne d'acier qui étoufferait dans l'œuf toute résistance. Heydrich se réjouit de ces nouvelles fonctions. A sa femme qui, au début, s'élevait contre ce changement de poste, il déclara : « Il y a beaucoup de bien à faire là-bas. Quand on veut gouverner un pays, il faut commencer par agir avec sévérité et "vaincre" toutes les oppositions. Ensuite, on peut gouverner de manière beaucoup, beaucoup plus facile et satisfaisante. » Enfin, il avait une « tâche positive » à accomplir. Selon Lina Heydrich, « Reinhard était convaincu d'avoir une "mission" à remplir à Prague ».

> *« Et, avec Reinhard Heydrich, arriva le grand changement de situation. Je me rappelle encore combien nous avons tous été choqués par les affiches rouges portant le nom des premiers exécutés, et aussi par le fait que l'émetteur de la ville et la radio diffusaient ces noms en longues litanies. Pour autant que je le sache, ils en étaient à plus de 300 ou 400 morts, tout de suite après l'entrée en fonctions de Heydrich. Nous avons su alors que tout allait bientôt changer... »*
>
> Pavel Kohout, écrivain tchèque

Fin septembre 1941, Lina Heydrich, accompagnée de ses enfants Klaus, Heider et Silke, quittait Berlin pour se rendre à Prague en wagon-salon.

La réception qu'on lui réserva fut digne d'une souveraine. « Après avoir quitté la gare, nous rejoignîmes le château de Prague dans un long cortège d'autos. Bouclage, policiers au bord de la route. Je ne reprends mes esprits qu'en me retrouvant devant une fenêtre du château, avec la ville de Prague miroitant de jaune et d'or à mes pieds. Un sentiment d'exaltation me submerge ; je me dis que je ne suis plus un être humain. Je suis une princesse et je vis dans un pays de conte de fées.

Il n'y a pas de guerre, pas d'ennemis, pas de différences. Je me trouve au milieu du jardin de Dieu et j'ai le bonheur de vivre cela, de regarder, de jouir de cela. Puis je pense à l'histoire de cette ville marquée par le destin, dans laquelle se rejoignent pour moi tous les fils politiques, nationaux et sentimentaux : à présent, Prague est pour moi l'Europe. »

Prague était surtout devenue le théâtre de la terreur de Heydrich. Sa prise de fonctions commença par un coup de tonnerre. Dès le jour de son arrivée, le nouveau maître annonça l'état d'urgence pour 22 heures, proclama la loi martiale et interdit les rassemblements comme si une révolte était imminente. Le nombre des condamnations à mort grimpa à plus de 400 au cours des vingt premiers jours. Son but, ainsi qu'il le fit savoir aux journalistes réunis à Prague, était « que cet espace fournisse la totalité de son potentiel économique en matière d'armement. Je réprimerai toute entrave à cet objectif, d'où qu'elle vienne. » En réalité, Heydrich voulait davantage. « Il se demandait comment il pourrait intégrer entièrement ce pays au "monde" d'Adolf Hitler », rapporte Lina Heydrich. Concrètement, cela signifiait la « germanisation totale de l'espace et des gens », « l'intégration au peuple allemand des Tchèques présentant des critères raciaux convenables » et « l'évacuation des Tchèques aux critères raciaux non assimilables et de l'intelligentsia hostile au Reich ». Pour la première fois, Heydrich régnait sans partage sur un pays. C'était là, en Bohême-Moravie, qu'il voulait matérialiser sa vision de l'Etat SS. Le « protectorat » devait devenir le modèle de tous les pays occupés par l'Allemagne nazie. Mais il devait d'abord briser la résistance de la population. A Theresienstadt, il fit ériger un « ghetto modèle pour personnes âgées » qui devint un camp de transit avant les fabriques de mort de l'Est. Les déportations commencèrent peu après son arrivée.

> « A aucun moment les Tchèques ne se sont rangés aux côtés de Heydrich, mais ils se laissaient volontiers acheter par lui. »
>
> Pavel Kohout, écrivain tchèque

Quelques jours après son entrée au palais Czernin, le siège de « l'administration du protectorat », le nouveau tyran dévoila l'avenir qu'il réservait à son nouveau Reich à une cohorte d'auditeurs triés sur le volet. Le silence le plus absolu fut exigé de chacun d'eux mais la teneur du mauvais coup que tramait l'homme de Hitler se répandit à travers Prague comme une traînée de poudre. Ce que Heydrich révéla à ses subordonnés ressemblait à une déclaration de guerre. Ils avaient à accomplir une « mission rapprochée du fait de la guerre » et une « mission finale à vision lointaine ». Tout d'abord, tant que se poursuivrait la guerre, « il me faut du calme, pour que l'ouvrier, l'ouvrier tchèque, puisse donner toute sa force de travail à l'effort de guerre allemand [...] Ce qui implique évidemment, si je peux me permettre de le dire aussi crûment, que l'on donne à bouffer à l'ouvrier tchèque, assez pour qu'il soit en état de travailler. » Dans son discours haineux contre « la racaille tchèque », Heydrich convint ouvertement ne pas vouloir s'attirer la sympathie de la population tchèque, sachant que ce serait en pure perte. Cela ne l'empêchait pas de croire que ses nouveaux sujets, contraints et forcés, apprécieraient sa méthode de gouvernement, car elle présentait des avantages pour les travailleurs : en effet, ceux-ci bénéficieraient de rations alimentaires plus élevées. Il ne lui vint pas à l'esprit qu'avec ses condamnations à mort il s'attirerait une haine sans merci.

Le « bourreau de Prague » se sentait invulnérable et en sécurité partout où il se montrait. « Pourquoi mes Tchèques devraient-ils me tirer dessus ? » répondit-il à Albert Speer, qui s'étonnait de voir avec quelle insouciance il circulait dans

Prague en cabriolet. Il croyait fermement avoir « pacifié » le pays avec la carotte et le bâton. Le 16 novembre 1941, il informa le secrétaire du *Führer*, Martin Bormann, de la situation dans le « protectorat » : « Mis les forces de résistance en grande partie hors d'état de nuire, à l'exception de quelques-unes qui sont recherchées, car il est permis de penser qu'elles sont en mesure de réorganiser l'appareil de résistance qui a été détruit. L'intelligentsia est irrémédiablement hostile jusqu'à la haine, soumise en apparence et d'une politesse excessive. La jeunesse aux mains des enseignants est entièrement sous l'emprise de leurs idées chauvines. L'ouvrier est resté apolitique et ne se soucie pas de savoir de qui dépendent ses conditions de salaire et d'existence. Les forces gouvernementales sont timorées, soumises tout en s'efforçant cependant, par une amabilité et une bonne volonté infinies dans les moindres petites choses, d'éviter le pire, et d'ainsi maintenir suffisamment d'identité tchèque à long terme pour développer plus tard une nouvelle autonomie. Les tentatives de flagornerie existent tant sur le plan de la société que sur le plan individuel. »

La Prague historique, dorée, qui était pour Heydrich « encore plus allemande que Nuremberg », nourrissait son intérêt pour l'Histoire. Il était fasciné par le grand capitaine Albrecht von Wallenstein (1583-1634) qui, avec ses cuirassiers, réprima dans le sang la révolte de la Bohême. Wallenstein lui paraissait le symbole des liens étroits qui unissaient la destinée de Prague et celle du Reich. Toute ressemblance avec sa personne était purement fortuite. Heydrich croyait au « lien naturel de la Bohême-Moravie avec le Reich ». Il incluait le légendaire roi Wenceslas (903-935), qui fut comme Wallenstein victime d'un assassinat, parmi les héros du Reich. Avec une morgue d'empereur romain, il se fit remettre par le président Emil Hacha les sept clés du Trésor de la couronne, la couronne de saint Wenceslas conservée dans la chapelle saint

La voiture de Heydrich après sa destruction par l'attentat du 27 mai 1942.

Wenceslas de la cathédrale Saint-Guy, le lieu sacré de l'identité tchèque, puis, dans un geste humiliant, il rendit trois clés au président : « Voyez-y à la fois la confiance et l'engagement. » Il était convaincu qu'en se comportant ainsi il se ferait aimer ; il devait être détrompé le 27 mai 1942, dans le virage en épingle à cheveux de Liben, un faubourg de Prague.

Sur place, la tension était insupportable. Les auteurs de l'attentat, Josef Gabcik et Jan Kubis, attendaient la voiture de Heydrich avec impatience. Il était prévu qu'elle débouche dans le virage vers 9 h 30.

« Mon oncle Frantisek écoutait en cachette la radio de l'Ouest. Il a été dénoncé dans le cadre des représailles après l'attentat contre Heydrich. Nous n'avons jamais su par qui. Il a été arrêté, emmené à Pankrac, et après nous n'avons plus eu aucune nouvelle de lui. Nous avons appris par les affiches que, comme beaucoup d'autres, il avait été exécuté. Il avait quarante-quatre ans. »

Eva Nemcowa, Tchèque

Il était 10 heures à présent, et la Mercedes vert sombre n'arrivait toujours pas. Que s'était-il passé ? Les agents ne pouvaient pas savoir que Heydrich, ce jour-là, prolongerait ses adieux à sa famille. Une demi-heure plus tard, à 10 h 29, Josef Valcik, qui faisait le guet deux cents mètres plus haut, envoya avec un miroir de poche le signal si longtemps attendu : le voilà !

A présent, chaque seconde comptait. La voiture s'engagea dans le virage. Gabcik jeta le manteau qui dissimulait son arme, appuya sur la détente. Rien. Le pistolet-mitrailleur était enrayé. Klein, le chauffeur, freina. Heydrich se leva d'un bond, voulut ouvrir le feu. Au même moment, Jan Kubis lança sa grenade. Elle ne toucha que la roue arrière droite mais le souffle de l'explosion fut si violent que des éclats traversèrent le siège et atteignirent Heydrich dans le dos.

Grièvement blessé, Heydrich fut transporté à l'hôpital Bulovka, qui ne se trouvait qu'à quelques mètres de l'endroit où l'attentat avait eu lieu. Il fut aussitôt opéré. Le jour même, le professeur Walter Dick résuma l'état du blessé dans un télex à Himmler : « Déchirure à gauche de la colonne vertébrale au niveau des lombaires. La moelle épinière n'est pas affectée. Le projectile, un morceau de métal, a fracassé la onzième côte, ouvert la cage thoracique, traversé le diaphragme et est resté bloqué dans la rate. A l'intérieur de la plaie, on trouve une grande quantité de crin, provenant visiblement du rembourrage du siège. Risque : pleurésie, péritonite. Nous avons procédé à l'ablation de la rate. » Les médecins personnels de Hitler et de Himmler accoururent de Berlin. Les médecins tchèques qui avaient commencé à soigner Heydrich ne furent plus autorisés à l'approcher. On interdit l'accès à son lit au professeur Dick lui-même : ce n'était qu'un Allemand de Prague, et non pas un Allemand du Reich. La folie raciste de la SS sévissait jusqu'en salle d'opération.

Au quartier général de Hitler, on fut profondément choqué par la nouvelle. Le *Führer* était hors de lui. Dans une réunion éclair, il donna l'ordre d'attribuer une récompense d'un million de Reichsmark pour l'arrestation des auteurs de l'attentat. Il émit également l'ordre suivant : « Quiconque accordera une aide quelconque aux coupables ou aura connaissance de l'endroit où ils se trouvent sans le signaler à la police sera fusillé avec toute sa famille. » De plus, « en mesure de représailles, 10 000 Tchèques suspects ou coupables de délits politiques seront arrêtés ou, s'ils sont déjà détenus, fusillés en camp de concentration ».

Des recherches de grande ampleur furent lancées. Dans tout le « protectorat », on institua l'état d'urgence, il fut interdit de sortir de 21 heures à 6 heures du matin. Les chemins de fer furent interdits à la circulation, ainsi que tous les transports publics. Les cinémas et les théâtres, les restaurants et les cafés furent fermés. Les rues de la ville étaient désertes. Les seuls êtres visibles étaient les patrouilles de la Wehrmacht et de la police. Le soir, vers 22 heures, commençait ce qui fut peut-être la plus grande opération de recherche de l'histoire européenne. Les hommes en uniforme passaient les maisons au peigne fin, l'une après l'autre, cherchant la proverbiale aiguille dans une botte de foin – et restaient bredouilles.

Heydrich lutta pendant une semaine contre ses graves blessures. Le 4 juin 1942, le « protecteur adjoint du Reich », le chef de la Sipo et du SD, celui qui était chargé de la « solution finale », mourut à la suite de l'« infection de ses plaies », comme on pouvait le lire sur le registre de l'hôpital. A Himmler qui s'était rendu à son chevet, Heydrich avait cité un vers de l'opéra de son père *Das Leierkind* [1] : « Oui, le

1. « L'enfant à l'orgue de Barbarie ».

monde n'est qu'un orgue de Barbarie, que tourne Notre Seigneur lui-même, et chacun de nous est obligé de danser sur la chanson qui se trouve sur le cylindre. » Il se rendait à l'évidence : malgré tout son pouvoir, il ne pouvait décider de sa propre vie. Celui qui avait eu droit de vie et de mort sur des centaines de milliers de personnes et qui, de son vivant, se battait contre les « parasites sociaux », fut vaincu par des « bactéries ou des substances toxiques [...] qui s'infiltrèrent dans son corps avec les éclats et s'établirent surtout dans la plèvre, le diaphragme et dans la région de la rate, s'accumulèrent et se multiplièrent ».

« J'apprends avec une profonde émotion que Heydrich a succombé à ses blessures. La perte de Heydrich est irréparable. »

Joseph Goebbels à propos des conséquences de l'attentat contre Heydrich, dans son Journal, le 5 juin 1942

« C'était l'adversaire le plus radical et le plus efficace des ennemis de l'Etat. Ceux qui l'ont liquidé ont indubitablement infligé son dommage le plus grave à la cause nationale-socialiste. »

Joseph Goebbels dans son Journal, le 5 juin 1942

Hitler compara la mort de Heydrich à une « bataille perdue ». Goebbels nota dans son Journal, au jour de sa mort : « La perte de Heydrich est irréparable. C'était l'adversaire le plus radical et le plus efficace des ennemis de l'Etat. » Eichmann, qui apprit la mort de son supérieur au cours d'une partie de quilles à Pressburg, en fut, suivant ses propres dires, pétrifié, et en resta « comme abasourdi ».

Avec un enterrement en grande pompe qui eut lieu le 9 juin 1942 à Berlin, le Reich de Hitler rendit hommage à un

En haut : « Une perte irréparable ». Hitler devant le cercueil de Reinhard Heydrich, 9 juin 1942.
En bas : Hitler avec les fils de Heydrich, après la cérémonie funèbre dans la salle des mosaïques de la chancellerie de Berlin.

national-socialiste élevé au rang d'idole. « Je n'ai que peu de mots à adresser à ce mort, déclara Hitler devant la dépouille du défunt. C'était l'un des meilleurs nationaux-socialistes, l'un des plus ardents défenseurs de la pensée du Reich allemand, l'un des plus grands adversaires de tous les ennemis de ce Reich. Il est tombé en versant son sang pour la survie et la sécurité du Reich. » L'amiral Canaris parla avec des trémolos dans la voix d'un « ami » qu'il avait perdu. En revanche, le *SS-Obergruppenführer* Sepp Dietrich, commandant les *Leibstandarte Adolf Hitler*, se fit le porte-parole de ceux qui ne versèrent pas une larme sur le « suspecteur n° 1 » avec cette oraison funèbre : « Dieu merci, il a fini par crever, ce salaud ! »

Hitler, dont la colère mit longtemps à s'apaiser après la mort de Heydrich, caressa quelque temps le projet de désigner comme successeur l'*Obergruppenführer* Erich von dem Bach-Zelewski, qui devait devenir le chef des *Bandenkampfverbände* (« Unités de lutte contre les partisans »), et qui avait acquis une réputation de grande brutalité. Von dem Bach-Zelewski offrait l'avantage de se montrer « encore plus sévère et plus brutal que Heydrich » et d'être capable de « patauger dans un bain de sang sans aucun état d'âme ». Il s'agissait de faire comprendre aux Tchèques que, « quand ils en tuent un, il est aussitôt remplacé par un autre encore bien pire ». Toutefois, Hitler émettait aussi quelques critiques envers le comportement de Heydrich : « les gestes héroïques », tels que circuler dans une voiture non blindée ou marcher dans les rues de Prague sans sécurité, étaient « une bêtise » qui n'apportait rien à la nation.

En haut : La crypte de l'église Saint-Charles Borromée à Prague. C'est là que se cachèrent les auteurs de l'attentat contre Heydrich (photo prise après la guerre).
En bas : Les corps des auteurs de l'attentat contre Heydrich ont été identifiés le 18 juin 1942.

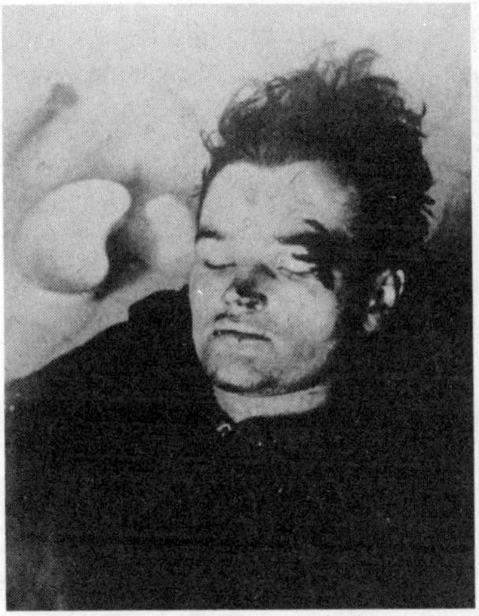

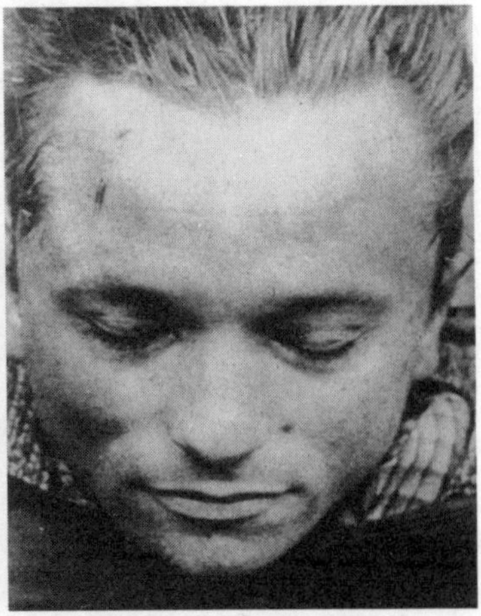

Les auteurs de l'attentat : Josef Gabcik (à gauche) et Jan Kubis (à droite) après leur exécution le 18 juin 1942.

> *« L'interrogatoire a été très désagréable. On m'a frappé sur les fesses. J'ai compté les coups, car en me concentrant dessus, je m'empêchais de crier ; j'en ai compté 187. Ensuite, ils m'ont traîné à côté dans la salle de bains, l'un d'eux est monté dans la baignoire et j'ai dû encore me pencher. L'un avait un nerf de bœuf et l'autre un bâton. Ils me frappaient alternativement. Ils ont fini par s'arrêter. Ils m'ont envoyé à la succursale de la place Charles. J'y suis arrivé vers 10 heures du soir. Nous étions huit dans la cellule, et les autres m'ont demandé pourquoi j'étais là. Je leur ai montré mes fesses, et ils m'ont dit qu'ils n'avaient jamais rien vu de pareil. »*
>
> Pavel Machacek, arrêté par la Gestapo à Prague
> après l'attentat contre Heydrich

Le fait qu'un « homme aussi irremplaçable » que le « protecteur » s'expose au danger là où ce n'était pas absolument nécessaire n'était pour lui que de la « bêtise » ou de la « stupidité pure et simple ». Les hommes du « gabarit politique de Heydrich » étaient pourtant censés savoir clairement qu'on les guettait « comme du gibier ».

> « L'époque qui a suivi l'attentat a été terrible [...] Il suffisait que quelqu'un dise : c'est bien fait pour Heydrich ou quelque chose de semblable [...] Il était aussitôt arrêté, envoyé en camp ou exécuté. »
>
> Pavel Machacek, arrêté après l'attentat à Prague
>
> « Ce qui m'attristait, c'était que ceux qui s'étaient débarrassés de Reinhard de la sorte étaient des Tchèques. Je ne le comprenais pas. »
>
> Lina Heydrich, épouse de Heydrich, dans ses Mémoires

A présent, le « prédateur » était abattu. Mais la terreur continuait, et elle allait croissant. « L'époque qui a suivi l'attentat a été terrible, se souvient le Pragois Pavel Machacek. Tous les jours, on affichait sur papier rouge le nom des gens qui allaient être fusillés ce jour-là en vertu de la loi martiale. » La vengeance du régime était effrayante. Berlin voulait faire un exemple. Les auteurs de l'attentat furent abattus par la SS avec 120 autres partisans de la résistance tchèque ; 1 331 Tchèques furent exécutés au total, dont 201 femmes.

Un petit village, Lidice, est devenu le symbole tristement célèbre de cette vengeance démesurée, exercée sur des innocents. On accusa les habitants d'avoir soutenu les auteurs de l'attentat. Aux premières heures du jour, le 9 juin, les membres de la police de sécurité encerclèrent les maisons. Ils ordonnèrent aux habitants d'aller se regrouper dans l'école pour y être entendus, en leur affirmant qu'il ne leur arriverait rien. Sur le trajet, ils « séparèrent » les 172 hommes du village et les fusillèrent. Les 195 femmes furent emmenées au camp de concentration de Ravensbrück. Il n'y eut pratiquement pas de survivantes. Après le massacre, le village fut rasé.

Une atroce vengeance : des membres de la police se font photographier devant Lidice, « mission accomplie », le 10 juin 1942.

« La façon dont mes parents m'ont rassuré a été bien étrange. Ils m'ont dit : "Pavel, il ne peut rien t'arriver, tu n'auras quatorze ans que dans trois mois. Et on ne fusille qu'à partir de quatorze ans." De cette façon, ils me disaient indirectement qu'évidemment, ils étaient tous deux en grand danger. »

Pavel Kohout, écrivain tchèque

« C'était ce qui pouvait arriver de pire à des enfants de notre âge. Nous avons perdu tout ce que nous aimions le plus : notre patrie et nos parents. »

Marie Zupikova, emmenée par la Gestapo
avec les enfants de Lidice

« Ce n'est qu'après la guerre que j'ai appris ce qui s'était passé à Lidice. Qu'on avait brûlé le village, que mon père avait été exécuté et que ma mère avait été emmenée en camp de concentration. J'avais un frère de quinze ans et deux mois. Et ce sont ces deux mois qui ont décidé de son destin. Il n'a pas été emmené en Pologne avec les autres enfants, il a été fusillé. »

Marie Zupikova, emmenée par la Gestapo
avec les enfants de Lidice

« Si la domination nazie avait duré plus longtemps, Reinhard Heydrich aurait été l'homme de l'avenir ; cela ne fait aucun doute. C'était le prototype même de ce que Hitler désirait. C'était l'inhumanité personnifiée. »

Ralph Giordano

Que se serait-il passé si Heydrich avait survécu à l'attentat ? Heydrich était un avant-goût de ce que serait devenue la « nouvelle Europe » de Hitler. Si le IIIe Reich avait remporté la victoire et appliqué ses plans, 90 millions de Slaves se seraient retrouvés sous la botte nazie. Pendant l'occupation, 14 millions d'entre eux furent utilisés comme travailleurs esclaves ; il était prévu d'en exterminer environ 30 millions et de chasser les autres au-delà de l'Oural, dans les steppes de Sibérie. Reinhard Heydrich, l'homme de l'avenir, s'il avait pris la tête de la SS, n'aurait pas hésité à matérialiser cette vision d'horreur. En tant que prototype de *La Génération de l'inconditionnel*, il y était prédestiné.

Au procès des criminels de guerre de Nuremberg, « le bourreau de Prague » n'était pas sur le banc des accusés. Sa condamnation à mort, s'il y avait comparu, ne fait aucun doute.

Tête de mort

> « Ce ne sont pas Hitler, ni Göring, ni Goebbels, ni Himmler, peu importent leurs noms, qui m'ont déporté et battu. Non, ce sont le cordonnier, le voisin, le laitier. Et après on leur a donné un uniforme, on leur a donné un brassard et un casque, et ils sont devenus la race des seigneurs. »
>
> Karl Stojka, tsigane viennois, déporté à Auschwitz en 1943

Ce jour de mars 1942 était un grand jour pour ce groupe de jeunes gens. Après être passés devant le buste de celui qui avait donné son nom à l'établissement et avoir franchi le portail de grès du lycée Justus-Liebig de Darmstadt, ils entrèrent dans la salle de classe. C'est là que se déroulait leur examen de fin d'études. Parmi les candidats se trouvait le fils d'un policier, Hans Stark, âgé de vingt ans. Il était en disponibilité depuis décembre 1941 afin de pouvoir se préparer aux épreuves. Et il y était d'autant mieux préparé qu'il avait eu à sa disposition des professeurs particuliers qui avaient bûché avec lui pendant leur temps libre sur son lieu de travail, à l'Est. L'une des disciplines du baccalauréat était la dissertation. Stark choisit un sujet qui correspondait à l'esprit du temps : « La libération de l'Allemagne par Adolf Hitler des chaînes du traité de Versailles ». Les phrases qui coulèrent de sa plume paraissaient sortir tout droit des textes élaborés par le ministère de la Propagande. « Grâce au génie de son chef d'Etat, l'Allemagne a reconquis sa place dans le monde. A l'heure actuelle, notre peuple mène encore la lutte pour son existence, mais l'issue ne fait aucun doute [...] Par le traité de Versailles, le peuple allemand se retrouva sans défense, mais, en même temps, on sema par ce traité la graine qui contenait en elle le germe d'une récolte sanglante. »

Hans Stark était différent des autres élèves. Sa tenue à elle seule le faisait sortir du lot. Ce jour-là, il avait revêtu l'uniforme de sortie des unités *Tête de mort* de la SS, celles qui servaient dans les camps de concentration comme gardiens, tortionnaires et assassins. Le candidat qui passait son baccalauréat était l'un d'eux, en service au camp d'Auschwitz. Les professeurs particuliers qui lui faisaient travailler les mathématiques, l'histoire et l'allemand étaient des juifs. « Mais comment connaissez-vous Goethe ? » avait-il demandé avec étonnement à ses professeurs forcés. Kasimir Smolen, l'un d'entre eux, se rappelle encore sa surprise. Visiblement, le jeune Stark avait bien intégré la notion antisémite du « sous-homme juif ». Après son baccalauréat, le lauréat devait reprendre du service et exercer encore pendant quelque temps son métier d'assassin.

En 1962, il fut traduit en justice. Un témoin rapporta ses agissements. Hans Stark s'adonnait à des brutalités à caractère sadique, à des comportements qu'aucune autorité n'exigeait de lui. Un témoignage bouleversant influença le jugement prononcé contre lui : « Lors des gazages des juifs plus tard, en mai 1942, Stark prenait souvent [...] des femmes juives à part. Pendant que les autres juifs se trouvaient dans les chambres à gaz, il plaçait les femmes contre le mur du petit four crématoire. Il mettait alors une ou deux femmes en joue et leur tirait des coups de pistolet dans la poitrine et dans les pieds. Les autres femmes, toutes tremblantes, tombaient à genoux et [...] le suppliaient de les épargner. Lui, il hurlait : "Sarah, Sarah, allez, debout !" Et il les abattait les unes après les autres. » Le témoin n'avait jamais pu effacer le souvenir de cet assassin. « A tout instant, je vois Stark, à tout instant, où que j'aille, je le vois, c'est affreux. »

Hans Stark est mort en 1991. Son frère, son cadet de sept ans, vit aujourd'hui à Wiesbaden. Günther, qui exerce le métier de photographe, est poursuivi par l'histoire de Hans. Il ne cesse de se demander : « Comment a-t-il pu devenir comme ça ? » Hans était un enfant tout à fait ordinaire, « un gentil petit garçon, auquel sa mère donnait chaque matin quelques pfennigs quand il partait à l'école pour s'acheter un morceau de saucisse de viande ». C'était ce qu'il préférait au monde, « manger un morceau de saucisse de viande ». Il aimait assez se faire remarquer, quelquefois il faisait le clown. Parfois aussi, son père le fouettait à coups de ceinture, si violemment qu'il grimpait littéralement aux murs. Sa mère ne l'en aimait que plus. Cette description reflète la vie de bien des jeunes de l'époque.

En 1937, la vie de Hans Stark prit un tournant décisif. Il souhaitait s'engager dans la Wehrmacht, mais il était trop jeune ; aussi les militaires lui conseillèrent-ils d'entrer à la SS, où les garçons comme lui étaient les bienvenus. C'est ainsi qu'il fut incorporé à la *Totenkopfstandarte Brandenburg*, le régiment Tête de mort *Brandenburg*. Son père, déjà national-socialiste convaincu avant la « prise de pouvoir », lui donna son accord. Comme beaucoup de ses contemporains, il voyait en Hitler le « sauveur » qui, seul, paraissait capable d'effacer « l'ignominie de Versailles ». En 1933, il entra au NSDAP. Son épouse cousit fébrilement un drapeau à croix gammée en vue de la visite du « *Führer* » à Darmstadt. Mais la croix était à l'envers, ce qui déclencha la fureur du militant. De

« Comment a-t-il pu devenir comme ça ? » Hans Stark en 1962 pendant le « procès d'Auschwitz » à Francfort-sur-le-Main.

tempérament colérique, ce dernier devait mettre fin à ses jours par la suite.

A la caserne du camp de Sachsenhausen, Stark subit l'entraînement habituel des unités *Tête de mort*. Au cours de ce « dressage à la dureté sans compromis à l'égard de soi-même et des autres », les humiliations infligées par les supérieurs étaient destinées à faire plier et à enseigner l'obéissance inconditionnelle. Il s'agissait d'étouffer toute « faiblesse » : le grand mot était lâché. Un rituel barbare, appliqué sur la place de l'appel, faisait partie de cet entraînement à la dureté. Des prisonniers étaient rossés jusqu'au sang sous les yeux des nouvelles recrues. Ces dernières étaient sommées d'assister au spectacle en restant imperturbables. Ensuite, on les faisait participer à leur tour à la bastonnade.

Leurs agissements devaient, bien entendu, avoir un « sens ». Les habituelles platitudes du délire national-socialiste leur étaient servies à cet effet. Le monde était noir et blanc, réparti entre les amis et les ennemis, les vies « valables » et « non valables ». L'existence tout entière était un état de guerre, un combat entre les peuples et les races, les ennemis étaient à l'affût, non seulement hors du Reich, mais aussi à l'intérieur. Et la lutte était censée se terminer par la mort, soit la « leur », soit la « nôtre ». Cet enseignement allait tout à fait dans le sens des paroles que prononça Himmler en 1933 : « Vous êtes le Corps noir, l'instrument le plus fidèle du *Führer* et du mouvement, l'ennemi le plus craint de tous les adversaires. Nous sommes des soldats, et en tant que soldats, nous savons que le seul adversaire qui ne nuira plus est l'adversaire mort et anéanti. »

> « Messieurs, si par malheur la génération à venir devait être une génération assez molle et assez veule pour ne pas comprendre la grandeur de notre mission, le national-socialisme tout entier aura été vain. Je suis au contraire d'avis que l'on devrait couler des plaques de bronze où il serait gravé que nous avons eu le courage de réaliser cette œuvre si grande et si nécessaire. »
>
> Odilo Globocnik, chef SS et chef de la police de Lublin

Les recrues étaient entièrement déchargées de la responsabilité du crime. La plupart acceptèrent sans broncher l'image de l'ennemi qui leur était offerte. Car on ne rossait et torturait pas véritablement des êtres humains. Il ne s'agissait que de « criminels, d'asociaux, d'ennemis de l'Etat, de fainéants, de personnes politiquement suspectes, de voleurs et de juifs ».

Ces derniers, particulièrement, étaient traités de « parasites » qu'il était nécessaire d'« éradiquer » et d'« exterminer ». C'est dire l'importance des unités *Tête de mort* : en effet, elles avaient affaire aux pires ennemis du peuple et de l'Etat. Les discours de la SS étaient imprégnés de ces idées délirantes, que les jeunes devaient absorber en les trouvant normales et en agissant en conséquence, car ils étaient ceux qui exécutaient ce que l'on appelait la « volonté du *Führer* ». « Je te jure, Adolf Hitler, obéissance jusqu'à la mort » : Hans Stark prononça lui aussi ce serment.

Mais les jeunes « Têtes de mort » étaient « récompensés » de la soumission que l'on exigeait d'eux. La première fois qu'il se retrouva sur le mirador d'un camp de concentration, le jeune Stark, de son propre aveu, éprouva un sentiment de puissance, de domination. Le survivant Kasimir Smolen confirme que Stark jouissait « de détenir autant de pouvoir », un pouvoir auquel il n'aurait jamais pu accéder dans la vie civile. Parfois, il jouait les maîtres d'école : « Il nous forçait à écrire deux cents fois : "Je dois venir à l'heure à mon travail". »

Son frère déclara que, depuis que Hans était à la SS, il était beaucoup plus sûr de lui, il ne jouait plus les histrions. « Quand il venait à Darmstadt avec son bel uniforme, j'étais très fier de lui et mes camarades d'école me demandaient : "Mais qui est-ce ?" Et moi, je répondais : "C'est mon frère !" » On n'avait jamais révélé l'entière réalité à Günther Stark. Un jour qu'il avait cherché à savoir ce qu'était un camp de concentration, son frère lui avait répondu : « Tu connais le latin. On rassemble les gens et on met une clôture autour, c'est ça, un camp de concentration. »

Comme tous ceux qui s'adaptaient sans poser de questions au système à l'emblème de la tête de mort, Hans Stark fit rapidement carrière. Celle-ci est jalonnée par toute une série de ces camps de la mort qui devaient acquérir une horrible célébrité : Sachsenhausen, Buchenwald, Dachau et, plus tard, Auschwitz.

Le garçon de Darmstadt n'était qu'un sbire parmi tant d'autres, au sein du royaume régi par les tortionnaires à la tête de mort. Le système des camps de concentration, et plus tard, des camps d'extermination, exigeait un personnel nombreux. Plusieurs dizaines de milliers d'hommes y effectuaient leur service, aidés par du personnel extérieur. Comment est-il possible que tant de gens aient contribué à l'assassinat de millions d'êtres humains ? Comment était constitué le système qui a conduit à cela ?

> « Il est bon que nous soyons précédés de l'effroi provoqué par l'éradication du judaïsme. »
>
> Adolf Hitler le 25 octobre 1941, au quartier général du *Führer*
>
> « "*Führer*, ordonne, nous te suivons"... Cela peut aussi conduire à Auschwitz. "Ordonne ce que tu veux, nous t'obéissons aveuglément" – mais moi j'ai connu des SS qui n'étaient pas du tout ravis de participer à cela. Seulement, ils se disaient : "C'est le *Führer* qui l'a ordonné, et il sait ce qu'il fait." »
>
> Hermann Langbein, détenu à Auschwitz

Il existe bien des tentatives d'explication : la vie sous la dictature, la déshumanisation due à la crise ou à la guerre, l'endoctrinement totalitaire avec le monopole de l'information, l'image de l'ennemi qui était proposée, la violence encouragée par l'Etat, les pressions morales, le recrutement ciblé de criminels, mais aussi le carriérisme, l'obéissance aveugle, la soumission à l'autorité, l'adaptation, le racisme. Sigmund Freud écrivait déjà qu'il suffisait d'une guerre pour que se libèrent en l'homme les instincts les plus bas et les plus ignobles. Qu'avec la levée par l'Etat de l'interdiction de tuer, cessait aussi « le refoulement des mauvaises envies, et les hommes commettent des actes de cruauté, de perfidie, de trahison et de brutalité que l'on aurait pensé incompatibles avec leur niveau culturel ». Pour comprendre pourquoi des centaines de milliers de personnes se sont comportées ainsi, il faut se tourner vers des individus, vers leur histoire et leur responsabilité personnelles.

Dans sa dernière interview avant sa mort, Hermann Langbein, un survivant d'Auschwitz, nous a décrit quelques facettes symptomatiques de l'appareil de mise à mort. Il nous raconta comment le régime créa un climat d'animosité, comment il attisa la volonté de détruire des adversaires réels ou imaginaires, comment, à la place de la conscience propre de chacun, s'installa le « principe du *Führer* », comment la théorie délirante de l'existence de « races nobles et de races inférieures » porta ses fruits ; comment la dimension bureaucratique et administrative de l'appareil de mort en arriva à faire du crime un métier, à faire de l'assassinat un acte impersonnel ; comment tout cela participa à l'effroyable efficacité des camps d'extermination.

> « Les juifs étaient terrorisés par la SS. Les soldats SS ressemblaient à des robots. Les juifs faisaient tous très attention devant un SS, parce qu'il n'y en avait pas un de bon parmi eux. »
>
> Morris Venezia, juif grec à Auschwitz
>
> « Ce sont des batailles que nos générations à venir n'auront plus à livrer. »
>
> Heinrich Himmler en 1942,
> pendant une visite à Auschwitz

Au début, il avait fallu dire adieu à sa propre conscience pour soumettre sa personne à la « volonté du *Führer* ».

« "*Führer*, ordonne, nous te suivons"... Cela peut aussi conduire à Auschwitz. »

Y furent conduits même ceux qui n'y paraissaient pas prédestinés. « J'ai connu des SS qui n'étaient pas du tout ravis de participer à cela. Mais on leur donnait des ordres, et les ordres étaient exécutés, et on contrôlait la façon dont ils étaient exécutés. Un ordre est un ordre, et il faut dire "Oui, à vos ordres" et exécuter, et ne porter aucune responsabilité. Voilà le climat qui régnait à Auschwitz. »

Mais il y avait toujours des criminels qui n'avaient pas besoin d'être contrôlés, qui s'adonnaient au crime volontairement et avec zèle. « La plupart étaient très jeunes, et il y avait aussi les chefs SS qui voulaient tout simplement monter en grade. A Auschwitz, on pouvait très vite grimper les échelons. Ceux qui le voulaient savaient ce qu'on attendait d'eux. Ils n'avaient pas besoin d'ordres, ils prenaient des initiatives personnelles. Oui, on pouvait faire carrière à Auschwitz quand on devançait l'obéissance. On parlait à l'époque du "Reich millénaire", et se trouver en haut de l'échelle dans ce Reich, c'était bien. Ce n'était pas vrai pour tous, mais pour beaucoup. »

L'ancien médecin SS du camp, le docteur Hans Münch, dit à propos de la mentalité du personnel : « La plupart étaient des gens tout à fait ordinaires, les sadiques ou les anciens criminels étaient en minorité. Mais s'il y avait une différence, c'était surtout par le nombre d'opportunistes, plus important que celui qu'on rencontre dans la vie quotidienne. Ceux qui s'étaient dit : si j'entre au Parti, j'en tirerai des avantages. Si j'entre à la SS, j'en aurai encore plus. Si je suis dans un groupe très particulier de la SS, celui dont Himmler a dit : "C'est vous qui faites le travail le plus difficile", je suis le roi, je suis au premier rang. Beaucoup croyaient appartenir à une élite, même si la plupart savaient, bien sûr, que c'était un sale boulot, ce qu'ils faisaient. Mais cela, personne ne le disait. »

Mais même ceux qui ne s'élevaient pas exerçaient le pouvoir, avaient droit de vie et de mort.

C'était tentant pour beaucoup d'entre eux. « Tu as le pouvoir, tu peux en profiter. Tu peux être toi-même un petit *Führer*, au moins dans un cercle restreint. C'est une chose qui a fonctionné. Cela fait partie de ce qui peut conduire certains à travailler à Auschwitz sans être des sadiques ou des criminels-nés », dit Münch.

Dans le système des camps mis en place par la SS, le personnel faisait partie d'une machinerie à but criminel. Le système de commandement du camp était établi suivant une hiérarchie stricte à plusieurs niveaux de responsabilités, parfois concurrents. Ainsi, il existait cinq *Abteilungen* (cinq divisions), rassemblées à la *Kommandantur*, l'instance suprême pour toutes les affaires concernant le camp et le service, étant entendu que le commandant avait en même temps autorité sur la totalité du personnel SS. L'*Abteilung I* était l'*Adjudantur*. Puis suivait la célèbre *Abteilung II* de la Gestapo du camp, qui pouvait agir de façon relativement autonome. C'était elle qui décidait des internements et des libérations, des peines et des exécutions de détenus. L'*Abteilung III*, nommée *Schutzhaftlagerführung* (« Direction du camp de détention préventive »), constituait le centre du pouvoir effectif, dont le responsable assumait également la fonction d'adjoint au commandant, et auquel les chefs chargés des rapports, des *blocks* [1] et des *kommandos* [2] étaient subordonnés. Ceux-ci, à leur tour, n'avaient pas seulement autorité sur les détenus, mais étaient également habilités à exercer la terreur quotidienne sous toutes ses formes, au camp ou à l'extérieur, pendant le travail forcé. L'*Abteilung IV* était chargée des affaires administratives. C'était

1. Les *blocks* : les baraques des détenus, et, par extension, l'effectif des baraques.

2. Les *kommandos* : les équipes de travail.

Une photo rare : un gardien SS contrôle les détenus du camp d'Auschwitz pendant qu'ils quittent l'enceinte du camp.

Le « camp de base » Auschwitz I fut installé en 1940 dans d'anciennes casernes polonaises.

elle qui décidait de l'approvisionnement des détenus en vêtements et en nourriture et qui était co-responsable de leurs « conditions de vie ». De plus, elle administrait les biens confisqués aux détenus.

Les médecins et le personnel soignant de l'infirmerie appartenaient à l'*Abteilung V*, qui abritait les « infrastructures sanitaires ». Leur rôle consistait avant tout à remettre sur pied les détenus inaptes au travail et à combattre les épidémies. Mais en réalité, on s'y livrait à de telles exactions que les déportés emmenés à l'infirmerie considéraient leur transfert comme un arrêt de mort. L'administration d'injections mortelles de phénol et les expérimentations humaines macabres se généralisèrent plus tard dans nombre de camps.

Dans les calculs concernant la hiérarchie, la concurrence et la répartition du travail, on intégrait aussi les détenus. C'est délibérément que la SS déléguait à certains d'entre eux des responsabilités de surveillance et d'administration. Un système élaboré naquit, basé sur le principe que « le pouvoir absolu est le pouvoir échelonné » et misant sur la collaboration. Les victimes allaient aussi devenir des coupables. Bien des *Funktionshäftlinge* (des « détenus de fonction ») n'avaient rien à envier aux sbires de la SS pour ce qui est de la brutalité ; d'autres tentèrent d'atténuer la terreur et de protéger leurs codétenus dans la mesure du possible.

Au sommet de la hiérarchie des détenus, on trouvait le *Lagerälteste* (le doyen du camp). Il avait sous ses ordres les *Blockälteste* (les doyens du block), suivis des *Stubenälteste* (les doyens de la chambre). A côté, on trouvait les *Oberkapos* (les kapos en chef) et les kapos, chargés de surveiller les équipes de travail dans les carrières, le bâtiment, les entrepôts, les cuisines ou les ateliers. Un survivant, Eugen Kogon, écrira à ce sujet : « Le système des camps devait en grande partie sa stabilité à une troupe de kapos qui maintenaient l'ordre au quotidien et déchargeaient le personnel SS. Grâce à cela, le pouvoir absolu régnait de tous côtés. Sans la délégation de pouvoir, le système de discipline et de surveillance se serait immédiatement effondré. La rivalité pour accéder aux postes de surveillance, d'administration et d'approvisionnement était une excellente occasion de jouer les unes contre les autres les fractions des élites des détenus et de les maintenir dans un état de dépendance. Le détenu normal, en revanche, était soumis à une double autorité, celle de la SS, qui, souvent, ne se montrait que rarement dans le camp, et celle des *Funktionshäftlinge* qui, eux, étaient toujours là. »

Naturellement, le recrutement du personnel SS était un facteur déterminant pour l'efficacité du système des camps. Hitler et Himmler avaient très tôt fait appel à un homme dont l'action et l'importance furent longtemps sous-estimées : Theodor Eicke. Celui-ci, animé de l'ambition de construire des établissements modèles au service du système de la terreur et de l'extermination, participa amplement à la mise sur pied du programme meurtrier de la SS. Son nom symbolise ce que l'on appela l'« école de Dachau ». Eicke fit de Dachau l'exemple à suivre pour tous les autres camps de concentration, à l'intérieur et, plus tard, à l'extérieur du Reich.

C'est lui qui créa l'« élite » nécessaire et obtint avec elle d'horribles résultats. C'est lui qui s'employa à former ses « Têtes de mort » de manière à en faire des serviteurs inconditionnels du système. Non seulement Eicke les recruta lui-même, mais il les imprégna, les endoctrina, les dressa véritablement à l'utilisation de la brutalité. Lui-même ne visita jamais Auschwitz. Mais ce furent ses élèves qui régnèrent plus tard sur les camps, en s'efforçant de se surpasser l'un l'autre.

Eicke, né en 1892, était le fils d'un chef de gare. Ses maigres résultats scolaires l'amenèrent à interrompre ses études pour entrer dans l'armée du Kaiser à l'âge de dix-sept

Theodor Eicke fit des gardiens des camps de concentration les instruments du système.

ans. Intendant sur le front de l'Ouest pendant la Première Guerre mondiale, il est décoré de la *EK II*, la Croix de Fer de 2e classe. Comme bien des anciens soldats, la fin de la guerre le précipita dans une régression sociale. A l'instar de la plupart de ses contemporains, il considérait la défaite comme une humiliation nationale et le système de Weimar comme le produit des idées étrangères, mais surtout comme la cause de sa déplorable situation personnelle. Il travailla quelque temps pour la police en tant qu'informateur, avant d'être remercié pour propos hostiles au gouvernement.

Ses espoirs de carrière dans la police régulière s'effondrèrent, et il alla rejoindre les rangs de ceux qui partageaient sa haine du nouveau régime. En 1928, il entra au NSDAP. Engagé en tant que *Sicherheitskommissar*, « commissaire de la sécurité » chez I.G. Farben, il percevait un revenu qui lui permettait d'assurer l'existence de sa famille. En 1932, il devint membre de la SS. Cela lui valut un nouveau licenciement : son « engagement » politique par trop violent n'avait pas échappé à son employeur. Mais Himmler cherchait des gens capables de façonner les *Schutzstaffeln* afin d'en faire une troupe d'élite et l'instrument docile de l'autorité de Hitler. Il trouva en Eicke l'homme qu'il lui fallait. Celui-ci se distingua en mettant sur pied les premiers bataillons mais aussi, une fois de plus, par son comportement agressif. Accusé d'avoir participé à une série d'attentats politiques et de possession illégale d'explosifs, il fut condamné en 1932 à deux ans de réclusion mais, sur ordre de Himmler, il s'enfuit en Italie du Nord. Rentré au pays après la prise du pouvoir par Hitler, il s'engagea dans une rivalité personnelle avec un *Gauleiter* aux pouvoirs infiniment plus étendus que les siens. Ce dernier n'eut aucun mal à faire admettre Eicke dans un établissement psychiatrique de Wurzbourg car le comportement incontrôlé et brutal de cet intrigant était inhabituel, même selon les critères de la SS.

Mais tous ces éléments furent oubliés le jour où le *Reichsführer SS* eut un poste difficile à pourvoir. Les complices de Hitler avaient décidé de mettre un terme au chaos qui régnait à Dachau, l'un des premiers camps SS pour les détenus politiques du nouveau régime national-socialiste. Eicke, connu pour sa brutalité incontrôlée, paraissait l'homme idéal pour y faire régner l'ordre. Il réunissait en sa personne plusieurs qualités qui jouaient en sa faveur : obéissance totale vis-à-vis de l'autorité, grand talent d'organisation, aptitude à entraîner et subordonner les autres. A cela s'ajoutaient une conviction nationale-socialiste fanatique et une haine farouche de tout ce qui était « non allemand » et différent : c'étaient là toutes les conditions requises.

Quand Eicke eut prouvé sa loyauté avec l'assassinat de Röhm, le 1er juillet 1934, la récompense tomba à ses pieds.

Quelques jours plus tard, il fut promu au poste d'inspecteur des camps de concentration et chef des formations de gardiens SS. Même si ce titre était modérément flatteur, compte tenu du petit nombre des détenus – ils n'étaient alors que deux mille –, c'était sa récompense pour avoir participé au crime d'Etat.

En cinq ans, Eicke fit de Dachau le centre de la toile d'araignée des camps : un appareil d'écrasement et d'anéantissement des « ennemis du national-socialisme », par le travail forcé, la faim, la maladie, la torture et la mort. Il fut l'architecte du monde des camps ; c'est lui qui recruta les assassins.

Le chef des Têtes de mort choisissait à son gré les officiers et les gardiens SS destinés à servir dans les camps. Les gardiens capables de pitié en étaient exclus pour faiblesse et inaptitude. Ceux qui se rapprochaient trop des détenus méritaient, selon Eicke, d'être internés eux-mêmes. Etre présent lors des bastonnades, les administrer soi-même sans ciller, quelle que soit la douleur des victimes, telles étaient les exigences du chef des Têtes de mort. Il rédigeait personnellement les directives encourageant la brutalité vis-à-vis des détenus, inventait de nouvelles formes de torture. L'uniforme rayé, le tatouage – qui servait également de critère pour les sévices quotidiens – sont les produits de son imagination criminelle.

Eugen Kogon considérait les gardiens SS comme une sélection négative d'« activistes du bâton et du revolver ayant perdu tout repère social, des vagabonds, des charretiers ratés, des gardes forestiers, des coiffeurs, des employés de commerce, des étudiants, des gardiens de prison ».

Les cadres sont, selon lui, des « combattants des Baltikum et des corps-francs, des officiers de la Wehrmacht et des officiers de police qui n'avaient pas obtenu d'avancement ou qui, pour une raison ou pour une autre, avaient dû quitter leur service ».

Le camp de concentration de Dachau a les honneurs de la une, décembre 1936.

Les impressions du survivant des camps se mêlent aux premiers éléments recueillis après la guerre sur la biographie des coupables. A ce jour, ce sujet reste insuffisamment exploré, hormis par quelques ouvrages de base. L'historienne Karin Orth indique à vrai dire dans son étude sur les cadres dirigeants des camps de concentration que, du point de vue de leur origine sociale, ils forment un groupe assez homogène, qui ne se situait nullement aux marges de la société. Ces cadres, issus en grande partie de familles d'employés et de fonctionnaires, avaient grandi dans le milieu *völkisch* des années vingt, nourris de la « légende du coup de poignard dans le dos [1] », de la colère contre « l'ignominie de Versailles » et de la haine de l'étranger. La crise économique mondiale provoqua la chute de bien des carrières petites-bourgeoises. La montée du national-socialisme parut offrir alors de nouvelles perspectives à des artisans et commerçants ruinés. Dans la plupart des cas, ils grimpèrent rapidement les échelons du système national-socialiste. Après la SA, on entrait à la SS, ou chez les « Têtes de mort ».

Eicke proposait à ceux qui voulaient monter dans la hiérarchie d'adhérer à « l'ordre des meilleurs », et de devenir des « hommes d'action », des hommes de « vrai caractère » aux « valeurs claires ». Selon lui, ils se distinguaient comme étant les « porteurs de la révolution nationale-socialiste » et les « sauveurs du peuple allemand ». Il exigeait d'eux la dureté, tout en donnant aux recrues le sentiment d'appartenir à une communauté soudée. « Papa Eicke » transmettait l'esprit de corps.

L'inspecteur des camps s'attela avec zèle à la centralisation du système. Les camps de Dachau, Buchenwald, Flossenbürg,

1. Opinion répandue après 1918, selon laquelle la défaite n'était pas due à l'armée ou à l'infériorité économique de l'Allemagne, mais à ceux qui avaient trahi la patrie.

Eicke prononce un discours devant des détenus qui doivent être libérés du camp de Dachau, décembre 1933.

Mauthausen, Ravensbrück et Sachsenhausen devinrent les épicentres de la terreur. A côté, il existait d'autres camps, et, plus tard, des annexes. Himmler chercha à cacher leur fonction au public. Il s'y déroulait « un travail dur qui crée de nouvelles valeurs, un traitement sévère et juste. Les méthodes d'éducation sont l'encouragement à réapprendre le travail et à acquérir des aptitudes manuelles. La devise écrite au fronton de ces camps signifie : Il est un chemin qui mène à la liberté. Ses bornes kilométriques s'appellent obéissance, application, honnêteté, ordre, propreté, sobriété, sincérité, sens du sacrifice et amour de la patrie ». Le travail et la discipline étaient des moyens nécessaires pour ramener dans le giron de la communauté nationale-socialiste les filles et les fils perdus de la nation : telle était la cynique trouvaille du *Reichsführer SS*.

Le personnel des camps augmentait de façon constante. Une liste datant du 15 janvier 1945 indique sous la rubrique des gardiens SS : 37 674 hommes et 3 508 femmes – un nombre qui évoque un état de fait longtemps méconnu.

Le service dans les camps était généralement considéré comme le domaine des hommes. Pourtant, des milliers de femmes s'y livraient à diverses activités à caractère plus ou moins criminel. Surveillantes, médecins, laborantines ou sténotypistes : l'éventail était large, et peu d'entre elles appartenaient à la SS. Tandis que les employées civiles – les secrétaires ou les télexistes, par exemple – restaient spectatrices de l'horreur dans une certaine mesure, les surveillantes SS y participaient pour une grande part. Parmi elles, on comptait des épouses de SS, ainsi que le laisse entendre une lettre de la kommandantur du camp de Lublin, datée du 1er mars 1943. « Sur ordre du chef du WVHA de la SS (Office principal d'Administration économique), les femmes de SS sans enfants doivent être employées comme surveillantes dans un camp de concentration pour femmes. » Cependant, on ne connaît pas le nombre d'épouses de SS qui ont donné suite à cet ordre.

Les jeunes femmes, après une sélection rigoureuse, suivaient une « formation de surveillante SS ». Là aussi, on trouvait des matières telles que : « Idéologie et politique nationale », « Apprendre son métier et faire ses preuves » ou « L'attitude et le comportement personnels ». Des détenues ont rapporté que la plupart des jeunes élèves SS, pendant leur formation, étaient encouragées à la brutalité et aux démonstrations de violence.

Entre 1942 et 1945, plus de 3 000 femmes furent admises à la SS et éduquées selon les recommandations de leur *Reichsführer* pour devenir un « corps féminin de la SS animé d'une foi véritable et imprégné de l'idéologie nationale-socialiste et de l'esprit de la SS ». Là aussi, la brutalité était la clé de l'ascension. Nanda Herbermann, qui a survécu au camp de Ravensbrück, dit : « Les "meilleures" étaient souvent les plus brutales. » Maria Mandel et Else Erich représentent parfaitement ces femmes qui ont fait carrière. La première sévit d'octobre 1942 à janvier 1945, date de l'évacuation, comme surveillante chef du camp d'Auschwitz-Birkenau, la seconde exerçait la même activité depuis octobre 1942 au camp de Lublin-Majdanek. Toutes deux furent condamnées et exécutées en raison de leur comportement particulièrement cruel. Plus de cinquante ans après la guerre, Hertha Bothe, surveillante SS au camp de Bergen-Belsen, à qui l'on demandait si elle pensait avoir commis « une erreur », répondait : « Si j'ai commis une erreur ? Non. L'erreur, c'est qu'il y avait des camps. Mais il fallait bien que j'y aille, sinon c'est moi qui aurais été enfermée. C'est ça, mon erreur. » Des dizaines d'années plus tard, elle continuait à se mentir à elle-même.

Un système économique interne caractérisé par l'esclavage et le vol, en particulier des objets appartenant aux juifs, s'était mis en place. Les camps subvenaient à leurs besoins de manière autonome. Ils n'obtenaient des subsides de l'administration SS qu'en cas de nécessité absolue.

Mais, grâce au travail fourni par les détenus, la SS des camps a pu développer un énorme champ d'activité avec l'installation de centaines de camps annexes. L'entreprise d'exploitation de carrières Deutsche Erd- und Steinwerke GmbH, par exemple, qui appartenait à la SS, donna naissance à quatorze filiales. L'une d'elles était la Ziegel-, Kies- und Baustoffwerk de Berlstedt, une fabrique de matériaux de construction où les déportés du camp de Buchenwald étaient contraints au travail forcé. Pendant le seul mois d'août 1943, ils accomplirent 46 200 heures de travail.

Bien souvent, le lieu d'implantation d'un camp de concentration était choisi en fonction de critères économiques, comme pour le camp de Flossenbürg, grâce auquel la Deutsche Erd- und Steinwerke GmbH ne tarda pas à faire des profits. Le matériau extrait de la carrière de granite locale était vendu avec profit à l'Etat. A partir de 1942-1943, les détenus de Flossenbürg furent également employés dans les usines aéronautiques Messerschmitt, ainsi que dans les établissements industriels de Flick, Siemens, Osram et Junkers. Des annexes du camp étaient implantées en Bavière, en Bohême et en Saxe. Si, en 1938, le nombre des SS en poste pendant la construction du camp de Flossenbürg était réduit, en 1945 ils étaient plus de 4 000 hommes et plus de 500 femmes.

Une collaboration qui laissa un souvenir particulièrement sinistre s'établit entre la SS et la société I.G. Farbenindustrie Aktiengesellschaft, en abrégé I.G. Farben. Non seulement parce que cette société fabriquait le gaz mortel Zyklon B, mais aussi parce que ce pacte scella le destin de milliers de travailleurs forcés. I.G. Farben fut l'une des rares entreprises privées allemandes à obtenir dès 1941 l'autorisation d'employer des déportés. Le groupe décida la construction d'une usine à proximité de Monowitz, en Silésie.

Dans ces unités de production à implanter non loin du camp de concentration d'Auschwitz, il était prévu d'utiliser des déportés pour la fabrication du « Buna », un caoutchouc synthétique, et du carburant de synthèse.

Le « traité d'amitié » signé entre la direction d'I.G. Farben et la direction SS à Auschwitz reposait sur le troc : les représentants d'I.G. assuraient au commandant du camp d'Auschwitz, Rudolf Höss, le matériel de construction dont il avait un besoin urgent pour l'extension du camp ; en contrepartie, la SS d'Auschwitz se déclarait prête à fournir des détenus pour la construction de l'usine I.G. Farben. Pendant les négociations, en mars 1941, le pourcentage de productivité des détenus fut fixé à 75 pour cent de celle des ouvriers alle-

Des Allemands tout à fait normaux : la fête de Noël des surveillants SS (avec leurs épouses), au camp de concentration de Neuengamme, le 25 décembre 1943.

mands. La journée de travail devait compter de dix à onze heures l'été et environ neuf heures en hiver.

Ces cyniques objectifs ne furent pas atteints. La direction d'I.G. Farben et les chefs de la SS s'étaient trompés dans leurs calculs. En raison des conditions de travail, meurtrières, la production n'atteignit « que » 30 à 40 pour cent.

Les déportés, très faibles, faisaient le trajet – plus de six kilomètres – à pied par tous les temps, sous les coups de leurs gardiens. Lorsque les soldats de l'Armée rouge arrivèrent à Auschwitz en janvier 1945, ils trouvèrent une usine I.G. Farben pratiquement prête à fonctionner, mais sa seule construction avait coûté la vie à 25 000 personnes. Indépendamment de sa barbarie, alors même que le contresens économique du pacte était devenu patent, le groupe et la SS ne renoncèrent pas à leur accord. C'est ainsi que cette entreprise allemande participa à « l'extermination par le travail ».

Sous bien d'autres aspects, le monde des camps n'était pas aussi hermétiquement clos qu'on l'a longtemps admis, en particulier en ce qui concernait le personnel. Les surveillants et le personnel de direction ne constituaient nullement un groupe complètement isolé. A partir de 1934, les équipes de gardiens des camps de concentration formèrent une entité séparée au sein de la SS, et furent soumis à l'autorité directe d'Eicke, nommé *Inspekteur der Konzentrationslager*. Mais, avec les préparatifs de la guerre, leurs tâches ne tardèrent pas à s'étendre, y compris au-delà des barbelés. En octobre 1939, Hitler donna son accord pour la mise sur pied, au sein de la SS, de divisions de combat (qui devaient devenir la Waffen-SS). Ainsi s'élargit le rayon d'action des Têtes de mort. Bientôt, ils constituèrent une division autonome. Aussitôt après l'attaque surprise de la Pologne en 1939, Eicke forma trois régiments *Tête de mort* qui menèrent au front leur propre guerre et qui, à l'arrière des lignes, participèrent avec d'autres « Groupes d'intervention » de la SS à l'assassinat des juifs et des membres de l'intelligentsia polonaise. Les membres plus âgés de la SS, en contrepartie, furent incorporés dans les troupes de surveillance des camps.

En 1940, toutes les formations de combat de la SS intervenant dans le cadre de l'armée furent regroupées sous l'appellation de Waffen-SS. La division *Tête de mort* y fut également intégrée. Le personnel des camps, placé sous l'autorité du *Führungshauptamt SS*, le « Département opérationnel de la SS », appartenait donc formellement à la Waffen-SS. La division d'Eicke n'était pas appelée seulement à renforcer ses forces combattantes, mais il s'agissait déjà pour les gardiens des camps de faire leurs preuves « à l'extérieur », de faire connaissance avec la nouvelle dimension de la violence pour, après avoir reçu cette « formation », revenir se battre sur le « front intérieur ». Ainsi que le fait ressortir l'auteur Miroslav Karny, on en arriva à une véritable rotation entre les formations *Tête de mort* et les unités de combat de la SS, de sorte que plus de 60 000 membres de la Waffen-SS ont également été employés dans les camps.

De plus, à partir du milieu de l'année 1944, des soldats de la Wehrmacht plus âgés ou blessés furent versés dans les troupes de surveillance. Les pertes très élevées des formations *Tête de mort*, dues à la manière particulièrement brutale de leurs chefs de mener le combat et à leur dilettantisme, entraînèrent une pénurie de personnel dans les camps. A côté des membres plus âgés de la SS générale, on incorpora donc des policiers et du personnel administratif, ainsi que toujours davantage d'« Allemands raciaux » puis, en dernier lieu, un nombre toujours croissant de volontaires et de collaborateurs étrangers.

En dehors des camps de concentration, dans lesquels une grande partie des déportés mourait de maladie, d'épuisement, ou exécutés, la SS construisit de véritables « usines de mort » en Pologne. Leur but unique était de pratiquer le meurtre industriel, comme à Belzec, Sobibor, Treblinka et Chelmno. Les assassins en place avaient déjà de l'expérience pour avoir participé aux euthanasies, à l'« action T4 », mais tous n'appartenaient pas à la SS.

Majdanek et Auschwitz fonctionnèrent tant comme camps de concentration que comme centres d'extermination, mais restèrent le domaine exclusif des *Têtes de mort*. Ces deux dernières usines de mort tiraient leur personnel d'un noyau de trois cents hommes issus des kommandanturs des camps : c'étaient les exécuteurs proprement dits. A la différence des équipes de surveillance, ce groupe était fermé à l'extérieur. L'extermination « industrielle » de millions d'êtres humains devait se faire en cachette. Le camp d'Auschwitz-Birkenau devint le symbole de l'holocauste industriel.

Un Commando exécute des civils arrêtés comme « partisans ». Wjasma, octobre 1941.

> « J'ai toujours fait pratiquer les fusillades par de gros commandos d'exécution, parce que je refusais de faire pratiquer les exécutions par des spécialistes des coups de feu dans la nuque. Chaque commando tirait pendant une heure environ, puis était relevé. »
>
> Déclaration sous serment de Paul Blobel, chef de commando spécial, Nuremberg, 1945

A l'arrière des fronts de l'« opération Barberousse », où avait commencé le meurtre systématique par fusillade – ce que l'on a appelé « l'holocauste sauvage » –, les SS n'étaient pas les seuls à sévir. Dans les Groupes d'intervention qui furent envoyés pour exécuter des milliers de personnes, principalement des juifs, « l'ordre » de Himmler ne représentait qu'une partie des assassins. Il apparaît donc qu'il ne fut pas nécessaire de recruter une « élite SS » pour inciter au massacre. Car, parmi les Commandos, on comptait aussi des unités qui se différenciaient nettement des SS.

Il s'agissait en l'occurrence de bataillons de la police de l'ordre (Orpo). Aux 500 policiers de l'Orpo qui appartenaient aux Groupes d'intervention, vint s'ajouter un renfort de 5 500 policiers après l'invasion de l'Union soviétique. Ces unités de police étaient composées en partie d'hommes trop âgés pour être incorporés à la Wehrmacht, et en partie de volontaires qui, devant l'imminence de la guerre, s'étaient engagés dans la police en 1939 afin d'échapper au service militaire. Les officiers et sous-officiers étaient des fonctionnaires expérimentés de l'Orpo. Beaucoup de ces policiers étaient des « hommes tout à fait ordinaires », ainsi que le mentionne l'historien américain Christopher Browning dans son ouvrage de référence, dont cette formule est le titre. Ils ne suivirent qu'une formation de deux mois pour leur mission en Union soviétique. En s'engageant dans cette voie, ils étaient loin de pressentir qu'ils accompliraient un jour les basses œuvres meurtrières d'une politique d'occupation. Pourtant, ils s'insérèrent dans le système de la liquidation planifiée des « ennemis de l'Etat ».

Afin de coordonner le « jeu d'ensemble » de la SS et des unités de police, Himmler et Heydrich avaient créé le poste de *Höherer SS-und Polizeiführer* (HSSPF), « Chef supérieur de la SS et de la police ». Les chefs des Groupes d'intervention étaient placés sous l'autorité de ces instances supérieures. L'un d'eux était Arthur Nebe, qui était à la tête de la *Kripo*. Celui-ci avait un grade dans la SS, mais il appartenait à la police. Ceux qui se trouvaient à la tête des Groupes d'intervention étaient d'ailleurs un groupe de liquidateurs bizarrement constitué : certains n'appartenaient pas à la SS, tandis que d'autres y étaient entrés par des voies détournées. En étudiant la liste, on y trouve des universitaires, dont beaucoup possédaient plusieurs titres de docteur, des fonctionnaires ministériels, un religieux protestant, un chanteur d'opéra.

Nebe, policier dans l'âme, était en proie à une idée fixe depuis les années Weimar. Selon lui, il ne s'agissait pas seulement de combattre le crime, mais de l'éradiquer entièrement. Cet agent de police frustré n'avait que faire des droits individuels du citoyen. Ce n'était pas un national-socialiste dans le sens idéologique du terme. Mais il était un dogme qu'il partageait avec le Parti : selon lui, le crime pouvait être « éliminé biologiquement », et on ne devait pas permettre au criminel de « contaminer le peuple avec sa mauvaise hérédité et de commettre le crime à sa guise ».

> « Les cadres dirigeants de l'intelligentsia juive (en particulier les enseignants, les avocats, les fonctionnaires soviétiques) ont été liquidés. »
>
> Le *SS-Brigadeführer* Arthur Nebe,
> dans un rapport du 5 juillet 1941

La mise à mort des « vies non souhaitées » était pour Nebe non seulement permise, mais justifiée. En tant que chef du *Reichskriminalpolizeiamt*, le « Département de la police criminelle », il fournit une aide « technique » lors de l'assassinat de personnes handicapées, avec la mise à disposition des moyens chimiques nécessaires à l'empoisonnement et au gazage.

Les archives ne disent rien des raisons qui le poussèrent à se porter volontaire pour diriger le Groupe d'intervention B. Espérait-il impressionner Heydrich ? On lui attribue une « ambition quasi maladive ». Au cours des quatre mois durant lesquels Nebe dirigea son Groupe d'intervention B, ce groupe assassina plus de 45 000 personnes.

Il agissait sans états d'âme, avec un sentiment d'innocence. Telle est l'impression que produisit Otto Ohlendorf sur les accusateurs lors du procès des Groupes d'intervention à Nuremberg en 1945.

A partir d'août 1941, Berlin reçut quotidiennement les « rapports d'activité et de situation des Groupes d'intervention » transmis par radio. Les « bulletins d'information » fournissaient le détail du travail fourni par les Commandos d'intervention et les Commandos spéciaux.

Ces rapports signalent qu'en date du 15 octobre 1941 le Groupe d'intervention A avait déjà assassiné 118 430 juifs et 3 387 communistes. A cela s'ajoutait la mort en Lettonie et en Lituanie de 5 500 juifs, victimes des pogroms qui venaient de commencer. Le chef du Commando d'intervention 3, le

SS-Standartenführer Karl Jäger, transmit un bilan qui passa à la postérité dans les annales de l'holocauste sous le nom de « rapport Jäger » en raison de la méticulosité avec laquelle sa liste avait été établie. Dans son rapport du 1er décembre 1941, il annonçait la liquidation de 137 346 juifs. En août, les chiffres avaient fait un bond en avant notable. Dans sa comptabilité, le nombre des enfants assassinés faisait l'objet d'un chiffrage à part. Ainsi, pour le 19 août 1941, il pouvait annoncer : « A Ukmerge : 298 juifs, 255 juives, 88 enfants juifs. » Le 2 septembre : « Janova : 112 juifs, 1 200 juives, 244 enfants j. » A la date du 9 octobre on peut lire : « Svenciany : 1 169 juifs, 1 840 juives, 717 enfants j. »

La liste continue ainsi. Jäger écrit en conclusion : « Je constate aujourd'hui que l'objectif, la solution du problème juif pour la Lituanie, a été atteint par l'EK 3. Il n'y a plus de juifs en Lituanie, en dehors des juifs affectés au travail et leurs familles. J'envisageais de liquider également ces juifs au travail, y compris leurs familles, mais je me suis heurté à une opposition très virulente de l'administration civile (le commissaire du Reich), et de la Wehrmacht. »

Les escadrons de la mort qui sévissaient dans les autres régions n'étaient pas en reste. Ainsi, à la date du 31 octobre, le Groupe d'intervention B faisait état de 45 467 fusillades.

Dans le secteur où opérait le Groupe d'intervention D, on atteignait au mois de décembre 1941 un total de 54 696 personnes, dont 90 pour cent de juifs. Le chef de ce Groupe D avait eu une carrière particulièrement mouvementée.

« Les personnes destinées à être tuées, après qu'on leur eut confisqué leur argent et leurs objets de valeur, et une partie de leurs vêtements, furent entassées dans les camions à gaz. Un camion à gaz avait une capacité de cinquante à soixante personnes. Le véhicule roula jusqu'à un lieu situé en dehors de la ville, où les membres du commando avaient déjà creusé une

fosse. J'ai vu moi-même le déchargement des cadavres, leurs visages n'étaient pas déformés. La mort de ces gens était intervenue sans spasmes. »

Déclaration sous serment d'Ernst Emil Heinrich Biberstein, chef du Commando d'intervention 6, Nuremberg, 1945

« L'unité désignée à cet effet arrivait généralement dans un village ou une ville et donnait aux édiles juives de la ville l'ordre de battre le rappel de tous les juifs afin qu'ils soient évacués. On leur ordonnait de remettre aux chefs de l'unité leurs objets de valeur et, peu avant la mise à mort, leurs vêtements de dessus. Les hommes, les femmes et les enfants étaient conduits ensuite jusqu'au lieu de l'exécution, qui se trouvait la plupart du temps à côté d'un fossé de défense anti-char. Puis ils étaient fusillés, à genoux ou debout, et les cadavres étaient jetés dans le fossé. »

Déclaration sous serment d'Otto Ohlendorf, chef du Groupe d'intervention D, Nuremberg, 1945

Lui, en revanche, comptait parmi les vieux de la vieille de la SS : Otto Ohlendorf. Il fut traduit en justice après la guerre à Nuremberg, où il offrit aux juges l'image d'une personnalité à l'ambivalence peu commune. Le fait qu'Ohlendorf parût incroyablement « ordinaire » le rendait encore plus effrayant. Les personnes présentes à son procès furent saisies par la manière dont « il personnifiait les deux, l'aimable concitoyen et le chef qui agit de sang-froid, le comportement barbare et la bonne conscience innocente », résume Jason Weber. Benjamin Ferencz, son procureur, dit à son propos : « C'était un homme qui paraissait d'une sincérité glaciale, il était intelligent, cultivé, bien de sa personne, père de cinq enfants. Et il avouait sans ambages avoir donné l'ordre d'assassiner 90 000, oui, 90 000 hommes, femmes et enfants innocents. » Dans la condamnation, on peut lire : « Si l'altruiste et le chef de Groupe d'intervention se sont fondus en une seule personne, il est permis d'admettre que nous avons affaire à une personnalité qui s'apparente à celle de... "Dr Jekyll et Mr Hyde" ».

Otto Ohlendorf... Qui était cet homme, apparemment « tout à fait ordinaire », qui se livra au massacre d'innocents ? Ce n'était ni un opportuniste, ni un antisémite déclaré, ni un asocial professant son mépris pour l'humanité saisi du besoin de tourner contre ses contemporains le pouvoir dont il disposait soudain.

Otto Ohlendorf était un jeune scientifique et un expert en économie. Au cours du procès, la défense réunit cinq cents pages de déclarations sous serment destinées à prouver son intégrité. Il fut le seul à reconnaître ouvertement ses agissements.

> « Quand l'armée allemande est entrée en Russie, j'étais chef du Groupe d'intervention D dans le secteur sud, et durant l'année où j'ai été chef du Groupe d'intervention D, celui-ci a liquidé environ 90 000 hommes, femmes et enfants. »
>
> Déclaration sous serment d'Otto Ohlendorf, chef du Groupe d'intervention D, à Nuremberg, 1945
>
> « C'était une chose vraiment très désagréable, ce qu'ils nous ont amenés à faire. Mais on nous donnait à boire à volonté. Et une fois que le schnaps avait agi, on avait tous le courage de participer à l'opération. Quand les derniers ont été amenés, j'ai tiré moi aussi. »
>
> Petras Zelionka, ancien auxiliaire de police lituanien

La famille d'Ohlendorf était protestante, bourgeoise, conservatrice. En 1925, encore lycéen, il devint membre du NSDAP et de la SA : c'était un nazi de la première heure. Deux ans plus tard, il comptait déjà parmi les « intellectuels » du Parti. La SA le transféra à la SS. Ohlendorf était engagé, cultivé et intelligent. Il était recommandé à un jeune universitaire de passer un an à l'étranger, une fois son diplôme obtenu. Il choisit l'Italie fasciste.

Ohlendorf, comme bien des gens de sa génération, rejetait la République de Weimar. L'idéologie nationale-socialiste lui paraissait séduisante, et il approuvait sa perception de la vie comme un combat. Selon l'historien Ulrich Herbert, il appartenait à une « génération du pragmatisme ». Il adhérait entièrement à la vision de Hitler et de Himmler, celle de « l'homme supérieur allemand inflexible », qui devait être le modèle de la jeunesse SS.

En 1941, aussitôt après avoir pris le commandement du Groupe d'intervention D en Ukraine, Ohlendorf perfectionna le métier de tueur en passant de la bureaucratie à l'action sur le terrain. Loin d'être un simple exécutant qui se contentait d'appliquer les ordres avec indifférence, il mit un point d'honneur à accomplir parfaitement son travail. Les victimes ne lui importaient pas ; il se souciait du bien-être des bourreaux. Il s'efforça ainsi de réduire les conséquences psychiques de leurs actions sur les commandos chargés des fusillades en faisant tirer deux soldats sur la même victime. Non seulement il avait foi dans le bien-fondé de sa mission, mais il l'accomplissait avec une satisfaction profonde. Il écrivit à sa femme que, par son « activité dans le cadre de la politique de peuplement » il était plus utile au national-socialisme que dans le *Reichsgruppe Handel*[1]. Pour lui, il convenait d'accomplir le massacre avec autant d'efficacité que s'il s'agissait de prendre des mesures d'ordre économique.

Bien entendu, Ohlendorf fut condamné à mort. Mais à aucun moment il ne manifesta le moindre sentiment de culpabilité ni le moindre remords. « Au contraire, nous dit

1. « Groupe Commerce » ; cette organisation appartenant au secteur de l'économie industrielle dépendait du ministère de l'Economie.

Ferencz, son procureur à Nuremberg, tous ses arguments allaient dans le même sens, jusqu'à justifier le meurtre des enfants. » Il se rappelle avoir rendu visite à l'accusé après sa condamnation : « Je lui ai demandé : "Monsieur Ohlendorf, puis-je faire quelque chose pour vous ? Voulez-vous que je transmette un message à votre famille, voulez-vous dire quelque chose, écrire, puis-je vous rendre un service quelconque ?" Il m'a alors regardé, comme étourdi, et m'a dit : "Les juifs d'Amérique vont souffrir. Vous allez voir ce que vous avez fait". » Son aveuglement avait persisté jusqu'au bout.

« Les femmes hurlaient et pleuraient, les hommes aussi. Quelques-uns tentaient de s'échapper. Les soldats qui les faisaient avancer hurlaient aussi fort qu'eux. Quand les victimes ne voulaient pas faire ce qu'on leur disait, on les frappait. Je me souviens particulièrement d'un SS roux qui avait toujours sur lui un morceau de câble ; quand ça ne marchait pas comme il voulait, il tapait sur les gens avec. »

Richard Tögel, policier de la Schupo, membre du Commando d'intervention 10a, dans une déposition au tribunal

Le nombre des juifs soviétiques assassinés durant les cinq premiers mois de l'« opération Barberousse » par les Groupes d'intervention dépassa le demi-million. Certains journaux intimes donnent des témoignages poignants sur l'étendue de la folie meurtrière. Ainsi, le *SS-Hauptscharführer* Felix Landau confia-t-il à son Journal en juillet 1941 : « Bizarre, il ne se passe absolument rien en moi. Pas de pitié, rien. C'est comme ça, voilà tout. » Et, ailleurs, ceci : « J'écris ma première lettre à ma chère Trude tout en écoutant une musique incroyablement sensuelle. Pendant que j'écris, on me dit d'arrêter, il faut se préparer, il y a commando d'intervention avec casque et carabine, trente cartouches de munitions... Nous rentrons à l'instant. Il y avait 500 juifs rassemblés, prêts à être fusillés. »

Ici, le meurtre est considéré comme une activité quotidienne pour laquelle il faut s'arracher à une musique sensuelle... « C'est comme ça, voilà tout », ce n'est pas bien, mais il faut y aller... Ces mots cyniques ne sont pas l'expression d'un acte commis sur ordre, sous la contrainte, mais d'une routine.

Les crimes se ressemblaient, qu'ils fussent commis par des SS ou par des policiers réquisitionnés. Régulièrement, les troupes se livraient à des exactions.

Le 27 juin 1941, Pipo Schneider, chef de la 3e Compagnie du bataillon de police 309, se dirigeait sur Bialystock avec sa colonne motorisée. Découvrant en ville des boutiques de vodka, il n'hésita pas longtemps : accompagné de quelques hommes, il pilla les stocks et se servit abondamment. Puis les valeureux guerriers se consacrèrent à leur travail. Le commandant du bataillon, le major Ernst Weis, leur ordonna ce jour-là de ratisser la population de cette ville de 80 000 habitants et de rassembler tous les juifs de sexe masculin. Ses ordres n'allèrent pas au-delà. Il laissa le reste à l'initiative de ses chefs de compagnie. Pipo, lui, savait exactement ce qu'il avait à faire.

> *« A Kaunas, des juifs avaient été enfermés dans le Neuvième Fort. Il y en avait 300 ou 400. Il a fallu creuser des trous dans la terre – des tombes, là où il y en avait besoin. Après, on nous a amenés jusqu'à ce Neuvième Fort. Là-bas, il y avait beaucoup d'Allemands, des troupes de SS. Ils avaient monté des mitrailleuses et ils avaient besoin de nous pour amener les juifs par groupes de vingt ou trente jusqu'à ces tombes. Ils les comptaient, et après, ils criaient : "Allez, en avant !" Directement dans les tombes. Et là, il fallait qu'ils se couchent, et les soldats SS tiraient sur les gens couchés. »*
>
> Petras Zelionka, ancien auxiliaire de police lituanien

Parmi ses hommes, il était connu comme un « fanatique de la race ». Il voyait rouge « dès qu'il était question d'un juif », disait-on couramment de lui. Son antisémitisme, conjugué à l'effet de l'alcool, se transforma en fureur meurtrière. Au cours de sa traque des juifs, il en fusilla quelques-uns dans les rues de la ville, imité par d'autres membres du bataillon. Ce qui commença en pogrom se termina en fusillade systématique. Les juifs furent liquidés par groupes dans un parc, les salves de fusil résonnèrent jusqu'à la nuit dans la ville. Les survivants furent chassés à coups de crosse par les policiers à l'intérieur de la synagogue principale de Bialystock, et entassés jusqu'à ce qu'il n'y eût plus de place. Apeurés, ils se mirent à chanter et à prier à haute voix. C'est alors que Pipo Schneider ordonna l'un des massacres les plus monstrueux de cette semaine-là : il fit encercler et boucler le lieu de culte dans lequel étaient parquées 700 personnes. Il fit mettre le feu au bâtiment avec de l'essence. Des grenades furent lancées par les fenêtres afin d'augmenter l'efficacité de l'incendie. Les rares personnes qui tentèrent de s'échapper de la synagogue furent fauchées par des salves de mitrailleuse.

L'« action » de Bialystock, au cours de laquelle périrent environ 2 000 personnes au total, dont les 700 juifs brûlés dans la synagogue, ne fut pas menée à la suite d'ordres précis, mais de la propre initiative de quelques policiers fanatiques. Les autres hommes de ce bataillon de police se laissèrent entraîner ou répondirent « instinctivement » aux attentes. Des soldats de la 221e division de sécurité de la Wehrmacht, scandalisés, tombèrent sur leur commandant, le major Weis. Ce dernier, ivre, prétendit ne rien savoir de ce qui s'était passé.

Les fonctionnaires du bataillon de police 309, issus pour la plupart de Rhénanie-Westphalie, s'étaient transformés en bourreaux obéissants et zélés. Tous n'étaient pas des antisémites fanatiques comme Pipo Schneider ou des sadiques à la gâchette facile. Beaucoup agissaient – comme bon nombre de soldats SS – sous la pression du groupe. Leur image auprès de leurs camarades avait plus d'importance que le sentiment de solidarité avec les victimes. Les juifs n'appartenaient pas à la même espèce qu'eux. C'était également valable pour des unités très hétérogènes comme le bataillon de réserve de la police 101. Bien peu nombreux furent ceux qui tirèrent parti des possibilités de se soustraire aux tueries, ainsi que l'a montré Christopher Browning.

Au sein de la SS, cette troupe unie par le serment, l'obligation de se montrer « solidaires » était plus grande encore. Ainsi, le *SS-Scharführer* Schwenker, qui souhaitait être exempté du commando de fusillade, renonça à en faire la demande, craignant de « passer aux yeux des autres pour une lavette ». Il ajoute : « Je craignais que me montrer trop mou ne nuise à mon avenir. » Il voulait éviter que « les autres aient l'impression [qu'il n'était] pas aussi dur que devait l'être un SS ». Il avait donc cherché par d'autres moyens à rester à l'arrière-plan lors de ces tueries.

Les interventions contre des civils sans défense se succédant, une sorte d'effet d'accoutumance se produisit. Christopher Browning écrit : « En définitive, l'holocauste a pu se produire parce que, en considérant les choses simplement, des personnes isolées ont assassiné d'autres personnes par milliers sur une longue durée. Les coupables dont devenus des meurtriers "professionnels". »

« Pendant la guerre, on pouvait au moins essayer de se faire muter quand on appartenait à un Groupe d'intervention. Je l'ai fait moi-même et j'ai réussi... Après ma mutation, je n'ai pas été dégradé et je n'ai subi aucune conséquence négative, en dehors du fait que j'ai vécu en grave désaccord personnel avec Heydrich jusqu'à sa mort. Il y a certainement eu des cas où le fait d'avoir quitté un Groupe d'intervention a eu des conséquences négatives. Mais je ne me souviens d'aucun en particulier. En tout cas, pour

autant que je m'en souvienne, personne n'a été fusillé pour ce motif. L'Office central de Sûreté du Reich laissait aussi la possibilité de se déclarer volontaire pour le front ou d'être mis à la disposition d'un autre secteur. »
Franz Six, *SS-Oberführer*, Groupe d'intervention B, dans une déposition

Beaucoup s'abrutissaient d'alcool après les interventions. Un petit nombre seulement s'affranchissaient de la pression du groupe et refusaient de participer personnellement aux fusillades. Même s'ils étaient la risée de leurs « camarades », on ne dispose d'aucun exemple de mesure disciplinaire grave consécutive à un tel refus. Dans certains cas, la participation aux fusillades était laissée au gré de chacun. Suivant ses propres dires, le *SS-Sturmbannführer* Ernst Ehler réagit de la façon suivante en recevant l'ordre de la tuerie : « Cet ordre m'avait atteint comme un coup de massue, et je n'arrivais pas à comprendre qu'on ait pu ordonner une chose pareille. Je me suis terriblement creusé la cervelle pour trouver un moyen d'échapper à cette intervention, et j'ai pris la décision de demander à mon supérieur, le chef de Groupe d'intervention Nebe, de me décharger du commandement du Commando d'intervention 8. Nebe m'a donné satisfaction et m'a pris dans son état-major. » L'argument qui s'appuie sur l'obligation d'obéir aux ordres n'est pas à rejeter entièrement, mais – ainsi que le constate l'ancien procureur de Nuremberg Ferencz – bien des coupables s'adonnèrent au massacre avec une telle méticulosité et menèrent la chasse aux victimes en fuite avec tant de zèle que cet argument, dans bien des cas, est totalement irrecevable.

Comment étaient perçus ces actes en dehors de ce cercle relativement étroit ? Quelle était la position de la Wehrmacht vis-à-vis des massacres ? Bien souvent, ses soldats furent les témoins des exactions commises contre la population civile juive, des exécutions à proximité des villages, du meurtre d'innocents perpétré par des Allemands en uniforme. Mais il ne leur échappa pas non plus que les assassins portaient des uniformes et des insignes différents des leurs. « Ce n'étaient pas des membres de la Wehrmacht, mais des unités spéciales de la SS, relate l'ancien officier Peter von der Osten-Sacken se souvenant de sa première rencontre avec les escadrons de la mort. Peu après l'entrée des nôtres dans un village, les juifs furent rassemblés sur la place du marché. Un spectacle atroce. Et les soldats ne comprenaient pas. Ils disaient : "Qu'est-ce que ça veut dire, qu'est-ce que c'est que ces mesures ? Ce n'est pas possible, ce n'est pas de chez nous que ça vient !" Cette opposition, on la remarquait même chez les soldats. Pas chez tous, bien sûr ; il y en avait beaucoup qui se montraient indifférents. »

> *« Je crois que j'ai eu la certitude des massacres de juifs en décembre 1941, quand un officier muté à l'administration militaire, qui venait de l'Est, nous a fait des récits détaillés du massacre des juifs au nord de Kiev – à l'endroit qui allait s'appeler plus tard Babi Yar, et qui est aujourd'hui tristement célèbre. »*
>
> Walter Bargatzky, ancien commandant de la Wehrmacht et juriste à la kommandantur de Paris

Karl-Heinz Drossel, qui était à l'époque caporal au régiment d'infanterie 415, fut, lui, traumatisé par le spectacle d'une exécution menée par les SS à Dagda, en Lituanie. « J'ai vu un garçon de six ans peut-être, qui n'arrêtait pas de tendre la main vers la droite. Je suppose que son père se trouvait par là. Et alors le soldat qui était derrière lui a pris son pistolet et lui a tiré une balle dans la nuque, et il l'a envoyé dans la fosse d'un coup de pied. Là, pour moi, la coupe a débordé. Ce petit garçon n'a jamais cessé de m'accompagner. » Drossel agit en conséquence : plus tard, à Berlin, il sauva des juifs des griffes de la Gestapo.

Bien souvent, les soldats de la Wehrmacht furent employés comme « personnel auxiliaire de logistique » pour les fusillades de masse. Ils en furent les témoins. Les coupables ne furent pas très nombreux, mais trop nombreux, particulièrement dans les villes. Beaucoup réagirent avec horreur, d'autres avec dégoût. Peu d'entre eux protestèrent, rares sont ceux qui se posèrent des questions. Trop occupés par leur propre survie, certains ne surent jamais rien de ces crimes. Il y en eut d'autres, en revanche, pour applaudir, pour exciter les bourreaux des Groupes d'intervention et humilier encore les victimes à l'instant de leur mort. Parmi les soldats, certains tuaient aussi, souvent sur ordre, mais pas toujours. Dans les lettres aux familles, on trouve relativement peu d'allusions à cette première phase de l'extermination des juifs. Mais lorsque les soldats rentraient en permission, ils parlaient, souvent à demi-mot. Ainsi la nouvelle des fusillades en masse perpétrées à l'Est filtra-t-elle peu à peu.

Les actions meurtrières des Groupes d'intervention prirent des proportions gigantesques. Dans le bulletin d'information du groupe d'armées C, on lit : « Plusieurs mesures de représailles ont été prises dans le cadre d'actions de grande ampleur. La plus grande a eu lieu immédiatement après la prise de Kiev ; à cet effet ont été utilisés exclusivement des juifs avec toute leur famille. » Ce qui est rapporté dans les termes fleuris d'une langue bureaucratique est un massacre sans pareil. Le 29 et le 30 septembre 1941, dans la gorge de Babi Yar près de Kiev, 33 771 juifs furent fusillés par le Commando d'intervention 4a du Groupe d'intervention C.

> « La pénurie de logements qui se faisait ressentir, particulièrement à Kiev, du fait de l'ampleur des incendies et des explosions, put être comblée après la liquidation des juifs par l'attribution des logements libérés par les juifs. »
>
> Rapport de situation des Groupes d'intervention du 31 octobre 1941
>
> « Aujourd'hui encore, je me souviens de l'épouvante qui se saisissait des juifs quand ils se retrouvaient au bord de la fosse et qu'ils voyaient les cadavres en bas [...] On ne peut pas imaginer la résistance nerveuse que ça demandait, de faire cette sale besogne, là en bas. C'était horrible. »
>
> Kurt Werner, membre du Commando spécial 4a, dans une déposition sur le massacre de Babi Yar, le 29 et le 30 septembre 1941

Le 29 septembre 1941, immédiatement après la prise de Kiev par les troupes allemandes, on vit se mettre en marche une longue colonne humaine en direction de cette gorge. Des mères avec leurs bébés, des vieillards et des femmes, des jeunes et des enfants... Plus de 30 000 juifs quittèrent la ville en une interminable procession. Ils avaient obéi à un appel placardé la veille par les occupants sur tous les murs de la ville. Ceux qui ne répondaient pas à l'appel étaient menacés d'être immédiatement fusillés. Ceux qui s'étaient rassemblés sur le lieu indiqué, près du cimetière, n'avaient pas la moindre idée de ce qui les attendait. L'évacuation ? L'internement ? Dans ce cas, pourquoi leur demandait-on d'ôter leurs vêtements ? Une terreur mortelle les saisit lorsqu'ils se virent contraints d'avancer au milieu d'une haie de policiers qui faisaient pleuvoir sur eux les coups de gourdin. Mais ce n'était que le début. Ayant atteint la gorge après avoir été ainsi rossés, ils furent répartis en petits groupes et forcés de se coucher par rangées sur le sol. Puis le commando de fusillade entra en action. Une salve de MG, quelques pelletées de terre pour recouvrir grossièrement les cadavres, et déjà le groupe suivant était poussé dans le ravin.

> *« Des juifs en nombre incalculable étaient rassemblés là-bas, et il y avait aussi un endroit où ils devaient déposer leurs vêtements et leurs bagages. Au bout d'un kilomètre, j'ai vu une grande gorge naturelle. Le sol était sablonneux. La gorge était profonde d'environ dix mètres et faisait à peu près quatre cents mètres de long, sur environ quatre-vingts mètres de large en haut et environ dix mètres de large en bas. Tout de suite après mon arrivée sur le terrain des exécutions, j'ai dû descendre avec d'autres camarades au fond de ce creux. Nous n'avons pas attendu longtemps avant qu'on nous amène les premiers juifs. »*
>
> Kurt Werner, membre du Commando spécial 4a,
> dans une déposition sur le massacre de Babi Yar,
> le 29 et le 30 septembre 1941

Cette horrible procédure se répéta des heures durant. Epuisés par la tâche, les commandos d'assassins travaillaient par équipes, prenant une heure de pause après une heure de fusillade, jusqu'à la tombée de la nuit. Les gens encore en vie passèrent la nuit entassés dans des hangars ; certains croyaient encore à leur « transfert », mais furent détrompés au matin, lorsqu'ils furent abattus par les unités spéciales qui avaient repris des forces.

L'une des rares survivantes, Ludmilla Sheila Polischtschuk, se souvient : « Maman et moi avons été conduites jusqu'à un lieu de rassemblement. J'ai commencé à crier. Maman m'a attrapée par les mains et m'a dit : "Ma petite fille, ne crie pas, sinon ils vont nous tuer. Si tu te tais, peut-être que nous survivrons." Puis un commando de fusillade s'est mis en place. Mais maman n'a pas attendu le commando, elle s'est jetée avec moi dans le ravin et elle est tombée sur moi. Les unités spéciales ont commencé à nous recouvrir de cadavres. Après, ils ont fusillé un autre groupe. Maman sentait que j'étouffais sous elle, et elle m'a placé ses deux poings sous le cou pour que je ne me noie pas dans le sang. Après, j'ai entendu les soldats venir se mettre à la recherche des survivants. Par bonheur, un soldat s'est posté sur maman et a poignardé le blessé qui était à côté d'elle. Quand ils sont repartis, maman m'a retirée inconsciente et m'a transportée dans ses bras. A Podol, un quartier de Kiev, il y avait une fabrique de tuiles. Là, elle m'a déposée dans une cave. Nous sommes restées cachées quatre jours et quatre nuits. »

Le massacre dura trente-six heures. Les SS tentèrent de faire disparaître leurs traces, en faisant sauter la gorge à la dynamite.

Les assassins avaient scrupuleusement tenu leurs registres. 33 771 victimes, 150 assassins : Babi Yar devint à dater de ce jour le symbole de la barbarie allemande dans toute l'Union soviétique. D'après les estimations, dans la région de Kiev à elle seule, près de 200 000 personnes ont péri assassinées, fusillées, gazées.

> « Lorsque nous sommes passés près de la gorge après les fusillades, la terre bougeait comme les vagues sur un lac. Je suppose que toutes les victimes n'étaient pas encore mortes. Jamais je n'oublierai cette vision. »
>
> Walter Gehrke, soldat de la Wehrmacht à Babi Yar

Le responsable du massacre était le chef de Groupe d'intervention Paul Blobel. C'est également lui qui avait organisé les fusillades de Bjelaja Zerkow. Son père était un petit artisan et lui-même avait appris les métiers de maçon et de charpentier. Son ambition et son opiniâtreté l'aidèrent à acquérir une formation d'architecte sans avoir passé le baccalauréat et lui valurent la Croix de Fer de 1re classe durant la Première

Guerre mondiale. En 1920, il réussit à entrer dans un bureau d'architecture renommé, puis il épousa une jeune fille de bonne famille. En 1926, à l'âge de trente-deux ans, Paul Blobel connut le couronnement de ses ambitions : il était devenu architecte indépendant, était entré dans une famille de la bonne bourgeoisie, et était propriétaire de sa maison.

En 1929 arriva la crise économique mondiale. Les commandes cessèrent. Blobel en fut réduit aux indemnités de chômage et se retrouva face au néant. A la recherche d'un point d'appui politique, il devint membre de la SA en 1931 et, curieusement, entra en même temps au SPD. Au début de l'année 1932, il paraissait avoir trouvé sa voie : il comptait parmi les premiers membres du Service de sécurité de la SS (SD). Ce service incluait l'espionnage des sociaux-démocrates et des communistes. C'était la deuxième chance de l'ambitieux Blobel. Absence de scrupules, loyauté et fidélité inconditionnelles à l'idéologie raciste nazie : ces qualités étaient des conditions importantes pour grimper dans la hiérarchie du SD. De plus, Paul Blobel était intelligent, mais ce n'était pas un intellectuel. Il était donc tout désigné pour les missions meurtrières qu'il conduisit ultérieurement. Au début de l'année 1941, il était déjà *Standartenführer*, au grade de colonel. Blobel paraissait fait pour les « missions spéciales à l'Est » car il était – c'est ainsi qu'on le jugea – une « personnalité énergique » possédant « d'excellentes qualités de chef ».

> « Je n'ai plus en tête le nombre exact des personnes exécutées. En faisant une grossière estimation, dont je ne peux pas garantir l'exactitude, je suppose que le nombre des exécutions auxquelles le Commando spécial 4a a participé se situe entre 10 000 et 15 000. »
>
> Déclaration sous serment de Paul Blobel,
> chef de Commando spécial, Nuremberg, 1945

« Dans le Groupe D, je n'ai jamais permis à des personnes isolées de procéder à des fusillades ; au contraire, j'ai ordonné que plusieurs personnes tirent en même temps, afin d'éviter la responsabilité directe et personnelle. »

Déclaration sous serment d'Otto Ohlendorf, chef du Groupe d'intervention D, Nuremberg, 1945

Sous son commandement, le Commando spécial 4a du Groupe d'intervention C assassina environ 60 000 personnes, des hommes, des femmes, des enfants. « Et il tuait avec conviction, dit l'homme qui devait être son procureur, Benjamin Ferencz. Son habitude d'invoquer invariablement les ordres supérieurs tournait à la farce. » Au début de 1942, toutefois, Blobel fut rappelé dans le Reich, très probablement en raison de ses problèmes d'alcoolisme, dus au fait qu'il ne supportait plus ses crimes, ni moralement ni physiquement. Cinq mois plus tard à peine, l'Office central de Sûreté du Reich (RSHA) le renvoya en « mission » : l'« Action 1005 » devait effacer toutes les traces des massacres. Le SS, officiellement « stabilisé », remplit cette mission avec bravoure. Il fit ouvrir les fosses communes, brûler les cadavres sur des grilles de fer aspergées de pétrole, réduire en poudre les restes d'ossements dans des moulins spéciaux.

« Pendant ma visite du mois d'août, j'ai inspecté en personne l'incinération des cadavres dans une fosse commune près de Kiev. Cette fosse mesurait environ 55 mètres de long, 3 mètres de large et 2,50 mètres de profondeur. L'opération consistait à enlever les bâches et à recouvrir les cadavres d'un combustible auquel on mettait le feu. Il fallait environ deux jours pour que la fosse soit entièrement brûlée... Ensuite, la fosse était refermée, et toutes les traces étaient pratiquement effacées. »

Déclaration sous serment de Paul Blobel, chef de Commando spécial, Nuremberg, 1945

Après la guerre, à Nuremberg, l'accusé Paul Blobel ne manifesta aucun remords. Il était toujours convaincu de sa condition d'homme supérieur, formula des regrets – comme Ohlendorf – pour les bourreaux, et non les victimes. Les bourreaux, selon lui, « étaient à bout de nerfs, plus que ceux qui devaient être fusillés, là en bas ». Les derniers mots de cet homme exécuté pour « crimes contre l'humanité » furent : « J'ai observé la discipline et la fidélité en soldat... Et maintenant, la discipline et la fidélité m'amènent au gibet. Aujourd'hui encore, je me demande comment j'aurais pu agir autrement. » Comment imaginer une compréhension plus pervertie de la condition de soldat ?

Blobel était de ceux qui tuaient par conviction, mais dont le psychisme en était affecté. Beaucoup souffraient des crimes qu'ils commettaient : dépressions nerveuses, alcoolisme, ulcères à l'estomac, maladies psychosomatiques. D'autres, en revanche, s'adonnaient sans retenue au sadisme, cognant et assassinant de façon arbitraire. Gustav Fix, membre du Commando spécial 6, déclara lors du procès des Groupes d'intervention : « Je voudrais encore faire remarquer que, du fait du fardeau moral que représentaient ces exécutions, beaucoup d'hommes n'étaient plus capables de participer aux fusillades, et devaient être remplacés. D'autres par contre n'en avaient jamais assez et se déclaraient volontaires pour ces exécutions. » Boris von Drachenfels, membre de l'*Orpo* en 1941, témoigne : « Il y avait tous les jours plus de trente gars, parfois cinquante ou soixante, qui voulaient se faire porter malades. Mais, en général, il n'y en avait qu'une partie qui était acceptée. Ceux-là, on leur donnait des comprimés. Et il y avait des crises de nerfs, comme on l'a raconté. Il y avait des suicides, et des transferts dans des maisons de fous. »

La manière dont les coupables ont relaté ce phénomène plus tard, à Nuremberg, est caractéristique : leur compassion

Un officier de police allemand achève des femmes juives qui, après la « liquidation » du ghetto de Mizocz, en Ukraine, donnent encore des signes de vie.

allait généralement aux meurtriers, et non pas aux victimes. Une déposition de Kurt Werner, membre du Commando spécial 4a, en est l'illustration : « Les soldats se mettaient derrière les juifs et les tuaient en leur tirant dans la nuque... On ne peut pas imaginer la résistance nerveuse que ça demandait, de faire cette sale besogne, là en bas. C'était horrible... J'ai dû passer toute la matinée en bas, dans le ravin. J'ai été obligé de tirer sans m'arrêter un temps interminable... »

Les meurtriers étaient des SS, des nationaux-socialistes convaincus et des racistes fanatiques, mais aussi des membres de bataillons de police qui paraissaient peu prédestinés à devenir des assassins. Leurs chefs exigèrent d'eux des monstruosités, et leur maître, le *Reichsführer SS* Heinrich Himmler, le savait. Il s'inquiétait du sort de ceux qui étaient chargés d'exécuter les massacres qu'il avait décidés.

> « Après une étude minutieuse avec le *SS-Brigadeführer* Zenner et le chef du SD, le *SS-Obersturmbannführer* Dr Strauch, qui s'est montré d'une remarquable efficacité, nous avons liquidé environ 55 000 juifs en Biélorussie au cours des dernières semaines. Dans le secteur de Minsk, le judaïsme est totalement éradiqué. »
>
> Wilhelm Kube, commissaire général de Biélorussie, dans un rapport du 31 juillet 1942

Ainsi, il indiqua dans un ordre diffusé le 12 décembre 1941 aux « chefs supérieurs de la SS et de la police » qu'ils avaient le « devoir » de se montrer « soucieux » du bien-être de leurs hommes : « Le devoir sacré des chefs et commandants supérieurs est de veiller personnellement à ce qu'aucun des hommes qui ont à accomplir cette lourde tâche ne se transforme jamais en brute ou ne soit amené à souffrir de troubles de l'humeur ou du caractère. Cette tâche pourra être assurée grâce à l'observation d'une discipline sans faille pendant les obligations du service, et à la détente procurée par les soirées passées dans une atmosphère de camaraderie à la fin d'une journée occupée par cette tâche difficile. Mais les soirées entre camarades ne devront jamais se terminer par un usage immodéré de l'alcool. Ce sera une soirée que – dans la mesure du possible – l'on passera assis à table, à manger et à boire dans la meilleure tradition familiale allemande, et dont les heures seront remplies avec de la musique, des exposés, qui guideront nos hommes dans les belles hauteurs de l'esprit et de l'âme allemands. » Ce que souhaitait Himmler, c'était un sinistre croisement entre la « normalité » et le massacre.

Il importait au *Reichsführer* que l'on assassine de façon « convenable », que les formes soient observées, qu'aucun « bas instinct » comme le sadisme ou l'appât du gain, qui conduisait à voler les victimes, n'intervienne. Sa vision pervertie du monde lui faisait condamner ces manquements, mais pas l'extermination de centaines de milliers de personnes. Les grands chefs de la SS n'étaient, certes, pas les seuls à avoir une curieuse notion des « convenances ». Un soldat SS, Ernst Göbel, relata plus tard des faits concernant un chef de peloton : « C'était brutal, la façon dont [il] tuait les enfants. Il en prenait certains par les cheveux, les soulevait de terre, leur tirait une balle derrière la tête et les jetait dans la fosse. Au bout d'un moment, je n'ai plus pu le regarder faire et je lui ai dit d'arrêter... De les tuer de façon plus convenable. »

Inlassablement, Himmler tentait d'imprégner le cerveau de ses hommes en leur répétant qu'ils étaient appelés à accomplir une grande œuvre, une œuvre idéaliste qui, bien que dure et cruelle, assurait au bout du compte la survie de leur propre peuple. Il ne rencontra aucune contradiction au sein de la hiérarchie SS ou de la police, et encore moins pendant le tristement célèbre discours qu'il prononça devant les officiers de la SS et de la police réunis le 6 octobre 1943 à Poznan : « La plupart d'entre vous savent sans doute ce que ça veut dire, de voir cent cadavres gisant par terre, de voir cinq cents cadavres par terre. Avoir tenu bon et – hormis quelques faiblesses humaines exceptionnelles – être restés convenables, c'est ça qui nous a rendus durs. C'est une page illustre de notre histoire qui n'a jamais été écrite jusqu'ici et qui ne sera plus jamais à écrire. »

Dès le début, Himmler s'était préoccupé du moral des meurtriers. A plusieurs reprises, il alla se rendre compte sur place de leurs agissements.

« Mais le lieu de l'exécution se situe le plus souvent à 10 ou 15 kilomètres des voies de circulation ; il est déjà difficilement accessible du fait de sa situation et, par temps humide ou temps de pluie, pas du tout. Quand on transporte ou conduit les gens à

> exécuter dans ces endroits, ils comprennent immédiatement ce qui se passe et commencent à s'agiter, ce qui doit être évité dans la mesure du possible. »
>
> « Il y a des commandos qui font faire le déchargement par leurs propres hommes après le gazage. J'ai attiré l'attention des commandants des commandos concernés sur l'incroyable ampleur des dommages psychiques et physiques que ce travail peut causer aux hommes, peut-être pas tout de suite, mais plus tard. »
>
> Le *SS-Untersturmführer* Dr Becker
> au *SS-Obersturmbannführer* Rauff
> à propos de l'utilisation des camions à gaz

Le « chef supérieur de la SS et de la police » Erich von dem Bach-Zelewski, soucieux de la santé de ses troupes, avait eu à cœur d'attirer l'attention de Himmler sur les conséquences tragiques de leur métier de meurtrier. « Regardez les yeux des gens, ces gens sont à bout de nerfs pour le restant de leur vie. Nous élevons ici des névrosés et des sauvages ! » aurait-il plaidé.

Himmler montra de la « compréhension », ce qui ne l'empêcha pas de prêcher la bonne parole aux soldats en leur expliquant que leur mission était nécessaire, qu'ils devaient se débarrasser de leurs scrupules, qu'ils ne portaient aucune responsabilité, celle-ci incombant à lui-même et à Hitler. Qu'il fallait mener des batailles afin de les épargner aux générations futures. Pourtant, le *Reichsführer* et ses cadres cherchèrent des moyens de rendre l'assassinat moins « perturbant ». Simon Wiesenthal qui, après la guerre, lança des avis de recherche contre les criminels et chercha aussi à trouver les raisons de l'holocauste, le décrit simplement : « Bien des criminels se sont suicidés parce qu'ils ne pouvaient plus supporter les assassinats. Ceux qui avaient trois enfants qui les attendaient chez eux et qui tuaient eux-mêmes des enfants n'étaient plus les mêmes. Aussi a-t-on cherché des moyens de tuer impersonnels. C'est de cette façon qu'on en est arrivé au gaz. »

> *« Les gens doivent être mis à mort avec les gaz d'échappement du Diesel. Mais le Diesel ne fonctionne pas ! Le capitaine Wirth arrive. On voit qu'il est contrarié, car il faut que cela se passe aujourd'hui, juste le jour où je suis là... Les gens attendent dans leurs chambres à gaz. En vain. On les entend pleurer, sangloter... Au bout de 2 heures et 49 minutes – le chronomètre a tout enregistré –, le Diesel se met en marche. Jusque-là, les gens avaient été entassés dans ces quatre chambres, quatre fois 750 personnes dans quatre fois 45 mètres carrés ! Vingt-cinq minutes passent à nouveau. C'est vrai, il y en a beaucoup qui sont morts maintenant. On le voit à travers la petite fenêtre par laquelle la lumière électrique éclaire un instant la chambre. Au bout de 28 minutes, quelques-uns seulement sont encore en vie. Enfin, au bout de 32 minutes, tout le monde est mort ! »*
>
> Kurt Gerstein, « hygiéniste » SS,
> dans son récit écrit en détention

C'est dans des camions transformés en wagons à gaz que commença l'assassinat au gaz invisible, le monoxyde de carbone. Le *SS-Standartenführer* Walter Rauff déclarera plus tard : « Je ne peux pas dire que j'avais à l'époque des scrupules à utiliser les camions à gaz. Pour moi, ce qui comptait, c'était que les fusillades étaient un lourd fardeau pour les hommes qui s'en occupaient et que ce fardeau disparaissait avec l'utilisation des camions à gaz. » Ce n'était que le début. Bientôt, il ne s'agit plus seulement de ménager les tueurs, mais aussi de donner aux exécutions de masse une nouvelle dimension : il fallait tuer par millions, mécaniquement, avec précision.

C'est alors que sonna l'heure des « élèves » d'Eicke. Ils n'étaient pas seulement marqués par le délire nazi et par la haine des juifs, mais aussi par les méthodes barbares des maîtres des camps. Rudolf Höss devint commandant d'Auschwitz, Max Kögel commandant de Majdanek. Adolf Eichmann, qui avait exercé à Dachau sous le commandement d'Eicke, devint l'organisateur de l'holocauste au sein du RSHA.

Lorsque fut installé le camp de concentration d'Auschwitz, les bourreaux en chef eux-mêmes n'avaient pas encore pris la mesure du crime qu'ils allaient bientôt y commettre. A l'arrivée du *SS-Hauptsturmführer* Rudolf Höss sur le site, fin avril 1940, il était, selon son propre témoignage, plein de zèle. Il avait la mission de métamorphoser cette caserne d'artillerie en un « camp de concentration convenable ».

En souvenir du « bon vieux temps », il fit inscrire la devise cynique *Arbeit macht frei* (« Le travail rend libre ») au-dessus de la porte d'entrée, comme à Dachau. Mais, hormis cela, le tout nouveau commandant ne voulut plus entendre parler des temps anciens. « Dès le début, j'avais compris que l'on ne pourrait faire d'Auschwitz quelque chose d'utile qu'avec le travail opiniâtre et inlassable de tous, depuis le commandant jusqu'au dernier détenu. Mais pour pouvoir mettre tout le monde au travail, il me fallait rompre avec tous les usages, avec tout ce qui était devenu traditionnel dans le camp », indiquera-t-il plus tard.

> *« Dès le printemps 1942, il y eut dans le ghetto de Varsovie des rumeurs disant que les Allemands faisaient des expériences sur le gaz, sur les gaz d'échappement des voitures, que des gens étaient emmenés dans des baraques, et que là, on mettait le gaz, et qu'ils étaient tués de cette façon... J'ai fait partie des nombreuses personnes qui n'y croyaient pas, à l'époque. »*
>
> Marcel Reich-Ranicki, ancien du ghetto de Varsovie

Eicke voyait dans les détenus, avant tout, les ennemis concrets de l'Etat et du peuple. Höss, lui, définissait les

Un geste de la main décide de la vie et de la mort : la « sélection » sur le quai d'Auschwitz.

opposants de manière nouvelle et éliminatoire : selon lui, l'avenir du peuple allemand dépendait de la manière dont il se nettoyait des « éléments parasites ». Höss, ambitieux et sans états d'âme, devait se révéler un commandant extrêmement efficace à Auschwitz.

Son curriculum vitæ est caractéristique de l'époque. Enfant, il était dirigé d'une main ferme par son père, un marchand du pays de Bade. Fervent catholique, il voulait devenir prêtre. Mais, alors qu'il était encore écolier, ses convictions chancelèrent par la faute d'un curé qui avait rompu le secret de la confession.

La Première Guerre mondiale lui offrit une nouvelle perspective, comme à tant de futurs membres de la SS. Immédiatement, elle renforça son attrait pour la chose militaire, pour l'uniforme, pour l'ordre.

« Höss menait une vie de famille exemplaire et il était la modestie en personne, ponctuel, précis. »

Adolf Eichmann

Bien qu'il n'eût pas encore seize ans, Höss réussit à être admis dans l'armée. Comme bien d'autres, c'est dans les tranchées que la nouvelle recrue apprit à administrer la mort sans états d'âme. Et comme bien d'autres, dénué de repères après la défaite, il rejoignit les corps-francs, et fut condamné à dix ans d'emprisonnement pour actes de violence politique. Les règles claires et nettes de la vie en prison en imposèrent à Höss. Il s'efforça d'être un détenu modèle, au sein de cet environnement au cadre rigide dans lequel il pouvait se couler. Sa récompense : au bout de moins de six années de détention, il fut libéré.

Fuyant le désordre spirituel de la première République allemande, il se réfugia dans l'idéal romantique d'une vie sobre de paysan. Mais lorsque Himmler procéda au recrutement de nouveaux SS en 1934, Höss se décida pour l'Ordre noir et tomba dans la machine du programme d'aguerrissement d'Eicke. Il se montra un élève appliqué : l'obéissance inconditionnelle, la discipline de fer dans un esprit de soumission à la cause, selon ses propres dires, allaient de soi. Les valeurs bourgeoises ? Il était évident à ses yeux qu'elles ne comptaient pas pour des hommes qui considéraient le régime comme l'ennemi. Son zèle le décrit tout entier : lorsque le barbelé vint à manquer lors de l'aménagement du camp, il en fit dérober. C'est l'objectif à atteindre qui primait. Et cet objectif était fixé par d'autres que lui, c'était ce dont il se persuadait régulièrement. Höss était de ceux qui ont toujours besoin d'un supérieur. Après la guerre, il rejeta toute responsabilité de ses actes : il n'avait fait qu'obéir aux ordres.

« Globonick dit : "Toute cette affaire est l'une des choses les plus confidentielles actuellement, si ce n'est la plus confidentielle. Si quelqu'un en parle, il sera immédiatement fusillé." Deux bavards venaient d'ailleurs d'être fusillés... "Vous serez chargé en particulier de la désinfection des articles textiles, et il y a beaucoup à faire... Vous aurez aussi à remplir une tâche bien plus importante, celle de transformer nos chambres à gaz, qui fonctionnent pour le moment avec des gaz d'échappement de Diesel, en quelque chose de plus efficace et de plus rapide. Je pense en particulier à l'acide cyanhydrique." »

Kurt Gerstein, « hygiéniste » SS,
dans son récit écrit en détention

Les premiers prisonniers transférés à Auschwitz furent trente membres du « personnel méritant » du camp de concentration de Sachsenhausen. La tâche qui leur incombait était la surveillance des détenus en tant que kapos, doyens de block et de chambre. Ils n'étaient pas tenus au travail physique. Ils bénéficiaient d'une meilleure nourriture, portaient de hautes bottes de cuir et des uniformes de détenus taillés sur mesure. *Divide et impera*, « Diviser pour régner », comme l'écrit Höss avec pédanterie dans ses notes, telle était leur devise. La répartition des pouvoirs attribuait à chacun sa place dans la hiérarchie du camp, faisait de chacun une pièce du système, transformait aussi les victimes en coupables. C'était le signe distinctif du monde du camp.

« Ils ouvrirent les portes et nous accueillirent avec des coups. Des coups, pour nous faire sortir plus vite des wagons. Dans les wagons, il ne resta plus que de vieilles personnes et des enfants qui avaient été écrasés ou avaient péri d'une manière ou d'une autre. »

Shlomo Dragon, juif polonais

> « Dans le coin, il y a un SS costaud qui dit d'une voix de bon pasteur aux malheureux : "Il ne vous arrivera absolument rien. Dans les chambres, il vous faudra simplement respirer bien profondément, ça élargit les poumons, cette inhalation est nécessaire à cause des maladies et des épidémies." »
>
> Kurt Gerstein, « hygiéniste » SS,
> dans son récit écrit en détention

A coups de bâton, à coups de pied et sous les hurlements, les premiers détenus polonais sont chassés à l'intérieur des baraquements de la caserne par les kapos arrivés trois semaines plus tôt. Les détenus étaient des combattants clandestins, des politiques, des représentants de l'intelligentsia polonaise, des religieux et des juifs. Le « premier chef du camp de détention préventive », Karl Fritzsch, bras droit du commandant du camp, gratifia les arrivants d'une allocution qui leur ôta tout espoir de quitter cet endroit vivants : « Vous n'êtes pas dans un sanatorium, mais dans un camp de concentration allemand dont il n'y a qu'un moyen de sortir, la cheminée. S'il y a quelqu'un à qui ça ne plaît pas, qu'il aille tout de suite se jeter dans les barbelés. S'il y a des juifs dans le transport, ils n'ont aucun droit de vivre au-delà de quinze jours. Les religieux pourront vivre un mois, tous les autres, trois mois. »

Après l'attaque de l'Union soviétique, le camp se remplit de prisonniers de guerre russes. En se référant au *Kommissarbefehl*, l'ordre concernant les commissaires politiques émis des mois auparavant, Reinhard Heydrich fit mettre à part et éliminer tous les fonctionnaires, notamment les « révolutionnaires de métier et les commissaires du peuple ». Les crimes ne devaient pas avoir de témoins, aussi les camps de concentration furent-ils désignés pour leur exécution.

C'est le 5 septembre 1941 que la SS utilisa pour la première fois à Auschwitz la préparation d'acide cyanhydrique Zyklon B pour assassiner ses victimes. Le test fut couronné de « succès », les bourreaux se montrèrent satisfaits : près de 600 soldats soviétiques et environ 300 détenus malades avaient trouvé la mort par gazage. On avait découvert le moyen miracle pour perpétrer des massacres collectifs à Auschwitz. L'« avantage » du Zyklon B sur les exécutions collectives effectuées durant la même période dans le camp paraissait évident : la mort était plus rapide et meilleur marché, mais elle était aussi plus « humaine » – pour les assassins, pas pour les victimes. Le commandant du camp Rudolf Höss déclarera plus tard : « Je le dis très franchement, le gazage m'a procuré du soulagement, parce que la date prévue pour l'extermination en masse des juifs approchait. J'ai toujours appréhendé les fusillades. J'étais donc tranquillisé à l'idée que tous ces bains de sang nous seraient épargnés. »

« Lorsque j'ai construit le bâtiment d'extermination à Auschwitz, j'ai donc utilisé du Zyklon B, un acide cyanhydrique cristallisé, que nous introduisions dans la chambre de mise à mort par une petite ouverture. Il fallait 3 à 15 minutes, suivant les conditions climatiques, pour tuer les gens dans la chambre de mise à mort. »

Rudolf Höss, commandant d'Auschwitz, dans une déclaration sous serment à Nuremberg du 5 avril 1946

« Le Zyklon B introduit de l'extérieur commence par répandre ses gaz mortels à la hauteur du sol. Les couches supérieures d'air ne sont atteintes que peu à peu. C'est pourquoi les malheureux se piétinent mutuellement en se grimpant dessus. Plus ils se trouvent haut, plus ils sont atteints tard par le gaz. Quelle terrible bataille pour deux minutes de survie ! »

Miklos Nyiszli, médecin hongrois déporté

> « Dans les chambres, les morts sont comprimés les uns contre les autres à la verticale comme des colonnes de basalte. Il n'y aurait d'ailleurs pas de place pour tomber ou pour simplement se pencher en avant. »
>
> Kurt Gerstein, « hygiéniste » SS, dans son récit écrit en détention

Les détenus n'étaient pas pour autant préservés de la cruauté individuelle. Les bastonnades avaient lieu quotidiennement et l'imagination sadique des bourreaux était sans limites. Dans le camp de base, les interrogatoires au moyen de la « balançoire » jouissaient d'une sinistre réputation. Le détenu était tenu de joindre les mains devant ses genoux ramenés vers lui. On lui enfermait alors les poignets dans des menottes, devant les jambes. On passait ensuite une lourde barre de fer entre ses coudes et ses genoux. La barre était posée sur deux blocs de bois, de sorte que le détenu était suspendu tête en bas. Les gardes le fouettaient alors avec un nerf de bœuf, sur les fesses, les parties génitales et la plante des pieds nus. Les coups étaient si violents que la victime effectuait des tours entiers sur elle-même. Lorsque ses cris devenaient trop forts, on lui appliquait un masque à gaz. Beaucoup moururent à Birkenau non pas parce qu'ils s'étaient rendus coupables d'un banal « manquement », mais simplement pour servir d'amusement au personnel du camp. Il arrivait que les responsables choisissent leurs victimes parfaitement au hasard. Ils forçaient le malheureux à se coucher sur le ventre à même le sol, lui posaient un bâton sur la nuque, sautaient dessus de tout leur poids et lui brisaient le cou.

On assistait à des scènes apocalyptiques : « Des kapos aux yeux fous se frayaient un chemin parmi des groupes de détenus, pendant que des SS tiraient de côté avec leur arme sur la hanche comme les cow-boys de la télé égarés dans un film

Un sadisme sans bornes : dans le camp de concentration de Buchenwald, des déportés sont suspendus aux arbres à titre de punition (1941).

d'horreur grotesque », raconte le déporté Rudolf Vrba, qui survécut à l'horreur. Les fugitifs abattus pendant leur tentative de fuite étaient exposés sur la place de l'appel. Des SS leur accrochaient autour du cou des écriteaux portant l'inscription : « Hourrah, hourrah, nous revoilà ». Ceux qui étaient encore vivants étaient pendus sous les yeux de leurs codétenus.

Afin d'alléger la tâche des bourreaux, la direction du camp s'efforçait de leur aménager une « compensation par les loisirs ». Les SS d'Auschwitz passaient leur temps libre au sauna, au stade de foot ou au bordel. Au camp de Buchenwald, une fauconnerie avait été installée spécialement pour Hermann Göring, ainsi qu'un manège pour la femme de Koch, le commandant du camp.

Les cadres supérieurs étaient généralement logés avec leur famille dans des maisons individuelles, ou à deux familles. Les maisons jumelées ou mitoyennes possédaient de petits jardins et étaient disposées en couronne autour des autres quartiers du camp. Rudolf Höss attachait beaucoup d'importance à l'entretien de l'environnement, comme en témoigne l'un de ses ordres : « Les jardins récemment aménagés constituent un ornement du camp. Il devrait aller de soi pour chaque soldat SS de protéger ces jardins et de ne pas détériorer les plates-bandes en les piétinant. » De plus, les soldats étaient priés par leur commandant de cultiver eux-mêmes leur jardin. « Les chefs, sous-chefs et simples soldats SS mariés ne sont autorisés à clôturer les jardins qu'en fonction de la surface qu'ils sont en mesure de cultiver eux-mêmes. Il n'est pas possible de détacher des détenus pour le jardinage, ceux-ci étant affectés à des travaux plus urgents. » Par là, on entendait le travail forcé pour l'industrie de la SS.

Höss ne ménageait pas ses efforts pour que ses gardiens soient soudés : l'organisation de « fêtes de camaraderie » ou de compétitions sportives cultivait leur esprit de corps. La large palette des ordres de la kommandantur permet d'avoir un aperçu de la vie sociale, telle cette invitation à une soirée entre camarades : « Une soirée de camaraderie aura lieu le 16 août 1940 pour tous les soldats SS du KL d'Auschwitz, dans le bâtiment du théâtre qui se trouve derrière le camp de détention préventive. Elle commencera à 19 heures. Les places devront être retirées avant 18 h 50. Le chef du camp de détention préventive devra faire en sorte que les kommandos rentrent suffisamment tôt pour que les soldats SS soient libérés au plus tard à 18 h 50. Les femmes et les fiancées des SS qui se trouvent actuellement à Auschwitz sont invitées à la soirée de camaraderie. »

Des manifestations sportives étaient aussi organisées. A la veille de l'invasion de l'Union soviétique, on fit passer à

Auschwitz l'ordre suivant : « Des tournois d'athlétisme se dérouleront sur le terrain de sport de l'association sportive de la SS à l'occasion du solstice d'été du 21 juin 1941. Ce jour-là, seuls sortiront les kommandos de travail des entreprises vitales, afin de donner aux compagnies la possibilité de participer massivement à cette manifestation sportive. Aucun congé ne sera accordé pour ce jour-là. » Et trois semaines plus tard, tout juste après que Hitler eut déclenché la guerre d'extermination à l'Est : « Le dimanche 13 juin 1941 se dérouleront sur notre terrain de sport trois compétitions de handball et de football. Les matchs s'organiseront comme suit : de 14 h à 15 h 30 : l'équipe de football SS Têtes de mort contre l'association sportive d'Altberun. De 16 h à 17 h 30 : l'équipe de handball SS contre l'association sportive de Birkental. De 17 h à 18 h : l'équipe de football SS contre l'association sportive de Birkental. L'entrée à ces jeux coûtera 10 Reichsmark. »

La dernière étape du crime historique n'était pas encore franchie. La mort industrielle commença à être administrée à Auschwitz quelques mois après les premiers gazages. Le block 11, dans lequel le premier groupe de victimes fut assassiné au Zyklon B, se révéla peu approprié. L'aération de la pièce avait pris plusieurs jours – un délai trop long pour l'objectif visé, tuer de manière « efficace ». Le deuxième gazage eut donc lieu dans le crématorium, qui disposait d'un système d'aération et d'extraction. On perça dans le plafond plusieurs trous de soufflage pour le Zyklon B. On mit des moteurs de camion en route afin de couvrir les cris des mourants. La première chambre à gaz fut mise en service – mais pas encore pour les juifs.

Car, pour cela, il fallait une décision. C'est en raison des difficultés rencontrées dans la guerre d'extermination de Hitler qu'elle tomba. A l'automne 1941, Hitler en arriva de plus en plus souvent à aborder la « question juive ». Le dictateur se cassait les dents sur l'empire de Staline, qu'il avait gravement sous-estimé. Mais il n'était pas question pour lui d'en assumer la responsabilité. La guerre, selon lui, était le produit d'une conjuration internationale. Et ceux qui tiraient les ficelles devaient payer : les juifs devaient donc payer pour le sang allemand versé sur le front. C'est le chef de la SS en personne, Himmler, qui annonça à Rudolf Höss la décision que sa folie avait soufflée au dictateur. Les circonstances à elles seules indiquent qu'il s'agit d'une rencontre tout à fait spéciale. Car, contrairement à ses habitudes, le *Reichsführer SS* reçut son visiteur sans la présence d'un officier d'ordonnance. Himmler annonça au commandant du camp que le *Führer* avait ordonné la « solution finale de la question juive ». D'après les souvenirs de Höss, il ne laissa planer aucun doute sur ce qu'il fallait entendre par « solution finale » : « Les juifs sont les ennemis éternels du peuple allemand et doivent être exterminés. Tous les juifs que nous pourrons prendre sont à éliminer sans exception. Si nous ne réussissons pas à détruire les bases biologiques du judaïsme, les juifs finiront par détruire le peuple allemand. » Himmler poursuivit en indiquant qu'il avait choisi Auschwitz en raison de sa commodité d'accès et de sa situation isolée. Höss avait conscience de la monstruosité de cet ordre mais, national-socialiste fanatique, il obéit aveuglément à l'ordre de son *Führer*. De surcroît, il se sentit flatté d'avoir été choisi pour résoudre une question aussi décisive. Il voulut donc se montrer digne de cette confiance. « Une seule chose comptait désormais pour moi : aller de l'avant, pousser en avant [...] afin de pouvoir exécuter les ordres. » Mais il lui fallait attendre encore. Himmler n'avait pas donné d'indications précises sur la manière de s'y prendre pour cette « solution finale ». Seul l'objectif avait été défini : l'extermination totale des juifs d'Europe.

> « Pendant le trajet, j'ai vu de grands bâtiments. Ça se présentait pratiquement comme une usine, avec une immense cheminée, et Höss m'a dit alors : "Il y en a, là, de la capacité ! Dix mille !" »
>
> Adolf Eichmann, en 1956, pendant son exil en Argentine

> « Comme chacun sait, tous les soldats SS du *KL* d'Auschwitz ont reçu des instructions et se sont engagés par serment à garder le silence sur toutes les informations qu'ils reçoivent, dans le cadre de leur service, sur les installations et les événements du *KL*. Il est opportun de rappeler que tout manquement à cet engagement pris par serment sera considéré comme un crime de trahison. »
>
> Ordre de la kommandantur n° 8/42, camp de concentration d'Auschwitz

C'est à la conférence de Wannsee, le 20 janvier 1942, que le terrain fut préparé. C'est dans ce cadre bucolique, bien loin d'Auschwitz et de l'horreur au quotidien, que fut mise au point la logistique du crime du siècle. Dès le 26 mars 1942 arrivait le premier convoi organisé par Eichmann : des femmes juives slovaques, qui furent logées dans les baraques précédemment occupées par les Russes. Sur les dix mille soldats soviétiques qui avaient été déportés dans le camp, il en restait moins d'un millier en vie.

En septembre 1941, la construction d'un nouveau camp avait commencé pour étendre la capacité d'Auschwitz. Le commandant Höss activait les travaux avec une sévérité impitoyable. Les déportés russes et polonais avaient été chargés de détruire les maisons du petit village proche de Birkenau. Des baraques sommaires s'élevaient maintenant à la place. Prévu à l'origine pour être un camp de prisonniers de guerre, Birkenau devait devenir le centre de la tuerie industrielle, une usine de mort pour les juifs d'Europe.

« Tout près de la petite gare à deux voies se trouvait une petite baraque, que l'on appelait la garde-robe, comprenant un grand guichet à objets de valeur [...] Puis une petite allée, sous les bouleaux, flanquée d'une double rangée de barbelés, avec l'indication : "Vers les salles d'inhalation et les salles de bains". Devant nous, une sorte d'établissement de bains avec des géraniums, puis un petit escalier et, de part et d'autre, trois pièces de chaque côté, mesurant 5 x 5 mètres, sur 1,90 mètre de hauteur, avec des portes semblables à des portes de garage. Sur le mur du fond, à peine visible dans l'obscurité, de grandes portes de bois donnant sur des plates-formes. Sur le toit, un petit clin d'œil très fin, l'étoile de David ! »

Kurt Gerstein, « hygiéniste » SS,
dans son récit écrit en détention

A l'extérieur du nouveau camp, au bord d'un petit bois, s'élevaient deux jolies maisons rurales bien proprettes. Entourées d'arbres fruitiers, le toit couvert de chaume, elles constituaient un camouflage parfait pour ce qui se passait à l'intérieur. Elles paraissaient suffisamment inoffensives pour tromper les victimes jusqu'au dernier moment. Sur les portes, les assassins avaient fixé des écriteaux indiquant : « Désinfection » et « Salle de toilette ». A côté des bunkers I et II, comme on appelait désormais les maisons, trois baraques avaient été construites pour servir de salles de déshabillage. A la fin du mois de juin 1942, les deux bunkers étaient « prêts à fonctionner ».

« Quand je repense à tout cela, je me sens coupable, parce que nous avons commis une injustice. Toute cette histoire avec les juifs était un crime. Je le regrette et j'ai des remords d'y avoir participé. »

Karl Frenzel, *SS-Oberscharführer* à Sobibor,
condamné à la détention à perpétuité en 1966
à Hagen pour sa participation à la mort
d'au moins 150 000 personnes

> « C'était un sadique et un meurtrier brutal, sans aucune conscience. A Sobibor il n'a pas fait que participer au gazage de masse ; il a commis beaucoup plus de crimes que ceux qu'on lui a ordonnés. »
>
> Herschel Cuckierman, survivant polonais de Sobibor, à propos de Karl Frenzel

En visitant Auschwitz en juillet 1942, Himmler déclara : « Le programme d'Eichmann se poursuit et progresse de mois en mois. Faites en sorte que les travaux de Birkenau avancent. De même, liquidez sans pitié les juifs inaptes au travail. » Le même soir, le grand chef des SS passait un agréable moment avec ses complices. Himmler était « d'humeur excellente », se souvint Höss. Il but même un verre de vin rouge et « fuma, ce qu'il ne faisait pas d'habitude ».

La recommandation de Himmler se transforma en une réalité monstrueuse. Chelmno, Belzec, Sobibor, Treblinka, Majdanek et Auschwitz : on aménagea six camps d'extermination dans lesquels les juifs étaient gazés de façon systématique. Tous fonctionnaient à plein régime. Avec une logique implacable, Adolf Eichmann dirigeait les convois de la mort à partir de son bureau. Le 8 novembre 1942, Hitler annonça à Munich, à la Löwenbräukeller, devant un public choisi : « Vous vous souvenez certainement de cette session du Reichstag où j'ai déclaré que si le judaïsme s'imaginait pouvoir mener une guerre mondiale et internationale pour exterminer les races européennes, le résultat ne serait pas l'extermination des races européennes, mais l'extermination du judaïsme en Europe. »

L'arrivée des convois de déportés faisait désormais partie de la routine à Auschwitz. Des milliers de gens venus de toute l'Europe arrivaient chaque jour sur le quai. Chassés de chez eux et dépouillés de leurs biens, ils étaient jetés dans des trains et envoyés à l'abattoir. Les femmes, les hommes et les enfants, les vieux et les malades étaient entassés dans des wagons à bestiaux. Beaucoup de déportés mouraient de soif, ou d'épuisement, pendant le voyage. La plupart d'entre eux ne savaient pas ce qui les attendait.

> « En 1944, pendant les grands transports venus de Hongrie et de Hollande, on gazait évidemment tous les jours. Mais quand l'activité était normale, on attendait la nuit ; les gazages ne se faisaient que de nuit. »
>
> Hans Wilhelm Münch, médecin SS à Auschwitz
>
> « Au cours des années, j'ai appris par l'expérience quels hameçons je devais utiliser, et pour quels poissons. »
>
> Adolf Eichmann, pendant la déportation des juifs hongrois en 1944

Après la torture du voyage, tout allait très vite sur le quai du camp de concentration : les portes étaient brutalement ouvertes, les victimes épuisées tirées dehors et sommées de se presser par des SS hurlants, sous les aboiements des chiens. Ceux qui n'avançaient pas assez vite y étaient encouragés à coups de pied et à coups de bâton. Ce chaos délibéré était un système d'intimidation parfaitement au point. Les malheureux déportés, privés de repères et démoralisés par les souffrances du voyage, obéissaient aux ordres. Lorsque tous avaient quitté les wagons, on se saisissait de leurs biens ; les cadavres de ceux qui n'avaient pas survécu à l'enfer du voyage étaient sortis du train par les détenus, les brutes à la tête de mort refusant de se salir les mains. Le destin des déportés se décidait sur le quai. Les femmes étaient séparées de leurs enfants, les maris de leurs épouses, les membres d'une même famille arrachés les uns aux autres en l'espace de quelques secondes.

Des gardiens SS devant la maison du commandant du camp de Belzek.

Les SS ne leur laissaient pas le temps de faire leurs adieux. Pour beaucoup de survivants, le moment de la sélection fait partie des souvenirs les plus traumatisants. Après avoir été triés par sexe et par âge, les nouveaux détenus étaient contraints de se grouper par rangées de cinq. Puis ils passaient devant le médecin du camp.

> *« Pendant cette période, sont arrivés à Belzek 5 à 6 convois au total (pour autant que je le sache,) de 5 à 7 wagons, contenant 30 à 40 personnes chacun. Les juifs de deux de ces convois ont encore été gazés dans la petite chambre, puis Wirth fit démolir la baraque et construire un grand bâtiment, dont la capacité était notablement plus importante. Les juifs des transports restants ont été gazés dans cette nouvelle construction. »*
>
> Josef Oberhauser, *SS-Obersturmführer* dans une déposition

Sans un mot, d'un simple geste de la main, il leur indiquait la droite ou la gauche. Ces quelques pas décidaient de leur vie ou de leur mort. Le médecin dirigeait les « aptes au travail » à droite, tandis que les vieux, les faibles et les malades étaient dirigés à gauche. Lorsque la sélection durait trop longtemps et que la fatigue s'emparait des bourreaux, il ne restait plus qu'une seule direction pour les victimes restantes : la gauche, vers la mort.

> « Les enfants en bas âge étaient exterminés sans exception, car, du fait de leur jeune âge, ils étaient inaptes au travail. »
>
> Rudolf Höss, commandant d'Auschwitz,
> dans une déclaration sous serment à Nuremberg,
> le 5 avril 1946
>
> « Il souriait, il sifflait ou chantait, même dans les pires moments. Pendant une sélection de 2 000 personnes, il n'a désigné qu'une centaine de survivants provisoires environ. »
>
> Camille Bentata, survivante du camp de
> concentration d'Auschwitz, à propos d'une sélection
> à laquelle avait participé Josef Mengele
>
> « 5 septembre 1942 : [...] le soir vers 8 heures, encore de service pour une action spéciale en provenance de Hollande. Pour toucher le supplément de vivres, qui se compose d'un cinquième de litre de schnaps, de 5 cigarettes, de 100 g de saucisse et de pain, les hommes se bousculent à ce genre d'action. »
>
> Extrait du Journal du Pr Johann Kremer,
> médecin SS, Auschwitz

Que se passait-il dans la tête de ces médecins ? D'un petit signe de la main sur le quai, ils décidaient de la vie de milliers de personnes. Certains buvaient pour se donner du courage, ou prenaient des stimulants. Toutefois, le plus célèbre des médecins d'Auschwitz était connu pour faire son travail la tête froide : au dire de tous, le Dr Josef Mengele procédait à la sélection avec un calme et une régularité jamais démentis. A droite, à gauche, à droite, à gauche... Des survivants racontent qu'il lui arrivait de siffloter un air d'opérette ou de valse pendant que sa main délivrait des arrêts de mort.

Après la « sélection », les médecins SS, trahissant de plus belle leur profession, ne s'en tenaient pas là. Des personnes souffrant de maladies parfaitement curables dans des conditions normales étaient « mises à part ». Ceux qui étaient atteints du typhus, en particulier, recevaient généralement un « lavement » pour tout médicament. Ce que l'on désignait sous ce terme était une injection mortelle de phénol dans le cœur. Ella Lingens, une femme médecin employée à l'hôpital en tant que détenue, demanda un jour au Dr Klein comment il pouvait rendre ses meurtres compatibles avec le serment d'Hippocrate. Réponse de Klein : « En tant que médecin, je retire les infections du corps des patients, et les juifs sont un appendice purulent qui infecte de l'intérieur le corps du monde ; c'est pour cela qu'ils doivent en être retirés. »

C'est ainsi que de nombreux médecins légitimaient leurs meurtres. Ils s'appuyaient sur la même conception de l'humanité pour justifier leurs expérimentations pseudo-médicales. Le plus souvent, le docteur Josef Mengele choisissait ses victimes dès leur arrivée sur le quai, et de préférence les jumeaux.

> *« Ce qui caractérise le sadique, c'est que la douleur de la victime lui procure du plaisir. Chez Mengele, on avait le sentiment qu'il ne remarquait même pas cette douleur. Il ne s'en apercevait pas, mais considérait les détenus comme des cobayes, des rats dont on ne se préoccupe ni de l'âme, ni de la souffrance. »*
>
> Dr Ella Lingens, détenue et médecin à Auschwitz

« Mon frère jumeau et moi étions en route vers les chambres à gaz avec notre mère, quand elle nous a dit tout à coup : "Les enfants, sauvez-vous, allez là où ils cherchent des jumeaux" », raconte Yitzhak Traub. Il alla donc rejoindre le laboratoire du docteur Mengele avec son frère. « Mes cobayes », c'était ainsi qu'il appelait les enfants. Son ambition était d'immortaliser son nom dans les livres de médecine grâce à ses théories sur la gémellité. Au cours de ses expérimentations, il injectait des produits chimiques dans les yeux des enfants pour vérifier si les yeux bruns pouvaient devenir bleus et ce, de façon durable. Il en tuait d'autres à coups de piqûres d'Evipan ou de phénol et prélevait leurs organes. Le nom de Josef Mengele symbolise aujourd'hui ces expérimentations pratiquées à Auschwitz au mépris de la dignité humaine. Mais ce médecin natif de Günzburg ne fut pas le seul à s'être mis sans réserve à la disposition des assassins.

Les femmes médecins et les infirmières SS ne furent pas en reste. Les malades et les blessés n'étaient soignés que pour préserver leur aptitude au travail. Le procureur du premier procès de Ravensbrück relata que l'on « voyait souvent des détenus mourir debout ou s'écrouler sans vie pendant l'appel, parce qu'ils ne voulaient pas aller à l'hôpital ». Car ils savaient ce qui les y attendait. Le Dr Herta Oberheuser est la plus connue des médecins des camps nazis. Elle fut la seule femme du procès des médecins de Nuremberg condamnée pour crimes contre l'humanité. *Blockführerin*, « cheftaine de bloc » à la Ligue des Filles allemandes à partir de 1935 et membre du NSDAP à partir de 1937, elle s'était engagée volontairement en 1940 comme médecin SS au camp de Ravensbrück.

« Quand on nous attachait sur la table d'expérimentation de Mengele, nous ne savions jamais ce qui allait nous arriver. Nous sentions une main froide dans notre dos, un stéthoscope, et ensuite une piqûre qui faisait affreusement mal. Nous avions horriblement peur. »

Kalman Braun, jumeau interné à Auschwitz et victime de Mengele

« Le premier jour, je ne vis aucun mort, mais, avec la chaleur d'août, l'odeur était pestilentielle dans tous les environs, et il y avait des millions de mouches partout. »

Kurt Gerstein, « hygiéniste » SS, dans son récit écrit en détention

Là, elle prit part à des expérimentations sur des détenues polonaises. En prononçant sa condamnation, les juges précisèrent : « Oberheuser était bien informée de la nature et de l'objet de l'expérimentation. Elle participait au choix des personnes utilisées, les examinait de manière professionnelle et les préparait également pour les opérations. Elle était présente lors des opérations et servait d'assistante. Elle était la complice complaisante de Gebhardt et Fischer, négligeant les patients à la fin de chaque opération, afin que les plaies infligées atteignent le plus haut degré d'infection. »

Parmi les femmes SS, certaines vinrent cependant en aide aux détenus. L'une d'elles fut Maria Stromberger, infirmière à l'hôpital du camp d'Auschwitz à partir de 1942. Un détenu survivant racontera : « Un jour, il s'est passé une chose surprenante. C'était déjà le soir. Nous n'étions pas rentrés au camp, parce que nous étions en "kommando". A la cuisine, nous n'étions que deux, l'infirmière Maria et moi. Je lavais la vaisselle. Tout à coup, j'ai entendu un bruit éclater dans le camp, pas loin de la fenêtre de la cuisine. J'ai compris ce que cela signifiait. A l'époque, il y avait très souvent des détenus qui allaient "dans les fils". En même temps, j'ai entendu un petit cri derrière moi, près de la fenêtre, là où se trouvait Maria. Je me suis retourné et j'ai vu qu'elle était devenue toute pâle et qu'elle s'était affalée sur une chaise. Elle s'est presque évanouie. J'ai eu peur et j'ai appelé l'infirmière, Margarete. Au bout de quelques minutes, tout était rentré dans l'ordre, mais Maria est rentrée immédiatement chez elle. » Après cet incident, Maria Stromberger s'informa sur ce qui se passait dans le camp d'Auschwitz. Elle apprit ainsi l'existence des gazages, des incinérations de cadavres dans le crématorium, des assassinats arbitraires et des tortures quotidiennes. A partir de ce moment, elle se consacra aux détenus. Leur venant en aide par tous les moyens, elle leur procurait de la nourriture, des médicaments, et finit par rejoindre le mouvement de résistance du camp, pour lequel elle joua le rôle d'informatrice. Mais les rumeurs sur son aide aux détenus filtrèrent et s'amplifièrent. Elle fut alors internée par le médecin du site, le Dr Edouard Wirth, dans une clinique de désintoxication pour morphinomanes. Peu avant la capitulation allemande, elle fut arrêtée et transférée dans une prison polonaise. Du fond de sa prison, elle écrivit à des détenus survivants : « Maintenant, c'est moi qui me retrouve dans un camp d'internement ! On me soupçonne d'avoir traité des détenus au phénol à Auschwitz. Vous savez, je suis ici au milieu de nazis, de SS, de gens de la Gestapo ! Moi, considérée comme votre plus grand ennemi ! Et je suis obligée de les supporter quand ils se plaignent de l'"injustice" qui leur est faite. Alors, je revois ce qui s'est passé à Auschwitz. Je vois la lueur des bûchers. Je sens l'odeur de la chair brûlée, je vois le cortège misérable des kommandos qui rentrent avec leurs morts à l'arrière, je sens l'angoisse qui me nouait la gorge tous les matins à l'idée du sort qui vous attendait, jusqu'à ce que je vous revoie sains et saufs devant moi, et j'ai envie de leur hurler au visage, à ceux-là, et de me ruer sur eux. » Grâce à l'intervention d'anciens déportés, Maria Stromberger fut libérée.

Mais les gens comme elle étaient excessivement rares dans le monde des camps SS, où les membres d'une profession qui avait fait le serment d'être au service de la vie se faisaient les instruments d'un plan criminel.

Les condamnés que le geste du médecin avait envoyés du côté gauche étaient aussitôt chassés vers les chambres à gaz. Ceux qui n'étaient plus capables de marcher étaient transportés en camion. Tout était organisé de manière à perdre le moins de temps possible. Jusqu'à la fin, les assassins berçaient d'illusions leurs victimes : les camions portaient le signe de la Croix-Rouge... La duperie continuait jusque dans les salles de déshabillage, juste avant la chambre à gaz. Sous prétexte de douche et de désinfection, on les invitait à se presser. « Dépêchez-vous, le repas et le café refroidissent. » En général, ces bonnes paroles faisaient leur effet. Si, malgré tout, on s'agitait, les « perturbateurs » étaient emmenés discrètement derrière le bâtiment et tués d'un coup de fusil de petit calibre, à l'abri des yeux et des oreilles. Docilement, les victimes repéraient le numéro du crochet auquel elles avaient accroché leurs vêtements, « pour tout retrouver rapidement après la désinfection », comme les y incitaient les soldats SS.

Les victimes entraient nues dans la chambre à gaz. La pièce était propre, peinte en blanc. Au plafond était accroché ce qui ressemblait à des pommes de douche reliées à un robinet : rien d'inhabituel, rien que de très normal. Mais les groupes entrés les uns derrière les autres dans les prétendues salles de douche se suivaient, poussés par les gardiens. L'espace commençait à manquer, les premiers cris s'élevaient, et ceux qui attendaient leur tour dehors commençaient eux aussi à comprendre. Mais il n'y avait plus d'issue. Le travail des « désinfecteurs », ainsi que Höss appelait son personnel paramédical, commençait. C'étaient les bourreaux. En hâte, ils allaient chercher dans les camions de la Croix-Rouge les boîtes de fer-blanc contenant les cristaux bleu-vert mortels. Le Zyklon B était alors déversé dans la chambre par des ouvertures. Les assassins pouvaient observer l'agonie de leurs victimes par une petite fenêtre.

« Shema Israël », « Entends, Israël » : bien souvent, c'étaient les dernières paroles perçues par les quelques témoins qui attendaient dehors que l'œuvre de mort se fasse. Les soldats SS répétaient phonétiquement les prières des mourants en les tournant en ridicule. Lorsque, au bout d'une vingtaine de minutes, le calme était revenu, un médecin annonçait : « C'est fini. » Tout le monde était mort, le travail des paramédicaux et des médecins était terminé. Les meurtriers quittaient le lieu du crime à bord de leur camion de la Croix-Rouge. Le travail des kommandos spéciaux commençait alors, celui des détenus juifs qui étaient contraints de débarrasser les chambres à gaz après la mise à mort. « Parfois, en entrant dans la chambre à gaz, nous entendions encore des gémissements, surtout quand nous commencions à évacuer les corps en les tirant par les mains. Un jour, nous avons retrouvé un nourrisson encore vivant, enveloppé dans un coussin. Quand nous avons ôté le coussin, le bébé a ouvert les yeux. Donc, il vivait encore. Nous avons apporté le petit paquet à l'*Oberscharführer* Moll en lui disant que l'enfant vivait. Moll l'a posé par terre, lui a écrasé le cou et l'a jeté dans le feu. Je l'ai vu de mes propres yeux écraser l'enfant. Il a bougé ses petits bras », racontera Shlomo Dragon en décrivant ses souvenirs du kommando spécial. De telles scènes laissent pétrifié d'horreur. Ces soldats Tête de mort rentraient tranquillement chez eux le soir se reposer. Beaucoup étaient mariés et avaient des enfants.

Là aussi, les cadres de la SS avaient tout prévu. C'est délibérément que l'on faisait vivre les familles des soldats sur le site du camp de concentration ou dans ses environs. En accordant aux bourreaux la possibilité d'avoir une vie de famille ordinaire sur le lieu du crime, on cherchait à donner à leur « activité professionnelle » l'apparence de la normalité.

L'une des tâches primordiales des épouses était de « cultiver la vie sociale ». Après le « travail », les familles étaient priées de se rendre mutuellement visite, de manger, de sortir ensemble ou d'organiser diverses activités de loisirs. C'est ce que souligne Gudrun Schwarz dans son étude sur les femmes dans les camps de concentration : « En procurant un cadre familial stable au soldat SS pour lui permettre de reprendre conscience de son Moi privé et en le soumettant à des obligations sociales, on tentait d'assurer l'équilibre psychique des soldats SS et leur carrière dans l'appareil d'extermination de la SS. »

A Auschwitz en particulier, la direction du camp chercha à convaincre les bourreaux que leurs agissements s'effectuaient dans le cadre de la loi et de l'ordre. Il était interdit de boire et de fumer pendant le service. De même, l'heure de fermeture devait être strictement respectée. Höss exigeait de son personnel une présentation impeccable à tout moment. « Je rappelle à tous les soldats SS et à tous les policiers, et spécialement ceux qui sont au pays, que se raser fait partie de la tenue de service. Les supérieurs ne devront tolérer aucune négligence dans la présentation. »

La sévérité envers le personnel participait elle aussi de la volonté de donner l'illusion que tout se déroulait selon des règles bien établies. « Le *Reichsführer SS* a puni un soldat SS de quatre semaines d'arrêts de rigueur pour avoir dépassé la limite de vitesse ordonnée par le *Führer* pour les véhicules à moteur. Par ailleurs, le *Reichsführer SS* a ordonné pour le chef SS responsable une sanction de trois jours de consigne au motif que celui-ci n'a pas su s'imposer auprès du chauffeur », nota Höss. Les bicyclettes insuffisamment équipées faisaient elles aussi l'objet de rappels à l'ordre. « Tout membre de la SS qui possède sa propre bicyclette est tenu de veiller à ce qu'elle soit équipée dans les règles (sonnette, frein avant, feu rouge arrière, etc.) ; tout contrevenant s'expose à de graves

En haut : Le film *La Liste de Schindler* évoque les actes monstrueux d'Amon Goeth, le commandant du camp de concentration de Plaszow.
En bas : Une routine inhumaine : les gardes SS de Sachsenhausen reçoivent leurs ordres devant les détenus rassemblés.

sanctions. » La mise en exergue de broutilles avait en effet son importance dans le rituel de la tuerie.

Après la guerre, le commandant Höss se plut à s'appesantir sur son triste sort : « Je n'étais plus heureux à Auschwitz depuis qu'avait commencé l'extermination massive », écrit-il dans ses souvenirs. Quand ses actes monstrueux l'affectaient trop, il montait son cheval « et ainsi, chassai[t] ces images macabres ».

> « Comme j'envie mes camarades qui ont le droit de mourir en vrais soldats. Sans le savoir, j'étais devenu un rouage de la machine d'extermination du IIIe Reich. La machine est détruite, le moteur a coulé, et je dois couler avec. Le monde l'exige. »
>
> Rudolf Höss, commandant d'Auschwitz de 1940 à 1943, dans ses notes

Lorsque la mécanique mortelle de son camp d'extermination tourna à plein régime, il laissa à son adjoint le soin de régler le quotidien et se réfugia dans l'élaboration de projets d'extension. Ne pas s'approcher de l'horreur : c'est ainsi que bien des chefs SS agissaient pour se faciliter l'existence. Cette tactique, elle aussi, faisait partie du système d'Auschwitz : « Beaucoup de chefs SS évitaient d'approcher les détenus. Pour Höss, par exemple, ils étaient transparents. Ce n'étaient pas des êtres humains pour lui », dit Hermann Langbein, un survivant d'Auschwitz.

Ils laissaient souvent les brutalités aux autres. « Beaucoup n'ont jamais frappé personne, mais ils donnaient de l'avancement aux petits quand ils avaient gentiment tabassé. Ils leur accordaient des congés spéciaux quand ils avaient fait ce que l'on attendait d'eux. Le mécanisme du mal était là », poursuit Langbein.

Et de nombreux criminels se donnaient bonne conscience

en considérant que le meurtre faisait partie du service et qu'il n'avait pas à troubler leur sérénité. « Il y avait un soldat SS qui était le meilleur de tous. Jamais il ne nous frappait. Parfois, il nous donnait même une cigarette, parfois c'était nous qui lui en donnions une. Nous bavardions, nous riions ensemble [...] C'était le meilleur de tous ceux que nous avons connus là-bas. Vraiment un gars bien. Mais quand ils amenaient les malades, il y en avait souvent 200 ou 300, qui devaient être fusillés [...] c'était un vrai plaisir pour lui que de descendre à la cave et d'appuyer sur la détente pour les tuer », raconte Morris Venezia, un juif de Thessalonique. Beaucoup de détenus au service des cadres supérieurs et qui, de ce fait, avaient davantage l'occasion de les côtoyer, firent des expériences analogues : ils changeaient d'attitude en changeant de vêtements. « Quand j'avais ôté à Schwarzhuber ses bottes et sa veste pour les nettoyer, et qu'il était devant moi en chemise, il ne ressemblait à rien. Quand ils n'avaient pas leur uniforme, ils n'étaient rien. Et dès que je lui avais mis sa veste et qu'il avait mis ses bottes et sa casquette, d'un seul coup il ressemblait à un monstre », dit le détenu Helmut Szprycer, décrivant un *SS-Untersturmführer*.

De même, l'uniforme de Tête de mort avait fortement contribué à flatter l'amour-propre de Hans Stark, jeune habitant de Darmstadt. Sous Höss, il fit carrière d'abord comme *Blockführer*, chef de block, puis, à partir de 1941, comme cadre au « service politique ». Il devint le plus jeune chef de kommando du camp. Au-dessus de son bureau, il avait accroché un écriteau : « La pitié est de la faiblesse ». Un survivant d'Auschwitz, Kasimir Smolen, qui fut le directeur du mémorial d'Auschwitz pendant de nombreuses années, se souvient de lui. Hans Stark allait au-delà de ce qui lui était demandé. « Il en faisait plus qu'un simple soldat SS pour la bonne raison qu'il appartenait au service politique, là où se passait le pire, les exécutions, le gazage, le service au quai. Mais il n'était pas obligé de frapper les détenus. Pourtant, il le faisait. » Stark haïssait véritablement les juifs, selon Smolen, qui précise : « Quand il se présentait à l'admission un juif qui s'appelait Stark, il lui tapait dessus à coups de bâton. »

Stark participa aussi bien aux fusillades qu'aux gazages. Six mois après son baccalauréat, il vit arriver à Auschwitz des juifs de Darmstadt. Son lycée servait désormais de camp de rassemblement pour les déportations. Un jour, il dut participer à un gazage : « J'ai aussi [...] reçu l'ordre [...] de verser du Zyklon B dans l'ouverture, déclara-t-il plus tard devant la justice. Il s'agissait pour ce gazage d'un nouveau transport de 200 à 500 juifs, et, de nouveau, d'hommes, de femmes et d'enfants. Comme ce Zyklon B était [...] granuleux, il tombait en pluie sur les gens quand on le versait. Ils ont alors commencé à pousser d'horribles hurlements, parce qu'ils avaient compris ce qui se passait. »

A-t-il eu des remords par la suite ? Apparemment, il ne parvenait pas à refouler complètement ses crimes. Quand il revenait des exécutions, il se lavait les mains en les frottant vigoureusement, faisait nettoyer et cirer ses chaussures par un détenu juif, puis il s'asseyait à son bureau, où il restait à ruminer pendant quelques heures. Son frère racontera qu'il fut plus tard la proie de terribles cauchemars.

Vingt et un ans après son crime, le juge demanda à Hans Stark : « Quels étaient vos sentiments ? » A quoi Stark répondit : « Plus jamais ! » Le juge : « Pourquoi ? Etait-ce injuste à vos yeux ? » L'accusé : « Non, absolument pas. Mais quand on fusillait quelqu'un, c'était tout à fait autre chose, alors que l'utilisation du gaz, ce n'était pas viril, c'était lâche. » Ce qui le choquait, lui aussi, était le procédé utilisé, non l'acte lui-même. L'idée de s'opposer à un ordre ne l'avait jamais effleuré.

Il reconnut ses actes. Néanmoins, il refusait d'admettre qu'il s'agissait de crimes. En raison de son jeune âge – il avait moins de vingt et un ans au moment des faits –, il fut condamné en 1963 à dix ans de détention en vertu des lois sur les délinquants mineurs.

La plupart de ceux qui comparurent à Francfort au procès d'Auschwitz refusèrent de reconnaître leur participation aux meurtres. Ralph Giordano suivit les événements en tant que victime et en tant que journaliste : « Les survivants n'avaient rien oublié. Mais les coupables, eux, avaient tout oublié, comme le massacreur Oswald Kaduk, comme Robert Mulka et Karl Höcker, les deux officiers d'ordonnance de Rudolf Höss qui fut, lui, exécuté en Pologne en 1947, comme le Dr Capesius, qui procédait à la sélection sur le quai. Aucun ne reconnut sa culpabilité, aucun ne manifesta le moindre remords ni la moindre prise de conscience. Ils s'entêtèrent à vouloir se faire passer pour les citoyens inoffensifs dont ils offraient l'image lorsqu'ils furent arrêtés : des pères de famille, des employés, des enseignants, des médecins, des pharmaciens. "Papa Kaduk" : c'est ainsi qu'appelaient les patients de la clinique où travaillait comme infirmier celui qui était connu comme la "terreur d'Auschwitz" ».

« L'ordre avait été donné de se mettre en marche et d'emmener tout le monde vers le sud, vers la mort. Les SS sont donc entrés dans les baraques et ont voulu faire sortir les gens à coups de pistolet. Mais les détenus allemands et étrangers qui avaient été désignés pour cela se sont mis en cercle autour d'eux. La pression des détenus était devenue si forte que les SS ne pouvaient plus passer et ils sont donc partis. Les deux derniers jours, plus aucun convoi n'a été formé. »

Hans Gasparitsch, communiste allemand,
interné au camp de concentration de Buchenwald

En effet, la plupart des Têtes de mort qui avaient survécu à la guerre s'étaient ensuite intégrés sans se faire remarquer à la société – une société qui voulait se tourner vers l'avenir

En haut : Josef Kramer, commandant du camp de concentration de Bergen-Belsen, ne manifeste aucun remords après son arrestation par les troupes britanniques en avril 1945.
En bas : Le commandant d'Auschwitz Rudolf Höss fut livré à la Pologne en mai 1946 et exécuté plus tard.

sans regarder en arrière. Mais ce n'est pas l'unique raison pour laquelle un grand nombre de coupables ont été « oubliés ». Beaucoup, en effet, sont passés inaperçus tout simplement parce qu'ils étaient des citoyens insignifiants qui savaient s'adapter, se soumettre, se couler dans le nouvel ordre comme si rien ne s'était passé.

On s'interroge encore sur ce qui a pu faire basculer les coupables du côté du mal. Auraient-ils été des assassins, même dans des « conditions normales » ? Deux ans après l'holocauste, Eugen Kogon décrivait encore les soldats des camps de concentration comme des gens « profondément insatisfaits, des perdants [...] des laissés-pour-compte, des sous-doués de toute sorte et très souvent en échec social ».

Aujourd'hui, nous savons que cette description n'est que partiellement exacte. Car les coupables issus des « couches moyennes de la société » furent plus nombreux qu'on ne l'a d'abord supposé. L'explication officielle qui a longtemps eu cours faisait entrer ceux qui avaient servi la machine meurtrière des camps d'extermination et des Groupes d'intervention dans la catégorie des sadiques, des criminels, des antisémites convaincus, ou bien voyait en eux des représentants de la lie de la société. On nourrissait ainsi l'espoir secret que les « gens normaux » n'étaient pas capables d'assassiner, ni de faire assassiner, des femmes et des enfants innocents. Or, tout cela se révéla être une illusion.

« Je ne savais rien des fours à gaz, à l'époque. Mais que les juifs mouraient de faim dans les camps de concentration, que les juifs étaient assassinés, que les Polonais étaient assassinés, cela, je le savais. Je connaissais aussi l'existence de l'euthanasie, je savais qu'on assassinait aussi des Allemands. En bref, que l'ensemble était criminel. »

Baron Philipp von Boeselager, l'un des participants
à la conjuration du 20 juillet 1944

> « L'après-midi même, les officiers SS sont exécutés. Pendant la nuit, les soldats subissent le même sort. »
>
> Arthur Haulot, détenu belge du camp de concentration de Dachau, à propos de la libération du camp par des soldats américains

Le théologien Richard L. Rubenstein a écrit : « Il est tentant de décrire les nationaux-socialistes comme des fous ou des pervers, car cette idée préserve l'illusion que nous entretenons à propos de nous-mêmes. Si nous considérons les nationaux-socialistes comme des gens plus ou moins ordinaires, cela ne signifie pas que nous excusons leurs crimes ou minimisons le danger qu'ils représentent. Au contraire, cela signifie que nous reconnaissons combien sont fragiles les barrières des mœurs et des convenances qui préservent une communauté humaine de l'effondrement total. »

La Waffen-SS

> « Donner la mort et prendre la mort – cette phrase décrit très bien le comportement de la Waffen-SS. Tuer soi-même et être tué à un moment ou à un autre, pour elle, cette logique allait de soi. »
>
> Baron Philipp von Boeselager,
> officier de la Wehrmacht

6 juin 1944 : les Alliés débarquent en Normandie, enfoncent la porte de la « forteresse Europe », et engagent la bataille destinée à mettre le Reich de Hitler définitivement à genoux.

Les Britanniques et les Canadiens parviennent très vite à enfoncer la défense allemande et poussent à l'intérieur des terres. On annonce prématurément la chute de la ville de Caen... Et c'est là que les Canadiens, dans les haies et les buissons du bocage, se heurtent à un adversaire farouche : de tout jeunes soldats, de moins de dix-huit ans, se battent avec acharnement pour défendre le moindre pouce de sol, repartent à l'attaque avec une folle détermination, et parviennent même à enfoncer la première ligne canadienne. Ils sont faciles à reconnaître à leur uniforme : il s'agit des jeunes de la division SS *Hitlerjugend*, « Jeunesse hitlérienne ». Ils arrêtent l'avance sur

Caen, défendent la ville pendant six semaines contre un adversaire infiniment plus puissant. Menés par des vétérans du front Est de la Waffen-SS (la « SS armée ») et endoctrinés par la bonne parole nationale-socialiste, ils opposent une résistance acharnée, et souvent impitoyable. Doug Barrie, qui participa au débarquement en Normandie en tant qu'officier de la 3e division d'infanterie canadienne, se souvient : « La plupart de ceux que nous avons faits prisonniers étaient très jeunes. Leurs officiers et sous-officiers étaient des soldats expérimentés, dont beaucoup s'étaient déjà battus en Russie. Les jeunes gars n'avaient aucune expérience du combat ; c'était leur première bataille, de même que c'était notre première grande opération. Mais c'étaient des combattants. Beaucoup se battirent jusqu'à la dernière minute, ils ne voulaient pas renoncer. » De leur côté, les jeunes SS ne faisaient pas toujours de prisonniers : dans certains cas, les soldats canadiens qui avaient été encerclés par les Allemands furent tués.

La façon dont la division SS *Hitlerjugend* s'est battue illustre bien l'attitude générale de la Waffen-SS. Etait-ce une troupe d'élite ou une bande d'assassins ? Les hommes qui la composaient étaient-ils des soldats comme les autres ou un ramassis de meurtriers bien dressés ? Les avis à ce sujet ne pourraient être plus divergents.

> *« L'élite des castagneurs et des massacreurs nazis, des jeunes gens que l'on brutalise sciemment et soigneusement, pour les exciter et leur donner l'envie de tirer sur tout ce qui bouge et de semer la mort. Et ces hommes ne sont pas des soldats ordinaires ; plus exactement, ce ne sont pas des soldats, bien qu'ils puissent parfois se battre au front. Ils constituent une armée de policiers lourdement armés, formés pour protéger le régime nazi contre les révoltes de la population civile – allemande ou autre – ou, si nécessaire, contre les mutineries de la Wehrmacht elle-même. Ils forment le cœur du nazisme, ce sont les prétoriens de ce dernier empire délirant. »*
>
> John B. Priestley, dramaturge britannique, 1943

Depuis la Seconde Guerre mondiale, la polémique à propos de cette troupe ne s'est jamais apaisée, les avis opposés s'affrontent, impossibles à concilier.

La Waffen-SS était un organisme extrêmement hétérogène, et, surtout, un produit de la phase finale du Reich nazi. Sans doute est-ce la raison pour laquelle elle fascine bien des journalistes. A la fin de 1944, elle comprend plus de 900 000 soldats, tandis qu'en 1938 ils étaient à peine 7 000.

La meilleure façon de découvrir sa spécificité est de se pencher sur ses racines. Elles sont au nombre de trois :

— la *Leibstandarte Adolf Hitler*, une garde rapprochée chargée de la protection de Hitler, formée en 1933 sur le modèle d'une garde prétorienne ;

— la *SS-Verfügungstruppe* (que l'on pourrait traduire par « troupe à disposition »), issue des « disponibilités politiques » des *SS Oberabschnitte* (les districts SS) et créée en 1934 ;

— les *SS-Totenkopfverbände* (les formations *Tête de mort*), chargées de la surveillance des camps de concentration.

En 1939, ces trois formations se fondirent en une seule pour devenir la Waffen-SS. C'est à cette époque que l'on vit apparaître cette désignation dans les documents. Quelle était sa mission aux yeux de son grand maître, Heinrich Himmler ?

Le projet du *Reichsführer SS* était de développer sa *Schutzstaffel* pour en faire un corps polyvalent de protection de l'Etat. Ses hommes étaient chargés de combattre les ennemis de l'Etat national-socialiste en assumant simultanément toutes les fonctions imaginables, celles d'espions au sein des services secrets, comme celles de gardiens de camp de concentration ou de combattants du front. Dans ce but, les jeunes recrues recevaient une formation d'officier dans les écoles de junkers SS de Bad Tölz et Braunschweig. C'est là que les jeunes gens étaient formés militairement et idéologiquement. Ils étaient envoyés ensuite au front, dans les camps de concentration, le

Le « Corps noir » : la *Leibstandarte Adolf Hitler* défile au congrès annuel du Parti en 1933.

SD ou dans l'appareil administratif de la SS. La Waffen-SS, qui faisait partie intégrante de la SS, était le bras armé du NSDAP. On ne peut la réduire au seul domaine politique ou militaire. Les membres de la Waffen-SS étaient effectivement des soldats, mais pas des « soldats comme les autres ». Himmler s'élevait avec véhémence contre le fait de considérer les membres de la Waffen-SS comme « seulement des militaires », qui seraient ensuite devenus « tout à fait par hasard des divisions de l'armée habillées en noir ». Leur rôle était d'être les soldats politiques du national-socialisme. Sous la devise « Mon honneur s'appelle fidélité », ils ne se battaient pas contre un ennemi extérieur clairement défini, comme les soldats de la Wehrmacht, mais pour un mouvement politique ; ils menaient à la fois le combat contre l'ennemi de l'intérieur et de l'extérieur, étant entendu que la fonction militaire occupait clairement le premier plan.

> « J'ai réellement l'intention d'aller chercher du sang germanique dans le monde entier, de m'en emparer et de le voler partout où je pourrai. Le régiment *Germania* ne porte pas son nom en vain... Mon but est que, d'ici deux ans au plus tard, le régiment *Germania* soit composé de Germains non allemands. »
>
> Heinrich Himmler, novembre 1938

En 1933, il était impossible de prévoir que l'ascension des unités armées de la SS serait telle qu'elles en viendraient à concurrencer l'armée. La *Leibstandarte Adolf Hitler*, formée en mars 1933 sur ordre direct de Hitler, n'était qu'une garde rapprochée comptant une centaine d'hommes. Composée surtout d'anciens membres de la SA, elle percevait sa solde de la *Landespolizei* prussienne et recevait une formation militaire dispensée par le régiment n° 9 de la Reichswehr. Du seul fait de sa taille réduite, cette troupe hybride, sans précédent, ne pouvait éveiller la méfiance des hauts responsables de la Reichswehr.

La *SS-Verfügungstruppe*, elle aussi, était destinée au départ à être une formation d'intervention politique interne au parti ; son utilisation à des fins militaires devait demeurer au second plan. Quant aux formations *Tête de mort*, selon la définition même de leur commandant, Theodor Eicke, elles n'étaient pas une unité militaire.

Cependant, Himmler était fermement décidé à transformer progressivement ses formations SS en formations militaires à part entière. Il demanda le soutien du ministre de la Reichswehr, Werner von Blomberg. Ce dernier autorisa la mise sur pied d'une *SS-Verfügungstruppe* forte de trois régiments, dont un service de transmissions. Le monopole de la Reichswehr en tant qu'armée unique de la nation était brisé. Peu de temps auparavant, en juin 1934, la SA, ce concurrent embarrassant, avait été mise hors circuit.

Le commandement de l'armée, qui n'avait pas approuvé la démarche de Blomberg, opposa obstinément son veto à une nouvelle extension de la SS armée, en particulier en lui interdisant l'accès aux armes lourdes. Mais, en 1938, Hitler lui tordit le cou en prenant la succession du ministre Blomberg et en renvoyant le commandant en chef de l'armée. Le général en chef de l'état-major se retira. Cette « prise de pouvoir militaire » aplanit tous les obstacles. Le décret du *Führer* du 17 août 1938 stipulait que, désormais, les armes lourdes pouvaient être mises entre les mains de la SS et que la *Verfügungstruppe* devait être élargie et élevée au rang de division à part entière. Ainsi, en cas de guerre, elle serait mobilisée au front. Ce projet ourdi de longue date à huis clos était désormais officiellement entériné.

> « La Waffen-SS est la plus radicale des troupes, elle ne fait aucun prisonnier, elle extermine tous ses adversaires jusqu'au dernier. »
>
> Extrait d'un rapport du SD traduisant l'opinion de la population allemande, 1942

Aussi quelque 18 000 soldats de la *Verfügungstruppe* et plus de 8 000 membres des formations *Tête de mort* reçurent-ils leur ordre de mobilisation le 19 août 1939. Ils furent placés sous le haut commandement de l'armée et participèrent à l'attaque surprise de la Pologne, le 1er septembre 1939, sans toutefois se battre sous la bannière d'une grande formation unique. Les divers régiments de la *SS-Verfügungstruppe* – dont la *Leibstandarte* – furent répartis entre quatre divisions de l'armée tandis que les régiments Tête de mort *Oberbayern*, *Thüringen* et *Bran-*

denburg intervenaient à l'arrière du front pour des « actions de pacification et de nettoyage ».

Les formations envoyées au front se fondirent pratiquement dans la masse des soldats de l'armée. Le général Blaskowitz nota à propos du régiment motorisé *Leibstandarte Adolf Hitler* : « Une unité moyenne, encore inexpérimentée, rien d'extraordinaire. » Un général d'armée se plaignit toutefois que les soldats de la *Leibstandarte* tiraient au hasard et à tout va, et qu'ils mettaient le feu « par routine » aux villages polonais pendant leur avance. Cette unité était placée sous le commandement de Sepp Dietrich, un SS de la première heure. Adjudant pendant la Première Guerre mondiale, il avait gravi les échelons de la hiérarchie militaire sans suivre aucune formation d'officier, pour accéder au grade de général d'armée de la Waffen-SS. Hitler le considérait comme le prototype du chef SS mais, dans l'armée, en raison de sa formation déficiente, de ses manières grossières et de sa brutalité, Dietrich était souvent un objet de risée, voire de mépris. Hubertus von Humboldt, officier de la Wehrmacht dans l'état-major de Manstein, décrit une rencontre avec lui : « Manstein était sceptique, car il savait que les qualités de commandement de ces SS ne concordaient pas exactement avec les nôtres. Nous étions en réunion avec Dietrich au Quartier général. Manstein s'étonnait que Dietrich puisse dire : "Mes hommes feront cela." » En revanche, Dietrich était vénéré par ses hommes. « Nous l'appelions "notre papa" », se souvient Horst Krüger, ancien soldat de la *Leibstandarte*. Sepp Dietrich est le parfait symbole de l'ambivalence du régime.

Si la *Verfügungstruppe* a été en mesure de faire la guerre, elle le doit surtout à Paul Hausser. Celui-ci avait pris sa retraite de lieutenant-général de la Reichswehr en 1932, mais, en 1934, il était entré à la SS afin de profiter des chances de faire carrière qui s'y offraient. Il était chargé d'assurer une solide formation aux soldats de Himmler. Incontestablement,

Un militaire de carrière pour les « soldats politiques » de Himmler : Paul Hausser (deuxième à partir de la droite).

il s'acquitta de sa tâche avec un certain succès. En dépit de fortes résistances du côté de l'armée, la formation militaire des SS en 1939 était suffisante pour leur permettre d'être incorporés dans les divisions de l'armée.

Tandis que la *Verfügungstruppe* était envoyée au front en Pologne, la mission des trois régiments *Tête de mort* était de combattre « l'ennemi » à l'arrière. Ces unités étaient particulièrement bien rodées : Theodor Eicke avait fait du camp de concentration de Dachau un « camp modèle » et avait été rapidement élevé au rang de chef de l'ensemble des camps. Il transforma les équipes de gardiens, les « formations *Tête de mort* », en une unité soudée autour de lui. Ses hommes ne reculaient devant aucune barbarie. Eicke avait joué un rôle de premier plan dans l'affaire Röhm, lorsqu'il abattit personnellement le chef de la SA dans la nuit du 1er juillet 1934.

> « Si nous portons des armes, ce n'est pas pour ressembler à l'armée, mais pour en faire usage quand le *Führer* et le mouvement sont en danger. »
>
> Theodor Eicke, chef des formations *Tête de mort*, 1936

En Pologne, les formations *Tête de mort*, accompagnées d'unités SS non militaires, entreprirent d'assassiner tous ceux que Hitler avait désignés comme les « ennemis de l'Etat » : les juifs en priorité, mais aussi les membres de l'intelligentsia polonaise. Des milliers de personnes périrent, victimes des sbires d'Eicke, dont les exactions prirent une telle ampleur que le général d'armée Blaskowitz écrivait dans une lettre de protestation : « Les sentiments de la troupe envers la SS et la police oscillent entre la répulsion et la haine. Tous les soldats sont pris de dégoût et de répugnance devant les crimes qui sont commis en Pologne. »

La « campagne de Pologne » marqua aussi le point de départ de l'extension du personnel de la Waffen-SS, avec l'incorporation de plusieurs dizaines de milliers d'hommes issus de la SS générale et des effectifs de la police. A la fin de 1939, la Waffen-SS comprenait déjà 56 000 hommes (sans les formations *Tête de mort*). La *Leibstandarte* devint un régiment d'infanterie motorisé, tandis que la *SS-Verfügungstruppe* devenait une division d'infanterie motorisée. Une division de police propre à la SS fut créée avec des membres de la police de l'ordre (*Orpo*) et des détachements de l'armée. De même, à partir d'effectifs issus des formations *Tête de mort* qui comptaient désormais 18 000 hommes, Eicke mit sur pied une division d'infanterie motorisée dont il prit lui-même le commandement, bien que n'ayant suivi aucune formation militaire. Le reste des formations *Tête de mort* ne fut incorporé définitivement à la structure de la Waffen-SS qu'en avril 1941, et envoyé au front et à l'arrière du front dans le cadre de diverses formations SS.

« Quand aujourd'hui quelqu'un de la SS dit : "Si je ne l'avais pas fait, j'aurais été fusillé", je réponds : "Ce n'est pas vrai, ou alors, c'est qu'il avait un supérieur qui n'était pas humain et qui n'était pas un bon camarade." Moi, par exemple, à Stralsund, en octobre 1942, j'ai reçu l'ordre de participer à l'exécution d'un Rottenführer *de la SS. Je suis allé voir mon supérieur et je lui ai dit : "Je me suis porté volontaire pour me battre au front comme soldat, mais pas pour fusiller les gens." Il m'a demandé : "Tu refuserais d'obéir à un ordre ?" Mais il m'a laissé partir. Il y en a vingt autres qui se sont déclarés volontaires parce qu'ils touchaient une bouteille de vin et qu'ils pouvaient aller se promener dans Stralsund le lendemain. »*

Wolfgang Filor, soldat à la division SS *Das Reich*

Au début de la « campagne de France », Himmler disposait d'une force de combat de trois divisions et demie ainsi que d'un certain nombre de formations spéciales qui n'étaient pas encore prêtes pour le front. Certes, comparées aux 157 divisions de l'armée, ces unités ne faisaient pas le poids militairement mais, à l'exception de la *Polizeidivision*, elles étaient motorisées. Or, du fait de la grande pénurie de véhicules, le gros de l'armée se déplaçait à pied, comme autrefois, et les pièces d'artillerie étaient tirées par des chevaux. Seules seize grandes formations étaient motorisées, notamment les dix divisions blindées dont devait dépendre l'issue des batailles durant toute la campagne de l'Ouest.

A cette époque, ce n'était pas la SS qui était dotée des armes les plus récentes – comme les *Sturmgeschütze* (les canons d'assaut) – mais le régiment *Grossdeutschland*, une unité d'élite de l'armée. Mais, si le matériel laissait à désirer, le personnel, lui, était trié sur le volet. Conformément à la pensée de son Ordre, qui définissait la SS comme l'élite « sociale » et, plus tard, comme l'élite « germanique » de l'Europe, Himmler avait établi des critères de sélection sévères pour l'admission au sein de la SS. Ces critères étaient également valables pour la Waffen-SS. Les commissions d'examen portaient une attention particulière à la « qualité raciale ». L'office de recrutement avait pour consigne de n'accepter que les volontaires de grande taille, d'excellente « qualité raciale », dans la pleine force de la jeunesse. Afin de s'en assurer, les candidats étaient tenus de se soumettre à un examen médical approfondi. Leur « qualité raciale » était évaluée sur une échelle de cinq degrés. De plus, n'étaient admis à la *Verfügungstruppe* que des candidats âgés de moins de vingt-trois ans, mesurant 1,74 mètre au minimum et ne portant pas de lunettes. Une « attestation d'appartenance à la race aryenne » remontant jusqu'à l'année 1800 était exigée. Des tests sportifs très poussés complétaient les examens. Le niveau d'instruction n'avait pratiquement aucune importance. On procédait simplement à un « test d'intelligence » de vingt minutes comportant une dictée de trois lignes, un petit exercice de compréhension et trois exercices de calcul de faible niveau. Car l'essentiel était un engagement inconditionnel en faveur de l'Etat national-socialiste.

Mais ces critères de sélection physique très stricts ne purent être maintenus. Dès la fin de l'année 1938, Himmler émit des instructions pour qu'il soit fait preuve « dans toutes les parties de la SS, pour les cinq prochaines années, d'une plus grande souplesse concernant les défauts en dehors des maladies héréditaires et de la race ». Malgré cette baisse d'exigence, la Waffen-SS disposait de soldats particulièrement performants, du moins du point de vue physique, pour envahir de la France.

> « Beaucoup de jeunes voulaient devenir soldats, et à dix-sept ans, ce n'était possible que dans la SS. On ne pouvait entrer à la Reichswehr qu'à dix-huit ans. »
>
> Baron Philipp von Boeselager,
> officier de la Wehrmacht

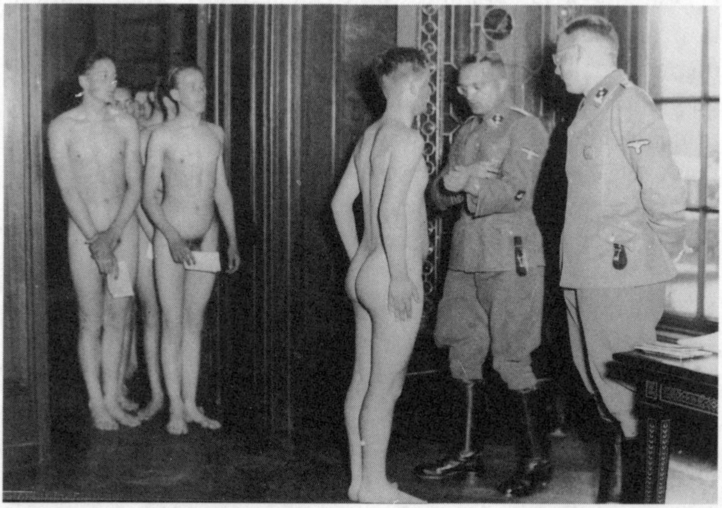

En haut : Examen des premières recrues de la *Verfügungstruppe* après l'annexion de l'Autriche, en mars 1938, à Vienne.
En bas : Des « athlètes militaires ». Le sport avait une grande importance dans la formation des soldats de la Waffen-SS.

« Nous avions aussi des parrainages avec les unités du front, et lorsque des officiers SS venaient nous rendre visite, bien des filles rêvaient sans doute de se marier plus tard avec l'un de ces beaux officiers de la SS. »

Hertha von Bergh, alors élève dans une Napola*

* Abréviation de *nationalpolitische Erziehungsanstalt*, école d'élite nazie

« Pour ma part, il ne m'est jamais arrivé de voir refuser un jeune homme qui se présentait à la Waffen-SS. »

Alexander Dorneck, « Direction germanique » de la SS

C'est ainsi que le général d'armée Weichs, après un exercice de la division *Tête de mort*, put se déclarer « extrêmement satisfait de la remarquable condition physique des troupes SS, qui, après un entraînement intensif de trois heures, ne manifestèrent aucun signe de fatigue ».

Toutefois, les soldats de la division *Tête de mort*, précisément, qui n'avaient reçu qu'une instruction militaire succincte, se révélèrent très difficiles à couler dans le moule d'une formation de combat. C'était particulièrement vrai pour les 6 500 membres du personnel de surveillance des camps de concentration intégrés à la division. Theodor Eicke lui-même n'avait aucune formation militaire. Il lui manquait la plus élémentaire compréhension des manœuvres compliquées, dont il s'imaginait pouvoir surmonter les difficultés par l'agressivité au combat. De plus, il était d'un entêtement extrême et ne permettait aucune intrusion dans les affaires internes de sa division. « L'entraînement militaire des sous-officiers et des soldats de la SS est insuffisant, écrivait le général d'armée Bock le 19 avril 1940 après une inspection. Cela coûtera beaucoup de sang ! Dommage pour ce splendide matériel humain ! »

Aux premières heures du petit matin, le 10 mai 1940, la Wehrmacht lança son offensive sur le Benelux et la France. Dans une opération décrite plus tard par Churchill comme un « coup de faucille », des formations blindées allemandes traversèrent les Ardennes, poussèrent par surprise jusqu'aux côtes de la Manche et anéantirent la défense alliée. Le 25 juin, les armes se taisaient. En l'espace de six semaines, la Wehrmacht avait réussi à remporter la plus grande victoire de l'histoire militaire prusso-germanique.

Compte tenu de leur petit nombre, les formations SS ne sortirent pas particulièrement du lot. Elles ne participèrent à aucun fait d'arme décisif. Les officiers de la division *Tête de mort* firent bientôt la preuve de leur manque criant de formation. Le chaos le plus total régna par moments à l'intérieur de la division, après la défection de quelques-uns des rares chefs expérimentés. Une violente querelle éclata entre le général Hoepner et Eicke à cause de la désinvolture de ce dernier. Eicke tenta de justifier sa stratégie en affirmant que « les pertes, ça n'a pas d'importance », ce qui déclencha la fureur de Hoepner, au point qu'il traita son interlocuteur de « boucher ». Le général ne croyait pas si bien dire.

Les divisions SS subirent de lourdes pertes en France. Leur cruauté était sans limites. Le 27 mai 1940, ayant épuisé leurs munitions, une centaine de soldats britanniques se rendirent à une unité de la division *Tête de mort*. Le lieutenant Fritz Knöchlein les fit aligner devant le mur d'une grange et les fit faucher à la mitrailleuse. Knöchlein survécut à la guerre. Il fut condamné à mort et pendu par un tribunal militaire britannique.

Le lendemain, des soldats de la *Leibstandarte* commirent un crime analogue à Wormhoudt. « Ce fut un cauchemar », dira Charlie Daley, l'un des survivants. Cent prisonniers britanniques, dont de nombreux blessés, avaient été entassés dans une grange. A un officier britannique qui s'élevait contre ce traitement indigne, l'un des soldats SS répondit : « Là où vous allez, il y aura de la place pour tout le monde. » Un témoin oculaire, Richard Parry, raconte : « Des grenades ont été lancées dans la grange, cinq au total. J'ai été projeté dehors par une ouverture. » Les survivants furent chassés à l'extérieur, et les soldats SS ouvrirent le feu. Plus de quatre-vingts prisonniers britanniques furent assassinés de sang-froid.

« Indiscutablement, la division *Tête de mort* faisait bonne impression par sa discipline et sa tenue. Elle attaquait aussi avec beaucoup de cran et avait prouvé sa capacité de résistance dans la défense. Mais cette troupe subissait des pertes démesurées, parce qu'elle et ses chefs devaient acquérir au combat les connaissances que les régiments de l'armée possédaient depuis longtemps. »

Maréchal Erich von Manstein

« Les troupes comme la SS doivent payer un tribut plus lourd que toutes les autres. »

Adolf Hitler

« Les actes de violence qui s'accumulent ces derniers temps témoignent d'une absence tout à fait incompréhensible d'humanité et de sens moral, au point que l'on peut carrément parler de bestialité. »

Général Wilhelm Ulex, le 2 février 1940,
à propos des crimes commis par les formations
Tête de mort en Pologne

« Ils nous ont enfermés dans une grange. Ensuite, ils en ont fait sortir cinq et les ont fusillés. Ils en ont appelé cinq autres ; eux aussi ont été fusillés. Comme nous avons commencé à nous agiter à l'intérieur, j'ai vu un Allemand se baisser et sortir une grenade de la tige de sa botte et la jeter sur nous. »

Alfred Tombs, soldat britannique,
survivant du massacre de Wormhoudt

> « Cette guerre a permis que le corps de blindés allemand gagne sa place dans l'histoire mondiale ; les soldats de la Waffen-SS partagent cet honneur. »
>
> Discours de Hitler au Reichstag, le 19 juillet 1940
>
> « Le régiment ne peut malheureusement pas proposer ces hommes de troupe pour une citation, car ils sont tombés au cours des opérations. »
>
> Extrait d'un rapport de combat de Felix Steiner, mai 1940

Hitler se montra naturellement très satisfait des « exploits » de ses unités et les couvrit d'éloges dans un discours lors de la parade de la victoire. Pour lui, il était clair que l'extension de la Waffen-SS devait se poursuivre. Mais il n'ignorait pas les réserves de l'armée à propos de l'utilisation de la Waffen-SS à des fins militaires. Afin d'apaiser les généraux, il tenta, par un décret du 6 juin, de « minimiser » la mission future de la Waffen-SS en la réduisant aux « affaires internes » : « Dans sa forme définitive, le Grand Reich allemand ne comptera pas uniquement des éléments raciaux qui lui seront *a priori* favorables à l'intérieur de ses frontières. » D'où la nécessité, selon lui, d'entretenir une troupe de police d'Etat qui serait habilitée à représenter et à imposer l'autorité du Reich en toute occasion. Cette « police d'Etat » ne pourrait user de l'autorité nécessaire que si elle était équipée militairement et si elle avait fait ses preuves au front. Il fallait donc créer une troupe qui éviterait une deuxième Révolution de novembre, et en mesure de réprimer les révoltes des peuples non allemands du futur « Grand Reich germanique » avec des moyens militaires. De plus, cette troupe constituerait toujours une élite, dont les formations ne dépasseraient pas cinq à dix pour cent des forces de paix de l'armée.

Des soldats de la division *Tête de mort* avancent près de Béthune, le 25 mai 1940. Deux jours plus tard, ils fusilleront des prisonniers britanniques près du Paradis – un crime de guerre caractérisé.

Ce décret a souvent été accepté sans critique et son véritable contenu, mal analysé. S'il s'était simplement agi de permettre à une police d'Etat de faire ses preuves au front, une ou deux divisions de prestige auraient amplement suffi, et le reste des troupes aurait très bien pu se battre dans la Wehrmacht. Mais Hitler voulait davantage. Il voulait un renforcement et un développement des compétences militaires de la Waffen-SS, et ainsi former des troupes d'élite nationales-socialistes armées, pouvant représenter une alternative claire à l'armée sans pour autant la remplacer.

En conséquence, la Waffen-SS continua à s'étoffer. La *Leibstandarte* reçut des renforts assez importants pour lui permettre d'atteindre la taille d'une division. En outre, une nouvelle division SS fut mise sur pied, baptisée *Germania* dans un premier temps, puis, fin 1940, rebaptisée *Viking*. Car, dès novembre 1938, Himmler avait annoncé son inten-

« La croisade contre le bolchevisme » : le chef SS belge Léon Degrelle décore des soldats de la brigade SS « Wallonie ».

tion « d'aller chercher du sang germanique dans le monde entier ».

Ainsi projeta-t-il avant le début de la guerre de recruter dès que possible des volontaires « germaniques » pour la Waffen-SS. Après l'occupation de l'Europe du Nord et de l'Ouest, il se mit immédiatement à la tâche et fit mettre sur pied un régiment *Nordland*, composé de volontaires danois et norvégiens, ainsi qu'un régiment *Westland* formé de soldats néerlandais et flamands. Cela répondait à ses projets pour l'Europe : il était en effet prévu que la Hollande, la Flandre, le Danemark et la Norvège se fondent après la guerre dans le « Grand Reich germanique » ; il était donc normal que la future « police d'Etat » fût également issue de leurs rangs. Toutefois, les chiffres ne répondirent pas à ses attentes : les volontaires se faisaient rares, en particulier parce qu'ils étaient souvent considérés comme des traîtres dans leur pays. « Mon père ne voit pas d'un bon œil mes convictions politiques, explique dans une lettre Léo Larsen, un volontaire SS norvégien. Au point que, quand j'ai voulu lui rendre visite le soir de Noël – je ne l'avais pas vu depuis sept ou huit mois et je me trouvais en permission – il m'a jeté dehors. » Au début de l'opération « Barbarossa », fin juin 1941, la division *Viking* comptait tout juste 1 143 étrangers : 631 Néerlandais, 294 Norvégiens, 216 Danois, 1 Suédois et 1 Suisse. La division *Viking* était donc composée à 90 pour cent d'Allemands.

Le recrutement de la Waffen-SS se trouva grandement facilité après l'attaque de l'Union soviétique. La propagande en faveur de la « croisade contre le bolchevisme » parvint à séduire nombre de jeunes gens des territoires occupés. Le chef d'état-major de l'armée, le général Franz Halder, écrivait ainsi avec euphorie au début du mois de juillet 1941 : « Tous les Etats d'Europe, et même les Français, envoient leurs légions à l'Est. L'Europe s'allie contre l'Asie et trouve l'unité qui donne son sens historique à cette guerre. » De telles affirmations ont évidemment peu de rapport avec la réalité. Il est certain que le nombre des volontaires avait augmenté, mais on ne pouvait parler de ruée. A la fin de 1941, on trouvait à la Waffen-SS 12 000 « volontaires germaniques de communauté raciale non allemande » – telle était la dénomination officielle – qui combattaient dans la Waffen-SS, dont 1 180 Finnois qui n'étaient assurément pas des « Germains ». En revanche, environ 24 000 Français, Croates, Espagnols et Wallons avaient été incorporés à la Wehrmacht : Himmler ne voulait pas de ces « non-Germains » dans sa SS... pour le moment.

« Je me sentais bien mieux au milieu de ces jeunes gens que chez moi. La SS, c'était l'élite. »

Ingemar Somberg, soldat SS suédois

> « Pour moi, ce n'était pas un uniforme étranger, parce que j'ai toujours eu le sentiment d'appartenir à la même communauté que le peuple allemand. »
>
> Remy Schrijnen, volontaire SS flamand

La création d'une « armée pangermanique » conforme à sa vision était un projet difficile à matérialiser, compte tenu des objectifs politiques des mouvements fascistes des différents pays. L'encadrement de la SS avait tout d'abord espéré, en créant des légions nationales homogènes hors SS, « pouvoir gagner le peuple concerné ». Mais il s'avéra bientôt que ces unités devenaient l'objet de la plus grande sollicitude de la part des différents mouvements NS, et qu'on leur donnait donc une fonction politique. Compte tenu de la forte résistance rencontrée, ces unités ne purent pas être intégrées tout de suite à la SS. Car, loin de se battre au premier chef pour les Allemands, les volontaires se battaient d'abord pour la place de leur propre Etat dans une Europe d'après-guerre dominée par l'Allemagne, et contre le bolchevisme. C'est pourquoi ils refusaient dans l'ensemble d'adhérer aux idées de la SS. Jusqu'en 1943, les volontaires européens se scindèrent en deux groupes : les uns étaient engagés dans la Waffen-SS « pangermaniste », et les autres, plutôt nationalistes, engagés dans leurs légions. Cette juxtaposition ne cessa qu'en 1943, lorsque les légions *Flandern*, *Norge* et *Danmark* furent transférées dans les formations multinationales de la Waffen-SS, ce qui donna lieu à de fortes résistances et oppositions. Par ailleurs, Himmler ne voyait plus d'inconvénient à accepter dans son ordre ces « romans » jusqu'alors si méprisés. La légion « Wallonie » fit donc partie intégrante de la Waffen-SS, au même titre qu'une formation composée de Français. Henri-Joseph Fenet, l'un de ces volontaires français, déclarera : « Pour bien des Français, la défaite de 1940 fut une humiliation épouvantable, et le fait de s'engager au front de l'Est dans les rangs d'une troupe d'élite était pour nous l'occasion d'effacer cette humiliation. »

> « *En 1941, j'ai dû faire un voyage avec Himmler. Il m'a fait une impression terrible, mais les gens de la Waffen-SS qui le connaissaient mieux le trouvaient pire encore. C'était l'homme le plus haï des grands chefs de la Waffen-SS. Sepp Dietrich ne voulait même pas lui serrer la main. Quand Himmler annonçait sa visite à la* Leibstandarte, *il partait en déplacement.* »
>
> Robert Krötz, correspondant de guerre SS

Même si Himmler n'est jamais parvenu à réaliser son projet d'armée « pangermanique », le nombre total des volontaires « germaniques » engagés dans la Waffen-SS pendant la guerre est relativement important : selon les estimations, ils sont entre 123 000 et 166 000, la plupart d'entre eux n'ayant été recrutés qu'en 1944, au moment où beaucoup de collaborateurs rejoignaient les troupes allemandes en repli.

De nombreux volontaires des premières années, profondément déçus, avaient fait défection. Ainsi, en septembre 1942, un quart des Néerlandais dut être renvoyé. La crise du recrutement des « volontaires germaniques » perdurera dans les mois suivants. C'était la conséquence du retournement de situation après Stalingrad. Le 30 juin 1943, pas moins de 5 883 volontaires se désengagèrent, ce qui représentait 21,5 pour cent des hommes recrutés en Flandre, dans les Pays-Bas, au Danemark et en Norvège. « Dans les pays germaniques, nous en sommes arrivés au point où nous en perdons notre latin », écrivait le *SS-Brigadeführer* Gottlob Berger. Car, s'ils passaient outre les chicaneries de leurs instructeurs allemands, qui se comportaient souvent avec arrogance, les « volontaires » avaient peu à peu décrypté le sens des paroles prononcées par Hitler à la mi-juillet 1941 : la « guerre de libération à l'échelle de l'Europe » vantée par la propagande n'était nullement une guerre menée par l'Allemagne pour l'Europe, les seuls bénéficiaires de cette guerre seraient les Allemands.

A la veille de l'attaque de l'Union soviétique, Himmler avait assez de pouvoir pour se permettre d'étendre la notion de « Waffen-SS » à l'extérieur. En avril 1941, il décréta qu'aux troupes du front viendraient s'ajouter 179 (!) autres unités et services. A partir d'août 1941, les camps de concentration, y compris leurs surveillants, y furent intégrés. Ces soldats portèrent donc le même uniforme et possédèrent le même livret militaire que les troupes du front, même si, soumis à l'autorité du WVHA (l'Office principal d'économie et d'administration), ils furent séparés en 1942, pour l'administration, de la Waffen-SS. Etoffer son armée SS pour en faire autre chose qu'une simple troupe au front entrait parfaitement dans la logique de Himmler et de l'idée qu'il se faisait d'un corps de protection de l'Etat.

Mais, malgré la séparation des tâches – formations au front d'un côté, formations de police de l'autre –, on ne peut parler de deux corps entièrement séparés. L'orientation idéologique et la formation étaient par trop homogènes, l'interconnexion du personnel par trop étroite.

Le 22 juin 1941, l'offensive contre l'Union soviétique marqua le début de la guerre que Hitler projetait depuis toujours, la guerre d'extermination à l'Est avec, pour objectifs, l'éradication du communisme, l'extinction du judaïsme, la conquête d'« espace vital ». Y participaient les cinq divisions SS, des formations entièrement motorisées à présent, ce qui les plaçait au-dessus de la plupart des troupes de l'armée. Toutefois, la Waffen-SS ne disposait pas encore de blindés.

Les cinq divisions se battirent sur le front des trois groupes d'armées : au lac Ilmen, devant Moscou, à Rostov. Le manque

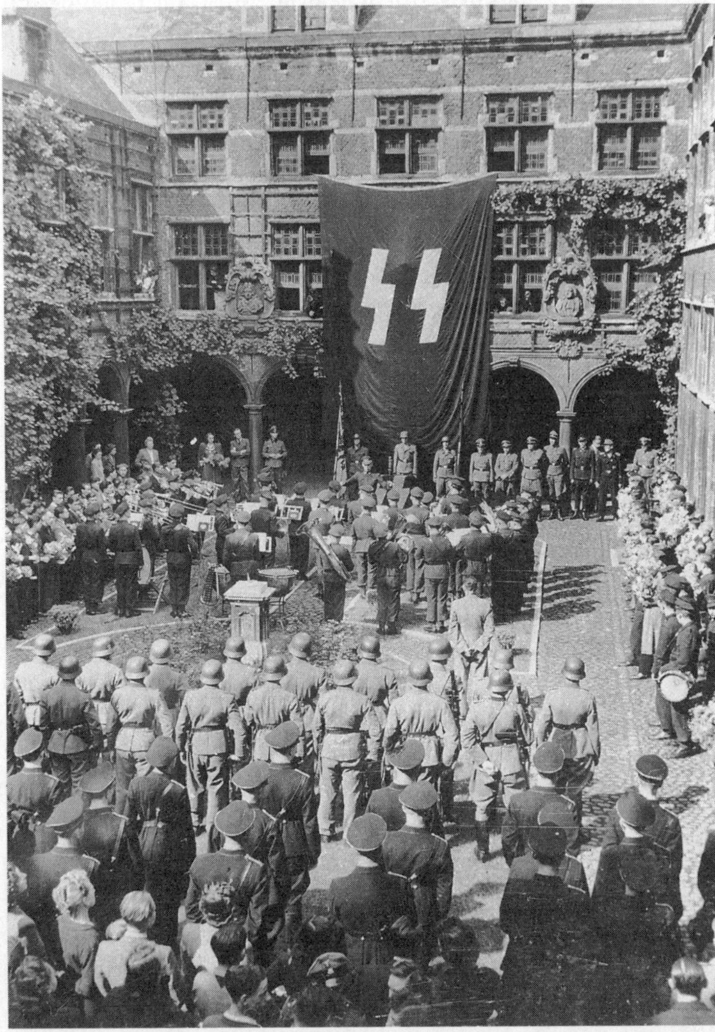

De la chair à canon « germanique » pour le front de l'Est : on salue le départ d'un contingent de volontaires SS flamands. Juillet 1944.

d'expérience se faisait sentir ici ou là. Ainsi, en Finlande, en septembre 1941, le groupe de combat SS *Nord*, constitué de deux régiments *Tête de mort* insuffisamment formés, « faillit » complètement, ainsi que le nota un officier de la Wehrmacht avec suffisance, en s'enfuyant devant une attaque soviétique. Dans la division *Tête de mort* aussi, la faiblesse de la formation des soldats et le manque de qualification de leurs chefs se soldèrent par de lourdes pertes. L'intégration des formations *Tête de mort* à la Waffen-SS présentait toujours des difficultés, car Eicke tenait obstinément à leur autonomie et à leur spécificité. Contrairement aux unités issues de la *Verfügungstruppe* de Hausser qui avaient opté pour le professionnalisme militaire, les formations *Tête de mort* se considéraient comme les véritables porteurs de la « révolution nationale-socialiste » et se proclamaient anti-bourgeois et anti-militaristes. Eicke empêchait délibérément l'échange de personnel avec la *Verfügungstruppe*. Aussi la division *Tête de mort* subit-elle d'importantes pertes en Russie, ce qui conduisit à la disparition progressive de son « esprit de corps » spécifique. L'unité qui s'était mise en marche avec 17 000 soldats fin juin 1941 en avait perdu plus de 12 000 en mars 1942, mais n'en reçut que 5 000 en renfort. Elle resta opérationnelle jusqu'en octobre 1942 et fut presque anéantie. La nouvelle « division *Tête de mort* » qui fut mise sur pied en France n'avait pratiquement rien de commun avec la division qui avait envahi la Russie un an plus tôt. La plupart des soldats chargés de la surveillance des camps de concentration avaient été tués. Il y avait toujours un échange régulier d'hommes entre la division *Tête de mort* et les surveillants des camps, mais ces derniers étaient versés aussi dans d'autres divisions. Ainsi, dans la plupart des divisions de la Waffen-SS, se trouvaient désormais des soldats qui avaient été plus ou moins longtemps surveillants de camps de concentration.

« Il n'est resté qu'un bolchevique », dit avec cynisme la légende originale de cette photo prise par un correspondant de guerre. Elle montre le comportement brutal de la SS.

> « Une vraie troupe d'élite, que je suis fier et heureux d'avoir sous mes ordres. »
>
> Lettre du général Eberhard von Mackensen
> à Heinrich Himmler, 26 décembre 1941
>
> « La bravoure et l'esprit de sacrifice des camarades de la Waffen-SS étaient généralement tenus en haute estime. De même, je n'ai jamais entendu parler de crimes commis par la Waffen-SS contre des juifs ou d'autres civils ; ils se battaient avec acharnement en première ligne. »
>
> Comte Clemens von Kageneck,
> officier de la Wehrmacht

Les points de contact entre le monde des camps et les soldats de la Waffen-SS étaient multiples. En 1943, Wolfgang Filor avait été transféré à la suite d'une blessure dans la compagnie de convalescence de la division blindée *Das Reich*, qui se trouvait à Buchenwald. Il témoigne : « Un soir, j'ai dû aller escorter l'un de nos soldats mis aux arrêts. Après l'avoir remis au mitard qui se trouvait à côté du camp, j'ai vu deux gars sortir du camp. C'étaient des gardiens qui traînaient un détenu avec eux. Ils le faisaient avancer en traînant ses genoux par terre. Moi, j'étais un soldat du front, quand j'ai vu ça, je leur ai dit : "Mais arrêtez, soulevez-le, ce camarade ne peut pas marcher comme ça !" Alors l'un d'eux m'a répondu : "Allez, partez, ça se voit que vous venez d'arriver. On l'emmène à l'hôpital, on va lui faire une piqûre, et terminé !" »

Si l'on considère la Waffen-SS du point de vue de ses exploits militaires sur le front est en 1941-1942, on obtient un tableau tout à fait semblable à celui de l'armée. Elles comptaient l'une et l'autre des formations plus ou moins performantes. Parfois, celles de la Waffen-SS surpassaient peut-être les divisions de l'armée, mais ce n'était pas la tendance générale. Les divisions SS avaient la réputation d'être particulièrement dures et agressives. Ainsi, le général Mackensen vantait dans une lettre à Himmler « la discipline interne, le côté fonceur si rafraîchissant, le joyeux dynamisme et l'inébranlable résistance pendant les crises » de la *Leibstandarte*. Même s'il existait indéniablement, toutes les unités SS n'étaient sûrement pas animées du fanatisme que beaucoup d'auteurs croient y déceler. De nouvelles études viennent de démontrer que le niveau des pertes était relativement proche de celui de l'armée.

> *« On leur avait demandé expressément s'ils voulaient avoir les yeux bandés. J'avais seize ans à l'époque, et j'étais dans la première rangée du commando d'exécution. Ce n'était qu'à dix mètres, et j'étais content de ne plus avoir à regarder les deux hommes dans les yeux. Les deux* Unterscharführer *se sont avancés une nouvelle fois vers les deux candidats à la mort et ont ouvert leurs chemises pour que nous, les soldats, nous sachions exactement où viser et où tirer. »*
>
> Siegfried Schütze, soldat dans la division de cavalerie SS *Florian Geyer*

Mais il est notoire que la Waffen-SS s'illustra par une brutalité particulière en Russie. On dispose de nombreux témoignages de ses crimes de guerre. Ainsi, la division *Viking* assassina 600 juifs galiciens en Ukraine ; la division *Das Reich* « aida » le Groupe d'intervention B à assassiner des juifs dans le secteur de Minsk ; la *Leibstandarte Adolf Hitler*, selon des récits non confirmés, aurait assassiné 4 000 prisonniers russes en avril 1942. Mais le nombre des cas rapportés ultérieurement est restreint, et sans aucun doute très inférieur à la réalité. A la Waffen-SS, les exécutions de prisonniers de guerre, les brutalités envers la population civile « slave » étaient la règle et non l'exception. Des actes particulièrement odieux sont imputés à la brigade de cavalerie SS commandée par

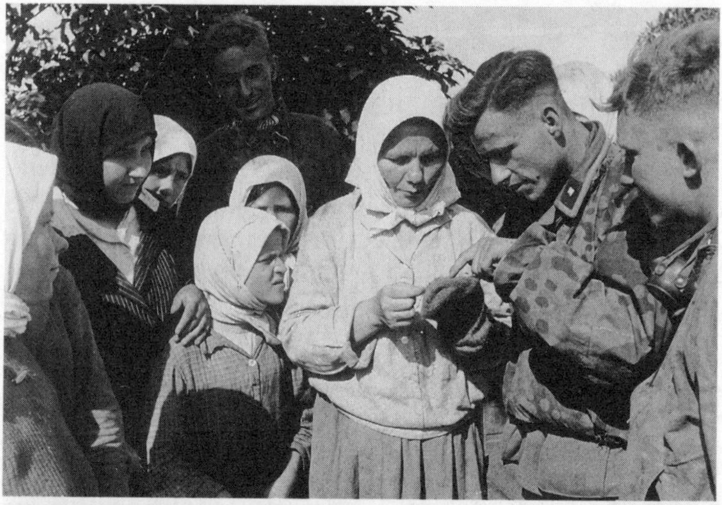

En haut : En Ukraine et en Biélorussie, les soldats SS eux aussi furent d'abord accueillis avec cordialité par la population. Cela ne devait pas durer.
En bas : « Nous, on est toujours devant. » Des soldats de la division *Tête de mort* à Smolensk, septembre 1941.

Hermann Fegelein. En été 1941, celle-ci avait eu pour mission de ratisser les marais impraticables du Pripjet. Le *Reichsführer SS* Heinrich Himmler donna le ton avec ses « lignes directrices pour le ratissage et l'exploration des territoires marécageux » : « Si la population se révèle hostile du point de vue national, inférieure du point de vue racial et humain ou, comme ce sera très souvent le cas dans les territoires marécageux, composée de colonies de criminels, tous ceux qui seront soupçonnés de soutenir les partisans seront à fusiller. Les femmes et les enfants seront déportés, le bétail et les provisions seront saisis et mis en sécurité. Les villages seront brûlés. » Le 27 juillet, le *SS-Standartenführer* Hermann Fegelein retransmit à ses troupes un ordre décisif de Himmler : « Les juifs doivent être traités, pour la plupart, comme des pillards. » Sans hésitation, les responsables assimilèrent les partisans aux juifs : lutter contre ceux qui étaient susceptibles de mener une guérilla signifiait les assassiner comme on assassinait les juifs que l'on trouvait dans les villages.

Le 30 juillet, à 7 heures du matin, les sections montées des deux régiments de cavalerie SS se lancèrent dans une première « action de nettoyage » dans les marais. Le lendemain, Himmler durcit encore ses ordres au cours d'une conversation personnelle avec le commandant responsable de la région, le « chef supérieur de la SS et de la police » Erich von dem Bach-Zelewski. Dans un message radio à l'adresse des sections, ce dernier répercuta ainsi les instructions qu'il avait reçues : « Ordre strict du RFSS. Tous les juifs doivent être fusillés. Les femmes doivent être chassées dans les marais. »

> « Là où est le partisan, là est le juif, et là où est le juif, là est le partisan. »
>
> Mot d'ordre donné au cours d'une instruction pour la lutte contre les partisans, fin septembre 1941

« Le 7 août a paru un décret de la kommandantur militaire allemande. Il disait que les juifs au chômage devaient se rassembler à la gare le 8 août. Il fallait qu'ils apportent de la nourriture pour trois jours. Le 8 août, environ 1 000 personnes étaient rassemblées à la gare. Les gens ont été emmenés en dehors de la ville sur la route de Sagolewo et fusillés dans un champ de pommes de terre. Quelques-uns ont survécu, ils sont rentrés et ont raconté ce qui s'était passé.
Le 9 août, un nouveau décret a paru, sur le travail obligatoire. Personne n'y est allé, et une razzia contre les hommes juifs a été déclenchée. Ce jour-là, de 8 à 10 000 personnes ont été fusillées. Ils entraient dans les maisons et ils ont même emmené un garçon de six ans. Ils sont entrés dans notre maison – j'étais aux toilettes dans la cour, et c'est pour cela que j'ai survécu, mais ils ont emmené mes frères David et Aron. Ils ont été fusillés le jour même. »

Piotr Ruvinovitch Rabzevitch, survivant des massacres perpétrés dans les marais du Pripjet

Les cavaliers SS du 1er régiment de cavalerie furent les plus radicaux : dans les villages qu'ils traversaient, ils tuaient tous les juifs, y compris les femmes et les enfants. Ils utilisaient des mitrailleuses, afin de faucher les gens plus vite et en masse.

Le 2e régiment se contenta de fusiller les hommes entre dix-huit et soixante ans. Conformément aux ordres, les femmes et les enfants juifs furent chassés dans les marais. Mais les troupes dociles de Himmler se heurtèrent à une déconvenue et notèrent avec dépit : « Chasser les femmes et les enfants n'a pas eu le résultat espéré, parce que les marais n'étaient pas assez profonds pour qu'ils s'y noient. » Malgré tout, les deux régiments de cavalerie SS avaient assassiné près de 14 000 personnes au 13 août 1941.

Naturellement, des divisions d'infanterie et des divisions blindées tout à fait « ordinaires » tuèrent elles aussi d'innombrables prisonniers et civils russes. Et bien des formations de sécurité de la Wehrmacht se comportaient à l'arrière du front avec la même barbarie que la brigade de cavalerie SS. Ainsi,

En haut : Le colonel SS Hermann Fegelein (à gauche), commandant la 1re brigade de cavalerie, et le général de brigade Wilhelm Bittrich. Fegelein joua un rôle de premier plan dans les crimes commis par la SS dans les marais du Pripjet.
En bas : C'est le pire qui attend ces *Flintenweiber** russes après leur capture.

* Les « bonnes femmes au fusil » : c'est ainsi qu'étaient désignées les femmes qui servaient dans l'armée soviétique et appartenaient aux groupes de partisans.

en un mois, la 707e division d'infanterie fusilla-t-elle plus de 10 000 civils russes en Russie blanche. Le but était l'extermination, quelle que fût l'arme dans laquelle on servait – avec peut-être un peu plus de scrupules au sein des unités de la Wehrmacht. Les coupables ne furent pas nombreux, mais encore trop.

> « Les SS étaient tous très jeunes, très arrogants et, par-dessus le marché, visiblement fiers de leurs méfaits. »
>
> Erich Mirek, soldat de la Wehrmacht
> et témoin oculaire
>
> « Tout ce qui se passe là-bas est principalement une question de commandement. Ce commandement, je le considère comme insuffisant. »
>
> Erich von Manstein, le 8 février 1943,
> à propos du commandement du corps de blindés

En 1942, les divisions *Leibstandarte*, *Das Reich*, *Tête de mort* et *Viking* furent équipées de matériel dernier cri et transformées en divisions blindées. Elles étaient ainsi devenues des « troupes d'élite » à l'intérieur de la Waffen-SS : c'est l'image qu'elles donnaient. D'autres unités étaient envoyées sur des fronts annexes (la 6e division de montagne *Nord*) ou au combat contre les partisans (la 4e division de police SS, la 7e division de montagne SS, la 8e division de cavalerie SS).

Un bon exemple de ces unités est la 7e division de montagne *Prince Eugène*. Mise sur pied en Serbie du Nord et composée de Saxons de Transylvanie et de Souabes du Banat, cette unité fut longtemps considérée comme la parente pauvre de la Waffen-SS. Elle était principalement équipée avec des armes prises sur l'ennemi, et être muté dans cette unité était souvent considéré comme une punition.

En Yougoslavie, la bataille des partisans fut marquée par

les brutalités et les atrocités. Mais la responsabilité n'en incombait pas uniquement aux Allemands, car les groupes ethniques se massacraient volontiers entre eux. La Wehrmacht n'était pas en reste : lors de la répression de la révolte serbe en 1941, certaines de ses unités commirent d'horribles exactions, assassinant presque tous les juifs serbes. Toutefois, il reste acquis que la division SS *Prince Eugène* eut, dès le début, une forte propension à la barbarie. En décembre 1942, elle fut très officiellement, et pour la deuxième fois, blâmée et sommée de s'abstenir à l'avenir de faire preuve d'une « dureté non indispensable » envers la population civile non armée, en « fusillant des femmes et des enfants, en incendiant des villages ». Cette division n'était pas encore impliquée dans une véritable bataille contre les partisans. Lorsque le commandant de la division, en juillet 1943, voulut s'excuser auprès d'un ministre croate pour un massacre commis par son unité en le qualifiant d'« erreur », le *SS-Oberführer* Werner Fromm lui fit observer d'un ton cinglant : « Depuis que vous êtes ici, les erreurs se succèdent, malheureusement. » Le *SS-Sturmbannführer* Reinholz nota que les erreurs de ce genre avaient « commencé à avoir des effets négatifs sur les intérêts allemands dans ce secteur ». L'assassinat de 2 000 Croates le 28 mars 1944, dans le secteur de Knin (Dalmatie) entraîna de vives protestations du gouvernement croate.

La 4e division de police SS s'acquit elle aussi une sinistre renommée en assassinant 223 civils dans le village grec de Klissura, en tuant plus de 300 personnes à Distomo le 5 avril et le 10 juin 1944.

Comment faut-il considérer ces crimes ? Sont-ils l'œuvre de formations isolées, ou représentatifs de l'attitude de la Waffen-SS dans son entier ? Le renforcement et la réorganisation incessante des divisions ne permettaient plus de parler du « caractère » spécifique des différentes unités. Partout, dans la lutte contre les partisans – ou ceux qui étaient considérés comme tels –, la Waffen-SS tendait à commettre des exactions pires que celles de l'armée. C'était le cas dans les Balkans, mais aussi en France et en Italie, où une unité de la division *Reichsführer SS* massacra des centaines de civils en août et septembre 1944. Cette rage de tuer s'était renforcée depuis Stalingrad, avec le tournant qu'avait pris la guerre contre le régime nazi.

Dans l'intervalle, les « divisions d'élite » de la SS avaient été transformées en divisions blindées, procurant au haut commandement de l'armée un instrument de stabilisation du front Est qu'il accueillit avec satisfaction. Pour mémoire : en novembre 1942, les Soviétiques avaient encerclé la Sixième Armée à Stalingrad et, en décembre, avaient lancé une grande offensive sur tout le front du sud. Les formations italiennes, hongroises et roumaines, sous-équipées, ne furent pas plus capables de résister que les quelques divisions allemandes. Impossible à arrêter, l'Armée rouge avançait vers l'ouest, et l'aile sud du front de l'Est tout entière était sur le point d'être brisée. Les trois divisions blindées *Leibstandarte Adolf Hitler*, *Das Reich* et *Tête de mort* entrèrent alors dans la bataille en un corps unique sous le commandement de Paul Hausser, pour « dégager » Stalingrad. Winrich Behr, alors officier de la Wehrmacht, dira à propos de l'analyse de la situation par le *Führer* : « Ce que disait Hitler des renforts pour Stalingrad était manifestement irréaliste ; moi, un soldat de vingt-cinq ans, officier au front et dans les blindés, je savais pertinemment que ce n'était pas vrai. Il parlait d'une armée de blindés SS qui devait dégager Stalingrad. Je savais par le feld-maréchal Manstein que cette armée, à peine débarquée, avait été complètement ratiboisée par les T-34 russes. Et voilà que le *Führer* me racontait que cette armée de blindés devait faire 400 kilomètres dans la neige et le vent pour aller dégager Stalingrad ! Il était manifeste que c'était du pipeau. »

La Sixième Armée ne put être dégagée à Stalingrad, mais le corps de blindés SS participa activement à la contre-offensive de février et de mars 1943, qui stabilisa le front et conduisit à la reconquête de Kharkov, la quatrième ville de l'Union soviétique. Auparavant, Hausser s'était refusé à défendre la prestigieuse métropole, qui se trouvait dans une situation désespérée ; contre l'ordre formel du *Führer*, il avait pris la décision de battre en retraite. Manifestement, à cette époque, le général SS ne semblait pas prêt à obéir aveuglément – il devait l'être plus tard.

Lors de la dernière grande offensive sur le front de l'Est, à Koursk, le Ier corps de blindés SS fut de nouveau placé au centre de la bataille, tout en jouant en même temps le rôle de bélier. Même si cette opération a été un échec, c'est entre février et juillet 1943 que la Waffen-SS s'est acquis la renommée de « pompier du front de l'Est ». Elle était considérée comme l'élite des troupes du front oriental, se battant là où le danger était le plus grand, toujours à la tête des contre-attaques. C'est ce que confirme Horst Krüger, qui fut transféré au printemps 1943 de la Luftwaffe à la division *Leibstandarte*. « Nous étions un commando volant, nous allions partout où ça sentait le roussi. On ne se posait pas la question. »

De même que tous les mythes, celui-ci reposait sur un fond de vérité. Les offensives allemandes du printemps 1943 n'auraient pu être menées sans les divisions blindées SS. Toutefois, elles ne montaient pas seules à l'assaut de l'ennemi, mais toujours en formation avec des unités de l'armée. Leur fameux équipement, même excellent, n'y aurait pas suffi. Les chars les plus modernes, le Panthère et l'Eléphant, étaient d'abord attribués à des unités de l'armée. Par exemple, les nouveaux Panthère allaient à la division *Grossdeutschland*, qui était encore mieux équipée que les divisions SS de Hausser. Bien entendu, celles-ci disposaient de matériel moderne : chaque division

En haut : Le corps de blindés SS participa de manière décisive à la reprise de Kharkov au printemps 1943. Chars de combat de la SS avec des soldats de l'infanterie.
En bas : Les « pompiers » du front de l'Est. Sepp Dietrich décore un soldat de la Waffen-SS après la bataille de Kharkov.

disposait ainsi d'une compagnie des fameux chars Tigre, très performants. Mais elles n'étaient pas les seules. La division *Grossdeutschland* fut même renforcée en août 1943 par un bataillon entier de chars Tigre.

A la fin de 1943 et au début de 1944, le gros des « anciennes » divisions SS se battait aux points chauds du front oriental. En février 1944, à Tcherkassy, la division *Viking* et la brigade d'assaut *Wallonie* avaient été encerclées par l'Armée rouge. Lorsqu'elles rompirent leur encerclement, au prix de nombreuses pertes, elles prirent la tête des troupes allemandes ; c'est la *Leibstandarte Adolf Hitler* qui se trouvait à la tête des formations arrivées à la rescousse. A Kamenz-Poldosk, une armée entière de blindés avait été encerclée par les Russes en avril 1944. Le IIe corps de blindés SS, mis sur pied peu auparavant et accouru depuis la France, brisa l'encerclement et libéra les divisions de l'armée et la *Leibstandarte Adolf Hitler* encerclée.

Bien entendu, la vingtaine d'autres divisions blindées de l'armée qui se battaient en même temps intervinrent toutes de manière analogue, accomplirent des exploits semblables, avec le même armement ; certaines étaient même mieux équipées. Les prétendues « actions d'éclat » de la Waffen-SS, à y regarder de plus près, sont bien moins spectaculaires que ne le veut la légende. Elles sont en grande partie le produit d'une littérature populaire (y compris en langue anglaise) qui tient de la mythification.

La césure qui se produisit dans le déroulement de la guerre pendant l'hiver 1942-1943 avec la défaite dévastatrice de Stalingrad marqua également une coupure dans l'histoire de la Waffen-SS. De décembre 1942 à janvier 1944, on vit se former pas moins de douze nouvelles divisions SS, ce qui représente une augmentation de 150 pour cent ! Ainsi s'acheva le processus du passage à une armée de masse. Si, au milieu de l'année 1940, la Waffen-SS comprenait encore 100 000 soldats, à la fin de 1941 ils étaient déjà 220 000, à l'automne 1942 240 000 (dont 140 000 dans les troupes au front), fin 1943 500 000 (dont 260 000 dans les troupes au front) ; fin 1944, elle comptait 910 000 hommes.

Il est évident qu'une telle expansion devait changer la spécificité de la Waffen-SS de manière décisive. Ce n'était plus un ordre d'élite. Le principe du volontariat n'avait jamais été officiellement aboli, mais il cessa très tôt d'être appliqué. Ainsi, dès 1940, des membres de la SS générale furent versés dans la Waffen-SS à la suite de pressions plus ou moins fortes. A partir de 1942, les mesures de coercition furent étendues. Le personnel des nouvelles divisions blindées *Hohenstaufen* et *Frundsberg* fut en grande partie recruté de force dans les camps de travail. La plupart de ces hommes avaient très peu de sympathie pour l'idéologie SS. Une collaboratrice du diplomate Ulrich von Hassel relatait ainsi en 1943 : « L'esprit national-socialiste de la Waffen-SS était de plus en plus remis en question. Ils se sentaient en harmonie avec les troupes combattantes de la Wehrmacht. »

« On nous servait de la bière, avec des petites saucisses. Il y avait là tout ce qu'on voulait. Et aussi les formulaires d'engagement dans la Waffen-SS. Mais ce n'était pas grave. Car à tous ceux qui ne voulaient pas y entrer on promettait, la main sur le cœur : tu peux entrer dans la marine, dans la cavalerie ou dans un bureau. Alors ils rayaient Waffen-SS au crayon et écrivaient l'autre choix par-dessus. Je suis convaincu que moins de dix minutes après, ils avaient déjà tout gommé. »

Lothar Schmitz, alors membre de la Jeunesse hitlérienne

« A l'époque, j'ai voulu m'engager dans la Waffen-SS, mais mon père en a été très contrarié. Il m'a dit : "Tu ne sais pas où tu mets les pieds." »

Manfred Rommel, alors membre de la Jeunesse hitlérienne

« Il y avait dans la Waffen-SS quelque chose qui vous rebutait intérieurement, on sentait confusément : ceux-là, ils font des choses auxquelles tu ne voudrais pas être mêlé. Non pas qu'on ait eu des informations précises sur les faits qui ont été connus plus tard, mais il y avait en nous quelque chose d'inconscient, un mauvais pressentiment. »

Günther Adrian, alors membre
de la Jeunesse hitlérienne

« J'avais quinze ans quand j'ai pris part à cette guerre. En mars 1944, un officier de la Waffen-SS est venu dans ma classe et a demandé, après une présentation enthousiaste, s'il y avait des volontaires. J'ai été le premier à lever la main. J'avais été élevé dans le national-socialisme, et je ne connaissais rien d'autre. »

Siegfried Schütze, soldat dans la division
de cavalerie SS *Florian Geyer*

De plus en plus souvent, des chefs de la Waffen-SS, même haut gradés, prenaient leurs distances avec Himmler. Felix Steiner, en particulier, était connu pour ses critiques acerbes du *Reichsführer SS*. Quand il se mit à saluer ses soldats d'un simple « Heil » au lieu du « Heil Hitler » obligatoire, Himmler vit rouge. Il fit enquêter sur la fiabilité de Steiner, mais ne put le relever de ses fonctions car il bénéficiait de la protection de personnalités haut placées dans la SS.

Toujours à la recherche de nouveaux membres, le *SS-Führungshauptamt* (« Département opérationnel de la SS »), et le *Reichsjugendamt* (« Office pour la jeunesse ») convinrent en février 1943 de former une nouvelle division SS avec des membres de la Jeunesse hitlérienne nés en 1925 et 1926. L'un d'eux fut Bernhard Heisig. Il venait de s'engager dans les blindés mais, pendant son examen médical, il se retrouva face à un officier SS. « Il n'avait qu'un bras ; sans doute ce détail m'avait-il fort impressionné. Il me dit : "Vous ne voulez pas nous rejoindre ?" Je réponds : "Je me suis déjà engagé !" "Ah, dit-il, nous avons beaucoup de chars – à moins que vous n'ayez quelque chose contre nous ?" C'était la question piège. Je n'avais rien contre eux. C'est pourquoi j'ai répondu : "Pourquoi pas ?" »

Ulrich Krüger, infirmier à la Jeunesse hitlérienne, faisait passer les tests tuberculiniques. « Après avoir passé la radio, ils s'avançaient vers une table où on leur remettait un formulaire : "J'atteste avoir subi un examen radiologique, etc." lieu, date et signature. Mais, sous un trait, il y avait une phrase imprimée en petits caractères : "Je déclare que je suis volontaire pour m'engager dans la Waffen-SS." Je me suis dit : "Ce n'est pas possible... On force les gens à faire ça sans rien leur dire, sans leur avoir expliqué." »

> « Il est impossible de mettre sur le même plan le soldat de la Waffen-SS et le SS membre du parti... Si un soldat de la Waffen-SS est particulièrement bon soldat, on ne lui reprochera pas, le cas échéant, de ne pas être supérieurement doué idéologiquement. »
>
> Adolf Hitler
>
> « Nous n'avons qu'un seul devoir : être fermes et continuer impitoyablement notre combat pour la race. »
>
> Discours de Himmler à Kharkov, avril 1943

Bientôt, un gros problème se posa, celui de l'absence d'officiers et sous-officiers formés. On tenta de le résoudre par l'improvisation. Cinquante officiers de l'armée, pour la plupart d'anciens chefs de la Jeunesse hitlérienne, furent transférés dans la division afin de pallier les manques les plus criants. Le gros du personnel d'encadrement était issu de la *Leibstandarte Adolf Hitler*, qui se retrouva notablement affaiblie par cette saignée. Au moment où la division *Hitlerjugend* partit se battre en Normandie, en juin 1944, il manquait toujours 2 000 sous-officiers, soit la moitié des effectifs requis.

Le problème du recrutement pour alimenter l'expansion régulière de la Waffen-SS n'était pas nouveau : il existait pratiquement depuis 1940. Le haut commandement de la Wehrmacht lui avait accordé un contingent fixe, mais celui-ci n'était pas suffisant pour subvenir aux besoins de Himmler. C'est pourquoi, depuis le début de la guerre, le grand chef de la SS essayait de recruter également ses troupes là où la Wehrmacht ne pouvait pas se positionner en concurrente : à l'extérieur du Reich. Il y avait déjà des volontaires en Europe occidentale. En complément, on recruta à partir de 1940 des hommes d'origine allemande – désignés sous le nom de *Volksdeutsche*, Allemands raciaux – en Hongrie, Yougoslavie et, surtout, en Roumanie. Une fois ces hommes arrivés en Allemagne – illégalement pour la plupart –, des contrats d'Etat furent signés avec Budapest et Bucarest pour leur permettre d'effectuer leurs obligations militaires dans la Waffen-SS. Ainsi, fin 1941, 6 200 « Allemands raciaux » furent-ils versés dans la division *Viking* et dans la division de montagne *Nord*. A partir de l'hiver 1943, ces ressources en personnel se retrouvèrent totalement épuisées et tous les « Allemands raciaux » valides furent purement et simplement incorporés. Cette incorporation forcée fit que près d'un soldat de la Waffen-SS sur quatre était un « Allemand racial » de la région des Balkans ; ils furent 200 000 au total ! Presque toutes les nouvelles formations de l'année 1943-1944 sont composées d'« Allemands raciaux ». Les divisions blindées *Hohenstaufen* et *Frundsberg*, déjà évoquées, comptaient environ 8 000 hommes. Ironie du sort, dans la division *Nordland* les soldats roumains étaient plus nombreux que les Danois et les Norvégiens. Toutefois, peu d'entre eux étaient prêts à verser leur sang pour l'Allemagne, ce qui amena un soudard comme Eicke, qui n'était pas précisément un intellectuel lui-même, à écrire : « Parmi les Allemands raciaux, il y en a un grand nombre que l'on peut qualifier d'esprits inférieurs. Beaucoup ne savent ni lire ni écrire l'allemand. Ils ne comprennent pas les ordres et ont tendance à désobéir et à tirer au flanc. »

> « Beaucoup d'Allemands de Hongrie, de Pologne et de Roumanie sont entrés à la SS non pas pour l'idéologie de la SS, dont ils n'avaient pas la moindre notion, mais pour pouvoir faire leur service dans la Wehrmacht. Ils ne faisaient pas la différence. »
>
> Baron Philipp von Boeselager,
> officier dans la Wehrmacht
>
> « C'est à vomir : on parle tout le temps de l'esprit SS. Je t'en fous : ici, il n'y en a pas. »
>
> Un informateur de l'Office principal de la SS,
> le 2 octobre 1943, à propos de l'orientation
> idéologique dans la Waffen-SS

A présent, on ouvrait grands les bras aux soldats « non germaniques », alors qu'en mai 1942 Himmler exprimait encore les plus grandes réserves à ce sujet : « Former des unités de la Waffen-SS avec des Estoniens, des Lettons ou des Lituaniens est certainement une idée attrayante, mais qui recèle de grands dangers. » Le Germano-Balte Alfred Rosenberg, ministre des Territoires occupés de l'Est, usa de termes plus explicites : les Lituaniens étaient « en majeure partie de race inférieure », les Lettons « significativement infiltrés par des composantes raciales russes » ; les Estoniens, en revanche, étaient l'« élite des peuples baltes ». Des soldats finlandais étant déjà admis au sein de la Waffen-SS, l'attitude vis-à-vis des Estoniens se modifia. En octobre 1942, Hitler autorisa la formation d'une légion SS estonienne ; d'autres unités suivirent en 1943, et janvier 1944 vit la formation d'une division estonienne. Les préventions prétendument raciales envers les Lettons reculèrent également devant le pragmatisme. Finalement, deux divisions composées de soldats lettons furent mises sur pied. L'intégration des Baltes à la SS ne présentait pas de grande difficulté car, en se battant du côté allemand, ils espéraient reconquérir leur indépendance. C'était un espoir que les Allemands entretenaient délibérément, en cachant avec plus ou moins d'habileté leurs propres projets d'occupation. De plus, il existait en Lettonie un antisémitisme largement répandu. De nombreux Lettons, Lituaniens et Ukrainiens ont participé à des fusillades de juifs ou été employés comme surveillants dans les camps d'extermination.

La valeur militaire des formations composées d'Européens de l'Est était extrêmement diverse. Celles qui jouissaient de la plus mauvaise réputation au sein de la SS étaient les formations biélorusses, car en cas de conflit elles attaquaient et tuaient leurs officiers allemands. La division ukrainienne, elle aussi, réservait de mauvaises surprises. Sa première intervention au front, en juillet 1944, se solda par une « déroute totale ». Les Estoniens et les Lettons, en revanche, défendirent âprement leur sol. Les unités lettones se battirent jusqu'à la capitulation dans la poche de Courlande. Une partie de leurs membres entra ensuite dans la clandestinité et poursuivit la lutte contre l'Armée rouge dans les rangs des partisans, souvent pendant de nombreuses années.

« Nous n'attendons pas de vous que vous deveniez des Allemands par opportunisme. Nous attendons de vous que vous soumettiez votre idéal national à un plus grand idéal racial et historique, celui du grand Reich germanique. »

Discours de Himmler à Kharkov, avril 1943

« La lutte contre les partisans » faisait partie des missions importantes de la SS : une unité SS musulmane dans les Balkans.

Avec la vague de nouvelles formations, en 1943, la Waffen-SS du front était divisée en trois parties : les divisions composées principalement d'Allemands du Reich ; celles qui étaient appelées divisions de volontaires, composées d'une majorité de soldats « germaniques » et d'« Allemands raciaux », suivant la nomenclature nationale-socialiste ; enfin les divisions de grenadiers de la Waffen-SS. A l'intérieur de ces trois groupes, le potentiel combatif des formations était extrêmement varié. Seules quelques divisions formées d'Allemands du Reich pouvaient passer pour des « divisions d'élite ». Mais, là aussi, les pertes élevées, le manque d'officiers et de sous-officiers expérimentés pesèrent de plus en plus. En 1943-1944, des renforts composés d'Alsaciens vinrent donc grossir la division *Das Reich*. Beaucoup désertèrent.

La formation militaire des officiers de la Waffen-SS était une question de première importance. Les deux écoles ne pouvaient plus maintenir la cadence, en raison des nombreuses pertes et de la continuelle mise sur pied de nouvelles formations. Il n'existait pas à la Waffen-SS de formation d'état-major général, aussi les officiers fréquentaient-ils les écoles de l'armée. Afin de combler les lacunes, les officiers de l'état-major général de l'armée étaient mutés en nombre à la Waffen-SS. Dans un premier temps, Himmler se montra réticent devant cette procédure, car il craignait une infiltration de ses SS. Mais, compte tenu du manque de personnel, il oublia très vite ses réserves. On ne tenait pas pour autant la solution miracle, car la mutation se faisait avec l'accord des personnes concernées, et beaucoup d'officiers refusaient d'entrer à la Waffen-SS. En définitive, le manque d'officiers d'état-major général se fit sentir jusqu'à la fin de la guerre, même si, dans la plupart des cas, le poste de Premier officier d'état-major général responsable de la conduite des opérations, poste particulièrement important, était toujours occupé par quelqu'un de formé.

Le manque d'officiers était encore plus criant dans les unités de non-Allemands. Le gros des « Allemands raciaux » avait été enrôlé de force, de sorte que ces hommes étaient peu attirés par une carrière d'officier au sein de la SS. Par ailleurs, il fut impossible de recruter suffisamment d'officiers supérieurs dans les autres armées. Ce problème concernait tant l'Europe du Sud-Est que l'Europe occidentale. Le *SS-Obergruppenführer* Arthur Phleps, ancien officier de l'armée impériale et royale, qui devait devenir général de division

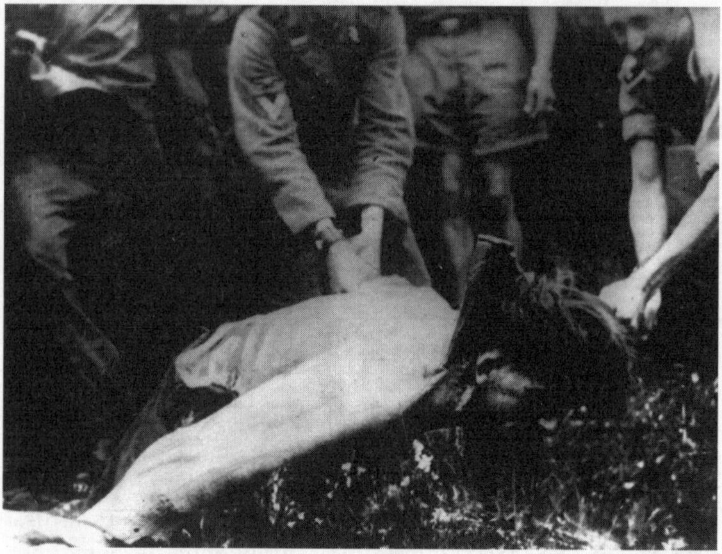

Les unités de volontaires SS originaires de l'Europe sud-orientale se comportèrent de manière particulièrement barbare dans les Balkans. Ici, la décapitation d'un partisan.

dans les forces armées roumaines, constitua une exception célèbre.

Toujours à la recherche de nouveau « matériel humain », Himmler fit preuve d'un zèle qui éleva l'idéologie de la suprématie de la race germanique jusqu'aux sommets de l'absurde. Ainsi, en 1944, une division SS biélorusse put-elle voir le jour. De même, des formations de cosaques ainsi qu'une unité composée de musulmans soviétiques furent mises sous les ordres de la Waffen-SS. Dès le printemps 1943, avec l'assentiment de Hitler, Himmler avait entamé la réalisation de son projet, créer une division SS issue des rangs de la population musulmane de Bosnie. D'un point de vue militaire, l'idée était concevable : utiliser pour les besoins du Reich l'antagonisme séculaire entre chrétiens et musulmans. Zvonimir Bernwald, soldat de la future division SS *Handschar*, le confirme : « Les Bosniaques musulmans sont entrés à la *Handschar* parce qu'ils espéraient obtenir des armes pour se battre en Bosnie contre les tchetniks serbes. L'idéologie nationale-socialiste leur était totalement indifférente. » Au milieu de l'année 1943, les recrues bosniaques furent envoyées en France pour y être formées. Malgré les droits très importants qui leur étaient accordés – la liberté de culte, chaque bataillon ayant son imam, chaque régiment son mollah –, des mutineries éclatèrent. Les mutins assassinaient les membres du personnel allemand et s'enfuyaient avec la caisse du régiment. La division était placée sous la protection du grand mufti de Jérusalem, qui dut intervenir. Finalement, une formation utilisable finit par être mise sur pied. Un officier SS s'estima plus tard très satisfait des unités : « Un matériel humain fantastique – naturellement, inapproprié du point de vue racial, mais ce sont tous des gars jeunes et vigoureux. » A partir du printemps 1944, la division SS *Handschar* fut mutée dans le nord de la Bosnie et se battit contre les partisans de Tito. Mais les Bosniaques ressentaient peu le besoin d'aller se battre hors de leurs frontières. La plupart désertèrent lorsque la Wehrmacht se retira de Bosnie à l'automne 1944 ; l'investissement n'avait donc pas été très rentable.

« Fin 1942, on disait que seuls des Allemands du Reich possédant un passeport allemand pouvaient entrer à la Wehrmacht. Nous vivions alors dans l'Etat indépendant de Croatie et nous avions des passeports croates. Ensuite, on nous dit que les volontaires pouvaient entrer à la Waffen-SS. Alors nous nous sommes engagés. On nous rappelait régulièrement qu'en tant que Waffen-SS nous étions supérieurs aux autres. »

Zvonimir Bernwald, division SS *Handschar*

> « Ils ne les tuent qu'au couteau. Il y avait parmi eux un homme qui était blessé. Il s'est fait poser un garrot sur le bras et il a encore liquidé dix-sept adversaires de la main gauche. Il est aussi arrivé qu'ils découpent le cœur de leur adversaire. »
>
> Hermann Fegelein, *SS-Brigadeführer*, au cours d'un point sur la situation chez Hitler, le 6 avril 1944, à propos de la division musulmane *Handschar*

Les tentatives pour former la division SS *Skanderberg* avec des soldats albanais se révélèrent encore plus pitoyables. Il avait été impossible d'inciter les hommes à se battre contre les partisans.

La variété de ses formations étrangères ne fait que souligner l'hétérogénéité de la Waffen-SS. Toutefois, celle-ci était loin de n'être qu'un conglomérat de formations de combat hétéroclites. Certaines formations spéciales ne se battaient pas seulement au front, mais assuraient aussi par intermittence la lutte contre les « ennemis intérieurs » tant invoqués. Le bataillon Waffen-SS z.b.V. se rendit ainsi tristement célèbre par ses massacres de juifs en Russie blanche. Plus tard, cette unité fut répartie entre diverses formations du front, comme la division *Tête de mort* et la division SS estonienne. Aux sinistres Groupes d'intervention de la police de sécurité et du SD, la Waffen-SS fournit environ 1 500 hommes qui, après leurs macabres interventions, reprirent leur service dans les troupes du front. De plus, des unités de réserve participèrent à la déportation des juifs sur le territoire du Reich, à l'exécution de civils en Bohême-Moravie ou à l'anéantissement du ghetto de Varsovie en avril 1943, épisode de sinistre mémoire.

« Dès les premiers jours, il fut établi que les juifs n'envisageaient pas d'accepter leur transfert, mais qu'ils étaient décidés à se battre par tous les moyens et avec toutes les armes dont ils disposaient. »

Le général SS Jürgen Stroop, à propos du début de l'insurrection du ghetto de Varsovie

« Il faut avoir certaines dispositions pour la résistance, et la haine des Allemands était immense car ils traitaient les gens de manière absolument inhumaine. »

Marek Edelmann, ancien résistant juif du ghetto de Varsovie

« Il s'est passé une chose qui dépasse nos espoirs les plus fous. Les Allemands se sont enfuis par deux fois du ghetto. L'une de nos sections a tenu bon pendant quarante minutes, la deuxième pendant plus de six heures. »

Mordechai Anielewicz, combattant juif du ghetto, dans une lettre du 23 avril 1943

Stefan Grayek, un juif polonais qui fut l'un des insurgés du ghetto de Varsovie, se souvient : « Lorsque nous avons commencé l'insurrection, aucun de nous n'espérait survivre. Notre intention n'était pas de rester en vie – nous n'avons survécu que par hasard, parce que les Allemands n'ont pas réussi à liquider tout le monde. Non, notre intention était tout autre : c'était non pas de sauver notre propre vie, mais de réagir au meurtre et de leur rendre la pareille. C'était la dernière occasion que nous avions de nous venger sur les SS de tous leurs meurtres des années écoulées. Personne n'imaginait pouvoir survivre. Mais je voulais au moins me venger de ceux qui avaient assassiné ma famille, mes amis et mon peuple. »

« Ils lancèrent des bonbonnes de gaz dans les bunkers – je ne sais toujours pas quel était ce gaz – pour forcer les gens à sortir. Quand le ghetto a été anéanti, aucun juif ne s'est attendu à être traité de façon humaine. Peut-être quelques groupes d'ouvriers pensaient-ils encore être envoyés au travail à Lublin, mais c'était une petite minorité. La plupart des juifs ne faisaient absolument pas confiance aux Allemands. Ils les croyaient capables des pires brutalités, des pires atrocités. Il est triste de devoir dire une chose pareille, mais c'était ainsi. »

Professeur Israël Gutman, juif polonais,
à propos de l'insurrection du ghetto de Varsovie

Les combattants juifs ne purent se défendre longtemps contre la brutale détermination des unités SS, et le *SS-Brigadeführer* Stroop pouvait annoncer le 16 mai 1943 : « L'ancien quartier juif de Varsovie n'existe plus. La grande opération s'est terminée à 20 h 15 par le dynamitage de la synagogue de Varsovie. » Ses hommes avaient assassiné plus de 50 000 personnes.

« Je ne crois pas que quiconque soit en mesure d'oublier ce qui s'est passé. Et si je ne peux pas oublier, peut-être ne suis-je pas assez grand non plus pour pouvoir pardonner. »

Tsvi Nussbaum, le présumé « gamin de Varsovie »

« On se battait pour chaque bunker, chaque maison du ghetto de Varsovie, et la bataille ne se termina que lorsque les maisons furent dynamitées et sautèrent les unes après les autres. A la fin, le ghetto ne fut plus qu'une immense ruine, sans la moindre trace de vie humaine. »

Professeur Israël Gutman, juif polonais,
qui vivait alors dans le ghetto de Varsovie

Une unité de la Waffen-SS, la brigade Dirlewanger, se fit remarquer par sa bestialité à l'arrière du front. Oskar Dirlewanger, dentiste de son état, emprisonné en 1935 pour attentat à la pudeur sur mineure, s'engagea « pour faire ses preuves » dans la légion Condor qui se battait pour Franco pendant la guerre civile espagnole. En 1940, il obtint l'autorisation de former une compagnie avec une unité spéciale composée de braconniers. Durant la guerre, celle-ci fut rejointe par un nombre croissant de criminels sortis des prisons du Reich. L'unité de Dirlewanger, en dépit de nombreuses résistances, fut incorporée à l'automne 1942 à la Waffen-SS et envoyée en Russie blanche pour participer à la lutte contre les partisans. Ses massacres de populations civiles lui valurent une sinistre réputation. Dirlewanger se fit particulièrement remarquer à la tête d'un régiment dont les membres se comportèrent comme de véritables hors-la-loi, puis lors de la répression de l'insurrection de Varsovie en août et septembre 1944. Sa brigade subit de lourdes pertes pendant le combat de rues qui l'opposait à l'« Armée de la patrie polonaise ». On lui envoya une relève composée de bandits et d'« asociaux » sortis des camps de prisonniers de droit commun, des prisons de la Wehrmacht et des camps de concentration. La troupe ainsi formée se montra d'une sauvagerie sans bornes. Aiguillonnée par un ordre de Himmler qui exigeait que l'on ne fît aucun prisonnier, elle assassina tous ceux qui se trouvaient à portée de fusil. Elle ne fut surpassée en atrocité que par la brigade SS RONA (l'Armée de libération nationale de Russie). Cette formation, composée de Russes et d'Ukrainiens, mise sur pied en 1942 pour combattre les partisans, avait rejoint les formations allemandes qui refluaient, et se trouvait dans les rangs de la 29e division de grenadiers de la Waffen-SS lorsqu'une partie de ses éléments fut détachée, en 1944, pour participer à la répression de l'insurrection de Varsovie. La brigade se livra à un véritable carnage. Les supérieurs allemands tolérèrent au début, les considérant comme un « mal nécessaire », les pillages qui faisaient partie des « usages » en vigueur parmi les combattants russes, et ne s'émurent pas des viols collectifs de femmes polonaises, des tortures et des meurtres. Mais lorsqu'ils violèrent et tuèrent des infirmières allemandes dans un hôpital, la SS finit par prendre la mouche. Un criminel comme le *SS-Brigadeführer* Fegelein lui-même, délégué de Himmler auprès de Hitler, ne put que confirmer : « Oui, mon *Führer*, ce sont vraiment des voyous. » A la fin du mois d'août, la division dut quitter Varsovie.

En 1943-1944, la Waffen-SS était déjà devenue un ramassis d'unités plus sinistres les unes que les autres. Mais l'image qu'elle donnait restait celle des vaillantes et efficaces divisions blindées. Ces divisions, l'élite des troupes au front de la Waffen-SS, faisaient partie des formations de combat les plus efficaces de l'ensemble de la Wehrmacht. En 1943-1944, elles participaient déjà aux batailles du front de l'Est. Mais en 1944, les combats de Russie ne faisaient pas partie du véritable champ d'opération de la Waffen-SS, du moins pas pour ses divisions blindées.

Depuis 1942, Hitler vivait dans la crainte permanente d'un débarquement allié en France avant la fin de la guerre contre la Russie. En novembre 1943, dans sa directive n° 51, la dernière, sur la situation stratégique, il transposa le centre de gravité de la guerre de l'est vers l'ouest. C'est là que serait livrée la bataille décisive, car si l'on parvenait à repousser les tentatives de débarquement de l'ennemi, toutes les forces seraient transférées à l'est pour contenir l'avance de l'Armée rouge. Dans le cas contraire, la guerre serait perdue.

« J'ai cru à tout jusqu'en avril 1943. Mais quand j'ai vu Buchenwald et quand j'ai entendu parler du massacre de Lidice, j'ai cessé de croire. Mais je ne pouvais pas laisser tomber ma patrie. La patrie c'était sacré, malgré toutes les contradictions. »

Wolfgang Filor, soldat de la division SS *Das Reich*

« Un jeune gars qui est mort dans mes bras m'a dit : "*Obersturmführer*, dites au chef de ma compagnie d'écrire à ma mère que je suis mort en courageux soldat, dans la foi en le *Führer* et en ma patrie". »

Herbert Walther, soldat de la division blindée SS *Hitlerjugend*

Il était donc logique que la Waffen-SS concentre ses « formations d'élite » en France : on y trouvait la *Leibstandarte Adolf Hitler* et la division *Das Reich*, tout comme la nouvelle division blindée *Hitlerjugend* et la division blindée de grenadiers *Götz von Berlichingen*. Les divisions *Hohenstaufen* et *Frundsberg* avaient dû être déplacées momentanément sur le front de l'Est. Elles revinrent en Normandie à la fin du mois de juin 1944. En juillet 1944, dix divisions blindées et de grenadiers se battaient là-bas, dont six appartenant à la Waffen-SS.

« La plupart de ceux que nous avons faits prisonniers étaient très jeunes. Leurs officiers et sous-officiers étaient des soldats expérimentés, dont beaucoup s'étaient déjà battus en Russie. Les jeunes gars n'avaient aucune expérience du combat ; c'était leur première bataille, de même que c'était notre première grande opération. Mais c'étaient des combattants. Beaucoup se battirent jusqu'à la dernière minute, ils ne voulaient pas renoncer. D'autres s'écroulaient, ils ne supportaient pas la tension des combats, ils s'écroulaient en pleurant – mais c'étaient des cas isolés et rares. »

Doug Barrie, officier de la 3e division d'infanterie canadienne en Normandie

On peut donc véritablement considérer que, pour cette bataille jugée déterminante, la Waffen-SS constituait l'élite des troupes de défense. Plus exactement, ce fut le cas à partir de la fin du mois de juin car, dans la période qui suivit immédiatement le débarquement des troupes alliées, seule la division *Hitlerjugend* était opérationnelle, avec des divisions blindées de l'armée.

> « On pouvait se permettre de faire ça à des gosses comme nous. Nous courions nous jeter directement dans la gueule du loup comme des agneaux. On ne nous demandait pas de penser. Nous croyions être des soldats à part, des héros, la meilleure division de la Wehrmacht. »
>
> Bernhard Heisig, soldat de la division SS *Hitlerjugend*
>
> « Quelle pitié de voir cette jeunesse confiante envoyée au sacrifice dans une situation sans issue ! »
>
> Le général feld-maréchal von Rundstedt, à propos de l'intervention de la division *Hitlerjugend* en Normandie de l'été 1944

C'est justement à propos de cette division que les appréciations diffèrent : elle est souvent décrite comme un exemple typique du manque de professionnalisme généralisé de la Waffen-SS pendant la quatrième année de guerre. Les soldats de dix-sept et dix-huit ans n'avaient aucune expérience de la bataille ; le manque d'officiers et de sous-officiers était criant, et beaucoup n'étaient pas suffisamment qualifiés. Bien des officiers n'avaient pas poursuivi leurs études au-delà du certificat d'études primaires, ce qui n'était pas le cas dans les formations d'élite de l'armée, en particulier la division blindée « d'instruction », la *Panzerlehrdivision* qui se battait avec elle en Normandie. La situation paraît très claire : il s'agissait d'une division hâtivement constituée de garçons encore mineurs, qui servaient de chair à canon.

Wolfgang Filor, soldat dans la division blindée de la Waffen-SS *Das Reich*, se battait côte à côte avec les garçons de la *Hitlerjugend* : « Quand nous les avons vus arriver, notre pre-

En haut : En avril et mai 1943, des soldats SS répriment l'insurrection du ghetto de Varsovie. L'offensive fut dirigée par le *SS-Brigadeführer* Jürgen Stroop (au centre).
En bas : Le ghetto brûle. Ce n'est qu'en faisant intervenir massivement la troupe et en incendiant les habitations, par pâtés de maisons entiers, que les Allemands sont parvenus à mater l'insurrection.

mière pensée a été : "Mon Dieu ! voilà qu'ils envoient les enfants." Mais un jour, au moment où je m'apprêtais à tirer sur un char américain sur la route de Saint-Lô, je vois soudain avec effroi un soldat allemand lever son bazooka et faire signe de ne pas tirer. Il a sauté avec le char, il a sacrifié sa vie, il a transpercé le char par en dessous avec son bazooka. Voilà comme ils étaient, ces garçons. »

Il est communément admis que cette division fut pratiquement décimée. Or, bien que cela semble logique, ce n'est pas le cas : la division *Hitlerjugend* ne fut pas totalement anéantie durant l'été 1944, comme on l'affirme souvent. En septembre 1944, elle avait perdu environ 8 000 hommes sur les 20 000 qu'elle comptait, donc à peu près autant que la *Panzerlehrdivision* de l'armée ! « Nous avons d'une certaine façon considéré les pertes comme des preuves de notre dureté, de la dureté que l'on pouvait attendre de nous, dit Bernhard Heisig, qui se battit en Normandie dans la division *Hitlerjugend*. C'était une idéologie tordue. »

Les formations opposèrent une certaine résistance aux Alliés mais, au bout de six semaines d'âpres combats, elles se retrouvèrent à bout de forces et finirent par être submergées. Un cliché largement répandu veut que la Waffen-SS et, en particulier, la division *Hitlerjugend*, se soit battue de manière plus fanatique que les autres formations, mais il ne résiste pas à l'examen. L'ancien soldat SS Wolfgang Filor ne considère pas, lui non plus, ces jeunes garçons comme les « glorieux héros » que continuent d'encenser les organisations de vétérans SS, même s'il déclare : « C'étaient des héros, plus que nous, oui, grâce à leur bêtise et à leur inexpérience. Quand ils arrivaient au front, quand ils se retrouvaient blessés et voyaient les cadavres, là, ils comprenaient ce qui se passait. J'ai été touché cinq fois, et après la cinquième, je n'ai plus voulu monter dans un char. J'ai souvent fait dans mon pantalon. C'est cette peur qui m'a appris le danger, c'est ce que ne connaissaient pas la plupart des gars de la division HJ. Ils marchaient bravement à la mort, parce qu'ils ne réfléchissaient pas à ce qui pouvait leur arriver. »

Les chiffres bruts sont une chose, les souvenirs des témoins oculaires des deux côtés en sont une autre. Souvent, ils gomment les disparités entre les formations allemandes. Dans les haies et les buissons du bocage normand, on se battait âprement pour le moindre pouce de terrain. Des divisions d'infanterie classiques y côtoyaient les formations de la Waffen-SS.

Bien entendu, certains soldats SS s'attirèrent une douteuse célébrité par leurs actes de guerre. Ainsi, le *Hauptsturmführer* Michael Wittmann qui, seul avec son char Tigre, anéantit une avant-garde de la 7e division blindée britannique. Après ce coup d'éclat, Wittmann fut considéré comme le « meilleur commandant de char allemand ». On lui attribua la destruction de 138 chars et 132 pièces d'artillerie antichar. Mais c'est oublier que, dans le feu de l'action, on ne peut guère affirmer avec certitude qui a détruit les chars ennemis, et combien. Ces chiffres sont à prendre avec précaution : ils servaient avant tout à la propagande.

En dépit des similitudes qui existent entre l'armée et la Waffen-SS au combat, un point les sépare indéniablement : si seuls sont réellement attestés les crimes de guerre pour lesquels on dispose des témoignages des survivants, ou pour lesquels la nature des blessures que portent les cadavres est sans équivoque, le doute n'est pas permis, et la Waffen-SS se distingue très nettement.

Ainsi, des témoignages indiquent que la division *Hitlerjugend*, dans les jours qui suivirent le débarquement allié, obéissant aux ordres, ne fit aucun prisonnier. Dans neuf cas avérés, les soldats SS fusillèrent 115 prisonniers de guerre sans défense. Doug Barrie, un officier canadien qui participa à la bataille, donne son avis : « Certains officiers tenaient à ce

En haut : Après le débarquement des Alliés en Normandie, des chars de la division SS *Hitlerjugend* roulent vers le front.
En bas : Peur ou détermination ? Un jeune soldat de la division SS *Hitlerjugend* devant Caen, 1944.

que des prisonniers canadiens soient fusillés. [...] Sans doute reproduisaient-ils ce qui s'était passé lors des offensives en Russie ; un grand nombre d'officiers et de sous-officiers qui avaient servi sur le front de l'Est étaient toujours dans le même état d'esprit. A la tête de la 12e division blindée *Hitlerjugend*, ils véhiculaient l'idée que les prisonniers étaient encombrants, et que le mieux était de s'en débarrasser rapidement. »

> « *Il était manifeste qu'ils avaient été endoctrinés depuis leur enfance à la* Hitlerjugend. *Nous considérions qu'un grand nombre d'entre eux étaient des fanatiques, particulièrement les sous-officiers et les officiers qui étaient sur leur dos. Les simples soldats savaient qu'ils ne pouvaient ni battre en retraite ni renoncer, sous peine d'être fusillés. Des prisonniers nous ont dit qu'ils ne voulaient pas s'enfuir pour ne pas causer d'ennuis à leurs familles en Allemagne. D'autre part, ils avaient juré de se battre jusqu'au bout pour Hitler. C'étaient des jeunes gens très déterminés.* »
>
> Doug Barrie, officier de la 3e division d'infanterie canadienne en Normandie

Il est toutefois étonnant que seule cette division – avec, plus tard, selon quelques indices, la *Leibstandarte Adolf Hitler* – soit impliquée dans des crimes de guerre en Normandie. Pourquoi lui donna-t-on l'ordre de ne pas faire de prisonniers, et pourquoi cet ordre fut-il abrogé ensuite ? Pourquoi, faisant fi de ces instructions, ces unités n'exécutèrent-elles pas d'autres soldats ennemis tombés entre leurs mains ? Ces questions sont restées sans réponse. Le détail des événements restera toujours un sujet de débat, mais il est indéniable que 115 Canadiens furent assassinés et qu'aucun cas similaire n'est rapporté pour les divisions de l'armée. Les Alliés, eux aussi, procédèrent parfois à des exécutions de prisonniers, mais jamais dans de telles proportions.

« On ne fait pas de prisonniers » : quel sort attend ces Britanniques encadrés par des soldats SS ?

« Il faut reconnaître qu'ils étaient bien formés. D'autre part, ils étaient déterminés à faire de leur mieux, et à nous infliger le plus de pertes possible. »

Doug Barrie, officier de la 3e division d'infanterie canadienne en Normandie

« Beaucoup des nôtres qui avaient été faits prisonniers disparurent purement et simplement. Ce n'est qu'au début de 1945 que l'on apprit que des prisonniers canadiens avaient été exécutés. J'ai entendu dire que 156 Canadiens furent capturés et fusillés. Certains officiers tenaient à ce que des prisonniers canadiens soient fusillés. Beaucoup de soldats n'étaient pas vraiment ravis, ne voulaient pas le faire, mais les officiers insistaient. Kurt Meyer était l'un d'eux. Sans doute reproduisaient-ils ce qui s'était passé lors des offensives en Russie ; un grand nombre d'officiers et de sous-officiers qui avaient servi sur le front de l'Est étaient toujours dans le même état d'esprit. A la tête de la 12e division blindée Hitlerjugend, ils véhiculaient l'idée que les prison-

niers étaient encombrants, et que le mieux était de s'en débarrasser rapidement. »

Doug Barrie, officier de la 3e division d'infanterie canadienne en Normandie

De plus, la Waffen-SS ne reculait devant aucune exaction pour combattre la Résistance française. Déjà, le 2 avril 1944, des membres de la division *Hitlerjugend* avaient abattu 86 habitants d'un village des environs de Lille en représailles, des coups de feu ayant été tirés sur un convoi de transport de cette division. Les vigoureuses protestations du gouvernement de Vichy furent repoussées comme « infondées » par le commandant en chef de l'Ouest, le feld-maréchal Gerd von Rundstedt.

Après le 6 juin 1944, on assista en France à une déferlante d'attentats, de dynamitages et d'attaques. Les offensives de la Résistance étaient destinées à ralentir l'acheminement de réserves allemandes sur le front de l'Ouest. La division SS *Das Reich* fut touchée elle aussi. Elle se dirigeait vers les côtes de la Manche lorsqu'elle fut prise dans un mouvement insurrectionnel dans le Sud de la France. Indigné par « l'impuissance véritablement honteuse » des autorités locales de la Wehrmacht, l'encadrement de la division exigea une intervention énergique. Le 7 juin, à titre de représailles pour la mort de 40 soldats de la garnison de Tulle, 99 hommes furent pendus.

Le 10 juin, le commandant Dieckmann se rendit à Oradour-sur-Glane avec une compagnie SS, à la recherche d'un soldat qui avait été enlevé. Jean-Marcel Darthout, âgé de vingt ans à l'époque, témoigne : « Nous avons été emmenés sur la place du village. Là, les femmes et les enfants ont été séparés des hommes. J'ai embrassé ma femme et ma mère, et je ne les ai plus jamais revues [...] Ensuite, j'ai vu qu'on emmenait les femmes et les enfants dans l'église. Nous, les hommes, nous avons été alignés le long d'un mur, le visage tourné vers le mur. Les Allemands nous ont demandé où nous avions caché les armes. Nous n'avions pas d'armes, mais nous n'avions pas peur non plus. Alors, ils nous ont emmenés jusqu'à une grande grange et ils ont commencé à fouiller tout le monde. Ensuite, les soldats se sont mis à balayer sur le sol pour pouvoir se coucher sur le ventre avec leurs mitrailleuses. Et tout est allé très vite. Ils ont tiré sans s'arrêter – et après, ça a été le silence, un silence horrible. Ils ont discuté entre eux et puis ils se sont approchés ; et après, j'ai entendu qu'on chargeait les fusils : clac, clac, clac. Jamais je n'oublierai ce bruit. Et de nouveau, les coups ont claqué dans les rangées – les coups de grâce. J'ai senti des pieds sur mon épaule, elle dépassait des corps, et il y a encore eu un coup de feu. Il était pour Joseph, qui était couché sur moi. Il m'a sauvé la vie. »

Dieckmann fit fusiller environ 180 hommes, et plus de 440 femmes et enfants furent brûlés dans l'église du village. Malgré quelques détails non élucidés, le massacre commis à Oradour est tellement atroce que même une publication de l'association des vétérans de la Waffen-SS fut forcée de reconnaître qu'un chef de compagnie s'était rendu coupable d'« exactions ». Dieckmann et la plupart de ses hommes furent tués au cours des combats de Normandie peu de temps après.

Bien entendu, les formations de l'armée, elles aussi, suivirent les instructions qui leur ordonnaient d'« intervenir énergiquement », et la lutte contre les partisans se transforma de plus en plus souvent en massacres de la population civile. Le général commandant le LVIe corps de réserve constatait ainsi, le 30 juin 1944 : « Lors d'une intervention de lutte contre les partisans, la troupe, de manière impardonnable, s'est livrée au pillage, à l'infamie et à la destruction gratuite. Ce comporte-

Le crime de guerre le plus abominable de la Waffen-SS : les ruines du village d'Oradour-sur-Glane.

ment honteux bafoue la renommée ancienne d'honnêteté et de correction du soldat allemand au combat. »

Le massacre d'Oradour n'est donc pas un cas isolé, mais il reste le symbole des crimes de la Waffen-SS. Celle-ci n'était pas la seule à commettre des atrocités, et le fossé qui la séparait de la Wehrmacht n'était pas aussi grand qu'on a coutume de le dire. Il n'empêche que les exactions des unités SS dépassaient de loin celles des formations de la Wehrmacht, tant dans la lutte contre les partisans que dans le traitement infligé aux prisonniers de guerre.

Sur le front du débarquement, le combat inégal qui opposait les Allemands aux forces alliées, largement supérieures, était sur le point de se terminer aux environs du 20 juillet. Dans un dernier sursaut, les divisions SS *Leibstandarte Adolf*

Hitler et *Hitlerjugend* avaient repoussé l'attaque de grande ampleur lancée sur Caen par les Britanniques quelques jours auparavant. A présent, tout comme les divisions de l'armée, elles étaient à bout de forces. Leurs chefs ne connaissaient que trop bien la situation. Ils savaient que, compte tenu de l'avantage matériel écrasant des Alliés, la résistance s'épuiserait bientôt.

> « Les pertes de la division sont importantes. La situation laisse prévoir l'anéantissement de la division. »
>
> Kurt Meyer, surnommé « Panzer-Meyer », commandant de la division SS *Hitlerjugend*, le 16 juin 1944
>
> « Nous avons d'une certaine façon considéré les pertes comme des preuves de notre dureté, de la dureté que l'on pouvait attendre de nous. C'était une idéologie tordue. »
>
> Bernhard Heisig, soldat dans la division SS *Hitlerjugend*

Rommel, le commandant en chef du groupe d'armées B, écrivit à Hitler, résigné : « Il faut tenir, et si aucun renfort ne vient nous épauler sérieusement, il va falloir mourir correctement. » Ce commandant en chef n'était pas le seul à reconnaître l'absurdité de tels ordres. Les grands généraux de la Waffen-SS, eux aussi, savaient qu'il était impossible de continuer ainsi. Dans la nuit du 15 au 16 juillet 1944, Rommel rencontra le commandant du IIe corps de blindés SS, Wilhelm Bittrich. Ce dernier était une véritable épine dans le pied de Himmler, qu'il ne craignait pas de critiquer sans ménagement, mais il était considéré comme un meneur de troupes indispensable.

Pendant leur rencontre, Bittrich tempêta : « Je connais la situation en Normandie, monsieur le feld-maréchal, mais je

« Maintenant, il va falloir mourir correctement ». Les soldats de la Waffen-SS se battirent jusqu'aux derniers jours de la guerre.

sais aussi à quel point ça va mal sur le front de l'Est. Là-bas, le commandement n'a même plus d'objectif précis. Ce qui se passe là-bas est un grossier rafistolage. » Et encore : « En haut lieu, ils n'ont pas conscience du danger, parce qu'ils n'ont aucun aperçu de la situation et ne peuvent donc pas l'apprécier correctement. Moi, je vois tous les jours des jeunes gens tomber pour rien, parce qu'ils sont mal dirigés en haut lieu. Voilà pourquoi je n'obéirai plus à des ordres absurdes ; j'agirai comme l'exigera la situation. » Paul Hausser, et même Sepp Dietrich, selon Speidel, le chef d'état-major de Rommel, étaient prêts à désobéir à Hitler. La Waffen-SS était-elle pour autant prête à soutenir le cercle des conjurés du 20 juillet ? Assurément non. Dans tous les sondages de Rommel et d'autres officiers, il s'agissait uniquement de s'opposer aux ordres absurdes de Hitler, et si possible de le démettre de ses pouvoirs *militaires*. Jamais on n'avait pensé à un coup d'Etat, ni à un attentat. Ainsi, Hausser, même s'il ne l'avait pas trahi, avait fait comprendre à son chef d'état-major Gero von Gersdorff, membre du cercle des conjurés, que lui-même, en tant que chef de la SS, se sentait toujours lié par son serment de fidélité à Hitler.

> « Evidemment, nous obéissions. Quand on s'est engagé, il faut obéir. On ne peut plus s'opposer. La fidélité à la SS et à l'honneur. La lâcheté devant l'ennemi, ça n'existait pas chez nous. Quiconque était faible perdait son honneur. »
>
> Erich Leffler, *SS-Oberscharführer*
>
> « Chez eux, on ne discutait pas les ordres. Ils se comportaient très correctement envers nous, mais si on leur avait donné l'ordre de nous tuer, ils l'auraient fait. Car un ordre, c'est un ordre. »
>
> Monique Corblet de Fallerans, à propos de sa rencontre avec des soldats de la division blindée SS *Hitlerjugend*

Malgré toutes les récriminations, la Waffen-SS ne s'éleva pas contre les « instructions », fussent-elles extravagantes, de Hitler. Ainsi Paul Hausser, promu commandant en chef de la Septième Armée, ordonna-t-il le 7 août une contre-attaque totalement vouée à l'échec, qui tomba rapidement sous le feu des chasseurs alliés et conduisit à l'encerclement du gros des forces allemandes à Falaise. Selon les déclarations du général Eberbach, Hausser s'abrita sciemment et sans scrupules derrière l'obéissance, tout le reste lui étant égal. En même temps, à la dernière minute, Bittrich, à la tête de la division SS *Hohenstaufen*, parvint à percer une brèche dans l'encerclement, permettant ainsi à environ 40 000 soldats d'avoir la vie sauve.

Pourtant, le fait que Hitler eût confié au général SS Paul Hausser le commandement en chef d'une armée confirmait l'importance grandissante de la Waffen-SS. De plus, Hausser était pressenti pour prendre la succession de Rommel au poste de commandant en chef du groupe d'armées B, mais cette proposition de nomination se heurta au veto du feld-maréchal Kluge. Le 1er août, Hitler promut Sepp Dietrich au grade de *Oberstgruppenführer*, et lui confia quelques semaines plus tard le commandement de la nouvelle Sixième Armée blindée à mettre sur pied. Plus la guerre approchait de la fin, moins il accordait sa confiance à l'armée – surtout après l'attentat du 20 juillet –, et il ne s'en appuyait que davantage sur la fiabilité supposée des formations SS. Avec la nomination de Himmler à la tête de l'armée de réserve, après l'attentat contre Hitler, la Waffen-SS ne connut plus de problèmes de recrutement. Plusieurs milliers de soldats de la Luftwaffe et de la Marine y furent versés sans autre forme de procès, afin de venir combler les rangs clairsemés des divisions qui durent se retirer aux frontières du Reich en septembre 1944, lourdement éprouvées. La Waffen-SS se vit affecter 17,3 pour cent de la classe 1928 appelée en 1945 – un nombre de recrues jamais égalé.

« A la SS, Sepp Dietrich était le seul à s'opposer à Himmler mais, en raison de sa vieille amitié avec Adolf Hitler, il ne pouvait être éliminé par Himmler. »

Albert Speer, lors de son interrogatoire par les Américains, mai 1945

« Il semble tout ignorer des opérations de sa propre armée blindée dans les Ardennes, et il n'a pas été capable de faire une description cohérente des événements, même d'ordre général. »

Robert E. Merriam, officier américain, après l'interrogatoire de Sepp Dietrich en août 1945

En septembre 1944, le maréchal Montgomery tenta d'entrer sur le territoire du Reich en faisant une percée risquée par la Hollande. Trois divisions de parachutistes alliées avaient reçu la mission de sécuriser les ponts de la Meuse, du Waal et du Rhin. Le IIe corps de blindés, sous le commandement du *Gruppenführer* Bittrich, s'opposa à l'assaut et anéantit la plus grande partie de la 1re division de parachutistes britanniques près d'Arnheim. Il se produisit à cette occasion un rare geste d'humanité dans une guerre devenue barbare : avant la fin des combats, le médecin de la division britannique demanda à Bittrich de soigner les 2 200 blessés britanniques. Bittrich accéda à sa demande. Pendant une trêve de deux heures, les soldats furent transférés et soignés par le personnel médical de la division SS *Hohenstaufen*.

En dépit d'une défense acharnée, les Alliés se trouvaient désormais sur toutes les frontières du Reich. Hitler lui-même avait décrit le succès du débarquement allié comme un événement décisif pour l'issue de la guerre. A présent, cette bataille était perdue, la défaite de l'Allemagne n'était que trop visible même si, dans un dernier sursaut, l'avance des Alliés avait pu être stoppée aux frontières du Reich. Kurt Meyer lui-même, un SS fanatique de la première heure, reconnut après sa capture en septembre 1944 « qu'il était temps d'en finir ».

Hitler n'y songeait évidemment pas. Depuis la retraite de France, il caressait l'idée d'une contre-attaque de grande envergure à l'Ouest. Après l'arrêt des combats au front, il entreprit personnellement de nouveaux préparatifs. Sur place, les généraux considéraient les chances de succès comme nulles, ne fût-ce que du simple fait de la supériorité aérienne des Alliés et de leur propre pénurie de carburant. Mais le « plus grand chef de guerre de tous les temps » n'avait de leçons à recevoir de personne. Il voulait rééditer l'offensive à l'Ouest de 1940 : à l'époque, des divisions blindées allemandes avaient fait une percée surprise par les Ardennes, traversé la Meuse à Sedan et fait tomber la totalité du front allié. Hitler comptait bien renouveler cet exploit : 22 divisions, dont 8 blindées, devaient marcher sur l'Ouest par les Ardennes jusqu'à Anvers, et encercler les forces alliées dans le sud des Pays-Bas. Hitler espérait que l'hiver empêcherait l'armée de l'air alliée d'intervenir. Par ailleurs, les troupes avaient reçu l'ordre de piller les dépôts alliés pendant leur avance, pour pallier la pénurie de carburant.

La Sixième Armée de blindés SS devait faire office de bélier et atteindre Anvers la première avec ses quatre divisions. Hitler avait fait rassembler tout ce que le Reich comptait encore d'armes et d'hommes : aux unités épuisées on attribua du nouveau matériel et des troupes fraîches, de nouvelles divisions de *Volksgrenadier* furent formées. Pour la première fois, on avait mis les énormes « *Königstiger* », les « Tigres royaux » à leur disposition en grandes quantités, pour ouvrir la voie à leurs formations. La *Leibstandarte Adolf Hitler* avait formé plusieurs groupes de combat qui devaient avancer sur les étroites routes des Ardennes. L'unité la plus performante était commandée par le *SS-Obersturmbannführer* Joachim Peiper, le type même du jeune officier SS. Sur le front de l'Est, il avait acquis une réputation de chef de char coriace, dur et brutal, et avait été décoré plusieurs fois.

Le matin du 16 décembre 1944 vit le début d'une opération portant le nom de code de *Wacht am Rhein*, « Garde au Rhin ». Ce fut une surprise totale pour les Américains, qui croyaient les Allemands battus. Leur première ligne fut bientôt écrasée. Près de Bullingen, le groupe de combat de Peiper parvint à piller un dépôt de carburant américain et le plein put être fait. Mais les Américains, qui ne furent pas longs à se remettre du choc, se hâtèrent de faire venir des renforts.

Dès le 19 décembre, Peiper se heurta à une résistance acharnée. Par ailleurs, le carburant s'épuisant, toute poursuite de l'avance était impossible. La percée rapide jusqu'à la Meuse

Dernier sursaut des soldats de la Waffen-SS pendant l'offensive des Ardennes, décembre 1944.

échoua. Le groupe de combat de Peiper fut encerclé dans la petite localité de La Gleize, dans les Ardennes, entraîné dans d'âpres combats rapprochés avec des parachutistes américains dépêchés en hâte, et arrosé d'un feu d'artillerie nourri. Des avions allemands parachutèrent du ravitaillement à plusieurs reprises, mais presque toutes les armes ainsi larguées atterrirent chez les Américains. Les hommes de Peiper se retrouvaient dans une situation sans issue. Enfin, leur chef prit la décision de rejoindre les lignes allemandes avec les 800 hommes dont il disposait encore, et d'abandonner toutes ses armes lourdes ainsi que les blessés. Le 24 décembre, ils se mirent en route aux premières heures du jour avec le mot d'ordre : « Joyeux Noël ». Au bout de huit heures, ils avaient rejoint leur camp, totalement épuisés.

Le sort du groupe de combat de Peiper, dans lequel tant

d'espoir avait été placé, caractérise bien le déroulement de l'offensive des Ardennes dans son ensemble. Les réserves américaines parvinrent bientôt à arrêter l'avance allemande et à anéantir les unités qui avaient creusé une profonde brèche. La Cinquième Armée de blindés avançait plus vite que les unités SS, mais elle n'atteignit pas la Meuse ni, *a fortiori*, Anvers. Le 26 décembre, les Alliés passèrent à la contre-offensive et contraignirent les Allemands – soutenus efficacement par la Luftwaffe grâce à l'amélioration des conditions météorologiques – à battre en retraite. Le tableau avait bien changé depuis 1940 : les Alliés n'accumulaient plus les erreurs ; ils n'étaient plus en position d'infériorité, ni tactiquement ni opérationnellement. Avec cette offensive, Hitler avait joué son va-tout d'une façon dont lui seul pouvait avoir eu l'inspiration.

En faisant le point sur ce qui séparait les divisions blindées de l'armée et les unités SS, on ne note pas de grandes différences dans la manière de se battre. En revanche, les crimes de guerre avérés sont, une fois de plus, imputés à des unités de la Waffen-SS. Ainsi, à plusieurs reprises, la *Leibstandarte Adolf Hitler* tua des prisonniers américains et des civils belges. L'épisode le plus connu eut lieu le 17 décembre 1944, au carrefour de Baugnez, dans les environs de Malmédy. Quelques soldats SS traduits en justice après la guerre affirmèrent qu'ils avaient tiré « uniquement » sur des prisonniers américains qui cherchaient à s'enfuir. William Merriken, observateur d'artillerie au 285e régiment d'artillerie de l'armée américaine, qui est l'un des 43 survivants du massacre, contestera cette version : « Nous attendions par petits groupes que des véhicules viennent nous prendre en charge pour nous emmener dans un camp de prisonniers, racontera-t-il. Sur la route, il y avait un half-track et deux chars qui paraissaient être là pour nous garder. C'est alors que j'ai vu un Allemand se lever dans le half-track et nous viser avec son pistolet [...]

il a abattu un Américain, puis un autre, et encore un autre. Et les deux chars nous ont arrosés à la mitrailleuse ; je suis tombé sans avoir été touché. Ils ont encore tiré pendant un moment, j'entendais les balles pénétrer dans les corps et dans le sol tout autour de moi. Pour finir, deux colonnes de véhicules sont arrivées, et elles se sont mises à leur tour à tirer sur nous. Après, tout s'est calmé, et j'ai entendu deux Allemands marcher dans ma direction. Ils se sont arrêtés juste devant moi. Il y avait un corps couché en travers de mes jambes. Il a bougé, et l'un des deux lui a tiré dessus avec un pistolet. La balle l'a tué et s'est logée dans ma jambe, mais je n'ai pas bougé. » Peu après, il a tenté de s'enfuir vers le bois. « Je me suis levé et j'ai clopiné à travers le champ jusqu'à une maison. Alors que je m'approchais de la clôture, j'ai vu un officier SS qui marchait sur la route. Il m'a visé avec son pistolet, mais le coup n'est pas parti. L'officier s'est mis à courir le long de la route pour arrêter d'autres soldats qui avaient réchappé au massacre. J'ai réussi à grimper par-dessus la clôture, et j'ai trouvé refuge dans une cabane en bois. » Sur les 72 tués, 40 ont été abattus à bout portant d'une balle dans la tête.

La nouvelle de ce massacre se répandit comme une traînée de poudre parmi les troupes américaines, qui, à leur tour, ne firent pas de prisonniers les jours suivants. Après la guerre, 73 membres de la *Leibstandarte Adolf Hitler* furent jugés à Dachau ; 43 d'entre eux furent condamnés à mort et 22 punis d'emprisonnement à perpétuité.

Mais des doutes ayant été émis sur les preuves présentées, les peines furent adoucies. Aucune des condamnations à mort ne fut exécutée ; Joachim Peiper fut le dernier condamné à être libéré en 1956.

On a beaucoup spéculé sur les raisons du massacre de Malmédy. Pour certains auteurs, les soldats de la *Leibstandarte*, après une attaque aérienne sur Düren, près de Cologne,

Les corps des soldats américains tués le 17 décembre 1944 près de Malmédy, après la reconquête du terrain par l'armée américaine.

avaient aidé les habitants à dégager leurs morts, ce qui avait excité leur désir de vengeance. Mais l'explication la plus plausible est celle-ci : une fois de plus, quelques soldats isolés ont donné libre cours à leurs instincts, ne trouvant rien d'anormal, après leurs expériences au front et en Normandie, à tuer des Américains blessés et sans défense. De plus, il est frappant de constater qu'à l'origine de cette affaire se trouve une fois de plus une unité appartenant à l'élite de la Waffen-SS, ce qui amène à penser que, dans ces formations, une idéologisation toujours présente incitait au comportement fanatique.

Avec l'offensive des Ardennes, la Wehrmacht épuisa ses dernières forces. Son seul résultat fut de repousser de six semaines la grande offensive des Américains et des Britanniques. L'absence des formations se faisait cruellement sentir sur le front de l'Est, où l'Armée rouge, après avoir franchi les lignes allemandes affaiblies, avançait inexorablement vers l'ouest depuis la Vistule. Le 31 janvier 1945, les premiers chars russes traversèrent l'Oder gelée. Berlin n'était plus qu'à 80 kilomètres.

Pourtant, ce n'est pas sur le front de l'Oder, afin de protéger Berlin, que Hitler envoya les formations fort malmenées de la 6e division blindée de la SS, mais en Hongrie. Pendant que, dans les Ardennes, les Allemands essayaient encore de briser les lignes américaines, les Soviétiques avaient encerclé Budapest le 26 décembre 1944. Le *SS-Obergruppenführer* Karl Pfeffer von Wildenbruch défendit la ville pendant sept semaines avec une troupe de plusieurs unités réunies, dont deux divisions de cavalerie SS. En janvier 1945 eurent lieu trois tentatives de dégagement – en particulier par les divisions SS *Tête de mort* et *Viking*. Aucune des offensives ne put s'approcher de plus de 20 kilomètres de la capitale hongroise.

Au début de février 1945, les forces des défenseurs déclinèrent. Les « Allemands raciaux » hongrois engagés à la SS ne s'étaient pas impliqués avec la même détermination que leurs camarades allemands du Reich, qui, en proie à une peur panique, se battaient littéralement pour sauver leur peau. En 1941-1942, ces derniers, au sein de la brigade de cavalerie SS, avaient fait de véritables ravages à l'arrière du front, tuant des milliers de civils russes. A présent, ils craignaient à juste titre la vengeance des Soviétiques.

Le 10 février 1945, la défense était à deux doigts de tomber. Pfeffer von Wildenbruch donna aux 24 000 rescapés l'ordre de briser l'encerclement. C'était une mission suicide ; contre l'Armée rouge, ils n'avaient aucune chance. Très rapi-

« On monte au front en tramway » : c'est au bazooka que l'on essayait d'arrêter l'Armée rouge devant Budapest. Novembre 1944.

dement, l'unité des troupes fut rompue, les hommes tentèrent de poursuivre par petits groupes. Ils ne tardèrent pas à être cernés et abattus. Beaucoup de soldats SS se suicidèrent afin de ne pas être capturés. Des recherches récemment effectuées ont montré que, sur les 22 000 soldats environ qui tentèrent effectivement d'aller chercher le salut à l'Ouest, 19 000 furent tués ; 700 hommes tout juste atteignirent les lignes allemandes dans les jours qui suivirent, totalement épuisés. Pfeffer von Wildenbruch n'eut pas le courage de capituler en emmenant ses troupes en captivité. Au lieu de cela, il les conduisit comme des moutons à l'abattoir.

Pendant le chaos de la tentative de sortie, Budapest fut le théâtre de scènes indescriptibles. Les soldats de l'Armée rouge se livrèrent au pillage et au viol et donnèrent libre cours à leur soif de vengeance en s'en prenant principalement aux Russes qui s'étaient battus aux côtés des Allemands, mais aussi aux prisonniers membres de la Waffen-SS, qu'ils exécutèrent en grand nombre sans autre forme de procès. Quelques exceptions donnent pourtant à ce tableau un éclairage plus humain.

« A la fin, Sepp Dietrich lui-même avait perdu la foi. Je l'ai vu en Hongrie pendant la dernière grande offensive allemande. La Sixième Armée de blindés SS attaquait au sud-ouest de Budapest, équipée d'un matériel ultramoderne, pendant que les Russes étaient pratiquement devant Berlin. Le terrain était tout à fait impraticable, c'était un bourbier profond, et les chars ne pouvaient plus avancer. Les Russes prirent de flanc la Sixième Armée de blindés qui était en train d'attaquer, et celle-ci battit en retraite. A la suite de cela, Hitler lui fit retirer son brassard, l'emblème de la SS. Donc, à la fin de la guerre, la SS a été dégradée par Hitler. »

Baron Philipp von Boeselager, officier de la Wehrmacht

Le capitaine Kurt Portugall fait ainsi le récit de sa capture : « Après l'interrogatoire, on me proposa un morceau de pain et de la vodka en me disant : Vous avez sûrement très faim, vous n'avez rien mangé ni bu pendant des jours. Je bus et je mangeai et, n'étant plus habitué à me trouver au chaud dans une pièce, je me mis à transpirer. Le commandant russe me dit alors d'ouvrir ma tenue de camouflage. C'est ce que je fis. Il examina avec intérêt mes grades, mes SS runiques et mes décorations de guerre. Il me dit alors : J'ai un grand respect pour les soldats de la Waffen-SS. Vous allez être transféré dans nos arrières. Dans nos arrières, il y a autant de salauds que dans les vôtres. Je vous conseille d'enlever vos SS runiques et vos décorations, ça vaut mieux pour votre santé. »

Il s'agit cependant là d'un cas plutôt rare.

« Dès le premier jour, nous avons perdu 25 camarades. Cela nous fit évidemment réfléchir. »

Fridhelm Busse, soldat de la division SS *Hitlerjugend*, à propos des combats de 1945 en Hongrie

« Le *Führer* croit que la troupe ne s'est pas battue comme la situation l'exigeait, et ordonne en conséquence que les divisions SS *Adolf Hitler*, *Das Reich*, *Tête de mort* et *Hohenstaufen* déposent leurs brassards. »

Ordre de Hitler, fin mars 1945

Un mois tout juste après la chute de Budapest, Hitler entama sa dernière « grande offensive » baptisée du nom pompeux de *Frühlingserwachen*, « L'Eveil du printemps ». L'objectif était d'écraser les forces soviétiques à l'est du lac Balaton. L'élite des formations était une fois de plus constituée par la Waffen-SS, dont huit divisions au total prenaient part à l'offensive. Mais cette opération échoua à son tour après une avance de 20 kilomètres à peine. Les divisions n'étaient d'ailleurs plus que l'ombre d'elles-mêmes. La SS n'avait plus rien à opposer aux contre-attaques soviétiques. Hitler fut hors de lui en apprenant que la Waffen-SS elle-même ne suivait plus ses ordres et avait entamé la retraite de son propre chef. Le 27 mars 1945, se sentant trahi par sa « garde », il ordonna que ses hommes déposent leurs brassards au nom de leur division, en signe de déshonneur. Dietrich ne tint pas compte des instructions du dictateur. Même à la SS, on n'était plus disposé à aller à l'abattoir après les dures batailles des mois écoulés. Les formations, qui avaient perdu toute motivation, battirent hâtivement en retraite. Peu de temps après, l'Armée rouge était aux portes de Vienne, qu'elle conquit le 14 avril après une brève bataille.

Pendant ce temps, Hitler se terrait dans le sinistre monde tronqué de son « bunker », sous la Chancellerie, en espérant un deuxième « miracle de la maison Brandenburg ». Le 12 avril 1945, Roosevelt, le président des Etats-Unis, mourut. Mais contrairement à ce qui se passa à l'époque de la guerre de Sept Ans, en 1762, la coalition ennemie ne se désagrégea pas. Le 16 avril vit le début de la grande offensive soviétique sur Berlin.

« Peu avant la fin de la guerre, nous étions dans un village de Haute-Autriche. A l'arrivée des Américains, quelques gars hissèrent le drapeau blanc. Un tribunal d'exception se réunit, et six gars furent condamnés à mort. Nous dûmes nous placer en carré, des gibets provisoires furent dressés, et la peine de mort mise à exécution. Je trouvais à l'époque que cette pendaison n'était que justice, car ils nous avaient tiré dans le dos, à nous, les soldats. »

Friedhelm Busse, soldat dans la division SS *Hitlerjugend*

Au terme d'une bataille dure et lourde en pertes, les faibles lignes de défense allemande furent brisées. L'encerclement de Berlin était impossible à éviter. Hitler avait placé tous ses espoirs dans un dégagement mené par le général SS Felix Steiner. Le 22 avril, il ne cessait de s'enquérir avec nervosité :

« Que fait Steiner ? » Ce dernier ne songea pas un instant à donner l'ordre d'attaquer à ses formations usées jusqu'à la corde. Hitler, reconnaissant le caractère désespéré de la situation, s'écroula pour la première fois. Il avait été trahi, d'abord par la Wehrmacht et maintenant, par la SS ! L'idée nationale-socialiste était perdue, la vie n'avait plus de sens ! Il ne quitterait pas Berlin, mais mourrait dans sa capitale. Hitler pleura, hurla et maudit le monde entier. Puis il se laissa tomber, épuisé, dans un fauteuil. Le tyran avait définitivement renoncé à la vie. Toutes les tentatives de ses sbires pour le pousser à encourager Steiner à l'attaque échouèrent devant son sens des réalités. « Non, je ne le ferai pas, s'obstinait-il. Cette attaque n'a pas de sens, ce serait un meurtre. »

> « Aux réverbères, on voit pendre des gens en uniforme allemand, qui ont été pendus pour "traîtrise" à la dernière minute par des fanatiques, des chefs de la Jeunesse hitlérienne et de jeunes soldats SS. »
>
> Günter Dunsbach, qui appartenait alors à la Jeunesse hitlérienne
>
> « J'ai cru jusqu'au bout que nous gagnerions la guerre. »
>
> Herbert Walther, soldat dans la division SS *Hitlerjugend*

Le 25 avril, Berlin était définitivement encerclée, l'Armée rouge lançait son attaque finale sur la capitale du Reich. Une défense constituée par un agrégat de divisions démantelées, de soldats du *Volkssturm* et de membres de la Jeunesse hitlérienne contraignit les soldats de l'Armée rouge à conquérir les rues les unes après les autres, au prix de lourdes pertes. Le *SS-Gruppenführer* Mohnke, un vétéran de la *Leibstandarte*, commandait la défense du centre-ville. Des reliquats de la division SS *Nordland* se battirent au Tiergarten, un bataillon de SS français défendit la place de la Belle-Alliance, et des SS lettons participèrent eux aussi à la bataille finale. Jusqu'au bout, la SS se montra impitoyable. Franz Neuhüttler, qui appartenait à un régiment de transmissions SS, raconte : « Nous étions revenus d'une opération, et devant la Chancellerie, à dix mètres peut-être de l'entrée, je vois deux Russes qui sont assis là, des prisonniers [...] J'observe la scène depuis la porte, et je vois qu'on fait se lever les deux Russes. Et le caporal sort son pistolet et les abat tous les deux d'une balle dans la nuque. Je me suis simplement demandé : pourquoi ? » Le 30 avril 1945, Hitler se suicidait, et, deux jours plus tard, la sanglante bataille pour la capitale du Reich était terminée.

La Waffen-SS périt dans les ruines du Reich. Le 30 septembre 1946, elle fut déclarée organisation criminelle. Mais la querelle autour de sa véritable identité, de ce qui lui avait donné son caractère propre, avait commencé bien avant.

Pour contrer les attaques qui venaient de toutes parts, une organisation de vétérans se constitua sous le nom de *Hilfsgemeinschaft auf Gegenseitigkeit* (HIAG), « Communauté d'entraide ». A sa tête, Paul Hausser chercha à prouver l'impossible, à savoir que les soldats de la Waffen-SS avaient été des « soldats comme les autres », nullement impliqués dans les crimes de guerre et les camps de concentration. Même si, dans quelques cas isolés, certains soldats de la SS en étaient sincèrement convaincus, c'était évidemment une contrevérité flagrante. La Waffen-SS faisait partie intégrante du corps de protection de l'Etat, dont la tâche était de protéger l'Etat national-socialiste contre ses ennemis réels ou supposés. Son rattachement à la SS générale était impossible à nier, d'autant plus que les liens qui unissaient le personnel étaient extrêmement étroits. Les officiers étaient formés ensemble, quel que soit l'endroit où les hommes étaient affectés : dans les camps de concentration, dans l'administration ou au front.

Il ne restait plus que quelques unités démantelées pour se battre à Berlin au printemps 1945. Epave d'un véhicule blindé de la SS dans une rue de Berlin.

La Waffen-SS, au cours de sa brève histoire, connut un développement vertigineux. Dans un premier temps, du fait des sévères critères de sélection, de l'endoctrinement et de ses prétentions élitistes, elle se différencia clairement de l'armée. La guerre s'éternisant, cette différence s'estompa au fil du temps. D'une part, l'armée devint de plus en plus « brune », et, d'autre part, la Waffen-SS, du moins dans les formations d'élite, gagna en professionnalisme.

Il serait exagéré de stigmatiser l'ensemble des soldats de la Waffen-SS en les décrivant comme un ramassis d'assassins.

Prisonniers de guerre : ce fut le destin de millions de soldats allemands. Ces deux « enfants-soldats » de la Waffen-SS ont été capturés par les Américains.

Mais il est établi que quelques-uns des crimes les plus atroces furent commis par des unités de ce corps.

Le mythe répandu en Allemagne et ailleurs, qui fait de la Waffen-SS « l'élite du soldat allemand », avait peu de chose en commun avec la réalité. Elle était formée de 38 divisions au total, avec une extrême disparité de niveau. Les divisions blindées passaient, certes, pour des formations particulièrement efficaces, mais le niveau militaire d'un grand nombre des unités était plutôt moyen. De plus, rappelons que l'armée et la Luftwaffe comprenaient elles aussi des formations exceptionnelles. Non, l'élite de la Wehrmacht n'était pas la Waffen-SS.

Il convient de souligner que la Waffen-SS, dans son ensemble, ne déplora pas davantage de pertes que l'armée, preuve que l'« esprit de sacrifice » si souvent cité, existait

Sepp Dietrich en juillet 1946 à Dachau. Il comparut pour l'assassinat de prisonniers de guerre américains à Malmédy.

également à la Wehrmacht. C'est au cours de la guerre que naquit la fable d'une Waffen-SS surarmée et pourvue d'un matériel humain prêt au sacrifice, d'où ses lourdes pertes. Ce sont les unités SS elles-mêmes, par leur propension à se présenter comme le type même de l'élite militaire, qui contribuèrent à répandre cette légende. Au front, avec leur tenue de camouflage, les hommes tranchaient sur le vert-de-gris de l'armée, et ils se distinguaient par le tatouage de leur groupe sanguin au creux de l'aisselle gauche. Il est exact qu'une division d'élite de la Waffen-SS disposait d'un meilleur armement qu'une division moyenne de l'armée, aux yeux de laquelle, tant pour les simples soldats que pour les officiers, une division *Das Reich* avait tout d'un dépôt d'armes ambulant. Ces différences de traitement engendraient l'envie et la rivalité. Le commandant en chef de la 2e division blindée en août 1944, à qui des soldats de la *Leibstandarte* demandaient une voiture pour sortir le commandant de la division, le *Brigadeführer* Wisch, blessé, de la poche de Falaise, se contenta de répondre : « Pour la *Leibstandarte* ? Des voitures, ils en ont assez, je ne leur en donnerai pas ! » Sur le front oriental, en 1942, la rivalité conduisit l'état-major du IIe corps d'armée à retarder délibérément la relève de la division *Tête de mort* par des unités de l'armée, suivant le mot d'ordre tacite : « Plutôt eux que nous ».

Au fil de la guerre, cette rivalité disparut peu à peu. A la fin, le général Guderian dit des SS que, plus la guerre durait, plus « ils devenaient les nôtres ». Rétrospectivement, on peut considérer qu'une telle déclaration n'est pas à l'honneur de la Wehrmacht. Mais elle ne change rien au caractère idéologique particulier de la Waffen-SS et aux différences importantes qui la séparaient de l'armée. Non, ce n'étaient pas des soldats comme les autres.

Le mythe « Odessa »

> « Ne rien oublier ! Ainsi, nous aiderons à éviter que les crimes contre l'humanité se reproduisent. »
>
> Simon Wiesenthal, « chasseur de nazis »

Lima, capitale du Pérou. Le juge Santos, assisté de la Guardia Civil, s'approche sans bruit de la maison de Friedrich Schwend. En ce 12 avril 1972, fort des informations qu'il a reçues, il vient perquisitionner le domicile de cet Allemand qui ferait partie d'un réseau national-socialiste mais serait aussi impliqué dans des affaires de fausse monnaie, d'extorsion de fonds, et peut-être même de meurtre. Mais le suspect a visiblement été prévenu. Par la fenêtre, les inspecteurs l'aperçoivent dans son bureau du rez-de-chaussée, en pyjama, en train de faire brûler des papiers. « Nous avons saisi les documents, quelques-uns étaient un peu noircis », racontera le juge. Dissimulée sous un tapis, une trappe menait à la cave. « Nous avons trouvé une énorme collection de dossiers répartis sur des étagères de bois, les archives Schwend. Parmi ces papiers se trouvait un document étrange, le procès-verbal d'une assemblée : le "dossier Odessa". »

Il s'agissait d'une rencontre secrète qui se tint au début des années soixante à Marbella, en Espagne, par une chaude journée de juillet. Une centaine d'hommes environ se rassemblèrent en un lieu secret. Les participants venaient des quatre coins du monde. D'Irak et d'Iran, d'Amérique latine, des Etats-Unis et du Canada, de différents pays de l'ouest de l'Europe, de Russie et, bien entendu, d'Allemagne. Selon le procès-verbal, ils s'étaient réunis à l'invitation d'une mystérieuse organisation à la réputation sulfureuse : l'« ODESSA », « *Organisation Der Ehemaligen* (ou *Entlassenen*) *SS-Angehörigen* », l'Organisation des Anciens Membres de la SS Démobilisés. Selon le procès-verbal saisi à Lima, l'Odessa représentait à cette assemblée « tous les anciens membres de la SS, sans distinction de nationalité ». Il semblait que quelques acteurs des organisations criminelles de l'Etat de Hitler eussent survécu à l'écroulement du IIIe Reich : certains participants étaient des « représentants de l'Office central de Sûreté du Reich et du Service de Sécurité ». L'identité de quelques-uns de ces personnages plus que louches était l'objet d'une telle confidentialité qu'elle avait été tenue secrète devant les participants eux-mêmes. Le procès-verbal évoque « six ex-officiers de la SS, actuellement citoyens israéliens, dont deux avaient réussi à s'infiltrer dans les services secrets dudit pays. Ces camarades furent identifiés exclusivement par les cinq directeurs de continent de l'Odessa et ils assistèrent aux discussions masqués, sans jamais prendre la parole ».

L'objet de la rencontre – dans la mesure où elle eut effectivement lieu – était de débattre de l'enlèvement d'Adolf Eichmann en 1960 par les services du Mossad, les services secrets israéliens : un événement qui avait eu l'effet d'une bombe dans la communauté nationale-socialiste à travers le monde. On estimait donc utile d'assener quelques « vérités ». On consigna au procès-verbal que « les signataires de la Charte de l'Atlantique n'étaient que des hypocrites irresponsables et des criminels récidivistes » et que « l'Etat d'Israël en tant que tel, en tant que création artificielle et hautement contestable,

Les accusés du procès des gardiens d'Auschwitz à Francfort-sur-le-Main, en 1963. Debout : Oswald Kaduk, ancien gardien à Auschwitz.

en tant qu'Etat créé après la Seconde Guerre mondiale, n'a jamais eu aucune légitimité ».

En abordant le point de l'ordre du jour qui avait trait à la traque et la condamnation des criminels de guerre, l'assemblée se focalisa sur Fritz Bauer, le procureur général du *Land* de Hesse. Bauer consacrait sa vie à l'élucidation des crimes du IIIe Reich. Depuis son entrée en fonctions, en 1956, il avait entamé une véritable campagne contre les assassins nationaux-socialistes. C'est sur son impulsion qu'eut lieu en 1963 à Francfort-sur-le-Main le procès des gardiens d'Auschwitz contre vingt accusés, qui est l'un des plus grands procès de l'histoire de la République Fédérale contre les nationaux-socialistes. Les crimes innommables qui furent évoqués à cette occasion choquèrent l'opinion publique et firent de

Fritz Bauer l'un des personnages les plus haïs et les plus craints des anciens nazis. L'assemblée réunie en Espagne prit donc la décision de « procéder à l'exécution de Bauer ». Affolée par l'enlèvement d'Eichmann et par l'action des commandos d'exécution israéliens qui les recherchaient à l'époque, elle décida la « création d'un service secret et d'un commando spécial » qui devaient « s'opposer aux actions terroristes des commandos israéliens » et « procéder à la liquidation physique des agents israéliens, quels qu'ils fussent et où qu'ils se trouvent ». Au bout de trois jours de débats, l'assemblée secrète aboutit à une résolution : « L'Odessa déclare la guerre à l'Etat d'Israël. » Elle se conclut sur le *Horst-Wessel-Lied* [1] et, en mémoire du *Führer*, lança par trois fois un « *Sieg Heil* ! » qui, comme le rapporta un participant enchanté, « a sûrement résonné jusqu'au rocher de Gibraltar ».

Le procès-verbal de la rencontre secrète de l'« Odessa » en Espagne est extrait des archives privées de Friedrich Schwend, ancien homme de main SS et homme d'affaires véreux réfugié au Pérou. Il ne fut pas brûlé avec les documents compromettants, malgré les efforts de Schwend. La lettre qui l'accompagnait mentionne que ce procès-verbal lui fut envoyé à sa demande expresse par l'un des participants à la réunion. Aucun dossier n'atteste que cette réunion ait réellement eu lieu. Aucun nom ne figure sur le document, et les témoins possibles se murent dans le silence. Il n'est cependant pas exclu qu'une telle assemblée se soit effectivement tenue au nom d'« Odessa » – un nom fleurant l'extrême droite et les agissements en sous-main, et qui fut également utilisé par des milieux néo-nazis pour égarer les enquêteurs.

L'organisation « Odessa » est entourée d'un halo de

1. Hymne décrit comme le « nouveau chant solennel allemand » dans le recueil de chants scolaires de l'époque nazie, composé en 1927 par Horst Wessel. Ce dernier devint martyr de la cause après son assassinat en 1930.

mythes et de légendes. Il n'existe aucune certitude sur la réalité de son existence ou sur sa pérennité. Selon les documents des services secrets américains, on la mentionne dès 1946. D'après ces mêmes documents, elle fut fondée vers la fin de la guerre pour organiser la fuite des membres de la SS. Certains d'entre eux bénéficièrent de son aide pour aller s'établir de préférence en l'Amérique latine et au Proche-Orient. On lui impute des actes de sabotage dans la zone soviétique occupée, afin d'éviter le transfert d'installations industrielles. Mais était-ce une organisation unique, ou s'agissait-il d'un nom générique regroupant plusieurs sociétés secrètes ?

Pour le « chasseur de nazis » Simon Wiesenthal, son existence ne fait aucun doute. « C'est en 1946 que j'ai entendu parler d'Odessa pour la première fois, par un ancien agent de l'Abwehr, dit-il. C'était une organisation secrète de la SS dont le rôle était de faire sortir des criminels de guerre d'Allemagne et de les conduire jusqu'en Amérique du Sud. » Pour Wiesenthal, qui fournit à l'auteur britannique Frederick Forsyth la matière de son roman policier politique *Le Dossier Odessa*, il n'est pas étonnant que l'organisation soit restée secrète : « Les nazis dont il est question étaient des professionnels : d'anciens illégaux, des membres du Service de sécurité, d'anciens agents, des gens qui avaient fait leurs preuves et fait carrière dans l'administration du "IIIe Reich". De même qu'ils organisaient à la perfection les massacres de masse, ils organisaient à la perfection la fuite des assassins. »

Wiesenthal pense que l'organisation, après avoir rempli sa mission d'aide à la fuite, cessa d'exister dans les années cinquante, mais les services secrets américains ont des informations contraires. Selon eux, une rencontre aurait eu lieu à Beyrouth en 1960. Par ailleurs, « Odessa » aurait mis de faux dollars en circulation au Pérou.

« A la fin de la guerre, il y eut plusieurs personnes comme moi pour dire : Il faut faire quelque chose. Mais au bout de trois ou quatre ans, je me suis aperçu qu'il n'y avait plus que moi, que j'étais le dernier. Et ça, je n'arrivais pas à le comprendre. D'un côté, on avait des millions de morts – et je n'ai jamais fait la différence entre juifs et non-juifs – et d'un autre côté, on avait entre 150 000 et 180 000 coupables qui se cachaient dans le monde entier. On se contentait simplement de le noter sans réagir. Moi, à l'époque, j'ai fait mon choix : j'ai décidé de faire quelque chose en faveur de la justice. »

Simon Wiesenthal, « chasseur de nazis »

« Les passeurs nazis les plus prisés étaient "Odessa" et "L'Araignée", mais on cite aussi le nom d'autres groupes mystérieux. »

John Loftus, fonctionnaire de justice américain et « chasseur de nazis »

« Ainsi les Allemands qui ont pris part aux fusillades en masse des officiers italiens, à l'exécution d'otages français, hollandais, belges, norvégiens et de paysans crétois, ou qui ont pris part aux massacres effectués en Pologne et dans les territoires de l'Union soviétique actuellement arrachés à l'ennemi, ces Allemands sauront qu'ils seront ramenés sur la scène de leurs crimes et jugés sur place par les peuples qu'ils auront martyrisés. »

« Déclaration de Moscou » des Alliés de novembre 1943

Son quartier général supposé était Le Caire. Les têtes de l'organisation, disait-on, agissaient depuis l'Amérique du Sud, l'Espagne et les pays arabes. Aujourd'hui encore, on suppose que la SS n'avait pas attendu la fin de la guerre pour transférer d'énormes sommes d'argent, de l'or et des pierres précieuses pour le financement de sa fuite. Qu'elle a pris soin d'assurer un train de vie confortable à ses membres grâce à une fortune placée sur des comptes secrets, cachée dans des participations à des entreprises. Qu'elle est restée fidèle à son ancien idéal, protégée par des régimes dictatoriaux et extrémistes. Que d'anciens SS ont participé à la mise sur pied d'organisations terroristes et de services secrets, en continuant à alimenter de façon constante leur propre réseau à travers le monde. Suivant la devise de Himmler, « Notre honneur s'appelle fidélité », Odessa, faute d'un *Führer*, est restée fidèle à elle-même et à sa « camaraderie ». Pareille à une pieuvre, elle a étendu ses tentacules jusque dans le système judiciaire allemand, la mouvance néo-nazie, dans les prisons, dans les services secrets et les cercles financiers internationaux. Ce système perdure dans le monde entier.

Cette description, qui paraît sortir tout droit d'un roman fantastique, a incontestablement une part de vérité. Oui, de nombreux criminels SS ont fui à l'étranger d'une manière que l'on ne s'expliqua pas au début. Oui, des nazis ayant émigré après la guerre comme Otto Skorzeny, Johann von Leers, Alois Brunner, Friedrich Schwend, Klaus Barbie et Josef Mengele à Madrid, au Caire, à Damas, Lima, La Paz et Buenos Aires ont, à partir de ces villes, exploité des affaires en partie légales, en partie obscures, avec l'aide d'anciennes relations douteuses. Oui, pendant de nombreuses années, des organisations SS à l'influence parfois énorme ont continué à fonctionner. Mais l'existence d'une organisation bien structurée, aux ramifications s'étendant à travers le monde entier, paraît plutôt improbable. Plus vraisemblablement, la notion d'« Odessa » recouvre différents réseaux et organisations d'aide à la fuite, étant entendu que les frontières entre la rumeur et la réalité sont très floues. « Odessa » est la matière à partir de laquelle on fabrique surtout les romans policiers. Dans ce « dossier Odessa », quelle peut être la part du mythe et celle de la réalité ?

La première opération de recherche dans les eaux du lac Toplitz, en 1959 : deux policiers autrichiens retirent de fausses livres sterling.

Les eaux du lac Toplitz s'étendent, calmes et sombres, au cœur de la région sauvage et romantique des lacs de l'Ausseerland, dans le Salzkammergut autrichien. Entouré de parois rocheuses escarpées, le lac n'est accessible que par une petite route forestière.

Une nuit, un robot sous-marin équipé d'un éclairage et d'un appareil à ultrasons s'enfonça dans ses eaux noires et entreprit de le sonder, mètre par mètre. Il était à la recherche d'un trésor, le légendaire « trésor des nazis caché dans le lac Toplitz ». Cette opération, menée en l'an 2000 par la société spécialisée *Oceaneering Advanced Technologies*, et soutenue financièrement par la chaîne de télévision CBS et par le *Simon Wiesenthal Center*, était au moins la troisième du genre, et la plus coûteuse. On dit qu'elle revint à environ deux millions de Deutsche Mark. Mais les plongeurs ne trouvèrent rien, à l'exception de quelques caisses remplies de capsules de bouteilles sur lesquelles on pouvait lire : « Pas de chance ! » Ces caisses avaient été immergées par une bande de joyeux drilles pour narguer les chercheurs de trésor.

Car le lac Toplitz fait l'objet des rumeurs les plus folles. On raconte qu'il abrite des caisses remplies d'or et de pierres précieuses, jetées là par les grands chefs nazis pour les soustraire aux Alliés qui avançaient inexorablement. On suppose également que s'y trouvent, hormis quelques dossiers explosifs du *Reichssicherheitshauptamt*, des documents contenant des révélations sur la création d'entreprises et des placements de capitaux effectués par la SS à l'étranger, ainsi que des numéros des comptes en Suisse. Ces documents sont censés prouver le trafic auquel se livrèrent les nazis, d'abord dans la *Alpenfestung*, la « forteresse alpine », puis dans le monde entier. Selon le « chasseur de nazis » Simon Wiesenthal, les capitaux placés à l'étranger étaient destinés à la création d'un « IVᵉ Reich ». Est-ce avec cet argent qu'« Odessa » finança la fuite des criminels nazis recherchés ?

> « Après la défaite allemande de juin 1944 en Normandie, Bormann prit les premières dispositions destinées à mettre en œuvre les plans concrets de la grande fuite nazie. Il s'agissait dans un premier temps de sortir l'immense trésor nazi d'Europe et de le mettre en sécurité. »
>
> Carl Oglesby, journaliste américain

Depuis la fin de la guerre, des chercheurs de trésor exploraient régulièrement le lac. Mais en 1963, un jeune plongeur y trouva la mort, et les autorités interdirent la plongée en raison du danger. Car ce lac de montagne, profond de 100 mètres, est tapissé d'une couche de vase épaisse de plusieurs mètres, dans laquelle des arbres immergés tendent leurs branches comme des tentacules vers les plongeurs téméraires. Pourtant, de nombreux legs du IIIe Reich furent effectivement remontés à la surface : des armes, des appareils de laboratoire, des canons rouillés et des propergols de fusée, reliquats d'une station d'essais de la Kriegsmarine, qui, à partir de 1943, procéda à des essais de munitions et de matériel sous-marin. A l'époque, les abords du lac avaient été entièrement verrouillés, ce qui donna naissance à des rumeurs au sein de la population et à la création du mythe. On remonta également quelques douzaines de caisses de fausses livres sterling, avec leurs planches à impression. Que s'était-il passé dans cet endroit reculé, perdu au milieu des Alpes ?

A partir de 1944, les Alliés avancèrent inexorablement et envahirent peu à peu la « forteresse Europe » de Hitler, qui, au fur et à mesure, se réduisit de plus en plus à la simple « forteresse Allemagne ». Quelques fidèles de Hitler n'avaient pas perdu l'espoir d'échapper à la défaite. Pendant que s'installait sur l'Allemagne le crépuscule brun des dieux nazis, les grands chefs entamèrent leur fuite et se mirent en route vers la mythique « forteresse alpine », leur dernier refuge. Ce lieu avait donné naissance à une légende avant même d'exister, comme en témoigne l'article fantaisiste paru le 12 novembre 1944 dans le *New York Times*, intitulé « *Hitler's Hideway* », « La cachette de Hitler ». On y prétendait que « tout le secteur est miné sur une largeur de 15 miles et une longueur de 21 miles, et peut sauter d'une simple pression du doigt sur un bouton. On dit que ce bouton fatidique se trouve sur le bureau de Himmler, dans son cabinet de travail souterrain situé dans une galerie creusée sous le bunker du *Führer* ». Les Alliés tremblaient à la perspective d'un scénario catastrophe qui circulait, prévoyant que Hitler, entouré de quelques fidèles, pourrait opposer une résistance acharnée jusqu'à l'ultime seconde, et donner à la guerre un nouveau tour sanglant. Des rumeurs annonçaient que des formations *Werwolf*, des partisans NS fanatiques, se préparaient à se retrancher dans le sud.

Longtemps, ce dernier bastion de Hitler passa pour une affabulation. Or, dès la fin du mois de mai 1944, Himmler avait effectivement eu dans l'idée d'ériger une forteresse de défense SS dans les montagnes. Devant la menace de la défaite, Hitler s'agrippa lui aussi à cette planche de salut. Jusqu'aux premiers mois de 1945, il se réserva l'option d'un retranchement dans les Alpes, où il pourrait attendre que le choc des troupes alliées occidentales contre celles de Staline fasse éclater cette coalition « contre nature ». Il caressait l'espoir de pouvoir tenir dans les Alpes le temps d'arracher une paix séparée. Dans un « ordre du *Führer* » daté du 24 avril 1945, il décrivait la « forteresse alpine » comme le « dernier bastion de la résistance ». Sa destination était, « avec l'aménagement de solides bases fortifiées à travers le territoire et dans le sud », de résister à l'assaut de l'ennemi jusqu'au dernier soldat. A la fin, le dictateur prit une autre décision. Il resta dans son bunker de Berlin. Le 30 avril, il se donna la mort avec Eva Braun.

« La nouvelle de la mort d'Adolf Hitler nous parut d'abord impossible à croire. Notre espoir de le voir rejoindre sa fictive "forteresse alpine" avait été trop vif », dira le *Standartenführer* Otto Skorzeny dans ses Mémoires. Ce dernier, chef des formations de chasse SS et présumé libérateur de Mussolini, avait reçu pour mission de mettre sur pied un corps de protection baptisé *Alpenland* avec ce qui restait de ses troupes. Tandis qu'à Berlin le combat final faisait rage, la plupart des états-majors, des bureaux et des installations d'approvisionnement de la Wehrmacht et de la Waffen-SS se trouvaient déjà dans la « forteresse alpine ». C'est là que les cadres nationaux-socialistes en fuite se réfugiaient de préférence, dans l'Ausseerland, cette région de montagnes et de lacs du Salzkammergut, en Styrie. Parmi les plus sinistres criminels de

Le chef du RSHA Ernst Kaltenbrunner envisageait de poursuivre le combat depuis la « forteresse alpine ».

guerre du IIIe Reich, certains avaient choisi pour havre cette vallée encaissée, entre les Totengebirge (les montagnes de la Mort) et le massif du Dachstein, que l'on ne peut atteindre que par le Pötschenpass, perché à 982 mètres d'altitude. Ernst Kaltenbrunner, le successeur de Reinhard Heydrich depuis 1943 à la tête du *Reichssicherheitshauptamt*, transféra son bureau à Bad Aussee au printemps 1945. C'est là qu'il envisageait d'organiser le « combat défensif ».

Il avait prévu de faire déplacer en partie les usines de munitions de Styrie dans les spacieuses fosses et galeries de mines afin de poursuivre la fabrication des armes dans des usines souterraines. Les chefs nazis, tel le secrétaire de Hitler, Martin Bormann, y firent également déposer des documents importants. Par ailleurs, les mines de sel d'Altaussee accueillirent des trésors artistiques par milliers. Peintures, gravures, aquarelles et sculptures y furent mises à l'abri des bombes, et il était prévu également de s'en servir comme monnaie d'échange pour les négociations de paix. Par la suite, les

Américains se chargèrent de mettre ces œuvres d'art en sécurité.

> « Je vivais à l'époque dans une sorte d'état de choc. »
>
> Adolf Eichmann
>
> « Il était à bout de nerfs et s'appuyait sur une canne. Il se plaignait que Kaltenbrunner ait refusé de le recevoir et se soit contenté de lui faire parvenir un rouleau de pièces d'or anglaises par son ordonnance. Il était furieux : "Ça me fait une belle jambe, je n'ai pas besoin d'argent, j'en ai. Je veux des ordres ! Je veux savoir ce que l'on fait !" »
>
> Wilhelm Höttl à propos du comportement d'Eichmann à la fin de la guerre

Le *SS-Obersturmbannführer* Adolf Eichmann, le « responsable des questions juives » au *Reichssicherheitshauptamt*, avait trouvé, lui aussi, le chemin du Salzkammergut. Ce bureaucrate de la mort qui, d'une signature, avait envoyé des millions de personnes dans les camps d'extermination, se cachait à Altaussee avec sa femme et ses trois fils. C'est là que, sur ordre de son supérieur Ernst Kaltenbrunner, il devait « organiser la résistance dans les Höllengebirge » (les montagnes de l'Enfer).

Selon Wilhelm Höttl, ancien officier du SD, Eichmann était l'un des rares qui avaient réellement cru à la « forteresse alpine ». Il avait attendu désespérément les ordres de son supérieur. Simon Wiesenthal, au contraire, déclara dans une interview que celui qui était chargé d'exécuter la « solution finale de la question juive » ne s'était réfugié dans ces montagnes écartées que pour cacher un trésor avec ses complices, à Almwiesen, dans les montagnes du Totes Gebirge. Selon

Des sacs remplis de lingots d'or, de pièces d'or et de billets de la Reichsbank dans une mine de sel de Thuringe, avril 1945. De semblables dépôts avaient été faits dans la « forteresse alpine ».

lui, Eichmann aurait emporté avec lui 22 caisses remplies d'objets de valeur provenant des biens des juifs, ainsi que de l'or dentaire et des alliances récupérés dans les camps de concentration. En 1955, la valeur de cet « or d'Eichmann », qui ne fut jamais trouvé, fut estimée par le Ministère public viennois à huit millions de dollars. Selon une liste de la SS, Kaltenbrunner aurait transféré lui aussi un véritable trésor dans l'Ausseerland : cinq caisses de pierres précieuses et de bijoux, cinquante kilos d'or en barre sortis des réserves de la Deutsche Reichsbank, de l'or et des pièces d'or répartis par cinquante kilos dans cinquante caisses, deux millions de dollars US, autant de francs suisses et une collection de timbres d'une valeur de cinq millions de marks or. De plus, la rumeur veut que Skorzeny ait fait transiter vingt-deux caisses d'or en barre par la « forteresse alpine » avant de les acheminer à l'étranger, en territoire neutre. « Tout ça, ce sont des histoires, des bêtises », commente Wilhelm Töttl.

> « Il n'était pas question pour nous de mettre en jeu notre indépendance spirituelle et morale en participant à la curée contre tout ce qui représentait le passé allemand et de nous avilir encore davantage en recevant les félicitations des vainqueurs. »
>
> Juan Maler, alias Reinhard Kops, passeur

> « Bormann en conclut que le seul espoir des nazis de survivre à la défaite résidait dans leurs ressources propres, en particulier dans la solidarité des dizaines de milliers de SS dont le sort, en cas de capitulation, ne pouvait être que le gibet. »
>
> Carl Oglesby, journaliste américain

Il est bien établi aujourd'hui que des nazis de haut rang, sentant venir la défaite, transférèrent des fortunes à l'étranger. Toutefois, les documents ne révèlent pas le nom de ceux qui participèrent à l'organisation de ces transferts. Le 7 novembre 1944, un informateur français communiquait aux services secrets américains la tenue d'une rencontre secrète entre un certain nombre d'industriels à l'hôtel *Maison rouge* de Strasbourg, le 10 août 1944. Selon ce rapport, de hauts responsables NS s'étaient joints au gratin de l'industrie de l'armement et de la grande industrie comprenant les Krupp, Bosch, Thyssen, Volkswagen, Rheinmetall, Messerschmitt, Daimler-Benz, AEG et Flick AG. La séance avait été présidée par un représentant du groupe Thyssen. Ce dernier, selon le rapport, avait recommandé aux industriels allemands de prendre des dispositions en vue d'une « campagne économique d'après-guerre » et de prendre « contact avec des sociétés étrangères » : « La direction du NSDAP est consciente du fait qu'après la défaite de l'Allemagne, certains de ses cadres connus seront sans doute condamnés en tant que criminels de guerre. Il convient de prendre des mesures pour limiter le nombre de grands cadres du Parti dans les différentes firmes allemandes. » Un autre orateur aurait ensuite déclaré : « Le Parti est prêt à avancer des sommes importantes aux industriels afin que chacun puisse monter une organisation secrète d'après-guerre à l'étranger, mais il exige en contrepartie la mise à disposition des réserves financières disponibles à l'étranger, afin qu'après la défaite puisse renaître un Reich allemand puissant. »

On dit que la partie économique de l'opération fut assurée par le président de la Reichsbank, Hjalmar Schacht, et la partie organisationnelle par le SS Otto Skorzeny. C'est dans le bureau de ce dernier, à Madrid, que devaient affluer par la suite les fonds destinés au financement d'« Odessa ».

Il n'est pas formellement établi que la réunion de *Maison rouge* ait eu lieu sous cette forme. La recherche ne dispose d'aucune preuve susceptible d'étayer le document publié par les Américains.

« Les experts estiment à trois milliards de marks, peut-être même à quatre milliards, le montant des capitaux que les nazis réussirent à cacher en divers points du globe. La liste des gens qui étaient et sont en droit de disposer de ces sommes est l'un des grands mystères non élucidés du IIIe Reich. »

Simon Wiesenthal, « chasseur de nazis »

« Nous fûmes accueillis par un officier SS du nom de Krüger. Normalement, il était responsable auprès de la police criminelle de la lutte contre les faux-monnayeurs, et maintenant, il dirigeait un atelier de 142 spécialistes qui fabriquaient des millions de fausses livres sterling. Il nous dit que si nous travaillions bien, on nous rétribuerait après la “victoire finale”. »

Adolf Burger, détenu en camp de concentration

« La *Nationalbank* constata par ailleurs que, depuis 1943, “des lots plus ou moins importants” de billets de cinq et dix livres sterling “très bien imités” étaient proposés à la vente. »

Extrait du rapport d'une commission d'experts,
« La Suisse pendant la Seconde Guerre mondiale », 2001

Toutefois, la preuve des transferts de capitaux qui s'effectuèrent dans l'industrie allemande peut être apportée sur la base de documents palpables. Une commission suisse d'experts indépendants découvrit en 2001 que plusieurs centaines de sociétés-écrans furent créées en Suisse dès le début de la guerre et que, vers la fin de la guerre, de grandes quantités de pierres précieuses, de valeurs dérobées dans les pays occupés et de devises étrangères – dont de fausses livres sterling – étaient venus submerger le marché de ce pays. Pour la seule année 1946, les experts estiment les capitaux allemands déposés en Suisse à plus de deux milliards de francs suisses. « Le transfert de capitaux allemands en Suisse pendant la guerre a dû être important, déclare la commission. Les membres des élites économiques et politiques se voyaient obligées de trouver le moyen d'assurer leur existence matérielle, voire leur existence physique, après la guerre. Il est indubitable que les mouvements augmentèrent durant cette dernière phase et qu'ils prirent la forme de transferts de capitaux. » Il est malheureusement impossible de prouver aujourd'hui le transfert des biens et capitaux spoliés qui permit à l'élite nazie d'assurer sa fuite.

Devant la menace du déclin final en 1945, on se hâta de prendre des mesures préventives dans les montagnes. Kaltenbrunner ordonna la création d'un atelier complet de fausse monnaie dans la « forteresse alpine ». Depuis 1942, au camp de concentration de Sachsenhausen, était menée « l'opération Bernhard », qui porte le nom de son chef, le *SS-Sturmbannführer* Bernhard Krüger, et au cours de laquelle des détenus juifs travaillaient à la fabrication de fausses livres sterling, de dollars US, de timbres-poste et de documents destinés au *Reichssicherheitshauptamt.* Reinhard Heydrich, qui en avait eu l'idée, envisageait de larguer la fausse monnaie sur l'Angleterre, afin de ruiner l'économie de ce pays. A présent, les intentions de la SS étaient d'obtenir des devises étrangères fortes utilisables à l'étranger, dans les pays neutres. En avril 1945, Kaltenbrunner se cramponnait encore au fol espoir de pouvoir faire perdurer le bastion des Alpes grâce à la fausse monnaie.

A la veille de l'apocalypse, on se raccrochait également à une autre planche de salut, la fabrication de faux documents. Depuis des années, la SS utilisait les compétences de certains détenus : « Un jour, nous vîmes arriver dans l'atelier de fausse monnaie un *Sturmbannführer* du SD qui nous apportait les papiers d'identité d'un Argentin arrêté sous un faux prétexte. Il nous ordonna de photographier et de reproduire ces documents sous 24 heures, jusqu'au moindre détail. Il nous affirma avec assurance : "Avec ces faux papiers, notre agent pourra aller en Amérique latine, et là-bas, il trouvera toutes les portes ouvertes, puisqu'il sera citoyen argentin" », raconte l'imprimeur Adolf Burger, qui travailla comme faussaire dans l'atelier clandestin de Hitler. Burger avait été déporté à Auschwitz avec sa femme. Cette dernière fut assassinée à Birkenau ; ses parents également moururent en camp de concentration. C'est grâce à son habileté manuelle que Burger échappa au gaz.

Les agents ne furent pas les seuls à se rendre à l'étranger munis de faux papiers. Les criminels de guerre en fuite en profitèrent également. « Nous imprimions des passeports brésiliens, des cartes d'identité tunisiennes, des papiers anglais et américains et des licences de capitaine, poursuit Burger. Nous fabriquions aussi des matrices. Tantôt c'étaient des certificats de baptême néerlandais, tantôt des actes émis par des villes françaises, ou des en-tête de lettres de la Représentation de la Palestine à Genève avec un texte en hébreu, des actes de mariage anglais, des livrets militaires américains. » Il y avait là tout ce qu'il fallait pour les changements d'identité. A la mi-avril 1945, les 141 détenus de l'« opération Bernhard » furent transférés dans une annexe du camp de concentration de Mauthausen, à Schlier, en Haute-Autriche, afin de remonter l'atelier de fausse monnaie dans les caves d'une brasserie. Des caisses entières de fausse monnaie déjà imprimée suivirent le convoi. Il était prévu d'installer l'atelier dans la « forteresse alpine » par la suite. L'arrivée des Américains fit capoter le plan, et les détenus du commando de faussaires furent libérés. Mais les faux billets avaient disparu.

Cela n'empêchait pas les rumeurs entourant le « trésor du lac Toplitz » de fleurir. Aux dires des autochtones, à l'approche des Américains, de grandes quantités de caisses de métal furent acheminées vers le lac Toplitz et y furent immergées. Des soldats SS avaient réquisitionné la charrette d'Ida Weissenbacher, une jeune paysanne âgée de vingt et un ans, qui avait été contrainte de mener son cheval sur le sentier étroit et cahoteux et de transporter une soixantaine de caisses jusqu'au lac. « Il fallait faire vite, les nazis étaient très nerveux », témoignera-t-elle. Elle vit les soldats embarquer la cargaison sur des barques avant de s'éloigner sur le lac et de jeter le tout par-dessus bord.

> « Il fallait faire vite, les nazis étaient très nerveux. »
>
> Ida Weissenbacher, dernier témoin de l'opération d'immersion dans le lac Toplitz

> « S'il y a une chose qui se trouve à coup sûr au fond [du lac Toplitz], s'il n'a pas été volé par Löhde, c'est l'or. Et l'or, ça ne peut pas être détruit ou endommagé comme les lettres ou les autres documents [...] Vous savez bien, il vaut mieux tenir la bonne que courir après sa maîtresse. Continuons donc à patienter encore un peu. »
>
> Friedrich Schwend dans une lettre à Heinz Riegel

Il semble donc qu'en avril 1945, quatorze nuits durant, de lourdes cargaisons furent chargées sur des charrettes tirées par des chevaux ou des bœufs, puis immergées dans le lac. En juillet 1959, une équipe de plongeurs découvrit des caisses de bois au fond de l'eau. L'un des couvercles, ouvert à l'aide d'un crochet, laissa échapper un billet de cinq livres sterling qui vint flotter lentement à la surface. Les plongeurs remontèrent un total de dix-neuf caisses remplies de papiers et de fausses livres sterling. Visiblement, le lac Toplitz avait servi de poubelle au IIIe Reich. Les chercheurs de trésor espèrent toujours y retrouver de l'or. Pour l'instant, il n'existe pas la moindre trace des légendaires « fortunes » que des SS tels Kaltenbrunner et Eichmann sont censés avoir transportées dans la « forteresse alpine », ni des documents secrets.

Toutefois, un agent SS exprima un jour sa crainte de voir remonter des eaux du lac Toplitz quelque révélation explosive : « Si on devait un jour découvrir le numéro des comptes secrets, on saurait alors quels sont les dirigeants du IIIe Reich encore en vie. Il suffirait que l'on sache que quelqu'un a retiré de l'argent pour Martin Bormann pour savoir qu'il est toujours vivant quelque part. Nombreux sont les anciens nazis chargés de fonctions importantes dans les gouvernements allemand et autrichien à s'être opposés aux recherches dans le lac Toplitz. Cela s'explique facilement. Il recèle des secrets susceptibles de détruire plus d'une grande carrière politique de l'après-guerre. » Ces affirmations proviennent d'un article de

Friedrich Schwend paru en novembre 1963 dans le *Correo*, un journal péruvien. Mais, à l'époque, Bormann était mort depuis longtemps et les faux billets de l'« opération Bernhard » déjà partiellement en lieu sûr. On dispose cependant de certains éléments sur ce qui s'est passé pour le reste des livres sterling contrefaites. A nouveau, la trace nous conduit jusqu'à Lima, jusqu'à Friedrich Schwend.

Friedrich Schwend, Fritz Wendig de son nom d'emprunt, était un monsieur de belle apparence, distingué et cultivé. Avec son nez busqué et sa calvitie luisante, il pouvait passer pour un digne marchand d'antiquités. En réalité, c'était l'un des personnages les plus louches et les plus roués du réseau nazi. Ce négociant, marchand d'armes et trafiquant, qui se camouflait à l'occasion sous un uniforme de major SS, était responsable pendant la guerre de l'écoulement de la fausse monnaie de l'« opération Bernhard ».

> « Friedrich Schwend était l'homme choisi par la SS pour échanger une partie de la fausse monnaie contre de la vraie monnaie étrangère. Sans doute n'a-t-il pas toujours fait les comptes très scrupuleusement, car après la guerre c'était un homme richissime. »
>
> Simon Wiesenthal, « chasseur de nazis »

Avec les faux billets, il acheta de l'or, des pierres précieuses, des bijoux et des valeurs dans divers pays pour le compte du *Reichssicherheitshauptamt*, sans compter des biens immobiliers et, apparemment, des toiles de Rembrandt et de Picasso. Il avait élu pour quartier général le château de Labers à Merano, situé au milieu de vignobles et de vergers. Vers la fin de la guerre, Schwend tenta de mettre des objets de valeur en sûreté. En mai 1945, il fut arrêté en Autriche par les Américains, mais libéré peu après et, selon des indications émanant du contre-espionnage américain (le CIC, *Counter Intelligence Corps*) lui-même, il fut recruté comme agent. Avec l'accord des services secrets, il finit par émigrer en Amérique latine en 1946 avec sa femme, muni d'un passeport yougoslave au nom de Wenceslav Turi, et s'établit dans la capitale péruvienne.

A Lima, son élevage de poulets servit de façade à ses diverses activités criminelles : il s'occupa de blanchiment d'argent, sévit en tant que marchand d'armes, maître chanteur, usurier et informateur des services secrets péruviens. La correspondance qui fut confisquée se lit comme un roman policier. A « Rudi, Klitsch et Hans », il écrit : « Je serais encore intéressé par l'achat de MP neufs ou au prix du neuf, si possible avec des munitions. » Dans une lettre au fabricant de machines *Orlikon*, il demande : « Veuillez avoir l'amabilité de nous faire savoir si vous êtes en mesure de nous fournir des lance-missiles à moyenne portée. » Souvent, il est question d'affaires financières douteuses : « J'ai demandé 40 000 Deutsche Mark à Spitz pour le Rembrandt, payables en Suisse à titre de dommages intérêts pour l'escroquerie de l'affaire des 600 000 Reichsmark. » La rumeur prétend que Schwend, à Lima, aurait cherché par tous les moyens à changer les fausses livres sterling, les biens immobiliers et les objets de valeur de l'« Opération Bernhard » en espèces sonnantes et trébuchantes pour constituer l'apport du financement de l'« Odessa ». Les « affaires » auxquelles il est fait allusion dans les lettres en font sans doute partie. Bien entendu, Schwend lui-même affirme que toute sa fortune – il mentionne, entre autres, quatre-vingts kilos d'or, un original de Rembrandt, une valise remplie d'argent et un tapis précieux – lui a été dérobée après la guerre. Quoi qu'il en soit, Schwend trouvait sa participation à l'« Opération Bernhard » si palpitante qu'il eût aimé en faire un sujet de film, ainsi qu'on peut le lire dans ses lettres.

> « Le fait de se trouver sous surveillance permanente et de sentir peser la menace latente des mesures de dénazification et de démilitarisation est extrêmement pénible et ne permet pas à la longue de fournir un travail positif. »
>
> Hans-Ulrich Rudel, ancien colonel de la Luftwaffe

Une chose est sûre : Schwend, dans le cadre de ses agissements criminels, se trouvait en contact régulier avec des criminels de guerre de la mouvance SS et servait de service d'entraide aux fugitifs nazis. Il semble qu'Otto Skorzeny, qui s'était établi en Espagne, l'aida dans la vente de quelques diamants. Schwend procura aussi à l'ancien *SS-Standartenführer* Walter Rauff des passeports destinés à des « camarades » en fuite. Rauff fut, dit-on, l'inventeur des « camions à gaz mobiles », dans lesquels 100 000 juifs, Russes et partisans trouvèrent la mort à l'arrière du front de l'Est. Il avait également des contacts avec l'as de l'aviation Hans-Ulrich Rudel, dont il dit dans une lettre : « Rudel a surtout les contacts en Amérique centrale. » Le partenaire commercial le plus important de Schwend en Amérique latine était l'un des tortionnaires les plus barbares de la SS : Klaus Barbie, alias Klaus Altmann.

L'assassinat de membres de la Résistance et la déportation d'enfants juifs avaient valu à l'ancien chef de la Gestapo lyonnaise son surnom de « boucher de Lyon ». Après sa fuite, il s'était établi en Bolivie, mais il possédait à Lima un deuxième point de chute. On dispose, là aussi, d'une volumineuse correspondance. Un certain « Hieber » offre à « Messieurs Schwend et Altmann » une somme d'argent en rétribution de sa « naturalisation en Bolivie avec un passeport diplomatique ». Une lettre de Barbie à Schwend évoque vraisemblablement un chantage, pour nuire à un « *Jud* » qu'il veut « démolir ». « Demande à ton avocat de déposer plainte et de l'envoyer ici, à la police criminelle. Alors, à l'attaque, ce *Jud* nous a offensés. »

« Le boucher de Lyon » : le chef de Gestapo Klaus Barbie en 1944.

Pareil à l'araignée au milieu de sa toile, Schwend se trouvait au centre d'un réseau nazi. En avril 1965, un informateur des services secrets américains le désignait comme appartenant effectivement à la mystérieuse organisation « Odessa », en précisant que « l'organisation secrète Odessa fut créée en 1947 à Buenos Aires par Martin Bormann, le secrétaire de Hitler ». Selon lui, le siège du réseau, qui comptait 3 087 membres nazis et était financé par le gouvernement de Nasser, se trouvait momentanément au Caire. L'organisation était en possession de planches à billets de faux dollars provenant de l'« Opération Bernhard ». L'informateur ajoutait : « La tête de l'Odessa en Amérique du Sud est Federico Schwend. »

Les chefs SS avaient effectivement toutes les raisons de préparer leur fuite. Car les Alliés les menaçaient en diffusant des avertissements réguliers par l'intermédiaire de la BBC : « Quiconque a été responsable ou a donné son consentement à des atrocités, massacres ou exécutions – qu'il soit officier, soldat ou membre du Parti nazi –, doit savoir que les trois puissances alliées poursuivront chacun des coupables jusqu'au bout de la terre et les remettront aux mains de leurs accusateurs pour que justice soit faite. » La coalition anti-Hitler s'était fixé pour objectif le châtiment des criminels de guerre et des principaux responsables de la Seconde Guerre mondiale. Dès le 20 novembre 1945 commençait à Nuremberg le premier procès des quatre puissances victorieuses contre vingt-quatre « grands criminels de guerre ». La SS dans son ensemble fut déclarée « organisation criminelle ». Car « la SS était employée à des fins qui étaient criminelles et qui comportaient la persécution et l'extermination des juifs, les brutalités et les exécutions dans les camps de concentration, les abus dans l'administration des territoires occupés, la mise en pratique du programme du travail obligatoire, les mauvais traitements et l'assassinat des prisonniers de guerre ». L'ordre d'élite de Himmler était définitivement devenu « l'armée des méprisés », ainsi que le déplora le général SS Félix Steiner dans un accès d'apitoiement sur lui-même.

Avec l'avance des troupes alliées et la libération des camps de concentration qui leur donna un aperçu exact de l'horreur et des crimes, la recherche des coupables s'intensifia. Partout, des commandos spéciaux se lancèrent à la poursuite des criminels de guerre. Ils avaient des listes de « personnes à arrêter automatiquement » afin d'identifier les suspects de la Gestapo, de la SS et du SD, ainsi que le nom de ceux qui étaient à rechercher dans les rangs des maires, des *Gauleiter* et des hauts fonctionnaires. Les Américains, en particulier, menaient la recherche dans les zones occidentales avec le plus grand zèle. Ils se servaient à cet effet des interminables listes de personnes recherchées émises par la Commission des Criminels de Guerre des Nations Unies (UNWCC) et du Central Registry of War Crimes and Security Suspects (CROWCASS), l'enregistrement central des criminels de guerre, basé à Paris. Cette organisation établissait des listes de noms de criminels de guerre suspectés, et les comparait avec les listes de noms des huit millions de personnes et plus qui avaient été accueillies à la fin de la guerre dans les camps de prisonniers de guerre et de personnes déplacées. Un nombre incalculable de suspects étaient recherchés par ce moyen, et des milliers furent traduits en justice. Ironie du sort, ces avis de recherche constituèrent bientôt le vivier où s'approvisionnèrent les services de renseignement américains, lorsqu'il s'agit de retourner d'anciens nazis pour en faire des agents des services secrets américains.

La chasse aux bourreaux de Hitler était ouverte. Himmler, le chef de la SS, avait tenté lui aussi d'échapper à ses poursuivants avec un bandeau sur l'œil et de faux papiers. Mais, capturé, il se suicida au cyanure de potassium. Son exemple fut suivi par un petit nombre d'anciens nazis. Par exemple, le chef des services de santé SS, Ernst Grawitz, se fit sauter à la grenade avec sa famille. Le *Gruppenführer* Leonardo Conti se suicida dans la prison de Nuremberg.

Les cadres de la SS n'étaient plus à l'abri dans leur repaire des montagnes. Lorsque le groupe d'armées du sud-ouest rendit les armes en Italie, le 3 mai 1945, la fictive « forteresse alpine » fut abandonnée à son tour. Seules quelques formations SS isolées tentèrent encore d'opposer une résistance après la capitulation de la Wehrmacht le 8 mai 1945. Le *SS-Gruppenführer* et lieutenant général de la police Odilo Globocnik, qui s'acquit une triste célébrité de massacreur en tant que responsable de la « solution finale de la question juive » au sein du « Gouvernement général », fut retrouvé dans les environs du Weissensee, en Carinthie. Après sa capture, il mordit lui aussi dans une capsule de cyanure. Julius Streicher, l'éditeur du journal nazi *Der Stürmer*, se réfugia en avril dans la « forteresse alpine » et se cacha sous l'identité d'un artiste peintre dans une ferme de montagne à Waidring, dans le Tyrol, avec sa femme.

Il y fut découvert par les Américains et condamné à mort à Nuremberg le 1er octobre 1946. Devant l'avance alliée, Kaltenbrunner renonça lui aussi à ses projets de défense et se réfugia dans les montagnes du Totes Gebirge. Il fut capturé par les troupes américaines dans le refuge de Wildensee, à 1 523 mètres d'altitude, condamné à mort par un tribunal militaire allié et exécuté.

Mais le tribunal de Nuremberg ne fut pas le seul à demander des comptes aux acteurs SS. La justice militaire américaine prit le relais en ouvrant douze procès, notamment contre les bataillons de la mort des Groupes d'intervention SS et la Gestapo. D'autres procédures furent dirigées contre des gardiens de camps de concentration, des nervis et des assassins appartenant à l'appareil des camps de la mort. Dans les zones d'occupation occidentale, 5 025 condamnations furent prononcées. Sur les 806 condamnations à mort, 486 furent suivies d'effet. Dans la seule prison de Landsberg, où étaient incarcérés les criminels de guerre, les Américains pendirent 255 condamnés. Dans la zone d'occupation soviétique, le nombre des procédures est estimé à 45 000. A l'étranger, jusqu'à 60 000 personnes furent condamnées pour crimes de guerre nazis. La Pologne à elle seule fit exécuter 1 214 Allemands pour agissements criminels, dont le commandant du camp d'Auschwitz, Rudolf Höss. D'après les chiffres du ministère de la Justice de la République fédérale, 80 000 Allemands au total furent condamnés pour crimes nazis en Allemagne, dont 12 000 par des tribunaux de RDA.

En haut : Un SS au gibet. Exécution d'une condamnation à mort à la suite du procès des criminels de guerre à Nuremberg.
En bas : Le libérateur de Mussolini, Otto Skorzeny (à droite), tomba lui aussi dans les filets des Alliés. Ici, en août 1947, à Dachau.

Dès avril 1945, alors que les troupes de Staline encerclaient Berlin, les cadres SS possédant de bonnes relations avaient commencé à se tricoter un nouveau passé. « Un officier supérieur apporta des centaines de pages de papier à en-tête de toutes sortes », racontera Eichmann. Les officiers eurent droit à des « certificats » falsifiés qui leur attribuaient des fonctions fictives et honorables pendant la guerre. « Moi, je n'avais que faire de ces faux certificats, mais j'étais le seul ». Lorsque le IIIe Reich ne fut plus qu'un amas de cendres, le gros des officiers SS se retrouva en captivité. Quelques-uns des sbires de Hitler parvinrent à se dissimuler parmi les millions de prisonniers de guerre, mais ce fut le signe de leur appartenance à l'élite qui causa la perte de la plupart. Le tatouage de leur groupe sanguin dans le creux de leur aisselle gauche avait été prévu pour assurer un traitement de premier choix aux membres de la SS blessés et hospitalisés. A présent, il facilitait le travail des limiers. A la fin de 1945, environ 100 000 personnes classées dangereuses étaient internées dans le seul secteur américain.

« Nous reconnaissions tous les membres de la SS, même s'ils portaient un autre uniforme, à la cicatrice qu'ils avaient sous leur bras gauche, et qui restait quand ils essayaient de faire disparaître le tatouage de leur groupe sanguin. Nous les envoyions à la Septième Armée à Augsbourg, là où on envoyait tous les criminels de guerre. »

Wolfgang Robinow, officier américain chargé des interrogatoires

« Une mesure de prévention au cas où nous perdrions la guerre. »

Général SS Wilhelm Koppe, à propos du changement de son nom, en avril 1945, en « Wilhelm Lohmann »

C'est dans le chaos des camps d'internement que prit forme le mythe Odessa. « Dans les camps de prisonniers de guerre, il y avait toujours deux ou trois membres de la SS qui appartenaient à l'organisation, affirme Simon Wiesenthal. "Odessa" était leur code. Quand quelqu'un demandait : "De quoi parlez-vous donc ?", ils avaient toujours la ressource de répondre : "D'un ami commun qui est d'Odessa" ». Selon Wiesenthal, l'organisation servait à faire sortir des criminels de guerre SS d'Allemagne pour les emmener en Amérique du Sud. Un agent américain infiltré sous le nom de code d'« Opération Brandy » rapporta en 1947 qu'en dehors de la « Fraternité » et de l'« Araignée », il existait le réseau souterrain « Odessa ». C'était, d'après lui, le sigle de « *Organisation der ehemaligen* » ou « *entlassenen SS-Angehörigen* » : Organisation des anciens membres de la SS, ou des membres de la SS démobilisés. Le chef de ce groupe était Otto Skorzeny. C'était la première fois que le nom de l'un des plus légendaires vieux de la vieille du IIIe Reich était cité en relation avec « Odessa ».

« J'ai passé deux ans à rechercher le monstre Mengele en Amérique du Sud. Je sais ce qui se cache derrière ce nom. »

Zvi Aharoni, qui rechercha pendant des années Josef Mengele

« Mengele se sentait tellement en sécurité qu'il alla jusqu'à faire une demande pour renouveler son autorisation d'exercer la médecine. »

Beatriz Gurevich, chef du projet de recherche « Proyecto Testimonio » de l'association israélo-argentine Daia

La disparition de quelques-uns des bourreaux nazis les plus recherchés à l'étranger alimenta le mythe qui s'était construit

Il a coulé des jours tranquilles jusqu'au bout : un portrait de Josef Mengele dans son exil brésilien.

autour de l'organisation secrète. Comme des fantômes, ces sinistres personnages tournèrent en rond pendant des années dans la tête des chasseurs de nazis, des historiens et des journalistes. Le médecin SS Josef Mengele disparut sans laisser de traces. En réalité, la piste de « l'ange de la mort d'Auschwitz », celui qui se livra à des expérimentations cruelles sur des détenus et, surtout, infligea à des enfants jumeaux une mort affreuse au cours de ses expériences, menait jusqu'au Brésil, en passant par l'Argentine et le Paraguay. On ne mit jamais la main sur lui. Il se noya en 1979 dans les environs de Sao Paulo.

Le chef de la Gestapo, le *Gruppenführer* Heinrich Müller, disparut lui aussi. Ce bureaucrate de la terreur avait envoyé des centaines de milliers de juifs dans les camps d'extermination de l'holocauste. La dernière fois que l'on aperçut

« Gestapo-Müller », ce fut au lendemain de la mort de Hitler dans son bunker, sous la Chancellerie. On prétend qu'il s'était caché en mai 1945 à Altaussee sous le pseudonyme de « lieutenant Schmidt ». Sa trace se perd ensuite.

Adolf Eichmann paraît, lui aussi, disparaître. Ce n'est qu'en 1960 qu'il fut enlevé en Argentine par les services secrets israéliens du Mossad, traduit en justice puis exécuté. Quant à Klaus Barbie, sa présence ne fut détectée en Bolivie qu'en 1983. Il fut extradé en France. Les recherches se poursuivent toujours pour retrouver Alois Brunner, le « meilleur homme » d'Eichmann pour les déportations. Jusqu'à une période récente, il vivait à Damas. Certes, les itinéraires de fuite de ces hommes sont entourés de mystère mais ce n'est pas une organisation unique aux ramifications planétaires du nom d'« Odessa » qui tira les ficelles en secret. La réalité est plus complexe. Après l'effondrement du Reich de Hitler et le début de la guerre froide, une série de réseaux, d'institutions et de gouvernements a eu intérêt à venir au secours des criminels SS. Il s'avère donc que beaucoup de chemins mènent à « Odessa ».

L'un de ces chemins passait par Rome, le lieu de pèlerinage préféré des nazis en fuite. Le 15 mai 1947, Vincent La Vista, membre des services de sécurité américains, faisait savoir à Washington dans un rapport « top secret » que le Vatican était la « plus grande organisation particulière impliquée dans les déplacements illégaux d'émigrants ». Selon le rapport, il aidait les candidats de toutes convictions politiques « à partir du moment où ils étaient anticommunistes et pour l'Eglise catholique ». La Vista nomme une série d'organisations catholiques ayant favorisé des évasions illégales, dont le Comité d'aide autrichien et croate, mais aussi la Lettonie, la Pologne, la Roumanie et d'autres.

En haut : La Cité du Vatican (ici la basilique Saint-Pierre) en 1946. D'anciens SS en fuite y trouvèrent un soutien.
En bas : Dans quelle mesure le pape savait-il ? Pie XII pendant une messe au Vatican, 1951.

> « Nos recherches ont établi que, pour les pays d'Amérique latine, soumis à l'influence d'une Eglise puissante, le Vatican a exercé une pression sur leurs missions étrangères à Rome, en vue de leur faire adopter une position favorable vis-à-vis de l'entrée d'anciens nazis et de fascistes dans leur pays, à partir du moment où ils étaient anticommunistes. »
>
> Rapport secret du ministère américain des Affaires étrangères, 1947 (rapport La Vista)

> « Le Vatican a toujours affirmé qu'il ne connaissait pas l'identité des personnes qui bénéficiaient de son assistance humanitaire. Mais bien des prêtres influents savaient lesquels étaient des nazis, les choisissaient délibérément et leur faisaient appliquer un traitement de faveur. »
>
> John Loftus, officier de justice américain et « chasseur de nazis »

> « Me souvenant avec une profonde reconnaissance de l'aide que m'avaient apportée des prêtres catholiques lors de ma fuite d'Europe, je décidai d'honorer la foi catholique en devenant membre d'honneur. »
>
> Adolf Eichmann, 1959

Il sera impossible de connaître l'implication exacte de l'Eglise catholique dans l'aide fournie aux nazis en fuite tant que le Vatican n'aura pas ouvert ses archives concernant cette période. Il est établi que des meurtriers comme Adolf Eichmann purent s'échapper en Amérique du Sud *via* Rome. Mais l'Eglise n'aida pas seulement des criminels. Dans l'immédiat après-guerre, des cohortes de personnes déracinées étaient jetées sur les routes, avec le désir de quitter l'Europe dévastée : des prisonniers de guerre libérés ou en fuite, des victimes du travail obligatoire, des gens chassés de leur pays, les survivants juifs de l'holocauste, ainsi que leurs bourreaux en fuite.

Rome attirait comme un aimant tous ceux qui avaient besoin d'assistance. Tous espéraient pouvoir poursuivre leur périple grâce à l'Eglise, recueillir de la nourriture, des vêtements, de l'argent, et, surtout, des papiers qui leur permettraient de quitter l'Europe à partir de Gênes ou de Naples. Les institutions catholiques accueillirent les réfugiés avec générosité. Dans le chaos de l'époque, il était très facile aux criminels nazis de se mêler aux personnes en détresse sans se faire démasquer. Mais il n'en est pas moins vrai que plusieurs hauts dignitaires de l'Eglise vinrent en aide en toute connaissance de cause à des criminels nazis et se servirent pour cela d'un réseau au fin maillage. Malgré les succès dont pouvait se vanter « Odessa », cette organisation mythique reste une entreprise d'amateurs comparée à l'Eglise catholique.

L'un des moteurs de ce réseau était l'évêque autrichien Alois Hudal, recteur du collège sacerdotal Collegio Teutonico de Santa Maria dell'Anima, l'église nationale des pays de langue allemande à Rome. « Je me suis évadé le 30 mai 1948 de la maison d'arrêt de Linz, racontera le commandant de camp de concentration Franz Stangl à la journaliste Gitta Sereny dans une interview. J'ai appris alors qu'un certain évêque Hudal, au Vatican, aidait les officiers SS catholiques, et je suis donc parti pour Rome. »

> « Je suis prêtre, et non pas policier... Il était de mon devoir de chrétien d'aider tous ceux qui fuyaient le communisme. Je ne peux ni confirmer ni démentir qu'Eichmann se trouvait parmi eux. Personne ne m'a confessé son passé dans le IIIe Reich, et les photos d'Eichmann n'étaient pas publiées à l'époque. »
>
> L'évêque Alois Hudal, 1961

Stangl commandait les camps d'extermination de Sobibor et de Treblinka, où avaient été assassinées environ

L'évêque Alois Hudal aida de nombreux criminels de guerre nazis à prendre la fuite.

900 000 personnes. Lors de la chute du IIIe Reich, il se cacha en civil dans un petit village d'Autriche, où il fut retrouvé par les Américains et reconnu comme membre de la SS. Il ne fut pas inquiété à l'époque pour les massacres de Treblinka, car les Américains ne savaient pas qui ils avaient devant eux. On n'a jamais appris comment Stangl était parvenu à s'enfuir de la prison et à passer la frontière italienne. Simon Wiesenthal est d'avis que des papiers lui ont été fournis par l'intermédiaire d'« Odessa ».

« Je me suis évadé le 30 mai 1948 de la maison d'arrêt de Linz... J'ai appris alors qu'un certain évêque Hudal, au Vatican, aidait les officiers SS catholiques, et je suis donc parti pour Rome. »

Franz Stangl, ancien commandant du camp de concentration de Treblinka

« Soit il est venu en aide à beaucoup de gens et, parmi eux, à d'anciens hauts responsables nazis, sans savoir qui ils étaient. Soit il est venu en aide à certaines autres personnes – et nous savons bien qu'il l'a fait – mais en se concentrant sur les nazis en sachant pertinemment qui ils étaient et ce qu'ils avaient fait. »

L'évêque Jakob Weinbacher, successeur de Hudal à Rome

« Si Stangl était resté en Syrie, il serait sans doute encore en sécurité aujourd'hui, comme son collègue Alois Brunner. »

Simon Wiesenthal, « chasseur de nazis »

A Rome, Stangl se rendit chez l'évêque Hudal. « L'évêque est entré dans la pièce où l'on m'avait fait attendre et, en me tendant les deux mains, m'a dit : "Vous devez être Franz Stangl. Je vous attendais !" » racontera Stangl, en précisant que l'évêque lui avait procuré un logement, un passeport de la Croix-Rouge et un visa pour la Syrie, ainsi qu'un travail à Damas et un billet pour la traversée en bateau. L'ancien SS s'était établi en Syrie, d'où il avait ensuite rejoint le Brésil avec sa famille. Il ne fut livré à la République fédérale qu'en 1967 et condamné à la réclusion à perpétuité.

Hudal était un homme de petite taille – « c'est pourquoi il essayait toujours de faire le grand », selon le mot de l'un de ses anciens confrères. Admirateur notoire des nazis, l'évêque rêvait à une sorte de « national-socialisme chrétien », et il avait dédié son œuvre parue en 1936, *Les Bases du national-socialisme*, au « Siegfried de la grandeur allemande », Adolf Hitler en personne. Devant l'afflux des réfugiés, le pape Pie XII avait confié le soin de s'en occuper à une « Commission d'Assistance Pontificale » (Pontifica Commissione Assistenza, PCA) qui fonda à son tour des sous-comités nationaux. Hudal se trouvait à la tête de la section autrichienne, l'« Assistenza Austriaca ». Il venait cependant en aide à toutes les personnes de langue allemande et intervint particulièrement en faveur des détenus nazis dans les camps de prisonniers italiens. En même temps, l'objectif de l'« évêque brun » était de soustraire les Allemands en fuite aux griffes des Alliés. Dans ses Mémoires, il se vanta ouvertement de l'aide qu'il avait accordée au gouverneur du « district de Galicie », l'homme qui inspirait la terreur dans Lviv occupée : « Il mourut dans mes bras à Rome, à l'hôpital Santo Spirito, soigné par moi jusqu'à la fin, lui, le vice-gouverneur de Pologne, le lieutenant-général et *Sturmbannführer* de la SS, le baron von Wächter qui était recherché partout par les Alliés et les organisations juives. Tandis que son chef, le gouverneur général Hans Frank, était pendu à Nuremberg, Wächter – grâce en grande partie à l'aide touchante et désintéressée de religieux italiens – réussit à vivre pendant des mois sous un faux nom à Rome, jusqu'à ce qu'il succombât à un empoisonnement. » Hudal, semble-t-il, était allé jusqu'à conclure un accord secret avec la police italienne, aux termes duquel celle-ci, au lieu d'arrêter les nazis recherchés, les amenait dans les églises et les couvents désignés par l'évêque.

« Des groupes entiers d'Allemands nazis viennent en Italie dans le seul but d'obtenir de faux papiers d'identité, des passeports et des visas, et repartent aussitôt vers l'Amérique latine à partir de Gênes et Barcelone. »

Rapport secret du ministère des Affaires étrangères américain, 1947 (rapport La Vista)

L'un des protégés de Hudal : l'ancien commandant de camp de concentration Franz Stangl (à droite) lors de son arrestation à São Paulo, 1967.

« Bien des chemins mènent à Rome. »

Titre d'un chapitre de *Zwischen Deutschland und Argentinien* (*Entre l'Allemagne et l'Argentine*) de Hans-Ulrich Rudel

Mais il ne suffisait pas de se cacher. Ce dont avaient surtout besoin les SS en fuite, c'était de l'argent et des papiers qui leur permettraient de partir outre-mer. A ce moment intervenait une organisation qui s'était fixé pour but d'aider tous les nécessiteux, indépendamment de leurs idées politiques : le Comité International de la Croix-Rouge. Consciemment ou non, la Croix-Rouge devint la plaque tournante des voyages illégaux vers l'Italie et, de là, vers d'autres pays. Car c'est auprès d'elle que les réfugiés obtenaient les précieux documents fournis à toutes les personnes « que la guerre a contraintes d'une manière ou d'une autre à quitter leur pays de résidence régulier, à condition qu'elles ne possèdent pas de passeport en cours de validité, qu'elles ne puissent pas en obtenir de nouveau, que le pays où elles séjournent les laisse sortir et que le pays où elles souhaitent se rendre les laisse entrer ».

> *« La première chose à faire, c'était de se procurer des papiers. D'après les renseignements obtenus par des amis, le plus simple était d'obtenir un certificat de démobilisation des Anglais. Il ne me fut pas difficile de m'en procurer un, tamponné et signé, et, qui plus est, encore vierge. J'attestai que je venais d'une unité de la Wehrmacht en Norvège, que j'avais été démobilisé et envoyé à Hambourg. Je pouvais aussi inscrire le nom qui me plaisait. Pour changer, je choisis Hans Behrens. »*
>
> Juan Maler, alias Reinhard Kops, passeur

Les papiers étaient établis à n'importe quel nom. Les identités étaient certifiées par la Commission d'Assistance Pontificale et, bien souvent, la recommandation d'un homme d'Eglise comme l'évêque Hudal était suffisante. C'était la solution rêvée pour tous les criminels recherchés qui avaient besoin d'un nouveau nom et qui connaissaient des dignitaires leur voulant du bien. « Tous les jours, les gens faisaient la queue par centaines, racontera Gertrude Dupuis-Marstaller, déléguée de la Croix-Rouge à Rome. Parfois, nous étions obligés d'appeler la police pour qu'elle vienne mettre de l'ordre. Naturellement, on nous présentait des recommandations du monde entier, en quelque sorte, mais nous faisions plus ou moins confiance à la Commission d'Assistance Pontificale. Et d'ailleurs, comment pouvions-nous mettre en doute la parole d'un religieux ? » Comme le signala l'agent américain La Vista, le marché noir était florissant : « On ne saura jamais combien il y a à Rome de trafiquants qui se font faire et refaire un passeport de la Croix-Rouge sous un faux nom. » Mais, à la fin des années quarante, les Américains s'inquiétèrent moins des nazis en fuite que du fait « que les communistes utilisent cette possibilité pour envoyer leurs agents dans les pays concernés ».

Par une ironie du sort, c'est des Américains que Hudal obtenait l'argent nécessaire à la délivrance des visas et des titres de transport. La *National Catholic Welfare Conference* soutenait les organisations catholiques d'Europe et octroyait des moyens financiers aux sous-comités nationaux de la Commission d'Assistance Pontificale, et, de ce fait, à Hudal. Ensuite, il s'agissait de procurer les visas d'entrée dans les pays d'accueil. Hudal s'adressait de préférence à l'Argentine, dont le dictateur, Juan Peron, avait toujours eu un faible pour l'Allemagne nazie.

« Le Vatican est la plus importante organisation impliquée dans l'acheminement illégal des émigrants. »

Rapport secret du ministère américain des Affaires étrangères, 1947 (rapport La Vista)

« Dans la période instable de l'après-guerre, peu nombreux furent ceux qui suivirent leur chemin d'un pas ferme et imperturbable. Mais il n'y en eut pas deux pour tendre la main aux nouveaux émigrants de l'après-guerre avec la grandeur d'âme, l'autorité clairvoyante et le dévouement intrépide de Son Excellence Monseigneur Alois Hudal. »

Der Weg, revue des émigrants, 1949

« Que Dieu bénisse le renouveau de l'Allemagne. »

Alois Hudal, décembre 1948

Reinhard Kops, un officier de l'Abwehr qui, ayant rejoint Rome lui aussi, apportait son aide à l'évêque, écrira dans ses Mémoires : « Monseigneur Hudal m'utilisait pour faire le tri parmi les nouveaux arrivants, car les éléments criminels devaient être maintenus à l'écart autant que possible. Puis on coordonnait la suite du transport. Dans ce contexte, il se trouva que le gouvernement argentin du général Peron, dans le cadre d'un grand contrat d'immigration conclu avec l'Italie, envoya comme secrétaire à Gênes un monsieur qui était originaire du Tyrol du Sud, ancien officier allemand pendant la Seconde Guerre mondiale : Franz Ruffinengo. Ce fut une bonne chose. Je saisis à Rome la main que me tendait Franz depuis Gênes. » Franz Ruffinengo, un ancien officier non pas de l'armée de Hitler, mais de celle de Mussolini, était à Gênes le secrétaire de la commission d'immigration argentine en Europe (DAIE), dont on se repassait le nom comme un code secret parmi les nazis en fuite, d'autant plus que l'archevêque de Gênes, Giuseppe Siri, qui étendait sa main protectrice sur les fugitifs, avait créé lui-même un comité pour l'émigration vers l'Argentine. Selon le rapport d'un agent américain, l'archevêque accordait une attention toute particulière à l'émigration des Européens anticommunistes vers l'Amérique du Sud : « Cette classification générale comme anticommuniste concernait naturellement les fascistes, les oustachis et les groupes semblables. »

L'Oustacha était une organisation fasciste fondée par le dirigeant croate Ante Pavelic, qui était au pouvoir depuis la création en 1941, grâce à Hitler et Mussolini, d'un « Etat indépendant de Croatie ». S'appuyant sur les bataillons de l'Oustacha, les camps de concentration et autres répressions brutales, le régime avait réprimé et fait assassiner des milliers de Serbes, de juifs et de musulmans. Fuyant les partisans de Tito, les oustachis quittèrent le pays en toute hâte et allèrent chercher de l'aide auprès de leur Commission d'Assistance Pontificale à Rome. Monseigneur Krunoslav Stjepan Draganovic, théologien au « Collège illyrique San Girolamo », les accueillit. Draganovic était un personnage impressionnant : grand, brun, invariablement vêtu d'une longue soutane, d'un long manteau flottant et d'un chapeau d'ecclésiastique à large bord, il avait un aspect sombre et étrange. « Il y avait en lui quelque chose de fuyant qui me rebutait, relatera un témoin qui le rencontra à Rome à cette époque. Il avait des yeux de serpent et un regard inquiet. Il ne me plaisait pas du tout. » Draganovic avait été colonel dans l'Oustacha pendant la guerre. Responsable de la déportation de juifs et de serbes, il s'était réfugié au Vatican en 1944. Ce loup dans la bergerie devint un personnage clé de l'aide aux nazis en fuite.

> *« Le lendemain, nous nous concertâmes avec les amis génois de mes protecteurs sud-tyroliens pour trouver le moyen de monter sur un bateau sans papiers, "au noir", c'est-à-dire comme "passager clandestin". Nous constatâmes bientôt que, pour des marchands royaux génois, ce n'était pas aussi facile à arranger qu'il y paraissait de loin. Même en ayant recours à deux capitaines, nous échouâmes à trouver une solution. En effet, il se révéla que, entre tous, c'était justement le port de Gênes qui faisait l'objet de l'attention toute particulière de la police italienne. Certains de mes camarades devaient par la suite l'apprendre à leurs dépens. »*
>
> Juan Maler, *alias* Reinhard Kops, passeur

Les bons rapports qu'entretenait Draganovic avec l'évêque Siri et la filiale de la Croix-Rouge Internationale à Gênes valaient de l'or. Son protégé le plus célèbre fut Ante Pavelic lui-même, dont il rendit possible la fuite en Argentine. Draganovic avait réussi à obtenir des services d'immigration argentins qu'ils accordent l'entrée dans leur pays à un quota de plusieurs centaines de Croates sans véritable vérification. Couverts par Draganovic, des nazis allemands s'infiltrèrent parmi eux. Hudal et Draganovic travaillèrent en étroite collaboration pour obtenir la délivrance par la Croix-Rouge de papiers d'identité, et pour établir des contacts avec les consulats et les autorités portuaires et maritimes. En cas d'échec, l'évêque, que rien n'arrêtait dans ses intrigues, s'adressait à

Peron en personne, ainsi qu'en témoigne une lettre datée du 31 août 1948, dans laquelle il le prie de faire accorder 5 000 visas pour des « soldats » allemands et autrichiens. Hudal expliquait dans sa lettre que ces derniers n'étaient pas des fugitifs, mais des combattants anticommunistes dont le « sacrifice » pendant la guerre avait permis de sauver l'Europe de la domination soviétique. En clair : il demandait des visas pour des nazis allemands et autrichiens.

> « Des prêtres catholiques romains, en particulier des franciscains, aidèrent l'"Odessa" à faire passer les fugitifs de couvent en couvent, jusqu'à leur prise en charge à Rome par la Caritas. »
>
> Simon Wiesenthal, « chasseur de nazis »

De cette manière, des centaines de SS, dont certains comptaient parmi les plus grands criminels de guerre, s'échappèrent en Amérique latine par l'intermédiaire de ce que l'on a appelé la « Ligne des couvents ».

> « Il est en revanche clairement établi que des fugitifs comme Stangl [...] reçurent un soutien important de deux organisations qui, hélas, se laissèrent utiliser pour faciliter la fuite de personnes impliquées dans des actes d'une telle barbarie : la Croix-Rouge internationale et le Vatican. »
>
> Gitta Sereny, qui interviewa le commandant de camp de concentration Stangl
>
> « L'Eglise organisa de son propre chef la traversée de beaucoup de gens. Sans bruit, elle faisait tout son possible pour contrer l'action des vainqueurs rendus fous par la soif de vengeance et de représailles. »
>
> Hans-Ulrich Rudel, ancien colonel de la Luftwaffe

Adolf Eichmann, alors qu'il était recherché dans le monde entier, parvint à s'échapper en 1950 grâce à « un père francis-

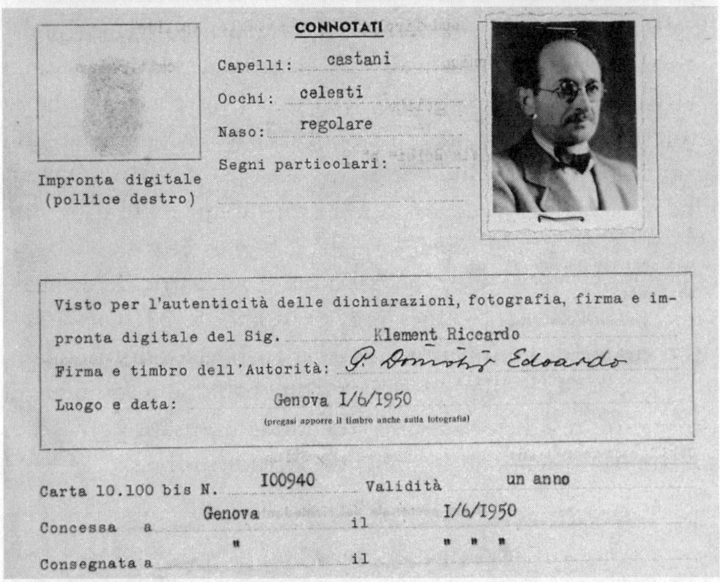

CONNOTATI

Impronta digitale
(pollice destro)

Capelli: castani

Occhi: celesti

Naso: regolare

Segni particolari:

Visto per l'autenticità delle dichiarazioni, fotografia, firma e impronta digitale del Sig. Klement Riccardo

Firma e timbro dell'Autorità: P. Dominig Edoardo

Luogo e data: Genova I/6/I950

(pregasi apporre il timbro anche sulla fotografia)

Carta 10.100 bis N. I00940 Validità un anno

Concessa a Genova il I/6/I950

Consegnata a " il " " "

En haut : Adolf Eichmann (au milieu) sur un bateau d'émigrants en partance pour l'Amérique du Sud. Il est accompagné de deux passeurs.
En bas : Le passeport de réfugié d'Eichmann. A l'aide de papiers semblables, d'innombrables criminels de guerre ont pu rejoindre l'Amérique du Sud.

cain de Gênes, qui me procura une carte d'identité de réfugié au nom de Riccardo Klement et un visa pour l'Argentine », ainsi qu'il l'indiqua lui-même. Sans doute s'agit-il du père Edoardo Dömöter, un religieux hongrois appartenant à la communauté San Antonio de Gênes, un proche de Hudal, qui signa la carte d'identité de la Croix-Rouge. Le SS Walter Kutschmann, qui fut reconnu coupable de l'assassinat de milliers de juifs en Pologne et de déportations de France, put s'enfuir en Argentine en 1948 depuis l'Espagne, vêtu d'un froc de carme, grâce à l'aide d'un ordre religieux espagnol. Si Walter Rauff put s'échapper en Syrie, c'est probablement grâce à l'évêque de Gênes, Monseigneur Siri. Le *Hauptsturmführer* Erich Priebke, de son côté, obtint par l'intermédiaire de la Commission d'Assistance Pontificale des papiers d'identité au nom d'Otto Pape avec lesquels il se procura un passeport de la Croix-Rouge. « Comme je ne pouvais pas voyager avec mon propre passeport, indiquera-t-il plus tard, Monseigneur Hudal m'a aidé au Vatican et m'a procuré une carte d'identité vierge de la Croix-Rouge. » Priebke, le plus étroit collaborateur du chef de la Gestapo à Rome, avait participé au massacre des Fosses ardéatines près de Rome, le 24 mars 1944. Au cours de ce qui fut leur plus grand crime sur le sol italien, les nazis assassinèrent 335 civils d'une balle dans la nuque, à titre de représailles pour une attaque de partisans contre des soldats d'un régiment de policiers SS sud-tyrolien.

« Après la guerre, je vécus illégalement en Italie. A la fin de 1947, alors que j'étais caché dans un couvent italien, je vis arriver un officier américain qui avait découvert ma cachette. Il me déclara : "Nous avons mieux à faire que de vous chercher. Nous avons maintenant un ennemi commun. Voulez-vous travailler avec nous contre le communisme international ?" Pour moi, c'était évidemment une solution. L'officier me conduisit en Autriche, où je travaillai pour une équipe du CIC. J'étais chargé d'interro-

ger des gens, des militaires qui fuyaient l'Europe de l'Est. Certains y étaient renvoyés afin de recueillir des renseignements sur la situation politique et militaire dans les territoires occupés par la Russie. »

Karl-Heinz Hass, ancien soldat SS

Aujourd'hui encore, les spéculations vont bon train à propos de la fuite de Josef Mengele, le médecin de camp de concentration et d'Alois Brunner, le « meilleur homme » d'Eichmann pour les déportations de juifs. On suppose qu'ils bénéficièrent tous deux de l'assistance de l'Eglise. Hudal notera plus tard avec fierté dans ses Mémoires qu'après 1945 il avait consacré tout son « travail caritatif en priorité aux anciens membres du national-socialisme et du fascisme, en particulier aux prétendus criminels de guerre [...] et en avait arraché un nombre non négligeable à leurs bourreaux en leur permettant de fuir sous des cieux meilleurs ».

« Monseigneur Hudal était très proche du pape Pie XII. Il n'y a aucun doute à ce sujet : ils étaient amis. »

L'évêque Jakob Weinbacher,
successeur de Hudal à Rome

« Monseigneur Hudal n'était pas très proche du Vatican. Il se situait dans le tout dernier cercle. Et il n'était pas du tout proche du Saint Père... On ne le prenait pas au sérieux. »

Père Burkhardt Schneider, historien catholique

On ne sait pas si Pie XII vint jamais en aide personnellement à un SS recherché par l'intermédiaire de la « Ligne du Vatican » ou la « Ligne des couvents », ou s'il était informé des détails. C'est avant tout à Monseigneur Hudal que l'on impute cette activité.

Cette aide à la fuite était un réseau de différentes personnes et d'organisations basées en Italie, qui entretenait des contacts avec les hauts dignitaires de l'Eglise et les institutions vaticanes. Les dernières recherches de l'écrivain Uki Goñi l'amenèrent à en conclure que plusieurs cardinaux, tel Giovanni Battista Montini, le futur pape Paul VI, usèrent de leur influence pour faciliter la fuite et, par leur attitude presque maladivement anti-communiste, lui donnèrent au minimum une « justification morale ». « Ce sont finalement les interventions des évêques et des archevêques comme Hudal et Siri qui ont permis le déroulement du processus. Et ce sont des prêtres comme Draganovic, Heinemann et Dömöter qui ont signé les demandes de passeport. Devant des preuves aussi nettes, la question de savoir si le pape Pie XII était complètement informé est non seulement sans importance, mais encore incroyablement naïve. » En tout état de cause, les cartes d'identité signées par un homme d'Eglise comportaient toute une précision d'importance : « Religion : catholique ».

Hans-Ulrich Rudel, un as de la Luftwaffe, exprimera sa gratitude dans une lettre écrite d'Argentine : « Certains ont parcouru les Alpes vêtus d'un froc, en marchant de couvent en couvent. On peut nourrir vis-à-vis du catholicisme les sentiments que l'on veut. Mais que jamais ne soit oubliée l'action de l'Eglise, et particulièrement de personnalités éminemment humaines au sein de cette Eglise, grâce à laquelle, ces années-là, fut sauvée d'une mort certaine une si grande partie de la précieuse substance de notre peuple ! »

Le savoir-faire des passeurs religieux suscita l'admiration là où on ne l'attendait pas : bien que les services secrets américains du CIC eussent nommément désigné Draganovic comme « fasciste et criminel de guerre », ils entrèrent en affaires avec lui. Le CIC avait besoin de passeports et de visas pour des agents qu'il était intéressé à faire disparaître d'Europe. Pour un montant de 1 000 à 4 000 dollars par tête, Draganovic se montrait coopératif. En contrepartie, le CIC fermait les yeux lorsque le Croate faisait franchir les frontières du pays à ses oustachis.

Déjà, en 1947, le CIC avait ménagé une porte de sortie pour ses agents : la « Ligne des rats » (« *rat line* »), ainsi qu'on la désignait dans le jargon des services secrets. Lorsque le rideau de fer se baissa sur l'Europe, cette ligne servit à faire sortir les agents en péril dans les secteurs occupés soviétiques de l'Autriche et de l'Europe de l'Est. Au CIC de Salzbourg, le brillant organisateur de la « Ligne des rats », Jim Milano, les faisait mettre en sécurité dans un bâtiment, un « *rat house* », leur procurait de faux papiers quand c'était possible et leur faisait franchir la frontière pour les conduire jusqu'aux ports de Gênes ou de Naples où ils embarquaient. « Se procurer des passeports, périmés ou de personnes décédées, n'était pas un problème. On pouvait en acheter n'importe où, déclarera Jim Milano dans une interview télévisée. La clé, c'était le visa. » Lorsque la « Ligne des rats » devint de plus en plus difficile à utiliser du fait des soupçons soviétiques, les Américains firent appel à l'aide d'un professionnel comme Draganovic. « Mon collaborateur vint me trouver et me dit : "Il y a un prêtre qui a accès aux cartes d'identité de la Croix-Rouge." C'était exactement ce qu'il nous fallait. Nous l'appelions "The Good Father". »

La bombe n'éclata qu'en 1983, lorsque l'on apprit que Klaus Barbie, le chef de la Gestapo de Lyon, émargeait au CIC et qu'il était parvenu jusqu'en Bolivie par l'intermédiaire de la « Ligne des rats ». Le « boucher de Lyon » s'était rendu tristement célèbre par les méthodes d'interrogatoire barbares qu'il utilisait pour obtenir des renseignements de ses victimes. Il les immergeait dans des baignoires d'eau glacée, les frappait à coups de fouet ou de gourdin, leur infligeait des injections, leur brûlait la plante des pieds au fer rouge, les faisait placer contre le mur pour des exécutions fictives ou leur enfonçait des aiguilles sous les ongles. Sa spécialité était la torture par électrochoc. Il faisait placer les électrodes sur les mamelons et les testicules de ses victimes avant de faire passer le courant dans tout leur corps.

> « Un homme respectable, tant intellectuellement que personnellement, absolument sans nerfs et sans peur. »
>
> Appréciation interne du CIC sur Barbie
>
> « Monsieur Barbie est très important pour les Etats-Unis. Il fait des choses dangereuses. »
>
> Dick Lavoie, collaborateur du CIC, 1948

« Barbie était un monstre, déclarera un membre de la Résistance, victime de ses tortures. Il avait toujours le fouet à la main. Il frappait sans hésiter et exigeait des autres qu'ils fassent de même. Il menait personnellement les interrogatoires. La souffrance des autres lui procurait réellement du plaisir. »

Le *Hauptsturmführer* en fuite était inscrit sur les listes des personnes recherchées tant par les Français que par les Américains, lorsque, au printemps 1947, il eut l'idée salvatrice de s'arranger avec les Américains. Les temps étaient favorables. La guerre froide entre l'Est et l'Ouest avait commencé, et la crainte des infiltrations communistes rendait soudain intéressants les spécialistes de Himmler, particulièrement ceux des services secrets et de la police. « Nous en savions très peu sur les Russes, sur leur armée, leurs tactiques, leurs plans d'intervention, et il y avait une vraie pression sur les services secrets pour obtenir tout cela, évoque Jim Milano, se souvenant de la situation délicate de l'époque. L'attitude générale était de tout faire ou presque pour réunir les informations. »

Klaus Barbie est emmené hors du tribunal et conduit sur son lieu de détention à perpétuité après sa condamnation à Lyon, juillet 1987.

> « La découverte complète du travail de Barbie [...] ne risquerait pas de lever le voile sur une opération menée actuellement par les services secrets, mais elle révèlerait clairement aux Français que nous avons mené de telles opérations contre eux. »
>
> Note du bureau du haut commissaire américain pour l'Allemagne, juin 1950

Barbie s'adressa au CIC, qui l'embaucha rapidement comme informateur. Sa mission consista dans un premier temps à infiltrer le « Parti communiste de Bavière ». Ainsi commença un double jeu macabre, dans lequel des agents américains menaient une chasse active aux criminels de guerre pour le compte du tribunal de Nuremberg, tout en faisant en sorte, en coulisse, que des hommes « de valeur » échappent à leurs accusateurs. Bientôt, Barbie fut considéré comme un as de l'espionnage et comme un génie des interrogatoires. « Compte tenu des grands services qu'il rendait à notre organisation, nous n'avions pas beaucoup de scrupules », commente un ancien collaborateur américain. Mais la France exigeant avec de plus en plus de véhémence l'extradition de Barbie et les limiers français étant sur leurs talons, les Américains trouvèrent une solution élégante pour se débarrasser de cet agent devenu embarrassant : ils le firent disparaître dans la nature. Celui-ci prit rapidement des contacts avec d'anciens camarades en Amérique du Sud, où il travailla en étroite collaboration avec Friedrich Schwend et servit de conseiller aux services secrets boliviens.

Comme on l'apprit peu à peu, Barbie n'était pas le seul officier SS à émarger au CIC, loin s'en faut. Depuis 1998, la CIA, qui succéda au CIC, communique ses dossiers sur les criminels de guerre. Neuf des quatorze bourreaux nazis dont les noms furent livrés récemment étaient en contact avec les services secrets américains, dont le chef de la Gestapo Heinrich Müller. Les dossiers établissent qu'à la fin de la guerre ce dernier s'était trouvé dans deux camps d'internement américains différents et qu'il fut interrogé par les Américains pendant des semaines. On perd ensuite sa trace.

Mais les services secrets américains ne furent pas les seuls à entretenir une double morale pour les nazis « utiles ». Dès l'été 1945, le haut commandement de l'armée américaine décida « de réemployer des cerveaux choisis, d'une intelligence supérieure, dont nous aimerions utiliser la continuelle productivité ». On pensait particulièrement à des spécialistes de la construction des sous-marins, de la médecine de guerre, de la guerre chimique et de la technique des fusées. Le but était de mettre la main sur le savoir-faire des spécialistes allemands avant les Soviétiques. Aussi, au lieu de se retrouver sur le banc des accusés, des centaines de savants NS entamèrent-ils une nouvelle carrière en Amérique, dont l'équipe de Wernher von Braun à peu près au complet, les constructeurs de l'« arme miracle » de Hitler, la fusée V2.

> « Les Américains en particulier avaient une incroyable propension à se laisser avoir par les grands Allemands blonds aux yeux bleus, uniquement parce qu'ils ressemblaient exactement aux officiers américains que l'on voit d'habitude dans les films. »
>
> Simon Wiesenthal, « chasseur de nazis »
>
> « Nous savions ce que nous faisions. Il était absolument nécessaire d'utiliser tous les salauds qui nous tombaient sous la main. L'essentiel, c'était qu'ils soient anticommunistes. »
>
> Harry Rositzke, expert de la Russie pour la CIA

On ignora superbement que von Braun, le patron du laboratoire de recherches de Peenemünde, avait été un officier SS et que des milliers de travailleurs forcés et de détenus de camps de concentration étaient morts d'épuisement dans l'usine d'armement souterraine de Dora-Mittelbau. Mais, pour les « anticommunistes », l'entrée dans les pays comme les Etats-Unis et le Canada ne présentait souvent aucun problème, même sans soutien officiel. Un ancien membre de la Waffen-SS raconta qu'il avait obtenu en 1950 un visa du consul général canadien à Salzbourg « parce qu'[il était] chrétien et contre les bolcheviques ». Un ami proposa à Friedrich Schwend en 1953 de venir le voir à Los Angeles : « Il n'y a vraiment plus aucun obstacle politique, quel qu'il soit. Au contraire, nous, les Allemands, que nous soyons anciens nazis ou pas, nous sommes carrément à la mode. » Ce n'est qu'en

1979, lorsque l'« *Office of Special Investigation* » (OSI) créé par le ministère de la Justice américain se lança à la chasse aux nazis cachés, que le vent tourna pour les criminels de guerre vivant aux Etats-Unis ; 56 d'entre eux furent expulsés, 68 se virent retirer leur nationalité. Un avis de recherche court actuellement contre 17 citoyens américains, 170 cas sont en cours d'examen. Des dizaines de milliers de personnes sont interdites d'entrée aux Etats-Unis, tel l'ancien président autrichien Kurt Waldheim. Ainsi, les Etats-Unis, près de soixante ans après la fin de la guerre, sont encore occupés à rechercher un réseau d'aide aux SS en fuite susceptible de reléguer dans l'ombre n'importe quelle organisation secrète « Odessa ».

Les Etats-Unis ne sont pas les seuls à être confrontés aujourd'hui à leur « sombre » passé. L'Argentine, tout comme eux, se mua en refuge pour criminels nazis en fuite avec la bénédiction « d'en haut ». Le rôle joué en la matière par ce pays, et surtout par son président Juan Domingo Peron, est décrit par l'écrivain argentin Uki Goñi comme « the real Odessa », la véritable « Odessa ».

Pendant les deux guerres mondiales, ce pays avait sympathisé avec les Allemands. Juan Peron, président à partir de 1946, témoignait beaucoup de bienveillance envers Hitler et les Allemands en général. Il observa le début du procès des Alliés contre les criminels de guerre avec une désapprobation non dissimulée. Peron considérait Nuremberg comme « une infamie » et « une énorme monstruosité que l'Histoire ne pardonnera pas ». Le dictateur se fixa pour but de sauver autant de nazis que possible. Son chef des services secrets, qui avait son « bureau d'information » au sein de la Casa Rosada, le palais présidentiel, devait jouer un rôle clef : il s'agit de Rodolfo Freude, un jeune Argentin blond d'origine allemande. Pendant la guerre, son père, l'homme d'affaires allemand Ludwig Freude, avait noué des contacts étroits avec

Evita Peron en juillet 1947, pendant une messe au Vatican. On lui reproche aujourd'hui d'avoir soutenu la fuite de criminels de guerre SS en Argentine.

les nationaux-socialistes, particulièrement avec leurs services secrets à l'étranger. C'était un grand ami de Peron. Ce dernier, aussitôt après sa prise de pouvoir, créa un « Institut national ethnique » à caractère ouvertement antisémite. Ses collaborateurs réfléchirent au moyen d'empêcher l'entrée des émigrants juifs et communistes dans leur pays. C'est en coopération avec cet institut que les services secrets de Rodolfo Freude se mirent en devoir d'organiser la fuite des nazis.

> « Peron était surtout intéressé par les techniciens et les scientifiques du IIIe Reich ».
>
> Beatriz Gurevich, chef du projet de recherche « Proyecto Testimonio » de l'association israélo-argentine Daia

« L'Argentine était le pays le plus civilisé d'Amérique latine. Par ailleurs, l'Argentine et l'Allemagne ont toujours eu des liens très étroits. Il y avait une importante colonie allemande. C'est la raison pour laquelle c'était un pôle d'attraction. »

Fabian Philipp, journaliste allemand à Buenos Aires

« Je demande timidement si je ne pourrais pas garder mon véritable nom. Non, naturellement, je ne peux pas. Moitié en plaisantant, je propose qu'on m'appelle Hans Meier ou Paul, ou Saul, ça m'est totalement égal, l'essentiel est de fabriquer des papiers avec lesquels je puisse partir pour l'Amérique du Sud.
Dès le lendemain matin, on m'apporte des papiers au joli nom d'Emilio Meier ! On me rappelle que j'avais bien dit que ça m'était égal, qu'on pouvait tranquillement m'appeler Meier ou n'importe comment. Maintenant, je m'appelle donc Emil Meier et c'est sous ce nom que je vais partir pour l'Argentine. »

Hans-Ulrich Rudel, ancien colonel de la Luftwaffe

Un homme joua un rôle des plus importants en coulisse : l'ancien *Hauptsturmführer* germano-argentin Horst Carlos Fuldner. En mai 1945, ce collaborateur du SD à l'étranger s'était rendu à Madrid afin d'y organiser l'acheminement des SS en fuite. Lorsque, en 1947, les Alliés exigèrent qu'il leur fût remis, il s'envola pour l'Argentine. Il devint agent au « bureau d'information » de Freude, où il eut pour tâche spéciale de s'occuper de « l'immigration allemande ». Entre autres, il recruta des « techniciens » nazis pour l'armée de l'air argentine. C'est ainsi que des as de l'aviation nazie tels qu'Adolf Galland, général pilote de chasse, ou le colonel de la Luftwaffe Hans-Ulrich Rudel, le soldat le plus décoré de la Wehrmacht, trouvèrent le chemin du Rio de la Plata. Mais, de même que toute une série de criminels de guerre d'Europe de l'Ouest et de Croatie, Fuldner était avant tout investi d'une mission importante : sauver les nazis, y compris les membres de la SS. Le Belge Pierre Daye, qui encourait la peine de mort à Bruxelles pour collaboration avec les nazis, écrira plus tard : « Tous ces étrangers étaient condamnés à mort dans leurs pays d'origine. Le président le savait, et j'admire son indépendance d'esprit et le courage avec lequel il nous accueillit dans son palais présidentiel. » A la fin de l'opération, Fuldner put se glorifier d'avoir organisé avec succès la fuite de criminels SS tels qu'Adolf Eichmann, Josef Mengele, Erich Priebke, Josef Schwammberger et Gerhard Bohne.

Evita, la belle et controversée épouse de Peron, aurait préparé le terrain pour l'« opération de sauvetage ». Cette amoureuse des vêtements élégants et des bijoux de prix avait, murmure-t-on, intérêt à faire entrer dans son pays des nazis aux poches bien remplies. Lors de son voyage en Europe de 1947, elle s'employa à bénéficier de la bienveillance du général Franco en Espagne, de la Suisse et du pape Pie XII. Horst Fuldner se rendit également en Europe en décembre 1947, où il travailla pour la cause de ses amis nazis au bureau argentin d'immigration (DAIE) de Gênes, le port d'embarquement pour l'Argentine.

Mais le quartier général de l'équipe des sauveurs de Peron fut installé à Berne, Marktgasse 49. Sa fonction officielle était de recruter des « techniciens » allemands pour les projets militaires argentins. Après la guerre, le savoir-faire allemand en matière de technique de guerre, de contacts secrets et de travail souterrain fut fort prisé au Rio de la Plata. Des plans de construction d'usines d'armement, d'avions de combat et même d'armes nucléaires circulaient dans les milieux militaires argentins. Peron mettait un point d'honneur à transformer l'Argentine en grande puissance militaire et industrielle. « L'Allemagne était vaincue, cela, nous le savions, déclarait encore Peron en 1970. Et les vainqueurs voulaient tirer profit des énormes performances technologiques que ce pays avait

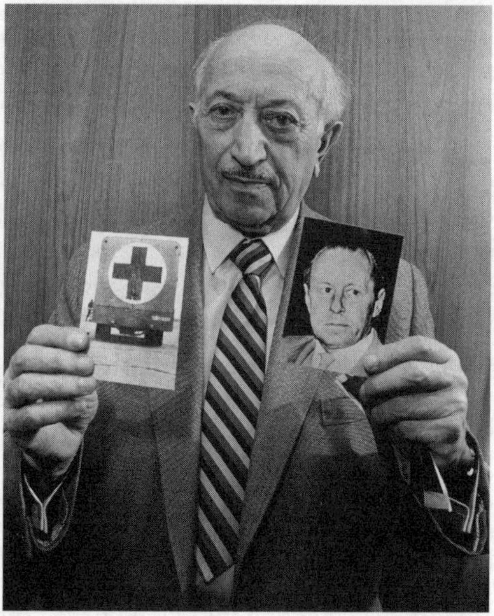

Un grand nombre de criminels de guerre se cachèrent en Argentine. En avril 1983, le « chasseur de nazis » Simon Wiesenthal présente des photos et des documents sur l'affaire Walter Rauff.

accomplies au cours des dix années écoulées. Les équipements ne pouvaient plus être exploités, car ils avaient été détruits. La seule chose qui pouvait être utilisée, c'étaient les hommes. » L'admission des anciens responsables des puissances de l'Axe requérant l'approbation des Alliés, il était nécessaire de les faire passer clandestinement. Mais la question n'était pas seulement de profiter des services de techniciens, de scientifiques et d'experts en armement. En vérité, la direction du « Centre d'émigration argentin » avait été dévolue à des nostalgiques notoires du national-socialisme qui aidèrent d'innombrables SS à prendre la fuite. Les opérations étaient financées par des industriels allemands et autrichiens.

Les autorités suisses – avec à leur tête le ministre de la

Le port de Buenos Aires au milieu des années quarante. Les criminels de guerre en fuite s'y croyaient en sécurité.

Justice et le chef de la police – fermaient les yeux. Le fait qu'il fût d'abord nécessaire de faire sortir clandestinement un grand nombre de ces « techniciens » d'Allemagne ou d'Autriche avant leur entrée en Suisse ne les gênait pas. Les visas de transit pour ces personnes se trouvant dans l'illégalité étaient délivrés sans le moindre problème. Lorsque le bureau ferma ses portes, en 1949, Fuldner avait permis la fuite d'environ 300 nazis, dont une quarantaine seulement de véritables techniciens.

La « route Odessa » de Peron était extrêmement simple. Il s'agissait d'abord d'obtenir des services d'immigration de Buenos Aires l'autorisation d'entrée, pour laquelle le fugitif pouvait faire la demande en Europe auprès d'un consulat d'Argentine. Dans le cas des criminels de guerre, une lettre de références établie par un collaborateur du « bureau d'information » de Peron suffisait pour obtenir une autorisation d'entrée au nom souhaité, vrai ou faux.

Ce n'est pas un hasard si Erich Priebke, *alias* Otto Pape, fit sa demande d'entrée en 1948, à l'époque où Carlos Fuldner s'occupait de la délivrance des documents nécessaires au bureau d'immigration argentin à Gênes. Le même jour, portant le numéro suivant, le dossier d'entrée de « l'ange de la mort » d'Auschwitz, Josef Mengele, *alias* Helmut Gregor, était présenté aux autorités d'immigration de Buenos Aires. Etant entendu que cinq cents demandes parvenaient quotidiennement en Argentine à cette période, il est fort probable que Fuldner transmit les deux noms en même temps au bureau de Freude à la Casa Rosada. Le trajet exact suivi par ces criminels de guerre restera pourtant un mystère : le gouvernement argentin fit détruire tous les dossiers concernés en 1996. « Plus qu'à tout autre, c'est à ce moment où deux criminels SS obtiennent leurs papiers en même temps que l'organisation de Peron ressemble le plus à la fiction "Odessa" des romans et des films », estime Uki Goñi, qui a découvert cette affaire. Quelques semaines après, Adolf Eichmann et Josef Schwammberger déposaient à leur tour une demande d'entrée.

« Il a été établi un total d'environ 2 000 passeports et 8 000 cartes d'identité. »

Pedro Bianchi, collaborateur
des services diplomatiques sous Peron,
et défenseur actuel de l'ancien SS Erich Priebke

« Des aviateurs remarquables, qui se sont illustrés pendant la guerre, sont hélas ! souvent jetés dans le même sac par la propagande anti-allemande que les Eichmann, les Mengele, les Schwammberger et autre personnel des camps de concentration qui échouèrent comme des épaves de la guerre sur les rives du Rio de la Plata. Ils durent se débrouiller là-bas tant bien que mal, Eichmann comme simple ouvrier dans une usine d'automobiles des faubourgs de Buenos Aires. Aucun d'eux n'arriva en Argentine avec un contrat de Peron, voire grâce à l'aide d'organisations secrètes telles que "L'Araignée" ou "Odessa". Moi non plus. »

Wilfred von Oven, qui fut collaborateur de Goebbels pendant des années

« Les droits de l'homme et la morale ne comptaient absolument pas à l'époque. »

Fabian Philipp, journaliste allemand à Buenos Aires

Ensuite, les services d'immigration de Buenos Aires télégraphiaient leur accord au consulat concerné. Le postulant pouvait alors prendre possession de son autorisation. Pour les criminels de guerre SS en fuite, cette question était généralement réglée par les délégués de l'équipe de Peron en Europe, ou bien des passeurs comme Draganovic et Hudal. Avec cette autorisation d'entrée, les fugitifs pouvaient faire leur demande de passeport auprès de la Croix-Rouge, dans lequel le consulat tamponnait un visa. Le dernier obstacle administratif à vaincre était le bureau de l'immigration argentin en Italie, le DAIE. Mais, là non plus, l'impétrant ne rencontrait généralement pas de grandes difficultés. Car, depuis 1946, à la tête de ce bureau de Rome, on trouvait le père salésien José Clemente Silva. Ce dernier avait reçu l'ordre exprès d'organiser l'immigration de quatre millions d'Européens afin de permettre à Peron de réaliser son rêve de révolution économique et sociale. A Gênes, où la DAIE soumettait les candidats à l'entrée à un dernier examen médical, c'était Franz Ruffinengo, le Sud-Tyrolien déjà mentionné, qui jouait les Robin des Bois auprès des prétendus « privés de droits ». Ainsi la route était-elle libre pour le départ vers l'Argentine, nouvelle identité comprise.

En fin de compte, non seulement le nombre des immigrants accueillis en Argentine sous Peron atteignit les deux millions, mais l'aide accordée aux criminels SS en fuite fonctionna à merveille. Le 23 octobre 1948, le vapeur *San Giorgio* quittait le port de Gênes avec, à son bord, Erich Priebke et sa famille. Le 18 juillet 1949, ce fut au tour de Josef Mengele d'entreprendre le voyage, avec dans ses bagages une petite valise contenant des notes sur Auschwitz. Adolf Eichmann, *alias* Riccardo Klement, débarqua le 14 juillet 1950 à Buenos Aires, la « porte de l'espoir » vers une nouvelle existence.

La rumeur qui veut que ces fugitifs SS aient construit une branche de l'« Odessa » sur les bord du Rio de la Plata est du domaine de la légende. Mais le lien qui unissait ces « vieux camarades » ne se rompit pas au Nouveau Monde, ce qui continua à l'alimenter. En mai 1948, Franz Ruffinengo arrivait à son tour en Argentine. Il décida alors de tirer profit de ses contacts et ouvrit à Buenos Aires une agence de voyages qui jouit bientôt d'une grande faveur dans les milieux germano-argentins. L'affaire devint florissante. Ce succès « fut naturellement transformé, dans toute une série d'élucubrations qui fleurirent de part et d'autre de l'Atlantique, en conjuration des "nazis d'Argentine" ; celle-ci était, disait-on, l'émanation d'une organisation fantaisiste nommée "Odessa", qui aurait aidé des criminels à passer en Amérique du Sud », écrivit à ce sujet Reinhard Kops, devenu Juan Maler. Kops, l'un des proches collaborateurs de Hudal, le passeur de nazis, avait, lui aussi, trouvé refuge en Argentine en septembre 1948. Il trouva un poste à la revue nationale-socialiste *Der Weg*, le journal préféré des fugitifs nazis, à l'orientation antisémite non dissimulée, et dont les articles chantaient surtout la gloire de la SS.

Der Weg était publié par les éditions Dürer, dont les locaux devinrent l'adresse d'entraide préférée des SS en fuite. *Der Weg* entretenait des contacts avec des criminels nazis célèbres tels que Josef Mengele et Adolf Eichmann, et était le porte-parole de racistes comme Johann von Leers, ancien rédacteur en chef de la revue nationale-socialiste *Wille und Weg* et agitateur antisémite.

> « Nous ne savions pas encore à l'époque que l'Argentine serait le but ultime. »
>
> Juan Maler, *alias* Reinhard Kops, passeur
>
> « En réfléchissant, je finis par me dire que, pour le moment, persévérer en Allemagne ne nous avancerait en rien. »
>
> Hans-Ulrich Rudel, ancien colonel de la Luftwaffe
>
> « En réalité, c'étaient tous de pauvres diables, à l'exception de Mengele. Lui, il venait d'une famille qui possédait une usine de machines agricoles. Il y avait de l'argent, là, et son père le soutenait. »
>
> Fabian Philipp, journaliste allemand à Buenos Aires

Les émigrés de la Waffen-SS, en particulier, avaient fait de cette revue leur journal de lutte idéologique. Un cercle de vétérans de la SS se rencontrait régulièrement à l'*Hotel zur Post* de Buenos Aires. Ils étaient 200 anciens membres de la SS qui s'entraidaient, s'avertissaient mutuellement des opérations de recherches internationales et faisaient de la propagande pour les idées nationales-socialistes. En termes radicaux, ils tentaient dans *Der Weg* de réhabiliter la Waffen-SS : « Nous, les soldats de la Waffen-SS, nous nous soucions comme d'une guigne du droit de vote, de l'Etat de droit, des quatre libertés et de la démocratie aussi longtemps que, dans les "Etats de droit" tant encensés, des milliers de camarades seront emprisonnés. Pour nous, l'Etat de droit commence encore avec des barreaux. » Bientôt, la diffusion de *Der Weg* atteignit les 20 000 exemplaires – avec une diffusion en Allemagne et en Autriche – et gagna la réputation d'être l'organe du « IVe Reich ».

Il n'était pas membre de la SS, mais nazi convaincu : l'ancien colonel de la Luftwaffe Hans-Ulrich Rudel (au centre) soutint ses « vieux camarades » en Argentine.

Du fait de ses liens étroits avec les criminels de guerre nazis, le *Kameradenwerk*, l'« Œuvre des camarades », fondé par Hans-Ulrich Rudel fut souvent considéré comme une « organisation nazie masquée en Argentine ». Simon Wiesenthal allait jusqu'à la mettre sur le même pied que l'« Odessa ». L'objectif de cette association était de soutenir les criminels de guerre emprisonnés, ainsi que leurs familles en Allemagne. En Argentine et au Chili, Rudel réunit des fonds destinés à leurs frais de justice auprès de « généreux donateurs soucieux du destin de ces proscrits, repoussés de tous côtés, souvent les fils les plus fidèles de la patrie, devenus victimes de la justice des vainqueurs », et leur envoyait des colis de vêtements et de nourriture. « Bientôt s'exprima le bon cœur du peuple allemand d'outre-mer, écrivait Rudel, car dès la Noël 1951, 1 500 colis purent être expédiés. » Les familles des adjoints de Hitler, Rudolf Hess et l'amiral Karl Dönitz, ne furent pas oubliées et bénéficièrent dûment des *Care-Pakete*, des colis en provenance d'Argentine. L'« Œuvre des camarades », qui était incontestablement imprégnée des idées nationales-socialistes, intervint pour obtenir l'amnistie générale des prisonniers politiques en Allemagne. Rudel lui-même se lia d'amitié avec Peron et devint un homme d'affaires florissant. L'un de ses plus étroits partenaires commerciaux était un SS condamné à mort en Belgique, Willem Sassen. Les deux hommes, qui exerçaient les activités de conseillers et trafiquants d'armes, entretenaient les meilleures relations avec les dictateurs sud-américains, tels Alfredo Stroessner au Paraguay et Augusto Pinochet au Chili. Avec Josef Mengele, Rudel prospectait le marché latino-américain pour les machines agricoles produites en Bavière par l'entreprise familiale de Mengele. L'élite nazie d'Argentine entretenait fidèlement les liens d'amitié et aimait à trinquer « au bon vieux temps » au cours des soirées « brunes » qu'elle organisait. Toutefois, il n'existe aucune preuve concrète attestant que l'« Œuvre des camarades » était autre chose qu'une œuvre de bienfaisance.

« Les gens de la CAPRI qui venaient de la SS, on voyait qu'ils avaient porté l'uniforme noir. Et il y avait même un bruit qui circulait, selon lequel mon chef du personnel, qui avait été lui-même un chef SS, voulait remettre sur pied un régiment SS. »

Heinz Lühr, le chef d'Eichmann dans une usine hydraulique à Buenos Aires

« La plupart des gens sont arrivés sous de faux noms. Tous avaient des passeports de la Croix-Rouge avec des noms comme Meier, Kunz ou Schmidt, mais ils s'appelaient tout à fait autrement. »

Fabian Philipp, journaliste allemand à Buenos Aires

Une autre organisation masquée d'accueil des nazis en fuite portait le nom de CAPRI. Avec le soutien de Peron et des hommes d'affaires d'origine allemande, le passeur Horst Carlos Fuldner fonda sous le chapeau de la société d'Etat des Eaux et de l'Energie la *Compania Argentina para Proyectos y Realizaciones Industriales,* CAPRI. Cette entreprise employait des spécialistes et ingénieurs allemands qui travaillaient pour le compte de l'Etat à des projets de production d'énergie et d'irrigation. Presque tous les cadres de la CAPRI étaient des immigrés allemands de l'après-guerre.

« C'était un comptable de la mort. »

Simon Wiesenthal, « chasseur de nazis »

« Ma faute fut l'obéissance. »

Adolf Eichmann

« J'ai vu ce salaud d'Eichmann, celui qui commandait les juifs. Il vit près de Buenos Aires et il travaille dans une usine hydraulique. »

Un anonyme signalant la présence d'Eichmann, 1952

CAPRI se révéla également un abri parfait pour les officiers SS et les immigrés politiques faisant l'objet d'un avis de recherche international. Ces personnes n'étaient pas tenues de faire preuve de compétences professionnelles particulières. Adolf Eichmann fit partie des employés de la CAPRI sous son nom d'emprunt, Riccardo Klement. Toutefois, le méticuleux organisateur de la déportation de millions de juifs se révéla maladroit, très vite dépassé et peu consciencieux : « Techniquement, c'était un zéro parfait », dit de lui son ancien collègue Heinz Lühr. Un jour qu'il demandait à sa supérieure hiérarchique pourquoi Klement était si fermé et ne parlait jamais de son passé, celle-ci lui répondit : « Fichez-lui la paix avec son passé, il a vécu des choses très, très difficiles. »

Eichmann ne connut jamais la réussite en Amérique du Sud. Il se maintenait la tête hors de l'eau avec des emplois temporaires. Jusqu'à son arrestation par le Mossad, le 11 mai 1960, il exerça les métiers de mécanicien automobile, de contremaître et d'éleveur de lapins dans la pampa. Jamais il n'exprima le moindre « remords ».

> « *J'ai su dès 1953 qu'Eichmann vivait en Argentine. Ce qui me manquait, c'était un témoignage concret. Finalement, en 1954, je trouvai quelqu'un qui était prêt à l'identifier. Pour cela, il me fallait 1 800 dollars. J'avais déjà réuni 1 300 dollars. Il ne m'en manquait que 500. J'ai donc écrit au président du Congrès juif mondial de l'époque, Nahum Goldmann, en le priant de me prêter l'argent. Mais Goldmann et son collaborateur, rabbi Abraham Kalmanowitz, étaient persuadés qu'Eichmann était caché en Syrie. Ils ont considéré qu'ils prendraient un trop gros risque en me prêtant les 500 dollars. Ils ont refusé.* »
>
> Simon Wiesenthal, « chasseur de nazis »

En 1956, il avoua à Willem Sassen, un ami qui partageait ses idées : « Je commence à être fatigué de vivre entre deux mondes comme un nomade anonyme [...] Je serais le premier à me présenter aux autorités allemandes, si je ne pensais pas que l'intérêt à politiser cette affaire est encore trop grand pour qu'elle soit traitée de manière claire et objective [...] Je n'étais qu'un membre de la SS et du *Reichssicherheitshauptamt* fidèle, consciencieux, correct, travailleur, et uniquement mû par mon idéal et mes sentiments envers la patrie à laquelle j'avais l'honneur d'appartenir. Jamais je ne me suis senti ni un salaud ni un traître. Malgré un examen de conscience scrupuleux, je me dois de constater que je n'étais ni un meurtrier, ni le responsable de massacres de masse. » Eichmann le fugitif

« Les ordres étaient les ordres, vous comprenez ? » : Erich Priebke avec sa femme dans sa maison de Bariloche, en Argentine, août 1995.

cherchait à se réfugier dans des notions telles que la « fidélité au drapeau » et le « devoir accompli ».

Même s'il est prouvé que les membres de la communauté nazie entretenaient les liens qui les unissaient, s'aidant et se couvrant mutuellement, il n'existait pas de réseau secret vraiment organisé. Tant que Peron étendit sa main protectrice sur les criminels nationaux-socialistes, ce ne fut d'ailleurs pas vraiment nécessaire. En juillet 1949, le dictateur obtint même une amnistie générale pour les étrangers entrés illégalement en Argentine. Leur passé ne fit l'objet d'aucune question. A la suite de cela, Otto Pape se présenta devant les services d'immigration en prétendant avoir trouvé refuge, à la fin de la guerre, à l'ambassade d'Allemagne à Rome.

> « Il s'est déplacé tout à fait librement au cours des vingt dernières années. Tout le monde savait qui il était, où il allait et d'où il venait. »
>
> Andreas Schulz, l'avocat berlinois de Priebke, 1996

Ainsi Otto Pape redevint-il Erich Priebke, tout à fait légalement. Il s'installa dans l'une des nombreuses colonies d'immigrés allemands d'Argentine devenues des asiles pour réfugiés nazis. Priebke choisit San Carlos de Bariloche, une station de ski idyllique des Andes, où s'était fixé Reinhard Kops et où Josef Mengele séjournait souvent. Il y mena une existence paisible, ouvrit une épicerie fine et devint même président de l'association culturelle germano-argentine. Il faisait de fréquents voyages à travers le monde, y compris en Allemagne, et renouvelait régulièrement son passeport auprès de l'ambassade d'Allemagne à Buenos Aires. Tout se déroula parfaitement jusqu'à ce jour de 1994 où, interviewé par une équipe de télévision américaine qui était à la recherche de Reinhard Kops, il dévoila sa participation au massacre des Fosses ardéatines et raconta comment il avait fusillé personnellement deux Italiens : « De telles choses arrivaient à l'époque, dit-il, à cette époque-là, un ordre était un ordre, vous comprenez, jeune homme ? » Cette interview souleva un tollé d'indignation dans le monde entier. La demande italienne d'extradition qui suivit sur-le-champ fut accordée en novembre 1995. Le 7 mars 1998, à Rome, un tribunal italien le condamna à la résidence surveillée à perpétuité. Depuis, les membres de la SS toujours vivants en Argentine font preuve de davantage de prudence.

L'un des personnages les plus insaisissables de la légende entourant le mythe « Odessa » est l'« arme miracle de Hitler », Otto Skorzeny. Aujourd'hui encore, le bruit court qu'il fut à la tête de l'« Odessa » en Espagne. Cet Autrichien

Justice tardive : après son extradition en Italie, Erich Priebke est emmené au tribunal. Juillet 1996.

compta parmi les nationaux-socialistes de la première heure dans son pays. En 1939, il devint membre de la SS à la *Leibstandarte Adolf Hitler* et se battit ensuite en France, en Yougoslavie et sur le front de l'Est, au sein de la division *Das Reich*. Il fut finalement distingué par le *Reichssicherheitshauptamt* et employé comme agent spécial pour les missions de sabotage derrière les lignes. Les attentats, les enlèvements et les meurtres étaient la routine pour les formations de chasse de Skorzeny, désignées par les Alliés sous le nom de « commandos de Hitler ». Le 12 septembre 1943, ce *Standartenführer* mesurant 1,90 mètre acquit la réputation d'un « héros intrépide », avec sa joue gauche balafrée allant du menton à l'oreille. La propagande racontait que, ce jour-là, Skorzeny, prenant la tête d'un groupe de parachutistes allemands, dans une opération spectaculaire, libéra Benito Mussolini détenu dans un hôtel du massif du Gran Sasso, difficile d'accès, où le gouvernement italien le maintenait prisonnier. « C'est le *Führer* qui m'envoie », aurait-il déclaré à Mussolini, médusé. En récompense de cet acte de bravoure, Skorzeny fut décoré de la Croix de chevalier, que lui remit Hitler en personne.

« L'observation du "Groupe Skorzeny" nous permit de découvrir que ce groupe semble avoir été dissous pour donner naissance à une organisation clandestine portant le nom d'"Odessa". »

Extrait d'un rapport du CIC, janvier 1947

Plus tard, pourtant, les parachutistes qui avaient participé à l'opération racontèrent avec colère que Skorzeny s'était contenté d'accompagner le commando et qu'il ne s'était placé sous les feux de la rampe qu'après la libération de Mussolini. Néanmoins, le « héros du Gran Sasso » devint un symbole pour tous ceux qui espéraient changer le cours de la guerre par des actions de commando, ainsi qu'un instrument de pro-

Un soldat représentatif du IIIe Reich : Otto Skorzeny reçoit des mains de Hitler la Croix de chevalier en septembre 1943.

pagande meurtrier pour exhorter les troupes à tenir bon. Avec l'enlèvement non moins spectaculaire du fils de Horthy, action qui contraignit l'allié hongrois renégat à rester fidèle à sa parole, et l'« opération Greif » qui eut lieu pendant l'offensive des Ardennes, au cours de laquelle Skorzeny conduisit un groupe de saboteurs en uniforme américain derrière les lignes ennemies, il acquit définitivement dans son entourage un statut quasiment légendaire.

Skorzeny se retira dans la « forteresse alpine », où il tomba aux mains des Américains en mai 1945. Il fut inculpé de l'assassinat de prisonniers américains pendant l'offensive des Ardennes. En août 1947, il fut néanmoins libéré par un tribunal militaire américain. En détention, Skorzeny subit des interrogatoires au cours desquels il fit des déclarations qui remplissent plusieurs classeurs. Il fut ensuite envoyé en détention dans le camp d'internement de Darmstadt pour y subir un « processus de dénazification ». Selon ses déclarations ultérieures, les services secrets tant américains que russes lui proposèrent une collaboration. A cette époque, une demande d'extradition avait déjà été formulée par la Tchécoslovaquie en vue d'un procès pour crimes de guerre. Skorzeny refusa pendant des années de dévoiler comment il réussit à s'évader de sa prison, pas même par allusions. « Il me répugne de devoir sans arrêt parler de ma "fuite". Le 27 juillet 1948, je me mis en chemin ; ce chemin, je le trouvai, sans cisailles ni échelle de corde, sans graisser la patte à quiconque ni aide extérieure. Je fis le pas décisif qui me mena vers une vie nouvelle, vers la liberté », écrira-t-il dans ses Mémoires.

Mais c'est une autre histoire que Skorzeny racontera à son biographe, Glenn Infield, peu avant sa mort, en 1975. Dans sa nouvelle version, trois officiers SS qu'il avait contactés auparavant s'étaient présentés à la porte de la prison de Darmstadt, revêtus d'uniformes de la police de l'armée américaine, dans une voiture portant des plaques d'immatriculation américaines. « Nous venons chercher le prisonnier Skorzeny pour l'emmener à son interrogatoire de demain à Nuremberg », déclarèrent-ils au poste de garde interloqué, avant d'emmener Skorzeny sans autre forme de procès. Ce ne fut pas plus compliqué que cela. Dans sa cellule, il laissa une lettre d'adieu avec ces mots grandiloquents : « Je crois qu'il sera impossible au tribunal de parvenir à un verdict équitable, parce qu'il se verra contraint de se plier à des influences extérieures plus fortes. Je n'ai qu'un souhait : celui de vivre dans l'honneur au sein de cette patrie. »

Il semble qu'Otto Skorzeny ait commencé dès sa captivité à monter une organisation SS clandestine, qui apparut dans les dossiers des services secrets américains sous le premier nom de « Mouvement Skorzeny », puis de « Fraternité », et enfin d'« Odessa ». Dans une lettre confidentielle de la police militaire américaine au bureau central des services secrets européens, on peut lire : « Un groupe d'anciens membres de la SS et de parachutistes a rejoint un mouvement clandestin sous la direction d'Otto Skorzeny. Selon des sources sûres, son quartier général se trouve dans le Tyrol, en Autriche. Ce mouvement a deux objectifs. Premièrement : la résistance active contre le bolchevisme. Deuxièmement : l'évacuation des puissances d'occupation occidentales. » Plus tard, un agent sous couverture mentionna l'existence d'« Odessa » dans un rapport « top secret » daté du 20 janvier 1947 : « Le chef de ce groupe est Otto Skorzeny, qui dirige le mouvement depuis le camp de Dachau où il est interné. Les gardes polonais aident à s'évader les hommes qui en reçoivent l'ordre de Skorzeny. » Pour assurer la poursuite de l'évasion de l'Allemagne vers l'Italie, Skorzeny avait, semble-t-il, fondé l'organisation « L'Araignée », dont les collaborateurs avaient réparti un système élaboré de « maisons sûres » dans toute l'Allemagne. Selon Simon Wiesenthal, les fugitifs étaient transportés sur le territoire allemand et autrichien dans les camions de l'armée américaine utilisés par les employés civils allemands pour acheminer le journal de l'armée *Stars and Stripes*. « De la sorte, ils n'étaient guère contrôlés que de temps en temps par un membre de la police militaire qui jetait un coup d'œil à l'intérieur et ne voyait qu'un entassement de paquets de journaux. Ce qu'il ne voyait pas, c'étaient les hommes qui étaient tapis derrière les piles de journaux et retenaient leur souffle ; ce qu'il ne savait pas, c'était que le chauffeur du camion appartenait à l'"Odessa". » Le chemin de l'évasion passa d'abord par l'Allemagne du Sud pour rejoindre l'Autriche ou la Suisse ; plus tard, il partit de Brême directement vers Rome ou Gênes.

Malgré son acquittement par un tribunal américain, Skorzeny se trouvait toujours sur la liste des personnes recherchées par les Nations Unies. Ce que son biographe Glenn Infield écrit sur sa cavale à la suite de ses entretiens avec lui tient de la bande dessinée. En 1949, il se serait rendu en Argentine pour faire valoir ses droits au trésor secret du IIIe Reich : de l'argent, de l'or et des bijoux dérobés aux juifs dans les camps de concentration, que le secrétaire de Hitler, Martin Bormann, aurait confiés au dictateur Juan Peron. Selon Infield, le valeureux SS serait même parvenu à séduire la belle Evita et, grâce à elle, à mettre en sécurité une partie du prétendu « trésor des nazis » pour lui-même et son « Odessa ». Infield ne cite aucune source d'information. Il y a tout lieu de penser que Skorzeny a tout simplement fourni à l'auteur le produit de ses affabulations.

En ce qui concerne ce « trésor », en 1997 le président argentin Carlos Menem se vit contraint par la pression publique de réunir une commission d'enquête (la CEANA) pour faire toute la lumière sur les activités nazies en Argentine. Une des missions de cette commission était de rechercher le légendaire « or des nazis ». Au bout de deux années d'investigations, le seul véritable résultat obtenu fut la preuve que l'Argentine était devenue la terre d'asile d'au moins 180 criminels de guerre nazis, même si le chiffre réel est incomparablement plus élevé. De l'or nazi, on ne trouva pas la moindre trace. Mais la plupart des dossiers argentins ayant été détruits et l'indépendance de la commission mise en place sous le gouvernement de Peron ayant été mise en cause, le doute subsiste.

Quoi qu'il en soit, Skorzeny arriva en 1950 à Madrid, où, sous le nom d'emprunt de Rolf Steinbauer, il exerça les activités de représentant d'entreprises allemandes et autrichiennes et de marchand d'armes, voyageant beaucoup et entretenant des contacts avec de « vieux camarades » de la SS. En dehors du fait que cet Autrichien « aimait le whisky, avec peu d'eau », les services secrets américains établirent qu'il était « fort possible que Skorzeny connût le lieu de résidence de beaucoup d'Allemands ayant quitté secrètement l'Allemagne pour dissimuler leur identité ». Bientôt, l'entreprenant Otto Skorzeny devait avoir l'occasion de tendre une main secourable à l'un des tueurs en série les plus redoutables du IIIe Reich.

En 1953, l'ambitieux président égyptien Gamal Abdel Nasser demanda aux Américains de l'aider à mettre sur pied des services secrets militaires et une équipe de sécurité interne. Depuis longtemps, la CIA avait perdu tout scrupule à intégrer des criminels nazis dans ses activités secrètes. Le cas Barbie n'était pas une exception. Mais il n'était pas toujours opportun de rendre publique la participation américaine, particulièrement dans la région sensible du Proche-Orient. Dans les affaires particulièrement délicates, les Américains s'adressaient donc en priorité à un ancien général de la Wehrmacht, Reinhard Gehlen, dont, depuis 1946, ils soutenaient l'organisation qui allait devenir le *Bundesnachrichtendienst*, le service du Renseignement d'Allemagne fédérale. Ce chef de l'espionnage de Hitler pour la guerre à l'Est s'était mis au service des Américains après la défaite, en apportant avec lui ses dossiers sensibles. Son réseau d'espionnage en Union soviétique, mais aussi ses relations avec d'anciens membres de la SS, valaient de l'or pour les Américains.

Gehlen chargea Skorzeny de cette mission pour les Egyptiens. Au cours des dix-huit mois suivants, Skorzeny, activant ses relations avec les réseaux clandestins SS et les associations nazies, recruta environ cent conseillers pour les services de sécurité égyptiens, pour la plupart d'anciens SS ou membres de la Gestapo. Selon les recherches de l'Américain Christopher Simpson, spécialiste du national-socialisme, Alois Brunner se joignit à eux : il s'agit, avec Adolf Eichmann, de l'« exterminateur » le plus tristement célèbre du IIIe Reich, de l'un des criminels de guerre les plus recherchés.

La carrière de Brunner se suit à la trace comme une traînée de sang à travers l'Europe. En 1938, il devint le plus proche

Ils ne purent échapper à une juste condamnation : les SS du Groupe d'intervention A furent condamnés pour leur participation collective au meurtre de plus de 5 500 personnes en Lituanie.

collaborateur d'Eichmann à la *Zentralstelle für judische Auswanderung* (le « Bureau central d'émigration juive ») à Vienne. C'est lui qui organisa la déportation des juifs autrichiens dans les camps d'extermination sous les ordres d'Eichmann. Bientôt, il devint le « spécialiste de l'élimination des déchets » pour les cas difficiles. Lorsque les déportations se heurtaient à quelque difficulté, c'était immanquablement Brunner que l'on faisait intervenir, tant à Salonique, à Paris ou Nice qu'à Presbourg. Quel que fût le lieu, il s'acquittait de sa tâche avec succès et pouvait annoncer à son supérieur que la ville avait été « nettoyée » de ses juifs. Le nombre des morts dus à Brunner s'élève à un total de plus de 120 000 personnes. On n'a toujours pas découvert son itinéraire de fuite exact. Il commença par se cacher en Allemagne pendant quelques années sous le nom d'Alois Schmaldienst. Sa véritable identité ne fut pas dévoilée, pas même lorsqu'il fut fait prisonnier par les Américains et les Britanniques. Il alla jusqu'à occuper l'emploi de chauffeur pour les troupes d'occupation américaines. Au début de l'année 1954, il fut condamné à mort en France par contumace.

> « Parmi les criminels du IIIe Reich toujours en vie, Alois Brunner est incontestablement le pire. »
>
> Simon Wiesenthal, « chasseur de nazis »

Lorsque l'étau se resserra autour de lui, Brunner quitta l'Allemagne. Son ami, le *Hauptsturmfüher* Georg Fischer, lui laissa son passeport. Après quelques petites corrections d'ordre cosmétique, Brunner ressembla vraiment à la photo du passeport. Le nouveau Georg Fischer prit alors le train pour Amsterdam et poursuivit sa route jusqu'à Rome. Il est probable qu'il profita lui aussi de la charité chrétienne de Hudal. Quoi qu'il en soit, Brunner quitta Rome avec un visa touristique pour se rendre directement au Caire.

De même que tout le Proche-Orient, l'Egypte était un havre idéal pour les criminels nazis, selon le principe que « les ennemis des juifs sont nos amis ». La création d'Israël avait été ressentie comme un affront, et les spécialistes allemands de l'espionnage, de la chose militaire et de la propagande étaient les bienvenus. A l'expiration de son visa, au bout de trois mois, Brunner partit pour la Syrie, autre refuge des nazis. L'assassin élut domicile à Damas et se mua en homme d'affaires, en particulier dans le négoce des armes. Lorsque, en 1960, il finit par être engagé par les services secrets syriens, il se retrouva à l'abri des demandes d'extradition.

Brunner, s'il vit toujours, a échappé à sa peine. Dans l'Allemagne d'après-guerre, le glaive et la balance de la justice travaillaient sans entrain ; la machine judiciaire se grippait bien souvent. Au début des années soixante, l'Autriche lança bien un mandat d'arrêt contre Brunner et présenta une demande d'extradition à la Syrie, mais les efforts mollement engagés pour le retrouver s'ensablèrent. Les investigations menées en Allemagne n'aboutirent pas. Un mandat d'arrêt du ministère public de Cologne, qui arriva enfin en 1984, suivi d'une demande d'extradition, resta sans résultat. Mais d'aucuns connaissaient avec précision la cachette de Brunner : en juin 1961, une bombe lui explosa au visage lorsqu'il ouvrit un colis qu'il venait d'aller chercher à la poste principale de Damas. Il survécut à ses graves blessures, mais perdit son œil gauche. Vingt ans plus tard, en juillet 1980, une nouvelle bombe dissimulée dans un colis lui mutila les deux mains. Ce criminel de guerre recherché dans le monde entier n'en eut pas moins le front d'accorder une interview au magazine allemand *Bunte* en 1985, déclenchant un tollé d'indignation parmi ses victimes. La justice fédérale n'entreprit aucune démarche, ne lança aucun avis de recherche. Sa mort a déjà été annoncée à plusieurs reprises, mais il n'en continue pas moins à figurer sur la liste des personnes recherchées.

Son cas n'est pas unique. Comme bien d'autres, il bénéficie d'une politique de l'oubli fatale : l'aide à la fuite par l'immobilisme.

« Si c'est Eichmann qui a établi le plan général de l'extermination des juifs, c'est Brunner qui l'a mis en application. Ils forment un monstre à deux têtes et sont à mettre dans le même sac. »

Simon Wiesenthal, « chasseur de nazis »

« Je suis prêt à me présenter devant une cour internationale et à prendre mes responsabilités. Mais Israël ne m'aura jamais. Je ne deviendrai pas un Eichmann *bis.* »

Alois Brunner, 1985

Le magazine allemand *Bunte* retrouva la trace de Brunner en 1985. Pourtant, il continua à vivre en Syrie sans être inquiété.

Avec le durcissement de la guerre froide et le début de la guerre de Corée, les « chasses » perdirent leur caractère prioritaire : le réarmement et l'intégration à l'Ouest de la République fédérale étaient désormais à l'ordre du jour. Or, dès le début, des protestations s'étaient élevées contre la « justice des vainqueurs » et l'entreprise de dénazification conduite par les Alliés.

A la tête de ceux qui criaient au scandale, on trouvait des associations de vétérans qui se préoccupaient du bien-être des criminels de guerre nazis, notamment l'association de vétérans SS *Stille Hilfe*, « Aide silencieuse ». Après des années de travail clandestin, cette dernière vit officiellement le jour le 15 novembre 1951. Ses dirigeants étaient d'anciens officiers supérieurs SS et des dignitaires des Eglises protestante et catholique. La première présidente de l'association fut la princesse Helene Elisabeth von Isenburg, surnommée affectueusement « la mère des Landsbergeois ».

Cette catholique convaincue, qui avait été autrefois cataloguée comme « politiquement fiable » par sa section locale du NSDAP, s'était prise de compassion pour les détenus du camp de détention des criminels de guerre de Landsberg am Lech, où étaient internés environ 1 600 prisonniers. C'étaient les condamnés du procès de Nuremberg, dont des membres des Groupes d'intervention SS, de la Gestapo, de l'état-major général allemand et des dirigeants industriels.

> « Une vraie mère pour ceux qui étaient abandonnés de tous. »
>
> Hans-Ulrich Rudel, à propos
> de la princesse Hélène von Isenburg

Infatigablement, la princesse intervint en faveur des « victimes de la justice des vainqueurs », jusqu'auprès du pape, avec le soutien efficace de l'« Œuvre des camarades » de Hans-Ulrich Rudel. Ces relations la firent soupçonner de faire partie des réseaux d'aide aux anciens nazis en fuite, en particulier d'« Odessa ». Ses contacts avec des groupes SS internationaux, notamment en Scandinavie, nourrirent les rumeurs. Quoi qu'il en soit, « Mère Elisabeth » était efficace : sous la véhémente pression du gouvernement fédéral comme sous celle des membres de l'« Aide silencieuse », presque tous les détenus de la prison des criminels de guerre de Spandau furent peu à peu libérés. Après la grâce prononcée par le haut commissaire américain John McCloy, en février 1951, on assista à la libération de 92 prisonniers sur les 142 encore détenus à Landsberg, tandis que, au milieu d'une tempête de protestations, les 7 derniers criminels de guerre étaient pendus le 7 juin 1951 à Landsberg.

Les anciens camarades SS n'en poursuivirent pas moins leurs agissements en Allemagne. Ainsi, on assista à la fondation du réseau SS *Hilfsgemeinschaft auf Gegenseitigkeit, Bundesverband der Soldaten der ehemaligen Waffen-SS*, HIAG en abrégé, et en français « Communauté d'entraide, union fédérale des soldats de l'ancienne Waffen-SS ». Dans cette union, les membres de la SS pouvaient en toute tranquillité glorifier l'Etat national-socialiste, célébrer leurs hauts faits de guerre et dispenser leur sagesse : « La vie est un combat, un combat sur tous les fronts – et le monde est impitoyable et passe sans s'arrêter sur celui qui n'est pas disposé à accepter cette loi de la vie. » La HIAG obtint à son tour le statut d'association en 1956. En peu de temps, elle disposa d'un réseau d'une centaine de groupes locaux et régionaux. Pendant de longues années, son président fut le général de la Waffen-SS Kurt Meyer, que les siens surnommaient affectueusement « Panzer-Meyer ». Jusqu'à sa mort, en 1961, il se battit pour la réhabilitation de la Waffen-SS. La HIAG partait du point de vue que les membres de la Waffen-SS avaient été des soldats comme les autres et qu'ils n'étaient pas impliqués dans les crimes de la SS générale. « Nous n'étions pas au courant des atrocités, déclarera un porte-parole de la HIAG, et nous sommes reconnaissants à l'Etat de l'époque d'avoir su faire fonctionner le secret. » Jusqu'aux années soixante-dix, cette association SS exerça une influence considérable sur les associations de soldats et les associations traditionnelles, ainsi que sur les partis politiques. Pendant des années, un ancien membre de la *Leibstandarte Adolf Hitler* siégea au Bundestag pour la CDU : Hans Wissebach, un porte-parole de la HIAG. Cette association fut dissoute en 1992, mais son journal *Der Freiwillige* (*Le Volontaire*) paraît toujours. En 1952, parallèlement à la HIAG, on assista à la fondation sur le modèle de la

Hitlerjugend d'un mouvement nommé *Vikingjugend*, « Jeunesse viking », afin d'assurer la pérennité du mouvement brun.

« Il faut en terminer avec les relents nazis. »

Konrad Adenauer, 1952

Les Allemands accueillirent la fondation de la République fédérale comme une occasion de tirer un trait définitif sur le passé. Pour le chancelier Konrad Adenauer, l'intégration de tous ceux qui avaient suivi comme des moutons le régime national-socialiste était la condition préalable à la reconstruction. « On ne jette pas l'eau sale quand on n'a pas d'eau propre pour la remplacer », tel était le postulat du chancelier. Aussi d'anciens membres de l'élite nationale-socialiste retrouvèrent-ils leurs fonctions et leur dignité au sein de la nouvelle République fédérale. Dès 1952, grâce à la loi que l'on appela « la 131e loi », d'anciens fonctionnaires nazis et des membres de la Gestapo purent réintégrer la fonction publique. La loi pénale de 1954 fut le point d'orgue de cette politique. Selon l'historien Norbert Frei, cette loi signifiait qu'au milieu des années cinquante plus personne ou presque n'avait à craindre « d'être inquiété par l'Etat et la justice du fait de son passé national-socialiste. Désormais, ils étaient presque tous lavés de toute faute et innocents ». Ensuite, insidieusement, suivit l'amnistie. Même si, en 1965, le Bundestag annula le délai de prescription de vingt ans pour le meurtre, il n'en confirma pas moins en 1960 la prescription pour l'homicide volontaire, et, en 1968, pour la complicité de meurtre. En conséquence, il fallut arrêter les procédures contre environ 300 anciens membres du *Reichssicherheitshauptamt*, bien que l'holocauste eût été organisé dans l'administration qui employait Eichmann. Si Eichmann avait été traduit devant les tribunaux allemands et non devant ceux d'Israël, sans doute n'eût-il pas été condamné. C'est l'Office central de Ludwigsburg, chargé de

Des soldats comme les autres ? Le premier grand rassemblement d'après-guerre des membres de la Waffen-SS. Verden, le 27 octobre 1952.

Rencontre des vétérans SS de la HIAG. Kurt Meyer (à gauche) salue en levant le poing ; au premier plan, à droite, l'ancien général SS Paul Hausser.

la poursuite des criminels nazis et de la coordination des procédures pénales, qui poursuivit son activité avec le plus de zèle. Plus de 100 000 procédures pénales furent engagées après la guerre, mais 6 500 personnes seulement furent condamnées, dont 12 à mort et 163 à la réclusion à perpétuité. Bon nombre de criminels échappèrent à tout jugement. Un nombre non négligeable d'entre eux vit toujours en liberté.

Cette situation leur étant insupportable, des chasseurs de nazis se mirent à leur poursuite dans le monde entier pour mettre la main eux-mêmes sur les criminels de guerre. Les services secrets israéliens du Mossad attirèrent l'attention du public avec l'enlèvement d'Adolf Eichmann en Argentine, en 1960. L'assassin qui, depuis son bureau, organisa la « solution finale » fut condamné et exécuté en Israël.

> « En réalité, les criminels nazis n'avaient pas besoin d'une organisation telle que l'"Odessa" pour les aider dans leur fuite : ils pouvaient vivre en Allemagne sans être inquiétés. »
>
> Beate Klarsfeld, « chasseuse de nazis »
>
> « Il n'y a pas d'avenir sans mise en lumière du passé. »
>
> Efraim Zuroff, « chasseur de nazis »

Serge et Beate Klarsfeld ont, eux aussi, voué leur vie à la chasse aux criminels nazis. Leurs recherches opiniâtres conduisirent à l'arrestation de Klaus Barbie en 1983. Un attentat à la bombe visant Serge Klarsfeld dans les années soixante-dix fut d'ailleurs suivi d'une lettre de revendication de l'« Odessa ».

Le détective privé new-yorkais Steven Rambam se décrit, lui, comme un « chasseur de nazis » à temps partiel. Mais il est efficace : ses recherches conduisirent en 2001 à la condamnation de l'officier SS Julius Viel, pour le meurtre de détenus de la Gestapo en Bohême.

Le « chasseur de nazis » le plus célèbre est le survivant des camps de concentration Simon Wiesenthal. Selon leurs propres indications, ses centres de documentation permirent de traduire en justice plus de 1 200 criminels nazis.

Se lancer sur les traces des criminels nazis est une « course contre la montre », selon Efraim Zuroff, le successeur de Simon Wiesenthal et le directeur de l'Institut Simon-Wiesenthal à Jérusalem, car les coupables s'éteignent peu à peu. Loin de ressembler à l'idée que l'on se fait d'un « chasseur de nazis », Zuroff a l'apparence d'un cadre d'entreprise : costume impeccable, cravate, raie soigneusement peignée sur le côté, lunettes légèrement teintées. Lui-même se décrit comme un limier méticuleux et déterminé suivant à la trace depuis son bureau, et pendant des années s'il le faut, les criminels du passé. Plus d'une fois, il participa à des affaires qui firent la une des journaux. C'est lui qui découvrit que le médecin d'Auschwitz Josef Mengele, contrairement à toutes les rumeurs, était mort au Brésil. Pour le moment, Zuroff travaille surtout en Europe de l'Est car, dit-il, « l'holocauste était un phénomène européen ». Il n'est pas près d'abandonner. « Certains criminels nazis qui ont probablement tué dix fois plus de gens qu'Ousama Ben Laden sont toujours vivants ; il faut qu'ils soient condamnés eux aussi. »

> *« Ma mission de mars 1960 était très simple. On m'avait donné une rue et un numéro de maison à Buenos Aires, et il s'agissait de vérifier si c'était exact, si la famille Eichmann vivait dans cette maison. C'était tout. J'y suis allé et j'ai vu tout de suite que la maison était vide, et que, si Eichmann y avait vécu, il était parti. Plus tard, j'ai appris que la famille Eichmann avait vécu pendant des années à Chacabuco et qu'elle avait déménagé exactement quinze jours avant mon arrivée. »*
>
> Zvi Aharoni, « chasseur » de nazis

Les liens du sang : la fille de Himmler, Gudrun Burwitz, s'engage pour « l'Aide silencieuse ».

La chasse aux derniers criminels nazis connaît un nouveau sursaut depuis quelques années. Les enquêteurs allemands eux-mêmes font preuve d'une détermination croissante. En 1987, l'ancien *Obersturmführer* Josef Schwammberger, qui fut commandant d'un camp en Pologne, fut arrêté en Argentine et condamné en 1992 en Allemagne à la réclusion à perpétuité pour meurtres en série. Friedrich Engel, l'ancien chef de la police de sécurité à Gênes, fut condamné à sept ans de réclusion en 2002 pour le meurtre atroce de prisonniers italiens en mai 1944.

Wiesenthal expliqua un jour pourquoi il chasse impitoyablement les criminels par cette parabole : « Nous

Les « Rencontres de l'Ulrichsberg », en Carinthie, rendent hommage aux soldats de la Waffen-SS tombés pendant la guerre.

sommes appelés, nous, les juifs, à rencontrer les victimes de l'Holocauste dans l'au-delà. Les victimes nous demanderont : "Qu'avez-vous fait dans la vie ?" Le premier dira : "J'étais avocat." Le suivant : "J'étais professeur." Et moi, je dirai : "Je ne vous ai pas oubliés." »

> « On ne commence pas une nouvelle vie par un mensonge. Je reste Gudrun Himmler. »
>
> Gudrun Burwitz dans les années cinquante

De son côté, la « solidarité brune » fait en sorte que les assassins, eux non plus, ne tombent pas dans l'oubli. Gudrun Burwitz est l'âme de l'association SS « Aide silencieuse ». La fille de Heinrich Himmler est la star des manifestations des anciens et des néo-nazis, où elle tient véritablement sa cour, comme lors de la fête annuelle du souvenir des camarades du *Freikorps und Bund Oberland*, le « corps-franc et la ligue de l'Oberland », sur l'Annaberg, près du lac Schliersee en Bavière, ou lors de la rencontre des vétérans SS sur l'Ulrichsberg, en Carinthie (Autriche). Chaque année au mois d'octobre, jeunes et vieux nazis affluent de toute l'Europe pour se rendre en pèlerinage sur cet ancien lieu de culte celtique, afin de célébrer l'idéal « brun ». Pour « Püppi », surnom que Himmler aimait à donner à sa fille, son père est toujours un héros. Fidèle au slogan de la SS « Notre honneur s'appelle fidélité », l'« Aide silencieuse » qui, en 1999, fut définitivement reconnue « d'utilité publique », soutient les criminels de guerre toujours internés et procure de l'argent et des avocats à leurs familles.

> « Aider de façon silencieuse tous ceux qui, par suite des circonstances de la guerre et de l'après-guerre, sont privés de liberté après avoir été faits prisonniers ou internés, ou tout autre cas semblable, pour des raisons qui ne leur sont pas imputables personnellement. »
>
> Extrait des statuts de l'« Aide silencieuse »

Condamné à mort dès 1948 en Tchécoslovaquie pour l'assassinat de détenus de camps de concentration, Anton Malloh, l'ancien surveillant de la « petite forteresse de Theresienstadt », la prison dépendant de la Gestapo, faisait l'objet d'un mandat de recherche européen. Il s'avéra que, grâce au soutien de l'« Aide silencieuse », il coulait des jours tranquilles dans une maison de retraite près de Munich depuis 1988 sans être inquiété par la justice allemande. Ce n'est qu'en 2001 qu'il fut condamné à la réclusion à perpétuité. Il bénéficie toujours à l'heure actuelle de la sollicitude de l'association. Celle-ci soutient également contre vents et marées les « victimes » comme Josef Schwammberger et Erich Priebke, assigné à résidence depuis sa condamnation en

Italie en 1998. « Priebke, debout comme un soldat, montre au monde ce qu'est un véritable Allemand. »

> « C'est tout à fait naturel, quand on appartient à la SS, on appartient à une grande famille. Qu'on se trouve en Grèce, en Allemagne, en Hollande ou au Danemark, ça n'a aucune importance. Nous avons tous maintenant plus de quatre-vingts ans, et des jeunes viennent nous rejoindre, mais le noyau dur se tient les coudes, comme les Cosaques autrefois. »
>
> Florentine Rost van Tonningen, veuve d'un chef nazi néerlandais
>
> « La République fédérale me doit une vraie fortune pour ma retraite. »
>
> Alois Brunner, en 1985, à Damas

La recherche des nazis en fuite prend à présent des aspects de chasse aux fantômes. Alois Brunner aurait aujourd'hui 90 ans, « Gestapo-Müller », 102. Mais ceux qui croient que, avec la mort des derniers coupables, les réseaux de la SS se défont se trompent. Les anciennes associations SS ont veillé très tôt à la relève « brune ». A l'image de l'« Aide silencieuse », la *Hilfsorganisation für nationale politische Gefangene* (HNG), « Organisation d'aide aux prisonniers politiques nationaux », fondée en 1979, s'occupe des néo-nazis internés. Ses sympathies vont expressément, suivant le *Verfassungsschutz* (la Protection de la Constitution [1]), aux détenus « qui ont commis des attentats en incendiant les centres d'hébergement pour demandeurs d'asile, des blessures corporelles et autres infractions découlant de leurs convictions politiques ». L'« assistance » est une couverture parfaite pour le recrutement de nouveaux combattants. Elle aussi soutient des modèles du passé, comme les SS Erich Priebke et Josef Schwammberger.

1. Equivalent de notre DST (Direction de la Surveillance du Territoire).

> *« La SS, principalement, était pour une politique d'incitation à l'émigration des juifs. C'est aux conséquences de la guerre – qui n'avait pas été déclenchée par l'Allemagne – qu'il faut imputer le fait que l'émigration ne put continuer qu'en nombre restreint. Au cours de la guerre, il fut décidé d'évacuer les juifs à l'Est dans des colonies de travail. Il convient de rappeler dans ce contexte que le judaïsme mondial avait déclaré la guerre à l'Allemagne dès mars 1933. »*
>
> Extrait d'une page Web d'extrême droite

« L'"Aide silencieuse" a toujours servi de modèle aux milieux de droite », confirma un jour Christian Worch, un néo-nazi qui a fait l'objet de plusieurs condamnations.

Avec son fils adoptif, l'avocat d'extrême droite et chef néo-nazi Jürgen Rieger, Gertrude Herr, ancienne cheftaine du *Bund Deutscher Mädel* (la « Ligue des Filles allemandes »), s'occupe elle aussi activement de la relève. Ils fondèrent ensemble plusieurs associations douteuses et créèrent des foyers que la Protection de la Constitution classa comme « les plus importants centres allemands de formation d'anciens et néo-nazis dans le pays et à l'étranger ». Dans ses discours, elle dispense ses idées, telles que : « Aucun juif n'a été gazé à Auschwitz, et d'ailleurs, il n'y eut aucun camp d'extermination par gazage. »

En remplacement de la « Jeunesse viking », interdite, fut fondé en secret le *Freundeskreis Ulrich von Hutten*, le « Cercle d'amis d'Ulrich von Hutten ». Ses fondateurs furent Lisbeth Grolitsch, ancienne cheftaine du BDM, et Otto Ernst Remer, ancien commandant du bataillon de la garde *Grossdeutschland*. Le « Cercle d'amis » maintient haut la flamme de l'idéal SS et est particulièrement attentif à assurer la relève. Souvent, il diffuse des textes de propagande, organise des journées de rencontres d'extrême droite, inonde les pays de langue allemande d'associations de couverture et dispense aux « étoiles montantes » prometteuses sa formation idéologique.

« Passage de relais » : l'ancien SS Walter Matthaei en compagnie de jeunes militants d'extrême droite lors d'un *Gautreffen*, une « rencontre du *Gau* », en 1988. Deuxième à partir de la gauche : Michael Kühnen. Troisième à partir de la gauche : Christian Worch.

> « Chaque juif est une publicité ambulante pour le prochain holocauste. »
>
> Extrait d'une page Web d'extrême droite

Dans son organe, le *Huttenbrief* (la *Lettre de Hutten*), il se livre ouvertement à la propagande antisémite, au négationnisme, au racisme militant et à la glorification du IIIe Reich. « Les grandes questions de l'humanité interpellent notre époque de manière assourdissante. Adolf Hitler a montré la voie de leur résolution », écrit haineusement ce journal de combat. Ailleurs, on trouve la déclaration suivante : « Le IVe Reich reste l'objectif des Allemands. »

Même si, dans notre société plurielle, des déclarations aussi grotesques ne méritent guère qu'un haussement d'épaules, elles indiquent que les idées empoisonnées de la SS sont toujours vivantes, qu'elles portent leurs fruits, en particulier chez les jeunes. Aujourd'hui encore, on trouve sur l'Internet des milliers de pages où sont chantées les louanges de la SS. Aujourd'hui encore, des jeunes arpentent les rues en bottes de cavalier, à l'image de la SS. Aujourd'hui encore, des passants sont brutalisés en pleine rue, ou leurs maisons incendiées, comme en 1992, à Rostock-Lichtenhagen, où l'émeute fit rage trois jours durant et où un foyer d'étrangers fut incendié sous le regard des voisins et des policiers. Aujourd'hui encore, des gens sont diffamés ouvertement et insultés parce que juifs. Aujourd'hui encore, comme à la SS, la « camaraderie » signifie l'exercice collectif de la violence.

Aussi longtemps que certaines parties de l'Allemagne seront des pièges pour les « étrangers », aussi longtemps que dans le pays de l'euthanasie, des handicapés seront importunés, les incendiaires intellectuels diaboliseront les valeurs démocratiques, aussi longtemps que des jeux sur ordinateur comme « La chasse aux rats dans les camps de concentration » franchiront les limites de l'interdit, le sinistre fantôme de la SS ne se sera pas évanoui. C'est pourquoi l'histoire de la SS est, encore et toujours, une mise en garde de l'Histoire.

A l'usage du lecteur, ci-dessous un tableau des équivalences des grades de la SS avec ceux de la Wehrmacht et de l'Armée française :

SOUS-OFFICIERS SS	WEHRMACHT	ARMEE FRANÇAISE
SS-Mann	Schütze Ou Grenadier	Soldat de 2e classe
Sturmmann	Gefreiter	Caporal
Rottenführer	Obergefreiter	Caporal-chef
Unterscharführer	Unterfeldwebel	Sergent
Scharführer	Feldwebel	Sergent-chef
Oberscharführer	Kompanie Feldwebel	Adjudant
Hauptscharführer	Oberfeldwebel	Adjudant-chef
Stabscharführer	Hauptfeldwebel	Adjudant-major
Sturmscharführer	Stabsfeldwebel	Aspirant
OFFICIERS		
Untersturmführer	Leutnant	Sous-lieutenant
Obersturmführer	Oberleutnant	Lieutenant
Hauptsturmführer	Hauptmann	Capitaine
Sturmbannführer	Major	Commandant
Obersturmbannführer	Oberstleutnant	Lieutenant-colonel

Standartenführer	Oberst	Colonel
Brigadeführer	Generalmajor	Général de brigade
Gruppenführer	Generalleutnant	Général de division
Obergruppenführer	General der Infanterie der Artillerie, etc.	Général de corps d'armée

Index des personnages

Index des lieux et thèmes

Sources iconographiques

AKG : 152, 210 haut de page, 242, 251, 272 bas de page, 338, 355 bas de page, 360 bas de page, 425, 474 bas de page

Alain Morvan/Gamma : 491 bas de page

Bildarchiv Preußischer Kulturbesitz : 60 bas de page, 67, 70, 74 haut et bas, 99, 106, 125 haut et bas, 126 haut et bas, 137, 150 haut et bas, 155, 159 bas de page, 173 haut de page, 202, 204 haut de page, 224 haut et bas, 261, 275 gauche et droite, 289, 296, 302, 332, 360 haut de page, 366, 379, 380, 385, 390 haut de page, 398 bas de page, 406, 422, 427, 443, 444

Bundesarchiv : 28 (n° 80/31/16 A), 30 (n° BA WO 319/508), 49 (n° 2000/5/23), 52 (n° 183/R99973), 117 (n° 74/80/34), 122 (n° 146/73/26/45), 142 (n° 183/H 8448), 159 haut de page (n° 152/11/12), 173 bas de page (n° 73/10/11), 193 (n° 146/72/39/24), 204 bas de page (n° 183/S21073), 219 (n° 152152/4), 256 haut de page (n° 183/N0221/502), 263 (n° 183/H26314), 268 (n° 146/72/39/44), 274 haut de page (n° 146723956), 274 bas de page (n° 146/72/39/14), 290 (n° 183/32279/5), 305 (n° 101/212/221/6A), 370 (n° 93/21/33), 374 haut de page (n° 183/H29077), 387 (n° 183/B22308), 393 haut de page (n° 73/119/9), 393 bas de page (n° 183/B8160), 398 haut de page (n° 73/113/18), 420 haut de page (n° 101/297/1722/29), 420 bas de page (n° 146/84/11/3017), 437 (n° 146/69/141/42)

Die Bunte (magazine allemand) n° 45 du 30 octobre 1985 : 526

Corbis : 432, 435, 445, 504

DHM : 178

Dietmar Gust : 539

Hulton Deutsch Collection/Corbis : 474 haut de page

Karl-Bernd Karwasz : 534, 535

Keystone : 470, 479 bas de page

Musée régional Wewelsburg : 147
Muzeum Historii Fotografii/USHMM : 163
Senoner/Eupra : 417 bas de page
SV Bilderdienst : 90, 91, 115, 171 haut et bas de page, 298, 482
Timepix : 479 haut de page, 505
Ullstein Bilderdienst : 37, 42 haut et bas de page, 48, 60 haut de page, 88, 102, 132, 177, 188, 210 bas de page, 222, 233, 256 bas de page, 272 haut de page, 277, 282, 293, 308, 374 bas de page, 390 bas de page, 408, 417 haut de page, 449, 454, 460, 485, 491 haut de page, 497, 501, 514, 516, 523, 530, 531
USHHMM : 326, 346, 355 haut de page
ZDF : 249

Nous n'avons malheureusement pas réussi à localiser les ayant-droits des photographies sur les pages suivantes : 458, 477, 510, 518.

Aubin Imprimeur
LIGUGÉ, POITIERS

Achevé d'imprimer en août 2004
pour le compte de France Loisirs
123, bd de Grenelle, 75015 Paris

N° d'édition 41070 / N° d'impression L 67359
Dépôt légal, août 2004

Imprimé en France